现代秘书礼仪

中国高等教育学会秘书学专业委员会　策划
北京高等秘书学院　组编

范立荣／主编

首都经济贸易大学出版社

现代秘书礼仪

编委会

主　编　范立荣
副主编　王世红
编　委　（以姓氏笔画为序）
　　　　　王世红　王振祥　王　静　尹平平
　　　　　许文郁　刘　琪　余　萧　周蓓新
　　　　　范立荣　郝银奎　潘月杰
秘书长　王振祥

前　言

2005年由中国高等教育学会秘书学专业委员会精心策划，首都经济贸易大学出版社出版的《现代秘书学教程》一书，颇受全国大中专院校的好评，已被多所院校秘书专业选用为教材。今应各院校要求，并经学会与出版社研究，决定推出这本与之相配套的《现代秘书礼仪》一书。本书既可作为教材，又可作为广大秘书工作者、办公室人员的礼仪工具书。书中详细阐述了秘书礼仪的基本知识与规范，涉及秘书形象礼仪、文书礼仪、办公会议礼仪、商务礼仪、涉外礼仪等内容，对秘书礼仪从规范到操作论述翔实、阐发深入，且书中附有生动的案例，具有时代感、实用性，有助于广大秘书人员提升礼仪修养，塑造良好形象。

本书由多年从事礼仪研究与教学的几位教授编写。在编写过程中，参考并借鉴了相关书籍，在此，特向这些作者表示深深的谢意。

本书由郝银奎、王振祥组稿，提供素材，与作者联系研究，最后由范立荣根据编写提纲和讨论意见进行修改、补充和定稿。本书具体编写分工如下：第一、四章，许文郁、潘月杰；第二、五章，尹平平；第三章，潘月杰；第六章，余潇。

由于编者水平有限，书中尚有不足之处，敬请读者批评指正。在此，向广大读者朋友表示最诚挚的敬意。

编　者

2006年6月6日

第一章　秘书礼仪概述　/1

　　第一节　礼仪的基本概念　/1
　　第二节　礼仪的基本特征与原则　/8
　　第三节　礼仪的作用　/15
　　第四节　秘书礼仪工作　/17
　　第五节　秘书礼仪素质的培养　/24

第二章　秘书形象礼仪　/35

　　第一节　仪容礼仪　/36
　　第二节　仪表礼仪　/45
　　第三节　仪态礼仪　/58
　　第四节　语言谈吐礼仪　/65

第三章　秘书办公会议礼仪　/75

　　第一节　办公礼仪　/75
　　第二节　会议礼仪　/84
　　第三节　国旗、国歌和国徽礼仪　/103

第四章　秘书商务礼仪　/108

第一节　接待礼仪　/108
第二节　商务洽谈礼仪　/121
第三节　商务通讯礼仪　/125
第四节　商务活动礼仪　/137
第五节　商务公关活动礼仪　/145
第六节　公关营销礼仪　/154
第七节　交际活动礼仪　/156
第八节　其他活动礼仪　/176

第五章　秘书文书礼仪　/183

第一节　文面礼仪　/183
第二节　信函类文书礼仪　/189
第三节　告启类文书礼仪　/213
第四节　致词类文书礼仪　/221

第六章　秘书涉外礼仪　/238

第一节　东方礼仪　/238
第二节　西方礼仪　/254
第三节　外事迎送　/270
第四节　外事会见与会谈　/278
第五节　国外习俗与禁忌　/288

附录

附录1　花卉语及各国国花　/308
附录2　世界各城代称　/310
附录3　国际通行手势语　/311

第一章

秘书礼仪概述

第一节 礼仪的基本概念

礼仪是处理人际关系和公共关系的学问。它是人们在长期的社会交往过程中逐渐形成的,以建立和协调人际关系为目的,为人们所认同和遵守的行为规范和准则。

礼仪是社会文明和个人道德修养程度的标志。中国素以"文明古国""礼仪之邦"著称,进入21世纪,构建和谐社会成为全体国民的共同目标,礼仪作为一种人际关系的润滑剂,更显得重要,学礼、懂礼、行礼、守礼已成为全社会的共识。秘书人员由于其岗位的特殊性,不仅要讲究个人礼仪修养,还必须学习并掌握各项专业礼仪技能。

一、礼仪的含义

(一)礼

"礼",古为敬神,现引申为敬意。它的基本含义就是尊重他人,善待他人,为他人着想。正是这种尊重和善意,使礼仪有了深层的人性依据,使礼仪获得了被众人认可的权威。

"礼"的含义是随着时代的演变而日渐丰富的,今天,我们从不同的角度可以看到"礼"有不同的具体指向。礼的含义具体包括四个方面:

1. 表示敬意的统称,如敬礼、礼貌。

2. 为表达敬意或表示隆重而举行的仪式,如婚礼、典礼。

3. 泛指社会制度和道德规范,如《论语·为政》中有"齐之以礼",朱熹注"礼,谓制度品节也"。

4. 为表达敬意而赠授的物品,如礼物、礼品。

(二) 仪

"仪",意为准则、行为的依据。仪的具体含义包括五个方面:

1. 法度、准则。如《墨子·天志》中有"置此为法,立此以为仪",这里的"法"和"仪"都是准则的意思。

2. 典范、表率。如"上者,下之仪也",意思是上级应做下级的表率。又如,礼仪小姐,指在各项礼仪活动中体现出标准礼仪的人员。

3. 形式或某种固定的程序,即仪式。如《荀子·正论》:"诸夏之国,同服同仪。"又如"司仪"一词,即指掌管主持仪式的人。

4. 人的容貌、外形。《诗·大雅·烝民》中有"令仪令色,小心翼翼",又如仪表、风仪。

5. 为表示敬意而赠授的物品。如,贺仪、谢仪(多用于书面)。

(三) 礼仪与礼节、礼貌

礼仪有广义和狭义之分。广义的礼仪泛指社会规范和道德规范,它既包含外在的形式,又涉及内在的修养。狭义的礼仪指礼节和仪式。不论广义或狭义,礼仪都是高于礼节、礼貌的大概念。

礼节是礼仪的具体、外在的表现形式,是为表示敬意而施行的一个个具体的动作、语言、惯用的具体仪式等。如见面互致问候,分手道"再见";隆重的大会在开始时要起立、奏国歌等,都是一种礼节。

礼貌,就是说施行各种礼节,为的是在姿态容貌上表现出内心对他人的敬意。"诚于中而形于外",由于内心对他人的敬意,外在形态上就要遵守礼节,如见面要问候,表示友好会握手等,这些都是有礼貌的表现。如果仅有内心对他人的尊重,而不注意礼节,就无法体现出礼貌。礼貌是大于礼节而小于礼仪的概念。

二、礼仪的产生和发展

(一) 礼仪的产生

礼仪是在人们对自然和社会的不断适应中产生的。

礼仪始于史前人类时代。据考古推测,距今约一万年前的北京山顶洞人就有了礼的观念和实践。他们缝制衣服以避寒,亦用以遮羞;打猎或丰收后会情不自禁地欢呼、跳跃、歌唱,于是有了典礼仪式;先人死了要举行一套象征悲恸的仪式,并对死者遗体做一番处理,比如在死人身上撒赤铁矿粉,希望死者到达另一个世界。最初的礼仪是和原始宗教(巫术)联系在一起的。礼的原意就是敬神。敬神,也可以说是原始人智性发展的一个阶段。蒙昧的原始人在文明进步的旅程中第一次发现了自我与外界的区别,产生了把自我从自然中区分开来的意识。人与自然的对立也使原始人同时发现了自然的强大。在意识到自我力量的渺小时,原始人便创造了神,当遇到困厄(包括外力或内力)时,原始人便想到请神出来帮助解决。为了与神沟通,让神理解人类,同情人类,明白人类的愿望,帮助人类战胜困厄,原始人便以不同的肢体形式来代表不同的意思,如双膝跪地以示祈求的虔诚,呈上物品以示祈求的敬意等。从最早的汉字字型看,"礼"字就是一个人双手捧着装有丰盛礼品的器皿呈上的形态。

到了新石器时代晚期,人际交往的礼仪初步形成。通过对半坡遗址和姜寨遗址的研究发现,当时人们在交往中已经注意到尊卑有序、男女有别了。在家庭中,家庭成员按照长幼、男女席地而坐,老者坐上首位置,年幼者坐下首位置;男子坐左边,女子坐右边。主室被两根柱子分为两个半边,左边中柱是男柱,右边中柱是女柱,男女成年时在各自的柱子前举行成年仪式。今天我国的纳西族人仍保留着这种仪式。

中国历史上第一部记载"礼"的书籍为《周礼》,出现于西周时期。《周礼》、《仪礼》及其释文《礼记》这"三礼"被公认为中国最早的礼制百科全书。三者侧重不同,《周礼》偏重政治制度,《仪礼》偏重行为规范,《礼记》偏重于对礼的各个分支作出符合统治者需要的理论说明。其中,《仪礼》(亦称《礼》)还是五经之一,被后世视为学习的经典。"三礼"奠定了华夏礼仪传统的基础,标志着中国古代礼仪进入成熟时期。中国后世的礼仪深受"三礼"的影响。

(二)礼仪的发展和成熟

随着社会的发展,人与人之间的关系日益复杂,礼仪在阶级社会中空前发展并繁荣起来。春秋时期,孔子针对当时"礼崩乐坏"的社会局面,主张"礼治"。《荀子·修身篇》中也提出:"故人无礼则不生,事无礼则不成,国无礼则不宁。"《管子》中也说,"礼义廉耻,国之四维",把礼仪作为立国的四种精神要素之首。但在百家争鸣时期,"礼治"并未受到特别的尊崇,直到汉武帝独尊儒术,罢黜百家,传统礼仪才逐渐走向成熟,"以礼治国"也成为了一种基本的国家政治制度。这时的礼仪大多充满着政治功利性,封建统治阶级为了巩固自己的统治,制定了一整套十分完备的、用以维护贵族等级秩序的社会规范和道德规范,如"三纲五常"等,迫使人们去遵守。

封建时代是礼仪畸形发展的时代,也是礼仪走向异化的时代。礼仪这种原本为了人们更好沟通的形式,在封建统治者手中却成为限制人与人沟通、维护社会等级制度的工具。封建礼仪将人分成等级,力求建立"君君臣臣,父父子子"的等级秩序,建立尊卑有别的"理想"社会。

(三) 现代礼仪的形成

社会进步的过程,是一个社会不断走向文明的过程。我国的现代礼仪形成于20世纪前期。新文化运动猛烈冲击了传统的封建旧文化,使民主、科学的观念深入人心,这为以平等、互助为基础的现代人际关系的确立奠定了基础,从而也促进了现代礼仪的形成。中华人民共和国建立后,新型的社会主义文化和道德观念的确立更直接影响了当代中国礼仪的面貌,促成了中国具有时代特征的现代礼仪的最终形成。

三、礼仪的要素

不论礼仪形式多么繁杂,也不论礼仪行为之间存在着怎样的差别,它们的构成要素一般都包括四个方面:礼仪主体、礼仪客体、礼仪媒介和礼仪环境。

(一) 礼仪主体

礼仪主体是指各种礼仪行为和礼仪活动的操作者与施行者。礼仪主体可以是个人,也可以是一个组织或团体。当礼仪主体为个人时,它既包括个人的礼仪形象,如个人的容貌、服饰、言谈、举止等,也包括个人对各种相关的礼仪规则的操作施行。当礼仪主体为某个组织或团体时,往往会有一个或数个人作为组织或团体的代表去行使礼仪行为。个人礼仪主体和团体礼仪主体是可能发生转换的。例如,秘书人员面对本单位的成员施行礼仪,这里的礼仪主体是个人,而当他在岗位上接待外单位客人时,他就成为他所在单位的代表,这时的礼仪主体就发生了变化,不再是个人,而是一个组织。

(二) 礼仪客体

礼仪客体是指礼仪活动的指向者与承受者,也就是礼仪活动的对象。它可以是有形的,如一个人、一面国旗,也可以是无形的,如一些宗教理念;可以是物质的,也可以是精神的;可以是具体的,也可以是抽象的。有时礼仪对象的主客体身份还可以转换,如欢迎外宾时要升双方国旗,升国旗的仪式是礼仪主体施行的一种礼节,国旗是礼仪主体的一部分,而升国旗时,主宾双方都要向国旗行注目礼,这时国旗又成为礼仪客体。

(三)礼仪媒介

礼仪媒介指礼仪活动中表达敬意所依托的媒介。礼仪媒介多种多样,大致可分为人体媒介、物体媒介和事体媒介三大基本类型,并在此基础上构建出礼仪媒介系统。具体来说,礼仪媒介包括如下六种:

1. 口头语言媒介。这是一种以语言来传达礼仪信息的媒介,如问候、演讲、交谈、电话等。

2. 书面语言媒介。这是指用文字的形式来传达礼仪信息的媒介,如贺信、慰问信、感谢信、请柬、书面发言等。

3. 界域语言媒介。这是指用礼仪主体与礼仪客体之间的空间位置来传达礼仪信息的媒介,如席位、座次、距离等。

4. 形体语言媒介。这是指通过人的表情、姿态、动作等来传达礼仪信息的媒介,如微笑、握手、敬礼等。

5. 物体礼仪媒介。这是指通过各种物体及物体的状态来传达礼仪信息的媒介,如礼品、纪念品、祭品等。

6. 事体礼仪媒介。这是指通过各种有关事体来传达礼仪信息的媒介,如宴请、拜访、庆典、舞会、赞助等。

(四)礼仪环境

礼仪环境是指礼仪行为和活动得以进行的特定的时间与空间。礼仪环境包括自然环境和社会环境。礼仪环境对礼仪的实施有制约作用,例如国旗应在天气晴好的白天升起,风狂雨猛时就应该降下。另外,具体礼仪如何实施也要视环境而定,同样的礼仪在不同环境中的实施是不一样的,如一般的见面礼要求微笑,但如果在医院向病人家属通报危重病情时仍然面带微笑,就是失礼了。而即使是微笑,在不同环境中要求也是不一样的,如静默时应笑不露齿,而见面打招呼时,微笑可露出六颗牙齿。

四、礼仪的内容和实质

(一)礼仪的内容

礼仪的内容丰富驳杂,现代礼仪的内容至少包含三个层面。

1. 从概念的表层意义看,礼仪是由许多特定的、专门的、却又是具体的甚至是琐碎的动作和形式组成的,即表现为各种礼节和仪式。如在个人礼仪形象上有容貌、举止、言谈、服饰、神态、气质等的要求,在迎来送往上有迎送往来的规矩,在国际交往中有各种交往礼节,在长幼亲疏间有各种接触交往的规矩,甚至不同行业间也有各种内部的礼节规范。礼仪规范可分为社会通用礼仪与专项礼仪两大类。社会通用礼仪是用来约束每一个社会人的,它是社会文明和个人道德修养程度的标志。比如,它强调谦虚而恭敬的态度,优雅而得体的举止,文明而礼貌的语言,整洁而大方的装束等。专项礼仪则是各行业根据自身工作性质的特殊需要设立的各种形式的规范,用以约束本行业内部或对外的交往需要。比如,外事交往有专门的外事交往礼仪,行政执法部门有专门的行政执法礼仪。社会通用礼仪与专项礼仪共同构成了礼仪的表层范畴,也就是礼仪概念的形式范畴。作为一个社会人,必须学习社会通行的礼仪规范,遵守这些礼仪规范,而不同行业的从业者除了学习社会通用礼仪外,还必须学习各自行业的专项礼仪规范。不同的行业有不同的礼仪素质要求,而一些特殊行业和特殊职业,如秘书职业和服务类行业,对礼仪素质的要求更高,这些行业的从业人员必须严格要求自己,按礼仪规范行事。

2. 礼仪是一种社会道德的体现。礼仪规范看起来是一些特别的行为和特殊的形式,但并非一些无意义的单纯的形式,不是可有可无的动作,也不是随心所欲的行为。礼仪规范是在历史的演变中逐渐形成,在岁月的淘洗中日见成熟的。它虽然会随着生活的变更而发生变化,但也具有相对的稳定性和普泛性。社会是由无数个体组成的,交往是社会个体之间生存的必然形式,社会交往必须有一定的交往形式,这是社会秩序的规定,只有遵循这些规定,社会才能够稳定并发展。所以说,礼仪形式是社会人都应该遵守的。那些相对稳定的、特别的行为和特殊的形式,表达着礼仪施行者的心思和愿望,体现着平等互敬、尊人自尊的内在意义。礼仪使交往双方表白心意,互相理解,使交往得以实现。在漫长的社会发展历程中,我们的祖先从自己的生活实际出发,积累了无数便于交往的礼仪。这些礼仪使人际交往有了得体合宜的依据,就像润滑剂一样使社会关系更趋和谐。所以说,礼仪不仅仅是一些特定的行为和形式,而且是一种社会道德,这是礼仪深一层的内容,也就是礼仪概念的意义层面。遵守礼仪规则,不是可有可无的小节,不是纯粹个人的行为,而是是否遵从社会道德的问题。

3. 不能把现代礼仪仅仅理解为一些外在的、他律的行为规范。毫无疑问,礼仪对人性具有一种强制力量,这种强制性在对人性形成约束的同时也促成人性的提升。只有从人格的高度去理解礼仪,把合乎人性的礼仪行为看作是人格的自然显现，礼仪才有可能转化为人的自觉行为。可以说，礼仪更深层的内容，也可以说是礼仪概念更深层的含义，也就是它内在的价值层面，它是人格的外化显现，是人格的自律。

　　社会人的任何行为方式都不仅是孤立的行为，而且是其人格素质的外化显现。德国思想家席勒在《美育书简》的第26封信中，讲到人的外观形式的人本意义："对外观的兴趣是人性的真正扩大和达到教养的决定性步骤。"优雅的举止、得体的服饰、文明的语言、亲切的表情、安详沉稳的神态、潇洒的气质，乃至不随地吐痰、不乱扔垃圾、自觉排队、女士优先等等，从根本上说，都是确证自己人格的形式。讲究礼仪，表面上看是注重形式规范，实际上也正是人格的体现。其实，从礼的起源也可以看出礼仪与人格的关系。如前所述，原始人实施各种礼仪，为的是与神沟通。今天的唯物论者都不承认神灵，那么古代人为什么会创造出这样一个超然于人类之外的异物呢？其实，神灵的出现正是人的自我对象化，神灵完全是人心灵的想像，也就是人的心灵力量的外化。神灵就是自我的精神和灵魂。对神的顶礼膜拜，其实是对人的自我灵性的顶礼膜拜，是物性的人对灵性的人的顶礼膜拜，是对人的想像力的膜拜。只有灵性的人才真正具备人格，只有具备人格的人才懂得以礼交往；反之同样，只有以礼交往的人才具备人格。作为人格的确证，礼仪传递的是人的思想、情感、欲望，是人发出的对人的敬意。正是这种人性的需要，才使礼仪在每一次被破坏后又能得到重建，而且每一次的破坏都会剔除传统礼仪中陈腐的、违反人性的部分，每一次的重建都会从时代出发，为礼仪增添新的、符合人性的内容。礼仪形式从一出现就是人的内在情感、欲望、观念的外在化、客观化和具体化，是人借助特定的肢体动作与对象交往沟通的形式。

(二) 礼仪的实质

　　如前所述，"礼"是对人的敬意。从表面看，礼仪是由一个个的行为和仪式组成的，但其实质是对人的尊重与友爱，所以我们强调先礼后仪，内礼而外仪。我们常说的"礼仪"、"礼节"、"礼貌"，都是"礼"在前，这就是说，在礼仪范畴中关键的是礼，是对人的敬意，这种敬意必须是礼仪主体自觉自愿、发自内心的，只有内心对他人尊重，那些外在的行为和仪式才具有意义。

　　做到内心对人的尊重，首先要对人友爱，以爱心待人。孔子说："仁者爱人。"作为地球上唯一具有智性的生物，人与人应该互相友爱。要以诚待人，对人要诚恳、谦逊、不欺不诈。其次，要树立人与人平等的观念。人是生而平等的，所谓"天赋人权"，就是说任何一个人，无论社会地位高低，贫富贵贱，都应该尊重他人,也应该得到他人的尊重。要做到宽容为怀,认识到社会是丰富多彩的,人也是各色各样的,只要遵守公德,不伤害他人利益,每个人都有自我选择的自由。最后,要做到替他人着想,善待他人,急人所急,与人为善。如古人所说:"老吾老以及人之老,幼吾幼以及人之幼","勿以善小而不为,勿以恶小而为之"。如果内心没有对别人的敬意,不能做到这些,那么任何外在的礼节和仪式就都失去了它们本来的意义,成为无礼之仪。无礼之仪是一种虚伪的形式,并不比彻底的粗鲁好多少。

我们强调"礼"的重要性,并不是说"仪"就不重要,内心的情感只有表现出来别人才能知道。如果内心对人充满了敬意,外表却很粗鲁,使别人感到尴尬,同样是失礼的。人是群居性的动物,但往往又如刺猬一样不能相互靠得太近,而我行我素过于强调自身的独立性,又必然造成孤立,影响社会交往。每个人面临的社会关系都异常复杂,其间既有感情,又掺杂利害,如若一成不变,往往会失仪。如果说"礼"强调的是人与人之间为什么要讲规矩,那么"仪"讲的则是怎样做,它指导人们待人接物的方式。

英国哲学家弗兰西斯·培根这样说:"行为举止是心灵的外衣,应该有外衣的条件。首先应该合乎时尚;第二不应该太标新立异,不应该太贵;第三应该剪裁妥帖,以阐明心灵的任何优点,并补充和掩盖任何缺陷;最后,也是最主要的,不应该又紧又窄,以至禁锢了心灵,在事务和行动上干预了它的自由。""相貌的美高于色泽的美,而秀雅合适的动作的美又高于相貌的美,这是美的精华。"

第二节 礼仪的基本特征与原则

一、礼仪的基本特征

(一)社会规范性及普遍性

人具有社会性。在原始社会,由于自然条件恶劣,人们为生存组成了群体,靠集体的力量与大自然作斗争。群体进而形成了社会。人类社会如一张纵横交错的立体网络,人与人之间相互联系、相互依赖的生活方式决定了社会的每个成员都是这张网络中的一个点,都必然会与他人发生不可分割的关系。人们在长期的交往活动中逐渐意识到,人与人相处必须考虑他人的感受,人与人的关系必须有一个"度",必须有一些交往的规范与准则。俗话说,"不立规矩,不成方圆",如果社会中的每个成员都我行我素,过于强调自身的独立性,必然会影响社会的稳定。社会这张网络需要有各种制度规章作为支撑来维持它的稳定与平衡,这就逐渐形成了种种约束与指导人们交往的规范,如法律规范、政治规范、宗教规范等等。礼仪规范也是在人类长期的社会实践活动中逐渐形成的,但它不像以上那些规范,由国家、专门机构或宗教机构制定,所以它不会随着那些专门机构的消失、变化而消失或转移,而是会贯穿于人类社会发展的始终。

作为一种在生活中约定俗成的规范,礼仪被全社会认同并遵守,但相比其他规范,礼仪规范又是一种弱性规范,它受不同时期、不同地域的政治、经济、文化、风俗、宗教以及社会风尚等因素的影响,具有弹性。它也不像法律规范、政治规范那样,如果违反就会受到制裁。礼仪规范是约定俗成的,它靠道德舆论和社会风尚约束。不遵守礼仪规范,仅构成失礼,而失礼本身一般不会引起责任,但却可能受到社会舆论的谴责,并对自身形象造成负面影响。比如,国际交往中,应该熟悉国际交往的一般惯例,掌握有关国家的政策法令,了解当地民众的文化传统和社会习惯,熟悉并尊重对方国家或地区的礼仪规范。如果在国际交往中不了解对方的礼仪规范,一味按照自己的习惯行事,即使是出于诚心和善意,也可能因触犯了对方的禁忌而使交往失败。

礼仪也具有社会普遍性。礼仪作为一种社会规范,作为调整社会成员在社会生活中相互关系的行为准则,是全人类所共同需要、全社会所共同拥有的。礼仪被人们广泛应用于各种社会场合,可以说,礼无处不在,大至政治、经济、文化领域,小到个人衣食住行,不论城乡,不分行业,没有国家、民族的界限,只要存在人际交往,礼仪就会作为一种不可缺少的行为规范而被人们普遍遵循。

(二)历史继承性

任何一种文化现象都具有继承性,礼仪也不例外。一种礼仪形成后,便会在人们头脑中形成共识,被人们认同,也就会有一个相当长的延伸期,并被一代代地继承下去。

在长期的文化递嬗中,许多政治制度、物质器物早已消逝,而很多礼俗却相沿不替,深植在人们的生活中,如尊老爱幼、礼尚往来、祭奠先贤、以客为尊等,至今仍为今天的中国人所认同和传承。当然,一些礼仪规范在表现形式上古今差异很大,但其基本理念往往未变,长期得以延续。

(三) 差异性

所谓"十里不同风,百里不同俗",是指由于世界各民族、各地区的自然环境、文化传统、宗教信仰的差异,导致了礼仪规范的差异。即使是同一民族,在不同地区、不同国度,由于生存环境、历史氛围的不同,具体的礼仪规范也千差万别。比如说,中国人崇老敬老,所以"老"是一种尊称。有时出于尊重,称呼很年轻的人也用姓氏加"老",如老王、老李。而如果我们满怀敬意地用"老"称呼西方人,则可能招人反感。在美国就曾发生过这样一件事:美国一所大学的中国留学生在欢迎校长的母亲光临时,尊称她为"老夫人",没想到"老夫人"却拂袖而去。因为在西方人看来,被称为"老夫人",即意味着说她魅力尽失,风韵不存。

礼仪的差异性首先表现在同一礼仪形式在不同民族和不同地域有着不同的意义。如在日本,鞠躬礼被广泛使用,是尊重对方的表示,而在有些国家,鞠躬是屈辱的象征。其次,礼仪的差异性还表现在其表现形式的多样性。同样意义的礼仪在不同的民族、不同的地区,可能有不同的表现形式。如朋友相见,为表示欢迎和友好,有的握手,有的拥抱,有的亲吻,有的击掌,尽管形式多种多样,但其意义是一样的。再次,礼仪的差异性还表现为同一礼仪形式,在不同场合,对不同对象,有着不同的意义。如在中国,老人抚摸孩童的头部,表示对孩童的关爱;反之,孩童抚摸老人的头部,则是不敬的表现。

(四) 时尚性

礼仪具有时尚性。所谓"礼随时而变","世移事异,变'礼'宜矣"。礼仪源于生活,所以,随着生活方式的变迁和观念的改变,礼仪也在变化。某些礼仪在一个时代可能被人推崇备至,而在另一个时代则可能令人难以接受。例如,"整洁"是当代礼貌的最起码要求,而在中国魏晋南北朝时,当街扪虱却是时尚。在18世纪的西方也是如此,那时候的医生和神父提起洗澡就颦首蹙额,贵妇们精心梳理的发型竟是虱子的乐园。18世纪,戴着帽子走进房间被看做很平常的事,你可以脱下帽子向一位夫人致敬后立刻把帽子再戴上,而在今天,进入房间或礼堂时的礼貌做法却是脱帽。又如在20世纪初期的欧美,如果有一位少妇外出遛狗,会被视为极大地丧失风度,有辱礼节。但是20年之后,欧美遛狗成风,成为最有风度少妇的最有风度的行为。在人们羡慕的眼光里,遛狗不但符合礼节,而且是一种上层生活的表现。

（五）灵活性

任何规范都是为人服务的，而不是为了束缚、压抑人的行为。礼仪规范同样如此。礼仪规范是一种灵活性很强的形式和规范。"礼者，敬人也"，遵守礼仪，为的是对人表达敬意，是为了调节人与人之间的关系，有利于交往活动的开展。人所处的环境是复杂的，人的思想情感更是复杂的，礼仪主体和礼仪客体都不是简单单一、一成不变的，因此礼仪行为会随着环境、主体、客体的变化而灵活变化。礼仪规范有地域差异、民族差异和群体差异，礼节仪式又具有复杂多样性，而社交活动也因社交环境、社交目的、社交对象的不同而呈现出各种复杂的状况，因此礼仪不能成为僵死的教条。这就需要我们根据具体情况不断调整自己的角色，根据时间、地点、场合、对象的不同而灵活运用各种礼仪规范。所谓"入乡随俗""主随客便"正是礼仪灵活性的体现。比如乘坐小轿车时，一般认为司机右后座为尊位，但在没有其他随员的情况下，主人亲自驾车接人，客人则应坐在主人身边；如果出于安全考虑，又可请客人坐在司机身后；而如果客人自己坐到了其他位置，尊敬的做法便是主随客便，而不必硬让客人改换座位。

二、礼仪的基本原则

（一）尊人、自尊

人无论做什么事，都应该遵循一些基本的原则，把握住"度"，礼仪亦如此。尊人、自尊是礼仪的一个最基本的原则。礼的本义就是对人的尊敬，而尊人的基础是自尊。自尊的要义就是把自己当做人看，首先要尊重自我的人格，维护自我人格的完整。德国哲学家康德曾说过：物品有价格，人有人格。所谓人格，即为人的根本之格，做人的基本标准。一个人的贵贱轻重不在容貌、金钱和地位，而在人格。人格高者高贵，人格低者卑下。中国古代有言："非礼勿视，非礼勿听，非礼勿言，非礼勿行。"过去一段时间，人们认为这句话是对人性的束缚和扼杀，其实从另一个角度看，这正是从人格的角度对"礼"进行界定，即要求人们以人格的高度规范自我，遏制现实人身上的兽性。行人应行之事，言人应言之语，想人应想之念，保持完整的人格。人固有七情六欲，但这种欲求必须服从一定时代的道德规范，人性情感欲望的江河须纳入"礼"的辖制。那些对他人非礼的言行，首先就是对自我的不尊重。

自尊不仅要尊重自我的人格，还应包括对自己所属的国家和民族的尊重，热爱自己的祖国，热爱自己的民族，决不做有损国格和民族的事。自尊也包括对自己所从事的职业的尊重,对自己所在组织的尊重,兢兢业业,爱岗敬业,保守组织机密,做好本职工作。

尊重他人,同样首先是尊重他人的人格。英国政治家切斯特·斐尔德勋爵说:"世界上最低微最贫穷的人都期待着从一个绅士身上看到良好的教养,他们有此权利,因为他们在本性上是和你相等的,并不因为教育和财富的缘故而比你低劣,同他们说话时要非常谦逊、温和,否则他们会因你的骄傲而憎恨你。"其次,要善解人意。尊重他人,更要理解他人,遇事多站在他人的角度考虑,不要只看到自己的权利而忽略他人的权利,要与人为善,把欢乐带给他人。尊重他人还必须做到宽容为怀。中国有古训:"宽以待人,严于责己","海纳百川,有容乃大",每个人都有自己的个性、爱好、追求和生活方式,也都有自己的优势和不足。要尊重其他民族的信仰和追求,尊重他人的风俗习惯;不过分计较他人在性格、知识、修养、能力等方面的欠缺,不要求别人和自己一样,更不能以己之长度人之短;与人合作时,多把方便让与别人,取得成绩时不争功,遭受挫折时多担责;面对误解埋怨要顾全大局,甚至委曲求全;不要对别人的过错怀恨在心。其实,宽容并非懦弱和缺乏主见,而是具有高尚品德和善于与人相处的表现。

尊人首先强调的是内心对人的诚意,但同时也要注意外表的礼貌。西方有这样一句话:"礼节乃是一封通向四方的推荐书。"三国时刘备三顾茅庐的故事尽人皆知,但刘备若没有那"三顾茅庐"彬彬有礼的邀请,纵有对诸葛亮的满腔诚意,诸葛亮也是不会动心的。

(二)人人平等

有这样一个故事:

1917年1月4日,一辆四轮马车进入北京大学的校门,徐徐穿过校园内的马路。这时,早有两排工友恭恭敬敬地站在两侧,向蔡元培——这位刚刚被任命为北京大学校长的传奇人物鞠躬致敬。

只见新校长缓缓地走下马车,摘下自己的礼帽,向这些校园里的杂工们鞠躬回礼。

在场的人都惊呆了,这在北京大学可是从来没有过的事情。北京大学是一所等级森严的官办大学,校长享受内阁大臣的待遇,从来就不把这些工友放在眼里。但是,今天的这位新校长是怎么了?

像蔡元培这样地位显赫的人向身份卑微的工友行礼,在当时的北京大学乃至中国都是罕见的现象。这不是件小事,北京大学由此细节开始,竖起了一面如何做人的旗帜。

现代礼仪与传统礼仪的根本区别便是特别强调平等原则。历代统治者都会强调礼仪,但是在封建时代,礼仪具有鲜明的阶级性和等级性。所谓"刑不上大夫,礼不下庶人",统治阶级把人分为三六九等,对被统治者任意剥夺,毫无尊重之意。随着社会民主进程的推进,民主意识深入人心,现代人虽然有社会地位的差别,有贫富、受教育程度和能力等的差别,但每个人的人格都是平等的,希望得到他人的尊重是每个人的愿望,而尊重他人才能最终得到他人的尊重。正如俗语所说:"人敬我一尺,我敬人一丈",傲慢只能"一石打破一丈缸",而一杯热茶,一句暖话却能打开一扇心扉。与人为善、平等、尊重是与人友好相处的基础。既不要自傲,也不能自卑。要自信,也要相信他人,主动热情地与周围人接近,主动表达与人交往的愿望。孤芳自赏、自诩清高,拒人于千里之外,是一种不平等的态度,会给人高高在上的感觉,既不礼貌,也会失去朋友。

礼仪规格的相对应也是平等的内容之一。它包括在礼仪活动中注重"礼尚往来",当一方对另一方施礼时,另一方也应在礼数上表现出对等的反应。例如,有拜访就应有回访,接受他人宴请,就应回请他人,受礼也该回赠等。平等还有一个内容,是指在礼仪活动中,要注意平衡,如按国际惯例,在国际会议上,各国代表的位置不是按国家大小强弱的状况来排序,而应按会议所用文字的国名的字母顺序来排列。在签订条约、协定时,应遵守轮换制,即每个缔约国在其保存的一份文本上名列首位,由它的代表在这份文本上首先签字。这种平衡的做法,体现的就是平等原则。

(三) 诚信守诺

诚信守诺也是礼仪的一个基本原则。

对人尊重,便要以诚待人。真诚是打开人心灵的钥匙。做人不虚伪,不欺诈,诚恳待人,这样才能获得他人的信任。真诚就要讲信用。诚信守诺是为人之根本,所谓"言必信,行必果","言而无信,不知其可也",这些古语强调的都是做人要讲信用,要努力践约,一言九鼎,一诺千金。是否诚信守诺,也是衡量一个人心理是否成熟的尺度。所以,说话要有分寸,不轻易许诺,但许诺之事一定要办到。万一失约,一定要诚恳、及时地说明并尽可能补救。

英国18世纪时的政治家福克斯少年时期曾经历过这样一件事:他家当时住一幢花园式的府邸,园中有座旧亭子准备拆掉。小福克斯想见识见识怎样拆,请求等到学校假期时再拆,父亲答应了。福克斯平日住校,待到放假回家后,却发现亭子已经被拆掉了。他很失望,说:"爸爸说话不算数!"他父亲听后大为震惊,说:"孩子,你说得对,我错了。"随即请人在原址建亭,然后让福克斯亲眼看着拆亭。父亲"一诺千金"教育了儿子要"遵守诺言"。

社会信用是无价之宝,这一点对于商家尤其重要。李嘉诚就一再强调"守信"的重要性。他说:"在向客户做出承诺之后,无论碰到什么样的困难,仍要履行对客户的承诺,以取得客户信任。"李嘉诚以诚待人,遵守信用的商业道德,使他赢得了顾客,从而为他的成功提供了保证。《远东经济评论》就曾评论说:"有三样东西对长实(李嘉诚企业王国的元老企业)至关重要,它们是名声、名声,还是名声。"正是因为李嘉诚遵守诺言,许多金融企业在他遇到困难时愿为他担保,使他后来的几次大兼并取得了成功。

(四)规范适度

讲究礼仪,就要遵守各种礼仪规范,使自己的礼仪行为符合社会规范,符合国际惯例和行业规则。比如在接待外宾时,须根据外宾的身份放礼炮,国家元首为21响,而国务卿一级则为19响,不可搞乱。又如在商务活动中,正式的场合都应穿正装,随意着装就会失礼。

礼仪虽然有种种的规则程序,有严格的规范性,但也并不是刻板僵硬,一成不变的。礼仪应该适度,要恰到好处,与环境、氛围、对象相适应。时代在发展,社会在进步,人们的思想观念也在不断变化。在这个飞速变化的时代里,如果固守成规,泥古不化,不随着时代的变化而剔除陈旧僵硬的旧俗,势必会被时代淘汰。事实上,社会越进步,礼仪也越符合人性,越简易适用,那些特别繁琐、仅仅注重表面形式的礼仪会逐渐弱化,并最终被人们弃用。

(五)注意仪表

礼仪尚美,无论是它的外在表现,还是它的内在本质,都体现出对美的追求。讲究礼仪一定要注意个人的仪表。在文明社会,一个人的仪表不是无所谓的小节,而是是否尊人和自尊的表现。得体适宜的服饰装扮显示着一个人的气质风度,是健康积极的心态和生活方式的表征,它使个人与环境和谐一致,让人感受到亲切优雅;谦虚亲切的表情会让人体会到你内心的热情友好;而文明礼貌的语言更显示出一个人的教养,使人产生亲和力。所以,注意自己的言行举止、服饰装扮,是礼仪的一个不可忽略的原则。

第三节 礼仪的作用

一、塑造形象、净化心灵、提升人格

现代礼仪有着塑造形象、净化心灵、提升人格的作用。

礼仪对个人形象的形成和建构有着至关重要的作用。人的形象指一个人的外观给别人留下的印象以及他人对此做出的评价。心理学家研究证明,人们决定是否与对方交往,常常是靠最初3分钟的印象决定的。现代社会竞争激烈,生活节奏加快,因此人们评价、判断一个人常常根据第一印象,所谓首轮效应。在这里,个人外在形象便起着关键的作用。礼仪可以改善礼仪主体的形象,提升礼仪主体的品位。具体来说,礼仪对礼仪主体有着塑形、塑行、塑性、塑心四大作用。

(一)塑形

塑形指的是塑造健康优美的外形。达·芬奇曾说过:"精神应该通过姿势和四肢的运动来表现。"一个人的外形当然主要是由先天的遗传因素决定的,如果不借助医疗外科手段,很难改变自己的五官结构、身高体形,但我们却可以通过学习礼仪来改变别人对自己的观感。如果我们在与人交往时面带微笑,懂得正确运用目光语,而且语言得体,举止适度,那么不管你的五官长得如何,都会给别人留下美好的印象。而适宜的服饰搭配和神态气质也会令别人忽略你原有的身高体型而对你产生良好的印象。

(二)塑行

塑行指的是塑造得体的举止行为,掌握各种相应的活动规范。人们常说:"优雅的举止胜过优美的身材,高雅的举止是最好的艺术,它比任何雕塑和名画都更让人赏心悦目、心旷神怡。"现代社会虽然不像中国古代或欧洲中世纪的宫廷那样讲究礼仪,但作为一个21世纪的文明人,应该懂得人与人交往的基本规范,在待人接物、布置环境、设宴赴会、组织活动、探望拜访、馈赠礼品等方面注意遵守应有的礼节规范,从而使你的交往活动进展顺利,获得成功。

(三)塑性

塑性即塑造性格。学习礼仪正是一个塑造性格的过程。现代社会中,个人要想生存并进一步发展,必须善于与人交往。与他人交往,个人性格非常关键。构成性格的因素有先天的成分,但后天的习养也不可忽略。人在成长的过程

中,难免养成一些不好的习惯和不良的行为、不雅的姿态,从而影响与他人的交往。学习礼仪就是为了纠正这些负面的行为、姿态和习惯。知礼、懂礼、守礼、行礼本身就是一个长期的持之以恒的自我约束、自我教育的过程。通过学习礼仪行为规范,可以静心,克服焦虑感,锻炼耐受力,学会换位思考。可以说,学习礼仪就是一个锻炼人的意志、培养自律能力的过程。人们常说,"江山易改,本性难移",礼仪却可以通过对一个人习惯的改变而进一步改变人的性格。

(四)塑心

塑心即塑造美好心灵。塑形、塑行、塑性的终极目的是塑心,礼仪的实质是对人的敬意。学习礼仪不仅仅是为了学习人际交往的规范,也是强化自律、加强自我修养的过程。我们常讲要提高道德修养,讲的是认识层面的内容,是由内而外培养对美的感受,由心灵美而行为美、外观美。礼仪则与之相反,更多的是操作层面的内容,是由外而内培养人对美的感受,由形体美到行为美进而修炼到心灵美的过程。礼仪与道德二者是双向并进,互为补充的。礼仪能激发起人对美的认识,对美的向往,使人不断地追求高标准,塑造完美自我。可以说,学习礼仪的过程就是塑形、塑行、塑性、塑心的过程,从而更符合现代人的接受规律。通过学习礼仪,施行礼仪,人人以礼相待,以礼相处,从而净化心灵,陶冶情操。

二、协调关系,促进沟通

所谓人际关系,是指人们在物质交往和精神交流过程中发生、发展和建立起来的具有个性特点的人与人之间的关系。马克思主义者认为,人类在社会生活中从事共同劳动,彼此之间建立了各种复杂的社会关系,人际关系就属于社会关系的一种。人的社会性决定了人与人必须结成各种各样的关系,特别是在一定社会关系基础上的个性关系,即人与人交往中带有个性特点的这种具体的人际关系,是社会交往的基础。正如马克思指出的,作为有个性的个人,不可避免地要相互作用、相互交流。社会生产以及社会关系本身就是以个人之间的交往为前提的。为了建立、维护和发展自我良好的人际关系,必须经常不断地进行信息沟通和交流,在信息沟通和交流中认识自己、认识他人、认识社会,同时影响周围的人,与他们建立感情,搞好人际关系,以便更好地生活和工作。

传统的农业社会,封闭而自足,个人与个人之间、个人与组织之间、组织与组织之间协作与沟通的作用还不十分突出。而现代社会,协调与沟通变得格外重要,礼仪在其中的作用便更加凸显出来。现代社会不再是割裂和封闭的,而是由一个一个组织,依不同规律交互交错混杂而形成的复杂的关系网络。组织,首先是社会中的一些成员为进行有秩序的协作活动而组成的群体,是具有一定结构的人际关系系统。社会人处在一个一个组织中,他所从事的任何工作,无论是复杂的脑力劳动,或是单纯的体力劳动,亦或是机械化流水作业,都不可能是孤立的,而是处在一个庞大而复杂的系统中。所以,从根本意义上说,任何人的工作都不可能独立完成,都不同程度地需要依靠组织,依靠他人,即组织中的任何成员都存在着相互依赖的行为关系,这就要求各成员的活动协调一致,相互配合,以保证每个成员的任务都能够顺利完成,从而实现组织的目标。协调一致和相互配合都离不开社交沟通,特别是对于现代组织,其内部变化和外部环境的变化都十分迅速,这就更需要不断地进行协调和有效的沟通。而礼仪恰能很好地发挥协调人际关系、促进人际沟通的作用。

三、促进社会精神文明建设

古人颜元说过:"国尚礼则国昌,家尚礼则家大,身尚礼则身正,心尚礼则心泰。"这句话充分强调了礼仪对人类社会生活的影响。礼仪强调内在美与外在美的统一,既要心灵美,也要语言美、仪表美,使人人知礼、懂礼、守礼、行礼,进而创造繁荣稳定、和谐共荣的社会环境。新加坡就曾在全国开展礼貌运动,取得了良好的效果。今天,新加坡不仅发展了经济,成为亚洲"四小龙"之一,而且环境整洁,全社会树立了文明礼貌的新风,成为各国旅游者理想、安全的旅游胜地。

总之,礼仪是人类的共同需要,是人类社会文明进步的标志之一。今天,我们提倡现代礼仪,强调人与人之间的地位平等,人与人之间相互尊重、相互协作、相互关心、相互帮助,必将促进整个社会的文明进步和国家的和谐共荣。

第四节 秘书礼仪工作

秘书人员由于其职业的特殊性,与礼仪有着比其他职业更密切的关系。

一、礼仪与秘书的关系
(一)礼仪是秘书人员必备的修养

秘书是在领导身边,以全面处理信息和事务的方式辅助领导从事管理工作的人员。秘书工作的根本特点是服务性,这决定了秘书人员必须具备较高的礼仪修养。著名的秘书培训专家廖金泽先生说过："秘书要做的事，就是礼数周到，细节清楚。"首先，秘书的岗位决定了他与领导的关系最为密切，常常会代表领导去传达指令，行使职权，但秘书又不是领导，仅仅是为领导的管理工作提供服务，如果秘书不注重个人的礼仪形象，就直接影响着领导的形象。其次，秘书工作的另一个特点是中介性。秘书要与方方面面的人打交道，要面对各种复杂的人和复杂的事，而礼仪是一架友谊金桥，是人际关系的润滑剂，它有助于秘书与各方面的人搞好关系，从容地应对各种复杂的关系和局面。再次，秘书岗位是组织的窗口，对外交往时人们首先接触到的就是秘书，秘书在这时直接代表着组织的形象，如果秘书不注重礼仪，那么破坏的不仅仅是个人的形象，更是组织的形象。最后，秘书工作繁杂多样，一般来说，秘书承担的压力和付出的劳动会比其他岗位更多，礼仪有助于秘书调节自我心态，使秘书充满朝气，自信而平和地对待每一天和每一个人、每一件事。

（二）礼仪是秘书工作的一项专业技能

1. 礼仪是秘书工作最基本的职能之一。一般人都应该注重个人礼仪修养，但是对秘书人员来说，礼仪不仅是个人修养问题，它还是秘书工作的一项专业技能。秘书工作是一个外向型岗位，在种各社会组织的公务行为中，他要直接处理各种关系，安排各种活动，而与人交往，就有一个交往规则的问题，这里面就包含着复杂的礼仪。比如说，接待来宾要有一整套接待的程序，举行典礼要有典礼的要求，处理各类文书也有文书写作的礼仪讲究。所以，秘书必须掌握各种礼节和仪式的程序，才能在公务活动中有条不紊地按照这些程序办事。

2. 礼仪是秘书公关工作的辅助手段。公共关系以优化内外环境、塑造组织的良好形象、传播组织的良好信誉为目的，而作为该组织的成员，在与组织中的其他成员，或同社会公众发生关系时，所表现出来的协调程度又制约着公关目标的实现。在公共关系中，离不开礼仪，秘书人员要努力发挥礼仪的优势来为公关工作服务。礼仪可以调节感情、润滑关系，这与公共关系"内求团结完善，外求和谐发展"的宗旨是相一致的。

礼仪是公关活动的第一重点。公关的对象多种多样，由此形成了不同的员工关系、顾客关系、媒介关系、股东关系、社区关系、政府关系等。要适应不同的关系，要依靠顺意公众，转化逆意公众，争取边缘公众，以取得公众的信任和理解，绝对少不了礼仪。礼仪调节以双方的互相尊重为前提，又是互相尊重的外在表现，"公众至上"的公关原则强调的就是首先要尊重公众。一些组织有时不能在公众面前过关，不能取得公众信任理解，一个重要原因就是未能充分运用礼仪手段来取得公众的谅解。

礼仪是公关的要点之一。公关活动的目的之一就是将社会组织的信息传递给公众,并把公众的信息反馈给社会的决策层。秘书要做好辅助决策工作,必须充分利用传播媒介,将信息有计划地与公众进行沟通。传播沟通有多种形式,然而,人际传播还是最基本的,没有人际传播,大众传播也不会顺利地进行下去。人际传播,无论是通过仪表、服饰、语言、举止等媒介进行,还是通过电话、电报、书信等媒介进行,都离不开一定的礼仪规范,可以说,礼仪是传播的重要媒介。

二、秘书礼仪工作的特点

(一)日常礼仪与专项礼仪的统一

秘书工作作为沟通本单位与外单位、领导与群众、上级与下级、管理部门与职能部门的中介,具有窗口与桥梁的作用。秘书被称为"人际关系工作者",需要与方方面面的人员打交道,因此,对秘书来说,礼仪不仅是个人修养问题,也是秘书工作的一项专业技能。对于秘书来说,既要在日常工作中注重个人礼仪行为,又要在各种专项活动中实施礼仪程序,体现出礼仪。因此,相对于其他岗位的工作,秘书礼仪工作具有日常礼仪与专项礼仪相统一的特点。

秘书礼仪的日常性是与他们的工作内容紧密相关的。办文、办会、办事都必然与礼仪相关。办文时,各种文书在格式、内容、行文、措辞上都要合乎规范要求。办事时,要妥善处理各种关系,准确把握各种场合的礼仪尺度。办会时,要按照一定的程序和礼仪要求来组织会议。这些都是秘书人员的日常工作内容,也是秘书人员工作能力的体现。

秘书礼仪的专项性,是指除了日常工作所涉及的有关礼仪外,秘书人员还要经常直接参与或操办各种礼仪性的活动,如各类典礼和仪式,成为这些专项礼仪行为的策划者或实施者。在陪同领导参加重大活动时,秘书人员是领导的礼仪参谋。当领导需要秘书人员代自己拜访、探望、结交某些对象时,这种专项的礼仪形式需通过秘书人员的恰当行为来传达领导的意图和情感。在重要会议、重大活动的筹备中,秘书人员除了要做好全盘统筹外,对礼仪的细节更应事事过问,处处把关,具体到安排活动中的各项礼仪、前后顺序、礼品规格、致辞撰稿、环境布置等一整套礼仪工作,以保证会议或活动的正常进行,并通过良好的礼仪使本单位在社会上及本行业内树立良好的公关形象。

(二)公务礼仪与私人礼仪的统一

在社会上的一些窗口行业,工作人员要统一着装,规范用语,遵循一定的行为规范,这是一种公务礼仪的表现。秘书人员则不然,他在上班时未必统一着装,工作中也没有什么固定的用语或行动要求,但是却须将公务礼仪与私人礼仪结合起来,在具体场景中有机地使用礼仪规范。

一方面,秘书的工作场所是多样的:办公室、会议室、洽谈室;典礼会场,事故现场;宴会、游乐、出行以及诸如此类一系列的场合,都可以成为秘书人员的工作场所,都要求秘书适时地开展礼仪工作。另一方面,秘书人员的角色也较独特,在辅助领导这一大前提下,他实际的角色是随工作内容而转换的。有时,他是单位的全权代表;有时,他是管理层的主事;有时,他是公勤服务人员;有时,他是负责通信联络的文员;还有时,他以私人身份出现在某些单位的公务场合。总之,由于工作场景的多样性,秘书的角色表现也呈多样性,而角色转换了,所适用的礼仪也须随之转换。

看下面这个例子:某公司的经理早晨大光其火地命令秘书小张立刻向协作单位发出绝交信,以表示对对方破坏协作行为的惩罚。秘书小张不动声色地写好了信,却没有遵嘱立刻发出。下班时,秘书小张拿着那封写好的信问经理:"这封信需要发出吗?"经理早晨的火已被一整天的工作冲淡了,他有可能仔细考虑一下行为的合理性,考虑一下发出绝交信的后果。面对写好而未发出的信,经理甚至庆幸秘书没发。在这个案例中,我们可以发现,秘书礼仪是完全应该灵活运用的。遵从领导指令,立刻做好领导交办的事,是公务纪律,也是公务礼仪——不可与领导当面顶撞。因此,秘书小张必须立刻写好信,而不可不写,更不能在领导大光其火的时候批评领导做法有误。然而,秘书小张同时又巧妙地运用了私人礼仪,以私人感情的友善,心平气和地缓冲了紧张气氛,挽回了可能出现的僵局。倘若这位秘书小姐纯以公事公办的"原则"去做,就可能使本来有可能缓和的事情最终不可收拾,损害了公司的利益。同样,秘书人员协调关系时,也不一定要单纯"公事公办",若以某种私人身份,私人礼仪,如以学生的身份去拜访老师,以同窗的身份规劝老同学,可能起到公务礼仪、公事公办所不能起到的作用。

此外,从礼仪原理来分析,公务礼仪与私人礼仪并没有本质的区别,只是运用场合的不同和礼仪表现的不同,二者并不是截然对立,不可通融。根据公关学理论,每个组织都有它特定而复杂的公众对象,公众在层次上具有组织、群体和个人三种形态,因而适应不同公众对象,适应公众对象的不同特点,才是施行礼仪行为的基础。

（三）外在能力与内在修养的统一

秘书人员学习礼仪、运用礼仪，是秘书工作内容与岗位特性所决定的。礼仪当然包含技能成分，与行为者的礼仪知识、外在形象、工作能力紧密相关。但礼仪是一种文化，礼仪的支撑物是知识和道德。形于外的礼仪活动能力只有与行为者的内心修养结合在一起，才是真实、美好而有意义的。我们强调"内礼外仪"、"先礼后仪"。美国著名礼仪学家 E. 波斯特的这段话证明了上述道理，"礼仪知识是正派举止的核心，就像衣着是正派相貌的核心一样。穿着正派的人并不会有意去注意自己是不是穿了鞋，也许还得戴上手套。同样，知书达理的人也不会有意地遵守什么礼仪之规。因为礼仪的概念已经在他们脑子里深深扎根，成为一种天性，用不着刻意去遵守。"只有知书达理，有高尚的道德修养，礼仪才能"发于内"，成为一种素质，而不是仅仅作为富于表现力的技能。秘书工作是综合性的，对秘书人员礼仪品质的要求远高于其他行业或岗位，甚至可以说，对秘书人员而言，与其说重礼仪外在表现，毋宁说更强调内在修养。

外在能力和内在修养的统一，要求秘书人员提高自身的文化素养，不具备相当的文化知识就不可能根据来自不同文化背景的工作对象而调整自身的礼仪行为。文化素养提高了，反映在礼仪上，必然也就更文明、更规范、更富有时代气息。

外在能力和内在修养的统一，还要求秘书人员具有高尚的思想情操。行为与思想深度有密切关系，如果没有思想深度，礼仪行为就不是情操的反映，而只是机械的操作，长此以往必流于庸俗虚伪。诚然，通过礼仪实践本身也可逐步陶冶行为者的思想情操，但不是一蹴而就的，而是一个长期渐进的过程，因此不能指望在实践中立刻就能将礼仪行为升华为高尚的情操和品质。礼仪小姐的面带微笑、彬彬有礼，若不是发自内心的真诚，而只是职业表现，则对人对己都是一种累赘。秘书人员因角色特殊，工作内容和工作对象广泛，自然更忌虚假，要求其综合素质更高。

在强调外在能力和内在修养统一时，还必须注重秘书人员心理素质的提高。诚恳、谦虚、豁达大度、不计恩怨的性格和坚强勇毅、追求真理的精神气质，是秘书人员努力的方向，也是礼仪实践中必备的心理特征。在礼仪表现上，刻意巴结的心理、骄横狂妄和自抑卑下的心理等，都与现代礼仪原则格格不入。此外，秘书人员也应提高自身的心理学知识水平，了解并掌握礼仪场合的一般心理表现和心理特征，这会给自己的工作带来帮助。例如，懂得交往中的"首轮效应"，即"第一印象"的心理效应，既可给人留下良好的第一印象，又可从别人给自己留下的第一印象中剔除虚假成分。又如,掌握了外交活动中的"白金法则",明白办事交往中必须做到交往对象需要什么,就应当在合法的前提下努力去满足对方什么,这样在施行礼仪时就能做到规范性与灵活性的统一。

礼仪场合的种种规范和行为规范,确实需要专门学习掌握,我们强调"发于内",并不否定"形于外"的重要性。不能想像一个有良好修养和心理素质的人能自发地、直接掌握各种礼仪要求和具体做法,他一定也需要礼仪实践的学习。只有把握了礼仪技能之后,才能发挥礼仪的最大功能,将礼仪体现在公务活动中,促使公务活动顺利健康地进行,从而为社会的文明建设做出贡献。

三、秘书礼仪工作的职能

(一)以礼仪塑造组织形象

组织形象是社会公众对某一组织的总体评价和综合印象。就企业而言,随着经济全球化趋势的不断加强和我国社会主义市场经济建设的不断深入,我国企业面临着日益激烈的国际竞争和国内竞争。在风险与机遇并存的挑战面前,调动一切积极因素,利用一切有效手段,提高组织的知名度和美誉度,从而建立良好的品牌信誉,树立良好的企业形象,是每个企业都必须重视的重要问题。秘书人员要充分利用自己的独特身份,在塑造组织形象的过程中发挥独特作用。

要树立良好的组织形象,除建立产品信誉、运用象征性标记外,企业员工的精神风貌、服务态度、业务水平、装束仪表,都是组织形象的一部分。作为秘书人员,首先要在自己的个人形象上注意维护企业形象,让社会公众通过秘书而对组织产生好感。

以礼仪塑造组织形象,还在于可对损害组织形象的行为进行及时补救,在组织遇到误解或意外事故时的危机处理。

案 例

某自来水公司的一个业务人员在外出执行任务时,不听小区纠察的劝阻随意停车,继而又随地吐痰,当小区居民王先生指出他这些行为有碍公共秩序时,他竟恶语伤人,大肆耍泼,以致被扭送到派出所。这个员工的行为严重损害了企业形象,该自来水公司的领导责成秘书一定要严肃处理此事。秘书来到派出所,首先向王先生赔礼道歉,肯定王先生的做法是正确的。第二天,秘书又请公司领导和那位员工一起上门向王先生赔礼、慰问,并当场聘请王先生为企业的社会监督员。在秘书人员的登门致歉、犯错误员工的当面认错、平时常有问候和请教等一系列行为的感染下,王先生改变了对自来水公司的看法,当水费调整时,他在小区内替自来水公司宣传水费调整的依据,宣传节水就是节约能源的知识。自来水公司礼待王先生的举动,不仅安慰了王先生本人,也改善并提升了公司的组织形象,还赢得了社会的理解和支持。

礼仪手段的恰当运用,与秘书人员的公关意识、形象意识也大有关系。主动、有意识地通过礼仪来体现组织形象,是秘书工作的基本职能之一。

(二)以礼仪推动企业文化建设

现代社会的企业管理越来越注重人的主动性和创造性,"企业文化"的概念也由此应运而生。企业文化是企业在自身生产经营实践中自然形成,为全体员工所认同的企业群体意识和行为准则。它既包含表面的物质文化,如厂歌、厂旗,产品形象,厂容环境等,又包含结构性的制度文化,如领导体制、组织结构、规章制度等,还包含深层的精神文化,如价值取向、经营哲学、行为准则等。无论哪一层意义,都与礼仪有一定的关系,因此,秘书人员应充分认识礼仪在企业文化建设中的作用,在推动企业文化建设的进程中,尽可能地发挥礼仪所具有的加强个人修养、调节人际关系的职能。

企业文化的核心是精神文化,它对企业的发展起着重要的促进作用,管理层如果能通过精神文化的作用来调动员工的积极性,将产生巨大的物质效益,形成强大的生产力。秘书人员在辅助领导决策、协助制定各种管理制度时,应树立以"人"为本的观念,在严密、具强制力的制度约束下,注意以礼仪、道德的精神感召力、启发、诱导企业员工规范自己的行为,体现企业的精神,维护企业的形象。

企业员工间的人际关系、思想交流、感情沟通,也是企业文化的内容之一。在企业内部,部门区别、收入的差异以及员工个性等的不同都可能引起人与人之间的碰撞、摩擦,这种碰撞与摩擦若得不到妥善处理,对员工本人的精神和企业的工作都将造成极大的伤害,矛盾若有激化,甚至会危及社会安定。运用礼仪手段,则可缓解矛盾,协调关系,促进感情沟通和思想交流。礼仪作为开启心灵的钥匙,可促使广大员工在同一目标的感召下,齐心协力,增强对企业目标的认同感和作为企业一员的使命感、自豪感,产生对企业的归属感,形成强大的凝聚力,从而焕发出高度的主人翁精神和积极向上的进取精神。

(三)以礼仪架起信息桥梁

信息对现代企业来说,可谓至关重要。企业的一切生产经营活动,都有信息在直接或间接地作用着。秘书人员是以全面处理信息的方式直接辅助领导实施管理的,信息工作是秘书工作的基本内容之一。

信息工作的首要环节是信息收集,它要求主动、积极、广泛地开辟信息来源,运用各种手段获得信息,一旦信息加工完毕,应将信息迅速传递出去。在这个信息的进与出的过程中,秘书人员应充分认识到,礼仪是重要的信息输送桥梁。

礼仪会使信息的传播渠道更加畅通。信息传播要求及时、保真、系统。为此,秘书人员必须广泛开辟信息来源,运用多种手段获取信息。除了各种大众传播媒介外,秘书人员还要建立起自己的信息网络,而礼仪就是建立和维系这个网络的重要手段。以礼相待,以诚相见,以互利为前提,以双赢为目标,才能在社会上找到朋友,建立合作关系,避免信息的封锁和传输干扰。秘书人员要懂得珍惜各种协作关系,学会适宜地调节气氛,恰当地用礼仪手段表示致谢、致贺、慰问、关心,广泛地参与各种公关活动或交际活动,不失时机地结交新朋友,巩固老关系,哪怕是递上一张名片,在办公室打出或接进一个电话,在公共场合的一次点头、握手,都应认真诚恳,从而加强与他人的情感交流,并及时用礼仪修补被破坏的或处于冷淡中的关系,以使合作各方更亲近、更融洽,从而使合作的成功可能增强,发展的机会增多。

综上所述,礼仪的职能在秘书的各项工作中都有着广泛的体现,它一般不是单纯出现的,而往往是与秘书人员的其他工作,如公共活动、管理活动配合出现,但它在这些工作中的重要性是显而易见的。没有礼仪,就不能形成健康和睦的内外关系,不能完成各种发展计划,不能达到既定的目标。因此,秘书人员一定要重视礼仪工作,提高礼仪水平。

第五节 秘书礼仪素质的培养

由于秘书岗位和秘书工作的特殊性,对秘书人员礼仪素质的要求比对其他岗位的从业人员更高。从某种角度说,秘书人员就是礼仪工作者,需要掌握一般活动的礼仪程序,熟练地组织安排各项礼仪活动。为了更好地辅助领导做好管理工作,进一步改善服务质量,提高工作绩效,同时也是为了自我的全面发展,秘书人员不仅应该把握好秘书礼仪的基本原则,还必须不断加强自我修养,努力提高个人的礼仪素质。

一、加强自身修养,全面提高素质

修养是个人在德、才、胆、学、识等方面经过学习和锻炼所达到的水准。这里所说的"德",即一定社会、一定时代、一定阶级的思想、政治、道德标准;"才"即个人的才能,包括能力和技能;"胆"即个人的心理品质;"学"即个人的知识、学问;"识"即个人的分析、判断和预见事物的能力。

人的修养从本质上说是个人对环境的积极适应。修养水平越高,对环境的适应和改造能力就越强。从这个意义上说,人人都需要修养,都需要随着环境的发展而不断提高自身的修养水平。俗话说:"活到老,学到老",是指要不断地学习,不断提高修养水平。但是,作为一个具体的人,他所处的环境总是具体的,其中最重要的是职业环境,一个人的生存和发展离不开特定的职业环境。因此,个体的修养首先要与他的职业环境相适应。也就是说,只有根据正在从事或者将要从事的职业的要求来确定修养模式,提高修养水平,个体的修养才具有实质意义和社会价值。

既然个体修养是对社会环境和职业环境的积极适应,那么对于秘书修养而言,就应当从秘书活动的社会环境和职业环境的要求出发,规范秘书的修养模式,提高修养水平。同样,只有从秘书主体在其职业环境中所扮演的角色、所发挥的作用及其社会地位的角度和高度加以审视,才能真正把握秘书修养的重要性。秘书是为领导者而存在的,秘书活动的根本目的是辅助领导者实施管理,秘书的直接服务对象是领导者,这一切决定了秘书在社会活动中主要是扮演配角。但是,秘书又是秘书活动的主体,在辅助领导活动的过程中,可以对领导者产生一定的影响,从这一意义上说,秘书在特定的条件下又扮演的是主角。正确认识秘书角色的双重性特征,对于规范秘书主体的修养模式,提高秘书主体的修养水平具有重要意义。首先,秘书必须清醒地认识到自身角色的实质是配角,并且以此作为规范自身修养模式的基点。其次,秘书角色的主角潜在性特征说明,秘书的职业活动绝不是消极被动的,秘书在受制于领导者的同时,也要通过自己的努力,给领导者的工作以补偿,甚至对领导者的思想和行为施加一定的影响。因此,对于秘书来说,必须全面提高自身的思想道德修养、知识文化修养、能力修养和心理修养。

二、培养秘书礼仪素质

(一)培养良好的道德品质

礼仪属于道德范畴。它依赖于道德,又对道德的养成具有极为重要的作用。礼仪对社会人际交往行为的渗透越全面,其对道德修养的依赖性也越强。"言为心声,行为心表",礼仪如果不以社会道德为基础,以个人文化素质、品格修养为基础,只在形式上下工夫,势必事与愿违,发生假文明、假斯文、东施效颦的笑话。所以,注重礼仪修养的根本在于加强道德修养,培养良好的道德品质是秘书实施礼仪的首要条件。

道德分为社会公德和职业道德。社会公德是全民性的道德,为社会全体成员所承认,也是全体成员应当遵守的。任何人一旦违反了社会公德,就会遭到社会舆论的谴责。职业道德是在一定的职业活动中所应遵循的行为规范,是社会公德在一定职业范围内的具体表现,也是个人道德修养最集中、最基本的体现。秘书作为一种职业,对从业者有较高的道德要求。秘书人员不仅需要具有高尚的社会公德,而且应当加强职业道德修养,自觉地用秘书职业的道德规范来塑造自己的人格,以适应秘书的职业环境。秘书职业道德具体表现在以下方面:

1. 爱岗敬业。在香港商界,洪小莲的名字可谓家喻户晓。这位长实集团的董事局副主席,因为在李嘉诚先生身边出色服务长达30年,而被业界尊称为莲姐。1972年,年仅24岁的洪小莲开始为李嘉诚做秘书,跟着李嘉诚经历了从做塑料花、做地产、做码头、做高科技到做传媒等一系列历程,由一个普普通通的秘书成长为仅次于李嘉诚父子,位居长实集团决策高层第三把交椅,年薪1200万港币的香港打工皇后。洪小莲并没有多高的学历,其智力、能力都并不出色,但她最大的特点就是爱岗敬业,30年如一日,忠心耿耿、勤勤恳恳。洪小莲的经历为所有立志于从事秘书职业的人士提供了榜样。

秘书的工作岗位在领导身边,掌握很多领导的机密和内情,秘书又常常会受领导委托,代表领导出面做许多事情。但是,秘书所做的一切都仅仅是为领导决策提供服务。这种岗位的特殊性决定了秘书地位的引人注目和秘书工作的繁杂琐碎。过去秘书界有这样一句玩笑话,说秘书"政治上是红人,工作上是忙人,经济上是穷人,身体上是病人"。秘书的工作性质对秘书自身素质有较高要求,在工作态度上要尽职尽责、任劳任怨;在工作能力上要求多才多艺、干练利索;在学识修养上既要求全面丰富又要一专多能。在心理素质上,既要主动热情,又要含蓄内敛;既要稳重自制,又要幽默大方。所以,尽管秘书岗位说到底是一个服务岗位,但秘书工作又要求秘书是个全才。秘书的劳动成果具有潜隐性,劳动过程具有幕后性,是否能安于这样一个岗位,默默无闻又积极主动地做好秘书工作,对秘书从业者来说是一个考验。廖金泽先生说过:"秘书如果对自己的职业没有这种宗教般的信仰,绝对做不好秘书。"秘书人员应该充分理解这种岗位和秘书工作的特殊性,树立正确的职业理想和职业态度,怀着一颗平常心、清净心、欢喜心,对工作充满诚意,对众人充满善意,遵守职业纪律,维护职业荣誉,安于本职,爱岗敬业。

2. 公正客观。秘书要待人平等,处事公正。公正客观是秘书做好工作的基本前提。秘书工作的职能之一就是协调关系,作为协调活动的主体,秘书必须客观公正才能服人。在工作中不能以地位高低论曲直,也不能以个人好恶做判断;不能看人下菜碟,要尽量做到对事不对人;要在上司的授权范围内合理行权,在与同事的充分沟通中协调职权,在部下的积极配合下有效用权。对待上司要敬重,注意维护上司的权威;对待同事要谦虚,绝不能擅权自傲;对待群众要理解,要与人为善,宽以待人;对待自己不能有特权,要严于律己,恪尽职守;面对工作不能有偏好,不能感情用事;帮助他人要出于诚心,提批评、建议要出于公心。

3. 忠诚守信。诚信守信是做人的根本。对于秘书来说,这一点尤为重要。秘书要牢记自己服务的根本对象是领导,忠诚于本职工作,忠诚于本部门领导,是秘书必守的本分。廖金泽先生曾讲过这样一个故事:曾经有位秘书,上司因遭人陷害而获牢狱之灾,上司家人都在国外,非常着急但却束手无策。眼看公司就要垮了,秘书于心不忍,主动联系律师去见狱中的上司,提出愿站出来收拾危局。在上司的授权下,她不辱重托,巧妙地周旋,终于化解了检察院调查、债主上门催债、员工闹事、高层跳槽给公司运作带来的压力,竭尽全力帮上司打理公司和打官司。半年多后,上司洗清冤屈出狱,在公司里郑重其事地向她表示感谢。身心疲惫、形容憔悴的她说了这么一段话:"如果您真要感谢,那得谢谢您自己,因为是您的人品和才华让我非常崇拜和敬佩,我才会有这样的表现。其实我所做的,正是您平常经常教我的,谢谢您给了我这么一个机会。"忠诚是秘书的基本道德。作为秘书,不仅要忠于职守,忠于领导,还要忠于承诺。作为秘书人员,要诚恳、严谨,不轻易许诺,而一旦许诺,便必须办到。另外,秘书一定要有强烈的时间观念,办事要守时,特别是与外单位打交道时,一旦由于不守时而造成违约,就会造成很坏的影响。

4. 摆正位置。秘书辅助决策最重要的原则是"定位"原则。对于秘书来说,必须摆正自己的位置,忠诚守份。秘书虽然在领导身边工作,但秘书的工作性质是为领导提供全方位的服务,秘书人员要清醒地认识到自己的职权范围,认识到自己的工作具有幕后性,劳动成果具有潜隐性,在领导面前,自己永远是配角。所以,即使你很得领导信任,也不能张扬;即使居功至伟,也不能表功;有时你心知肚明,表面上还得装糊涂;有时你满腹委屈,还不得不代人受过。

另外,秘书代表领导出外办事时,要牢记自己工作的名义假借性,切不能超越权限,在群众面前摆出"二首长"的架子,更不能以权谋私,利用特殊岗位捞取个人私利。在与不同身份的人交往处事中,要正确履行自己的职责,既要积极配合领导和其他部门的工作,又不能超越权限干预领导的决策和阻挠下属或其他部门的工作。

5. 保守秘密。保守机密是秘书工作的一个基本原则,也是秘书职业道德的基本要求,世界各国对秘书的要求都有这一条。对于秘书而言,不仅脑子要活,手脚要勤,而且嘴巴要紧。秘书要在职业活动中牢固树立保密观念,严格执行有关保密法律、法规和规章制度,养成保密习惯,确保一切秘密事项的安全。具体要做到:不该说的机密绝对不说;不该问的机密绝对不问;不该看的机密绝对不看;不该记录的机密绝对不记录;不在非保密本上记录机密;不在公共场所及家属子女、亲友面前谈论机密;不在不利于保密的地方存放机密文件和资料;不通过普通电话、明码电报、普通邮局传达机密事项;不携带机密材料游览、参观、探亲、访友和出入公共场所。

(二)培养谦虚而恭敬的态度

谦虚而恭敬的态度是秘书礼仪的一种主要表现形式。"谦虚"主要表现在思想观念上,强调要正确看待自己,也正确看待他人;不可高估自己,更不可低估他人;要善于发现自己的缺点和不足并积极改正,善于发现他人的长处与优点并努力向他人学习。秘书的岗位和秘书的工作性质都决定了秘书绝不可张扬,谦虚内敛是秘书人员应具有的品德。法国哲学家罗西法古说过这样一句话:"如果你要得到仇人,就表现得比你的朋友优越吧;如果你要得到朋友,就要让你的朋友表现得比你优越。"

恭敬主要指对人的态度,谦恭的态度对秘书来说是尤为重要的。它主要通过秘书的神态、语言、动作和行为等综合表现出来。对于秘书来说,要能够隐忍一切烦恼和压力,从容恬淡地做好工作,即使内心深处确有不快,也不要整天怨天尤人,要善于掩饰不愉快的情感,以喜悦平和的外表给周围人一个好心情。秘书人员不妨有意识地训练一下自己的面部表情,学习规范的举止。

1. 表情。表情中最重要的方面是眼神和微笑。它们传递的内容是丰富而微妙的,可以表现出对对方的欣赏、理解和欢迎,使对方感到愉悦,也可能起到相反的作用。所以,秘书人员一定要注意自己的面部表情,必要时,还应专门训练自己的面部表情。与人交往,眼神要能显示出你在认真倾听对方谈话,因为每个人都希望在用语言表达自己的观点时得到别人的重视。要通过眼神告诉对方"你是一个值得我倾听你讲话的人",这在无形中就提高了对方的自尊心和信心,感到你能理解他,尊重他,产生愿意同你接近并与你交流的心理感受。在倾听时要恰当地点头配合,把目光放在同对方目光同一水平上,做到轻松自然,这样才能赢得对方的信任。微笑也是礼仪的重要组成部分,所谓"一笑泯恩仇",微笑使生疏变得亲密,使隔阂变得融洽,使不顺心变得开心。真诚的微笑能营造亲切友好和相互信任的气氛。秘书要学会真诚的微笑,在工作中发挥微笑的魅力。独处时面容和善亲切,笑不露齿;与人交往时热情大方,笑时可露出六颗牙齿。

2. 举止。举止包括行、立、坐、蹲的姿态和手势等。一个人的举止完全能够表现出对人的态度。一般来说,站立时挺胸凸肚,双臂抱在胸前,双腿叉开;入座时坐满全椅;招呼人时手掌向下;与人握手时手心向下;用手指点他人等都是权威的表示,给人傲慢自负的感觉。秘书在与人打交道时就要注意这些动作和姿态,注意各种场合应有的礼节。在社交场合要主动大方地与对方接触,递送名片,自我介绍,让对方尽快了解自己,言谈中注意语言的文雅与委婉。

此外,牢记他人姓名,称呼恰当亲切,也是秘书人员进行交往时的一项重要法宝。一般人对自己的姓名总是很敏感,如果有人记住他的姓名,他自然会对对方产生好感;反之,则可能带来意想不到的麻烦。秘书人员要有意识地训练自己的记忆力,尽可能快而准地记住与自己打过交道的人的姓名,为自己赢得更多的朋友。在交往中,还应注意称呼的运用,与组织外的人、上级、平级相处时多用敬称,与下级相处时可用敬称,也可用爱称,以营造亲近融洽的气氛。同时,接人待物时多用谦敬辞。

(三) 培养文明而礼貌的语言素质

语言是人们交流时必不可少的工具和手段,是人们相互之间沟通的桥梁。秘书作为人际关系工作者,时时要与各方面人士打交道,语言的文明礼貌显得尤为重要。语言包括口头语、书面语和态势语,这里主要讲口头语。

作为组织的窗口,秘书人员经常要与各方面的人打交道,这里不乏很多陌生人。如何与陌生人打交道,是秘书人员掌握主动权的关键。秘书人员要克服羞怯心理,不惧生,首次见面和聚会中,主动大方地与对方接触,递送名片,实事求是地作自我介绍,让对方尽快了解自己,给自己与他人交谈创造主动的环境。

切实理解秘书活动中介性的特点,在思想上做好开放型、全方位活动的准备,增强与人交往的勇气。作为秘书,要有意识地进行自我心理训练,在工作中充满自信,培养主动灵活的气质和大方的风度;不仅要克服"怯场"心理,还要训练自己的表达能力,丰富自己的知识和语言,在人前找到适当的话题。

学会"说话",注意语言的文雅、委婉和幽默。要讲究言辞,遣词造句不仅要符合语法规范,内容也应正确、健康。要注意不在失意人面前说得意事,不探听别人的隐私,开玩笑注意对象与场合,在公共场合不能直呼领导姓名,熟悉各地方的习俗和禁忌。

(四)培养潇洒的仪表风度

国外有位心理学家做过这样一个实验:分别让一位身着笔挺漂亮军服的海军军官,一位戴金丝眼镜、手持文件夹的青年学者,一位打扮入时的漂亮女郎,一位挎着篮子、神色疲惫的中年妇女,一位留着怪异头发、穿着邋遢的男青年,到马路边去请求搭车。结果是,漂亮女郎、海军军官、青年学者的搭车成功率最高,中年妇女次之,搭车最困难的是那个男青年。英国哲学家弗兰西斯·培根说过:"行为举止是心灵的外衣,应该有外衣的条件。首先应该合乎时尚;第二不应该太标新立异,不应该太贵;第三应该剪裁妥帖,以阐明心灵的任何优点,并补充和掩盖任何缺陷;最后,也是最主要的,不应该又紧又窄,以至禁锢了心灵,在事务和行动上干预了它的自由。"

仪表风度是一种静态语言,是一个人个性的表征,它反映着一个人的文化修养及格调,无时无刻不在向周围传递着个人的信息。虽说"人不可貌相",但人们的认识是有规律的。心理学把衣着仪表等显眼的部分或特征称作认识对象的强成分,而把那些较隐蔽的东西如思想、知识、品德等称作认识对象的弱成分。人的认识规律总是先强后弱,不可能强迫他人首先越过外表的强成分去看到人的内涵等弱成分。秘书的学识、修养、智慧、品质是内在的素质,其风度(包括语言、举止、服饰、仪态)则是外露的、直观的。特别是初次见面时,仪表的适度能给人留下深刻的印象。对于秘书的仪表风度,总的要求是优雅大方、整洁得体,既能显示个性,又决不能奇装异服,标新立异。但仪表潇洒,也要适度。秘书需要时刻记住自己的配角身份,在仪表上不能抢领导的风头,最好能与领导协调配合,形成互补。只有具备良好的仪表风度,才能深化与他人的良好关系,提高工作效率。

三、秘书礼仪禁忌

秘书人员工作在一个特殊的岗位,在处理日常事务中既要当好领导的助手,又要协调好与群众的关系,特别要注意以下礼仪禁忌。

(一)越位

所谓秘书越位,是指秘书人员所做的一切超越了秘书角色应有的言行。虽然秘书人员直接为领导服务,在领导身边工作,有时还会在领导授权的情况下代领导处理一些日常杂务,以致在一般人眼中,秘书往往具有特殊的地位,会被人当作"二首长"。但是,秘书是为领导服务的一般工作人员,他的全部工作都是为领导决策提供服务,没有领导就没有秘书,相对于领导,秘书处于从属地位,所以,秘书决不能超越自己的角色定位去行事。

秘书人员的越位现象主要有以下四种表现形式:

1. 决策越位。领导是本单位、本部门的最高决策者,决策的实施也要靠领导的权力做保障。秘书人员是单位的一般人员,与其他岗位的工作人员相比,仅仅存在着分工的差异,无任何权威性。秘书常常会为领导提供决策方案,这是秘书的职能之一,但尽管如此,这也仅仅是参谋、助手和智囊的作用。对于秘书来说,只能"谋",而不能"断",切不可混淆决策和辅助决策两个层次的内容,擅做主张,甚至反辅为主,左右领导。

2. 表态越位。表态与个人的身份和权力有直接的关系。不同的人所做的表态会因其不同的角色地位产生截然不同的效果。领导表态一般代表单位的态度,有单位的职责做支持,外单位方可信任,而本单位人员和下级人员也必须认真执行。秘书表态却仅代表个人,如果不经领导授权就以组织的名义表态,将会踏入误区。

3. 工作越位。领导和秘书人员各有职责范围,不能互相代替。属于领导出面处理的工作,秘书人员决不能抢着去做,不要以为出于对领导精力补偿的缘故就可以对领导分内的工作包办代替,也不要为了在领导面前显示自己的工作能力和积极肯干的态度,或在同事面前出风头而故意造成工作越位。

4. 社交越位。秘书人员经常陪同领导参加一些社交活动。在这些场合中,秘书都应突出领导,自己甘当配角,退居"二线"。在公众场合着装不能过于显眼,抢领导的风头;不要过于活跃张扬,显示自己过多;闪光灯下要注意将领导推在前面,自己尽量少露面。

（二）重权

秘书在领导和上司身边工作,常常会得到领导和上司的信任,被委以重任,但即便如此,也并不等于你就是领导。有些秘书人员权力欲望很重,为了显示自己的重要性,满足个人不正当的利益,利用自己的特殊岗位套取机密,拉拢关系;违反保密原则随意行事,随便讲话;在上级面前逢迎拍马,讨好上级,在群众面前颐指气使,擅权专横,甚至直接撇开本级领导越级请示,出风头,要名利,吃吃喝喝,拉拉扯扯。这些都严重违背了秘书职业道德,不仅严重影响人际关系,影响工作,长此下去,对个人的发展也极为不利,是秘书人员必须避免的。

（三）不修边幅

衣着仪表对一个人而言就如同商品的包装,显示着自己的职业和品位。俗话说:"人靠衣裳马靠鞍","人要衣装,佛要金装"。秘书的个人形象不仅代表个人,还代表着他所在的组织。一个着装得体,举止优雅,办事干练,待人亲切有礼又性情稳重的秘书,能让人产生信任感,提升所在单位的品位。所以,秘书人员应格外注重自己的仪表风度,在仪表上做到"礼数周到,注意细节"。

一般来说,女秘书比较注意个人仪表,但要注意不可在异性面前化妆,也不要在公共场合化妆,切忌浓妆艳抹,也不要留长指甲。对于男秘书来说,切忌不修边幅,披头散发,胡子拉碴,穿着随意。这既是对他人的不尊重,也有损自己所在组织的形象。有些人喜欢做表面文章,只注意外在的衣裤而忽略衬衣,皮鞋锃亮而袜子破损有异味,只洗脸面而忽略头发和颈部、耳后,反而会给人留下不好的印象。以上这些问题都应引起注意。

案 例

张蔷与李燕同期被某通讯公司录用,同被分到总经理办公室当秘书。张蔷是某名牌大学中文系毕业的高才生,在学校就发表过多篇文章,能说一口流利的英语,而且长得明眸皓齿,身材高挑,走到哪里都有羡慕的目光追逐。李燕毕业于某高职院校的秘书专业,长相一般。

开始,张蔷很得公司重视。时尚的她经常是一身休闲装,每天早上来到办公室,就开始打理她那一头长发。看到总是穿着一身正装,留着短发的李燕,心里称她为"小古板",对她不屑一顾。一天,公司召开中层干部会议,研究第二季度公司的销售问题。总经理办公室主任让张蔷作为秘书列席会议,并在会后写出会议纪要。第二天早上,张蔷拿着一沓写满字的纸去见主任。主任接过去一看就说:"会议纪要怎么能写得这么啰嗦!"张蔷正在为自己一夜苦战的结果而得意,主任一句话就让她变成了霜打的茄子。回到办公室,她越想越委屈,不由发起了牢骚。李燕一听是因为写会议纪要的事,忙从自己桌上找出一本《公文写作》递给张蔷,说:"我过去也不会写会议纪要,你看看这本,里面讲得很详细,还有范文。"张蔷看也不看李燕,把头扭过去,心想:"我还不如你吗?瞎操心!"

几天后,英国某通讯公司副总裁史密斯先生要来公司考察业务。公司把接机的任务交给了英语流利的张蔷,张蔷想应该为客人准备一束花。她来到公司附近的花店,看到柜台上摆着很新鲜的香水百合,就买了一大束。当她兴冲冲地捧着百合花走出花店时,迎面碰上李燕。李燕听说张蔷是去接英国客人,忙说:"百合花不合适。"张蔷白了李燕一眼,说:"百合花是友谊的象征,你懂吗?"这时,接机的车已经开到了公司大门口,张蔷穿着她平时喜欢穿的体恤衫和牛仔裤就跨上了车。

当张蔷将百合花递给史密斯先生时,史密斯惊愕地瞪着眼,不知如何是好。张蔷把百合花塞到史密斯先生怀里,让司机接着史密斯的行李,自己就要接史密斯先生的手包,史密斯先生一连几个"NO!NO!NO!"让张蔷觉得很奇怪,以为史密斯先生是出于尊重女性,怕她劳累。

回公司的路上,张蔷想,已经到了吃饭的时候,何不带史密斯先生去品尝一下北京的小吃。于是,她让司机直接把车开到隆福寺小吃店,为史密斯先生点了北京特色小吃豌豆黄、豆汁和爆肚。史密斯先生看着面前的食物,直摇头。

第二天一早,张蔷准备去宾馆接史密斯先生参观公司,却接到办公室主任的电话,让她去资料室协助翻译谈判资料,陪同参观的事交给李燕。张蔷很是气愤,心想,怨不得早晨在公司门口见到李燕时,她笑眯眯的,原来在背后耍手腕。其实,李燕平时脸上总是挂着微笑,只是张蔷从不注意。张蔷满脸恼怒,冲进办公室,一眼看到李燕办公桌上放着汉英双语《现代汉语大词典》。本来张蔷自恃英语好,从来不翻这本词典,词典基本上在李燕的办公桌上放着,李燕手头没事时就会翻看。张蔷过去,一把抄起词典就走出办公室。

到资料室后,张蔷越想越气,无心翻译资料,索性上网发了个帖子,把心中对李燕的气恼都发泄了出来,不定期捎带上对主任的不满。李燕陪同史密斯参观完厂区,已是中午了,回到办公室,看到桌上厚厚的一沓翻译稿,二话没说就去打印。期间她发现几处翻译有错误,随手改了过来。一切都做完好,离下午会谈的时间只有10分钟了,李燕顾不得吃午饭,又开始为会谈记录做准备。

史密斯先生这次来飞达公司,原准备与公司签订合作协议,可是第一天张蔷的表现,让史密斯先生觉得与飞达公司很难合作,准备马上打道回府,而第二天李燕的表现,使史密斯重新认识了飞达公司,但他还是不能完全放心,只与飞达公司签定了一份合作意向书。

张蔷发的帖子在业内传得沸沸扬扬,一周后,公司人事部门通知她去结算工资。两年后,李燕通过竞聘上岗被破格提升为办公室副主任,而张蔷仍没有找到合适的工作。

张蔷和李燕的工作态度和工作表现有什么不同?她们各自不同的经历说明了什么?

思考练习题

1. 什么是礼仪?礼仪的基本特点是什么?
2. 现代礼仪的作用是什么?
3. 秘书礼仪工作的职能是什么?
4. 秘书如何加强礼仪素质培养?

第二章

秘书形象礼仪

  一个人的五官长相是不可选择的,但诸如气质、风度等却可以后天培养和改变。通过一个人的穿衣打扮、举手投足、言谈风貌,是可以将一个人的礼仪品格,也就是礼仪形象分成三六九等的。周恩来在南开中学读书时,有一个著名的"40字镜铭",上书"面必净,发必理,衣必整,钮必结。头容正,肩容平,胸容宽,背容直。气象:勿傲、勿暴、勿急。颜色:宜和、宜静、宜庄"。正是对这些看似简单和琐碎的小节的重视,培养出了周总理优雅的风度。

  随着物质生活的提高,人们越来越意识到,日常生活中的待人接物、衣着打扮、言谈举止至产重要,因为人们往往根据你在社交场合的为人处世来判断你的人品,评价你的修养程度。秘书要讲究形象,落落大方的举止,和蔼可亲的问候,得体的称谓,礼貌的语言,都代表了所在单位的良好形象。

  英国哲学家约翰·洛克说过:"礼仪是在他的一切别种美德之上加上的一层藻饰,使它们对他具有效用,去为他获得一切与他接近的人的尊重和好感。没有良好的礼仪,其余的一切成就都会被人看成骄傲、自负、无用和愚蠢。"这句话特别强调了礼仪对一个人的重要性。当然,仅有外在的美丽是不够的,我们这里说的礼仪形象是建立在良好的思想道德修养上的,是一种内在美的外化,是一种对内在美的最好的诠释。二者相辅相成,即所谓内强素质外塑形象。在现代社会中,在秘书行业里,二者是缺一不可的。

  简言之,秘书的主要形象由几大因素决定:素质(内因)、服饰(外因)、行为举止、言谈,而这些又由"第一眼"(首因效应)所左右。一般"第一眼"就是指人们看到的仪容、仪表、仪态的总和。

第二章　秘书形象礼仪

第一节　仪容礼仪

一个人脸上承载的信息是很丰富的。清洁度代表着他认真仔细的生活态度,美化度代表他张扬或内敛的审美情趣,而发型,又是人的第二张脸,它一样能传递出主人的态度与情趣。

一、仪容的清洁

仪容的清洁是一个人仪容美的最基本条件。一个蓬头垢面的人,哪怕五官再美,外观上给人的感觉也是不美的。

(一)面容的清洁与护理

1. 正确的洗脸方法。步骤如下:
   - 早晚两次;
   - 用温和的香皂或洗面奶;
   - 手指打圈,自下而上,后自上而下,反复多次;
   - 勿忘清洗耳朵和脖子。

2. 皮肤的护理。要点如下:

(1)弄清皮肤类型:

干性:肤质洁白细嫩,脂肪分泌量极少,毛孔细而不显,但易显得干涩无光,缺乏抵抗外界的能力,易起小皱纹。

中性:皮肤油脂分泌适中,表面光滑滋润,有光泽,是一种理想的皮肤类型。

油性:油脂分泌多,出现油亮光泽,肌肤纹理粗糙,毛孔大而显眼,易出粉刺、痤疮,但不易起皱纹。

混合型:鼻子周围油,四周干;冬季干,夏季油;年轻油,老年干。

(2)针对性护理:

干性:将玫瑰花瓣浸泡水中,加入几滴蜂蜜,沾湿面部,用手拍打至干燥,每晚2~3次,能使面部皮肤滋润、光滑、细腻。

中性:晚上冷水洗净面部后,再用热的水蒸气熏脸片刻。

油性:在热水中加几滴白醋,能有效地清洁过多的皮脂、皮屑与尘埃,使面部皮肤显得光洁美丽,并能减轻毛孔阻塞。

(3)保持良好的习惯:

- 保持良好的心态,乐观微笑会让你容光焕发;
- 每天保证 7~8 小时的睡眠时间,充足的睡眠可以有效减少黑眼圈和眼袋;
- 多喝水,每人每天需要饮水 2 000 毫升,睡前、早晨起床后空腹一杯白开水对身体极为有益;
- 合理的膳食能增进皮肤的营养,改善我们的气色:

——V_A:能润滑皮肤,防止干燥。胡萝卜、番茄、柑橘橙、动物肝脏中 V_A 含量丰富。

——V_B:有消除色素(斑)、展平皱纹的作用。牛奶、鸡蛋、瘦肉、豆类、谷物、菠菜、油菜、海贝类等的 V_B 含量丰富。

——V_C:有强血、消斑,令血色鲜红、肤色洁白的功用。绿色蔬菜、柠檬、苹果、草莓等 V_C 含量较高。

——V_D:能增强皮肤抵抗力。鱼类、蛋黄、花生、鱼肝油等食物中 V_D 含量较高。

——V_E:能促进人体荷尔蒙分泌,增强肌肉细胞活力,延缓早衰憔悴。黄豆、木耳、芝麻、花生、蜂王浆、卷心菜、甲鱼、萝卜等食物中 V_E 含量丰富。

- 防晒也是很重要的一个环节。紫外线对皮肤伤害较大,夏季户外活动要涂抹防晒霜,冬季也最好在润肤品的外面再抹上防晒霜,当然,防晒指数可以略低一些。

(二) 口腔的清洁

1. 牙齿的清洁。要注意以下事项:

养成早晚刷牙的习惯,少剔牙缝,如有塞牙,不要当众剔牙。

刷牙时,应上下刷,不要横向刷。

不吸烟,不喝浓茶,以免牙齿变黄变黑。

2. 口腔异味的处理。要注意以下事项:

如果是长期的、较重的口腔异味应去医院查明原因,看是否需要医治。

养成良好的卫生习惯,早晚刷牙,饭后漱口。讲究的女士可以随身携带小巧的牙刷,饭后立即刷牙。

养成良好的饮食习惯,不暴饮暴食,多吃清淡食物,忌油腻和辛辣,戒烟酒。

早晨空腹饮一杯淡盐水,平时以淡茶水漱口。

工作之前不吃葱、蒜、韭菜等食物。

与人近距离交谈,应用手掩盖。

牛奶、口香糖、话梅可减少口腔异味。

3. 牙齿异形。改变牙齿异形最好的办法就是矫形,当然成年人首选的办法是洗牙、洁牙,使"一白遮百丑"。

(三) 鼻子的清洁

1. 鼻臭:如有鼻臭,应当治疗,平时用生理盐水清洗。

2. 鼻毛:鼻毛过长露出鼻孔相当不雅,可剪短,不要拔。

3. 鼻孔:鼻孔须经常清洁,洗脸时掏干净,不可人前抠鼻孔。

(四) 头发的清洁

1. 科学的洗发。中国人一般认为头发健康的标准是具有光泽、发色乌黑、清洁滋润、无头皮屑,能给人一种整洁、庄重、洒脱、文雅、活泼的感觉。要保持头发健康,需注意以下事项:

常洗:一般夏天 2~3 天洗一次头,冬天 4~5 天洗一次头。油性发质的人则更需勤洗,干性发质的宜较长时间洗一次。

洗发液:油性发质用弱酸性洗发液,干性发质用含蛋白质的洗发液,中性发质则随意,一般用比较温和的洗发液即可。

洗法:螺旋式转动手指尖按摩,不可胡抓乱挠。洗后漂洗彻底,毛巾拭干不要太用劲,最后可抹护发素。

自然风干:尽量不要使用吹风机,那样对头发的损害极大,最好的方法是让头发自然风干。

2. 正确的梳理。要点有二:

一是应把头顶及脑后的头发从发根到发梢向上梳,左右两边的头发则向右左两边梳,促进血液循环。

二是洗发前先梳顺,用力要均衡。

3. 保养。注意事项如下:

入秋前对头发精心保养,补充营养护发素,防止入秋后出现头屑,并防止脱断发。发尖分岔,应及时修剪。

平时应加强营养,高蛋白食物、水果、蔬菜是必需的,还可以每日食用红枣和核桃养血养发。

洗发时切记洗发液不可在头发上停留时间太长。

烫发、染发不要过勤,不宜过多使用电吹风。即使要用,电吹风也不可距离头发太近。

营养焗油可保护头发。

(五) 手的清洁

从一双手,可以看出一个人的修养、卫生习惯和对生活的态度。所以平时要注意:

- 指甲修剪整齐,不可当众修剪。
- 指甲不宜过分修饰,不宜染的大红大紫。当下流行的美甲,在指甲上画图案和做假指甲都不宜在工作场所中出现。
- 不可啃指甲,更不可当众咬手指头。
- 指甲缝里不可藏污纳垢,每天洗脸的时候可以同时清洁手指甲,但不可以在人前自顾自地抠。

(六) 胡须的清洁

古代男子28岁可蓄须。我国当代的风俗,职场上的男性一般不蓄须,除了老人或职业需要。

- 每日刮面,但不可当众剃须,亦不可人前一根根拔须。
- 蓄须不可标新立异,胡须稀疏的话宁可不蓄。

(七) 服装鞋袜的整洁

- 衣领、袖口要保持清洁,衬衫一天一洗换。
- 夏季衣服上的汗渍要注意洗净,不可让人看到汗渍斑斑的样子。
- 一般衣服上的扣子要扣齐全,西装的讲究除外。
- 衣服不能有破损。
- 内衣要勤换,服装(西服、夹克、衬衫)要洁净。
- 皮鞋要注意擦油,落灰要及时擦,但不可当众弯腰擦鞋。
- 袜子常洗换,为防止掉色染色,最好颜色不同的分开洗。
- 滑丝的袜子不宜再穿。
- 有时丝袜的长短是个大问题,长短不合适也会给人不清爽的感觉。

二、仪容的美化

仪容美化也就是适度的化妆。如今,一些合资、外资企业要求员工画淡妆,即所谓淡扫蛾眉淡点唇。在社交当中,美貌是一张很好的"通行证"。人们对美好的东西总是欣赏的、赞美的。俗话说:"先天不足后天补,三分长相七分打扮。"随着人们生活水平的不断提高,物质条件的不断改善,化妆已越来越被人们所重视。

（一）常用化妆品

清洁类：美容皂、洗面奶。

护肤类：面膜、按摩膏、营养水、润肤霜、防晒霜。

修饰类（注意防过敏，试用24小时后无不良反应后再用）：粉底、唇线笔、口红、眉笔、眼影、腮红。

（二）化妆的程序

1. 先洗净脸，然后做面膜，25分钟后揭去面膜纸或洗净面膜膏，涂以按摩膏，在脸上打圈按摩，直至按摩膏完全被吸收，再接着拍上营养水和润肤霜，进行营养隔离。

2. 接下来，涂粉底，修饰脸型与遮掩色斑。注意，眉眼处不涂。若是敷定妆粉，须薄、淡；若是膏状，则应用指肚轻轻拍匀。

3. 涂眼影，突出眼睛的立体感。亮暗搭配，橄榄绿为主。贴近睫毛处重些，眼角部位重些，要揉开。塌鼻梁可将眼影向鼻梁处延伸。画眼线：上线浓，下线浅。

4. 描画眉毛，将眉笔修成扁平状，沿眉的生长方向画短笔，眉头重而宽，眉梢轻而窄。然后用眉刷使之均匀。描画眉毛时要注意：脸大不宜过细，脸小不宜浓密。

5. 上腮红，应自然均匀。圆脸、面宽者敷于面颊骨，向下抹开；长脸、面窄者敷于颊骨上部，向四周抹开；椭圆型脸敷少量于颊骨，向四周抹开。白肤者用浅桃红、浅玫瑰红、浅橘红；皮肤较黑者用浅棕色为好。

6. 抹口红，先勾唇线，以有立体感，唇线应深于唇膏色。口红的颜色对于秘书来说，首选接近自然唇色的红色系列，不可用艳红或另类色彩。

（三）不同脸型的化妆技法

脸部化妆一方面要突出面部五官最美的部分，使其更加美丽，另一方面要掩盖或矫正缺陷或不足的部分。经过化妆品修饰的美有两种：一种是趋于自然的美，一种是艳丽的美，前者是通过恰当的淡妆来实现的，它给人以大方、悦目、清新的感觉，最适合在家或平时上班时使用。后者是通过浓妆来实现的，它给人以庄重高贵的印象，可出现在晚宴、演出等特殊的社交场合。无论是淡妆还是浓妆，都要利用各种技术，恰当使用化妆品，通过一定的艺术处理，才能达到美化形象的目的。下面介绍不同脸型的化妆方法。

1. 椭圆脸。椭圆脸可谓公认的理想脸型，化妆时宜注意保持其自然形状，突出其可爱之处,不必通过化妆去改变脸型。胭脂,应涂在颊部颧骨的最高处,再向上向外揉化开去。唇膏,除嘴唇唇形有缺陷外,尽量按自然唇形涂抹。眉毛,可顺着眼睛的轮廓修成弧形,眉头应与内眼角齐,眉尾可稍长于外眼角。

正因为椭圆形脸是勿需太多掩饰的,所以化妆时一定要找出脸部最动人、最美丽的部位,而后加以突出,以免给人平平淡淡、毫无特点的印象。

2. 长脸型。长脸型的人,在化妆时力求达到的效果应是:增加面部的宽度。胭脂,应注意离鼻子稍远些,在视觉上拉宽面部。抹时,可沿颧骨的最高处与太阳穴下方所构成的曲线部位,向外、向上抹开去。粉底,若双颊下陷或者额部窄小,应在双颊和额部涂以浅色调的粉底,造成光影,使之变得丰满一些。眉毛,修正时应令其成弧形,切不可有棱有角。眉毛的位置不宜太高,眉毛尾部切忌高翘。

3. 圆脸型。圆脸型给人可爱、玲珑之感,若要修正为椭圆形并不十分困难。胭脂,可从颧骨起始涂至下颌部,注意不能简单地在颧凸突出部位涂成圆形。唇膏,可在上嘴唇涂成浅浅的弓形,不能涂成圆形的小嘴状,以免有圆上加圆之感。粉底,可用来在两颊造成阴影,使圆脸削瘦一点。选用暗色调粉底,沿额头靠近发际处起向下窄窄地涂抹,至颧骨部下可加宽涂抹的面积,造成脸部亮度自颧骨以下逐步集中于鼻子、嘴唇、下巴附近部位。眉毛,可修成自然的弧形,可作少许弯曲,不可太平直或有棱角,也不可过于弯曲。

4. 方脸型。方脸型的人以双颊骨突出为特点,因而在化妆时,要设法加以掩蔽,增加柔和感。胭脂,宜涂抹得与眼部平行,切忌涂在颧骨最突出处。可抹在颧骨稍下处并往外揉开。粉底,可用暗色调在颧骨最宽处造成阴影,令其方正感减弱。下颚部宜用大面积的暗色调粉底造阴影,以改变面部轮廓。唇膏,可涂丰满一些,强调柔和感。眉毛,应修得稍宽一些,眉形可稍带弯曲,不宜有角。

5. 三角脸型。三角脸的特点是额部较窄而两腮较阔,整个脸部呈上小下宽状。化妆时应将下部宽角"削"去,把脸型变为椭圆状。胭脂,可由外眼角处起始,向下抹涂,令脸部上半部分拉宽一些。粉底,可用较深色调的粉底在两腮部位涂抹、掩饰。眉毛,宜保持自然状态,不可太平直或太弯曲。

6. 倒三角脸型。倒三角脸型的特点是额部较宽大而两腮较窄小,呈上阔下窄状。人们常说的"瓜子脸"、"心形脸",即指这种脸型。化妆时,需掌握的诀窍与三角脸相似,需要修饰部分则正好相反。胭脂,应涂在颧骨最突出处,而后向上、向外揉开。粉底,可用较深色调的粉底涂在过宽的额头两侧,而用较浅的粉底涂抹在两腮及下巴处,造成掩饰上部、突出下部的效果。唇膏,宜用稍亮些的唇膏以加强柔和感,唇形宜稍宽厚些。眉毛,应顺着眼部轮廓修成自然的眉形,眉尾不可上翘,描时从眉心到眉尾宜由深渐浅。

(四)不同年龄女性的化妆

1. 少女。少女妆的特点应在于自然,给人以青春的朝气和不加修饰之感。

由于少女的皮肤细腻、娇嫩而富有弹性和光泽,在化妆时宜突出两颊和嘴唇处,不宜描眉、涂眼影和上较夸张的粉底。在技巧上,应清淡自然,似有若无,切忌浓妆艳抹,反倒失去自然美。

具体的方法是:清洁皮肤,一定要彻底洗净,因为青春期皮肤油脂分泌较多,若不保持清洁易生粉刺等;涂上润肤剂,以轻拍方式施以化妆水,以整理肌肤;涂上一层薄薄的浅色调的粉底,双颊扫以淡淡的棕红色胭脂;唇部画好唇形后,宜涂上粉红色、橙色等富有朝气色彩的唇膏;睫毛可涂上淡淡的黑色睫毛膏,强调明亮的双眼;在整个以粉红色和棕色为基调的脸部,还可略施薄薄的透明状松粉,更显露出柔和鲜艳的肤色。

清新而艳丽是少女化妆的目标。

2. 少妇。女性最令人着迷的阶段就是少妇时期,因为这时她们身上既保持着青春美,又添加了成熟之美。但女人到了这一时期,皮肤已或多或少地出现了细小的皱纹,肤色也不如少女时红润和有光泽,因而要展示成熟的美感,需掌握化妆的技巧。

少妇化妆的原则是,白天讲究化妆的整体淡雅,晚间则可稍微浓重一些。

具体操作时,应视每个人五官的不同情况而强调优点、掩饰缺点。选择的粉底,应是稍带粉红色调的,以增添面部的青春气息;使用的香粉则应是淡紫色调的,可令皮肤色泽更柔和白皙。涂搽胭脂时,宜面对镜子做微笑状,找出脸颊鼓起的最高处施以胭脂,胭脂的色调宜与自然肤色相近,以求淡雅效果。

少妇化妆时,最忌效仿少女妆,而应重在展现其青春风韵犹存、成熟之美初生的风姿。

三四十岁正是保青春、延缓衰老的关键时期。这一时期的女性除要注意皮肤的保养外,还应借助化妆留住青春。

3. 中年女性。由于中年女性面部普遍布有皱纹,因而化妆重在掩饰。可选用稍暗色调的粉底,在有皱纹的地方轻轻涂抹,应沿着皱纹纹路的起向轻涂,否则垂直涂抹粉底会使之存留于皱纹之中,使皱纹更为明显。粉底宜涂得薄而均匀。为进一步掩饰皱纹,必须降低皮肤的亮度,所以应用质好细腻的香粉扑面。

选用胭脂时应视面部的不同情况而定。液状胭脂有湿润作用,粉状胭脂则能掩饰粗大的毛孔。

中年女性的化妆宜突出自然、优雅之感。

4. 50岁以上女性。50岁以上的女性，尤其是过了60岁的女性，已步入老年行列。我国的老年妇女大多不加打扮，认为这样的年纪再美容化妆会惹人说笑，这是极为错误的观念。其实即使老年人，也可借助巧妙的化妆技巧来美化自己，展现"黄昏"之美，白发红颜同样能给人以强烈的美感。

老年妇女，应选用接近自然肤色的粉底，过深或过浅色调的粉底反而会使皱纹更为显眼；眼影不可选用油质的或带有闪光的，否则会使眼部油腻无神而显浮肿；唇膏宜选用颜色柔和的，忌用过于艳丽的色彩，最为经常使用的是润唇膏。另外，在涂唇膏时不宜画唇线；在修正眉形时，可将眉毛稍稍描一下。

老年妇女的装饰应上下统一而协调，给人高雅之感。在穿衣时，最好将皱纹较多、肌肉松弛的颈部掩饰住，使面部化妆效果更为明显。

（五）化妆的礼节及应注意的问题

1. 在正式场合，女士不化妆会被认为是不礼貌的。

2. 化妆的浓淡在于时间和场合。随着时间与场合的改变，女士化妆应有相应的变化。白天，自然光下，一般女士略施粉黛即可；职业女士的工作妆也以淡雅、清新、自然为宜。工作中在脸上涂上一层厚厚的粉底，嘴唇鲜红耀眼，这是不懂礼仪的表现。浓妆，多为参加晚间娱乐活动的女士的装扮。其实，夜色朦胧，不论浓妆还是淡抹都能为众人所接受。

3. 在公共场所不能当众化妆或补妆。有些女士，对自己的形象过分在意，不论什么场合，一有空闲，就会拿出化妆盒对着镜子修饰一番，一副旁若无人的样子。在公共场所，众目睽睽之下修饰面容是没有教养的行为。如真有必要化妆或补妆，一定要到洗手间去完成。

4. 化妆属消极美容，治标不治本，应提倡积极美容。面部的皮肤是很娇嫩的，任何不科学的外部刺激都会使它受到不同程度的损伤。众所周知，任何化妆品都有一定量的化学物质，这些化学物质对皮肤多少都有不良的刺激。不少女士喜欢浓妆艳抹，这样也许会为她增添几分妩媚，但事实上，这是消极美容。要想使红颜不衰，永葆花容月貌，唯一正确的方法便是采取体内调和、正本清源的积极美容方法。首先，在日常生活中，适当参加户外体育活动，促进表皮细胞的繁殖，使表皮形成一层抵御有害物质的天然屏障。其次，保持良好的心境与充足的睡眠，这有助于面部新陈代谢，使面容富有光泽。再次，注意合理的饮食，从内部给予皮肤营养。如多饮水，多吃水果蔬菜等维生素C较多的食品，少吃高糖、高脂、辛辣的食物,这些做法对皮肤的健康都是有好处的。最后,要坚持科学的面部护理与按摩,促进血液循环,以使面容红润。采取积极美容法的关键在于要有信心,只要坚持不懈,定能使自己长久地保持青春的光彩,充满朝气和活力。

5. 化妆是个人行为,女性应该有自己的化妆品,不应借用他人的化妆品。在公共场所不要交头接耳非议别人的化妆,更不能当众指出,即使对方是自己的好朋友。

三、发型的选择

发型是构成仪容美的重要内容,是人的第二张脸。选择发型时要与一个人的脸型、身材、气质、年龄、职业等相适合。

(一) 发型与脸型

1. 女发。为了达到更好的美容效果,应根据脸型和身材来选择适宜的发型。

(1) 椭圆脸:可配任何发型。

(2) 长脸型:要用优雅可爱的发式来缓解由于脸长而形成的严肃感。在发型的轮廓上,要压抑顶发的丰隆,顶部应平伏,前发宜下垂,使脸部变得圆一些,同时,还要使两侧的发容量增加,以弥补脸颊欠丰满的不足。对于脸型狭长的女性来说,将头发做成卷曲波浪式,可增加优雅的品味;选择松动而飘逸、整齐中带点乱的发型,可增加动感。

(3) 圆脸型:应增加发顶的高度,使脸型稍稍拉长,给人以协调、自然的美感。在梳妆时要避免面颊两侧的头发隆起,否则会使颧骨部位显得更宽。宜侧分头缝,梳理垂直向下的发型,直发的纵向线条可以在视觉上减弱圆脸的宽度。

(4) 方脸型:这种脸型的梳妆要点是以圆破方,以柔克刚,使脸型的不足得到弥补。可将头发编成发辫盘在脑后,使人们的视觉由于线条的圆润而减弱对脸部方正线条的注意。前额不宜留齐整的刘海儿,也不宜全部暴露额部,可以用不对称的刘海破掉宽直的前额边缘线,同时又可增加纵长感。两耳边的头发不要有太大的变化,避免留齐至腮帮的直短发。

(5) 菱形脸:整个脸型的上半部为正三角形形状,下半部为倒三角形形状。用发型矫正这种脸型时,上半部可按正三角脸型的方法处理,下半部则按倒三角脸型的方法处理。一般将额上部的头发拉宽,额下部的头发逐步紧缩,靠近颧骨处可设计一种大弯形的卷曲或波浪式的发束,以遮盖其凸出的缺点。

(6) 三角形脸型:根据发型与脸型的比例关系,梳理时要将耳朵以上部分的发丝蓬松起来,用喷发胶或定型剂可以达到这种效果,这样能增加额部的宽度,从而使两腮的宽度感相应地减弱。

(7)倒三角形脸型:在梳理时要注意扬长避短,便可达到整洁、美观、大方的效果。适合选择侧分头缝的不对称发式,露出饱满的前额,发梢处可略微粗乱一些,这样能将年轻女性纯情、甜美、可爱等特点直率地表现出来。

2. 男发。男发一般 5~6cm 长为宜,脸长则发长,下巴较方的可留些鬓发。其余参照女发。

(二)发型与身材

1. 高瘦型:高而瘦的身材大多是相对比较理想的身材,但高瘦身材者有时容易给人以眉目不清的感觉,或者是脸部缺乏丰满感,给人细长、单薄、头小的感觉。因而,在梳妆时要注意增加发容量,发型应生动饱满,不可紧贴,稀少单薄的头发会令人乏味。也不可过于蓬松,适宜留长发、直发、烫发,适当地加强发型的装饰性,或在两侧进行卷烫,这对于清瘦的身材有一定的协调作用,能使人显得活泼而有生气。头发别削剪得太短,或盘于头顶。头发长至下巴与锁骨之间较理想,且要使头发显得厚实、有分量。

2. 矮胖型:脖子显短,不能留披肩发,尽可能让头发向高度发展,亮出脖子,以增加一定的视觉身高。头发不要过于蓬松,不宜留长的波浪发、长直发,应紧俏利索,不可过卷。过多的圆线条也不利于改变体型,应选择有层次的短发和前额翻翘式发型。精致花巧的束发髻效果也较好。

3. 短小型:小巧玲珑,发型应以秀气、精致为主,勿粗犷、蓬松。不宜留披肩长发。发型的设计应以增加高度来考虑,如剪成超短式,或高盘于顶。

4. 高大型:健康、端庄、力量,但对于女子缺少了苗条、纤细感。发型应适当减弱这种高大感,以大方、简单为好,短直发为好,亦可大波浪卷发或盘发,但勿太卷,以服帖、紧俏为宜,线条流畅。

需要提醒的是,若穿西装,或出席正式的场合,发型应吹风定型。

第二节 仪表礼仪

服饰,作为一种世界性的语言,一旦与某种生活阅历、审美情趣或者特定情境及感觉发生奇异的碰撞,便被赋予了难以衡量的价值,成为一种耐人寻味的表达。莎士比亚说过:"如果我们沉默不语,我们的衣裳与体态也会泄露我们过去的经历。"

当代人所注重的服饰的功能,御寒遮体已退居二线,而更强调社交场合的自我表现功能。

服饰美应是服装穿着、饰品的佩戴、美容化妆的统一。美容化妆已在第一节中讲到,这一节主要讲秘书的服装与饰品。

前述莎士比亚的话也可以解释为"服饰可以表现人格"。整洁端庄、雅致和谐的服饰可以表现人的自尊。穿着时应注意 TPO 原则(Time、Place、Accasion),即应在不同的时间、地点、场合,穿着符合身份的得体服装,这是社交活动中着装的基本原则。着装得体,能显示出一个人特有的品味和风格,产生独特魅力,如果不符合这条原则,即使穿上华丽昂贵的服装,也会让人觉得品味不对,甚至闹出笑话。例如:在喜庆的场合要选择色彩鲜艳明快的服装以增加喜庆气氛;在悲伤的场合要穿得肃穆一些;在庄重的场合穿正装,女子可穿各式套装、礼服、旗袍等,男士穿西服。着装还要看对象,不能脱离自身的高矮胖瘦和肤色等条件。一般胖人穿竖条纹而不穿横条衣服,瘦且高的人穿上横格衣服就比较美观。得体的着装会帮助人遮饰人体的缺陷,起到"扬美"与"遮丑"的作用。常言道:金无足赤,人无完人。人的身体不可能十全十美,但若能通过装扮"扬美"、"遮丑",会令人立觉风采绰约。

一、服装与体型

(一)人的体型

据统计,中国女性只有 10% 的人体型较好。理想的体型标准是,躯干挺直,身体各部分骨骼匀称。男性肌肉发达,体型呈"T"字型,女性肌肉平滑,体型呈"X"字型。

理想的体型,人体各部分比例合乎达·芬奇的"黄金分割"规律:头长为全身高度的 1/7,肩宽为身长的 1/4,跪时身长减少 1/4,卧时减少 1/10,两腋宽度与臀宽相等,大腿正面宽等于脸宽,两眼之间距离等于一只眼长,耳朵长等于鼻子长,乳峰与肩胛骨在同一水平线上。

现在有很多的人担心自己肥胖,在盲目减肥,其实胖瘦的标准适宜用国际上公认的方法来衡量。

体重指数(BMI) = 体重(公斤)/身高^2(米)

体重指数与胖瘦关系的对照表见表2-1所示。

表2-1 体重指数与胖瘦关系对照表

组 别	BMI
O（正常）	20.0~24.9
I（I度肥胖）	25.0~29.9
II（II度肥胖）	30.0~40.0
III（III度肥胖）	>40.0

（二）体型与服饰搭配的原则

理想的身材比例是八头身，体型完美者穿着上多考虑肤色、气质、身份、场合的需要。但依东方人的体型来看，符合这个标准的并不多，可借助服装的线条、色彩、质料、款式等的运用，使穿着体型成适当比例。以下就以矮胖型、高胖型、矮瘦型、高瘦型、其他体型，分别说明以适当服饰来修饰体型的原则。

1. 矮胖型。矮胖体型的人，肩部、臀部宽大，给人浑圆的感觉，故修饰重点为减少宽度感，增加高度感。选择服饰的重点为：

（1）线条：适合垂直线、斜线、不明显花纹；不适宜间隔宽大的横条、复杂的线条、饼图案。

（2）质料：适宜稍厚、质朴的衣料；不宜厚重的、贴身的、有光泽的衣料。

（3）色彩：适宜低明度或同色系配色；不宜高明度或强烈对比配色。

（4）款式：女性适宜垂直线剪裁的连裙装、背心裙、V字领、U型领、高腰长裤或裙子，细长的袖子等；不宜穿着大袖子、泡泡袖，太长或太短的裙子，短上衣、短夹克等。男性宜穿着直线型的西装，西装的领子、肩部直裁宽，吊带式的长裤；不适宜穿着有腰线的衣服。

2. 高胖型。高胖体型的人，给人较笨重的感觉，故修饰重点为避免突显身材的庞大，强调其高度感，减弱宽度感。选择服饰的重点为：

（1）线条：适合垂直线、简洁的线条、细横条纹；不宜格子布、过于庞大的花样。

（2）质料：适宜稍厚、质朴的衣料；不宜薄软、有光泽的衣料。

（3）色彩：适宜深色系或同色系。

（4）款式：女性适宜穿着近乎垂直的公主线连裙装，较细长的袖子；不宜穿着太合身或强调腰身的衣服。男性宜穿着两颗纽扣的单排扣西装或四颗纽扣的双排扣西装。

3. 矮瘦型。矮瘦体型的人,给人一种弱不禁风的感觉,故修饰重点为增加高度感并使上半身看起来轻盈些。选择服饰的重点为:

(1)线条:适合垂直线、垂直线较水平线明显的格子布、细横条纹、小花纹;不宜大花样。

(2)质料:适宜稍挺的衣料;不宜厚重、贴身、透明的衣料。

(3)色彩:高明度、高彩度或柔和色调;不宜对比色调。

(4)款式:女性适宜穿着较高的领口、较窄的领子,有公主线的连裙装,高腰长裤及裙子;不宜开低深的领口、太长的上衣或裙子。男性适宜穿着高领的衬衫,上装有口袋装饰,窄管长裤;不宜穿着太宽松的衣服,裤脚反折的长裤。

4. 高瘦型。高瘦体型的人,给人单薄的感觉,修饰重点为使身材看起来丰腴些。选择服饰的重点为:

(1)线条:适合水平线、分割明显的线条、间隔宽大的粗线条纹,格子花布或花纹明显者。

(2)质料:适宜稍挺的衣料;不宜选择太薄、贴身的衣料。

(3)色彩:适宜鲜明、对比的配色,暖色系的浅色。

(4)款式:女性适宜穿着上下分开的套装,百褶裙、蓬裙、大领子,或降低腰线接打细褶的连裙装。男性宜穿着宽领宽肩的双排扣或三件套西装。

5. 其他体型。对于体型某部分不合理想的情况,例如腰粗者宜选择肩较宽的上衣,女士不宜穿腰间有装饰的裙、裤,不宜把衬衫扎进去。腿短者着上衣较短,裤稍长的打扮比较合适。腿粗者宜穿上下同宽的深色直筒裤,过膝的直筒裙,不宜穿太紧的裤、太短的裙。颈长者宜穿衣领较高的服装;颈短者则应穿无领或低领的服装。总之,宜尽量淡化缺点与不足,以服饰来掩饰它,如此可以分散其他人对自己不理想部分的注意力,显示个人穿着的整体美。

二、面料与体型

粗呢、厚毛料、宽条绒,将增加笨重感,胖人不宜选用。

绸缎和发亮的化纤面料,看上去丰满者和胖人不宜选用。

硬挺的料子使瘦人看上去较丰满。

细软的毛料、棉织品、精纺羊毛衫,适合大部分体型。

过于薄、透的面料对各种体型都不宜。

大花面料有扩张效果,使瘦人丰满,胖人更胖;小花面料使丰满的人看起来苗条,苗条者更苗条。

花裙配素色上衣,适合女士腿型不美者;花衣配素色裙子,适合上身不美之女士。

三、服装的色彩与肤色的搭配

皮肤黝黑的人,宜穿暖色调的弱饱和色衣着,亦可穿纯黑色衣着,以绿、红和紫罗兰色作为补充色。这种类型的女子可选择三种颜色作为调和色,即:白、灰和黑色。主色可以选择浅棕色。紫罗兰色配上黄色、深绿色或是红棕色,深蓝色配上黄棕色或深灰色,都可以。此外,略带浅蓝、深灰二色,配上鲜红、白、灰色,也是相宜的。穿上黄棕色或黄灰色的衣着,脸色就会显得明亮一些;若穿上绿灰色的衣着,脸色就会显得红润一些。此外,诸如绿、黄橙、蓝灰等色亦可。

面色红润的黑发女子,最宜采用微饱和的暖色,也可采用淡棕黄色、黑色加彩色装饰,或珍珠色,用以陪衬健美的肤色。黄色镶黑色的衣着对这类妇女最为适宜。不宜采用紫罗兰色、亮黄色、浅色调的绿色、纯白色。因为这些颜色,能过分突出皮肤的红色。此外,冷色调的淡色如淡灰等也不适宜。如果用蓝色或绿色,那就应采用饱和程度最大的色。

如果脸色红嫩,可选用非常淡的丁香色和黄色,不必考虑何者为主色。这种脸色的女子可穿淡咖啡色配蓝色,黄棕色配蓝紫色,红棕色配蓝绿色以及淡橙黄色、灰色和黑色等。

如果肤色较白,则不宜穿冷色调,否则会越加突出脸色的苍白。这种肤色的人最好穿蓝、黄、浅橙黄、淡玫瑰色、浅绿色一类的浅色调衣服。另外,以较重的黄色加上黑色或紫罗兰色的装饰色,或是紫罗兰色配上黄棕色的装饰色对这类女子也很合适。黄色部分最好贴近脸部,否则皮肤就会显得过于暗淡。

如果皮肤发灰,那么衣着的主色应为蓝、绿、紫罗兰色、灰绿、灰、深紫和黑色。蓝灰色可用深棕色作为补色。紫灰色可以用黄棕色作为补色。绿灰色可用微红色作补色。紫色可以用灰黄作补色。

如果皮肤较黑,那么衣着主色最好采用冷色,装饰色可采用较暖的颜色。此类女子衣着以深紫、灰绿、棕红、棕黄以及黑色为佳。如果以黑色作为主色,那么装饰色宜采用紫罗兰色、黄灰色或灰绿色。作为黄灰色的补色,可采用紫罗兰色。作为蓝灰色的补色可采用浅棕色。作为绿灰色的补色,可采用樱桃色。此外,黄棕色的补色是灰紫。红棕色的补色则是灰绿。装饰色一般可采用白色和黑色。

总之,较黑皮肤应选择颜色浅淡、明快、洁净却不艳丽的颜色,可带一些花色图案,增加丰富感和明朗感。肤色泛黄的人,应穿红色、黄色、橙色为基调的服装,以增加面色的红润。各种肤色的人穿白色的服装都较为合适。

四、服装的色彩与个性

不同颜色代表着一定的性格。

紫色:多愁善感,性格内向,敏感细致,但往往能够驾驭内心的忧虑及伤感。

蓝色:喜欢宁静的人,老成持重,善于控制感情,镇定平静,内向,判断力强,见识灼然。

黄色:性格外向,说话无所顾忌,做事潇洒自如,不担心他人的议论与指摘,故而心情轻松愉快;精力充沛,目标坚定,不易动摇,是可以信赖的人。

绿色:性情平和,娴静柔和,心绪不易烦乱,极少感觉焦躁不安或抑郁忧愁,对生活充满希望和乐观情绪,渴望事事美好。

灰色:审慎的人,不喜情绪激动,喜怒不形于色,沉着,自控能力极好,不愿与人有过深的友谊、过近的关系。

黑色:严肃沉稳、感情忧伤的人,往往觉得事情总是不如意。

红色:个性坚强,精力充沛,感情丰富,性格外向,活泼异常,说话做事常不假思索,心理上总是准备好了向人进攻和与人论争。

服装色彩选配是否得当,在一定程度上会影响到一个人的精神风貌,因此,在考虑服装配色时,应该对穿着个性进行具体分析,以达到色彩个性和人的个性相互谐调统一。

性格开朗的人,宜穿白色和暖色系高明度色彩的服装,不宜穿黑色的服装。性格温和的人,宜穿色彩柔和、中明度的服装。

性格潇洒的人,宜穿色彩高对比度的服装。

性格热情的人,宜穿暖色系服装。

理智的人,适宜穿柔和的冷色或黑色服装。

朴素的人,宜穿低明度、低对比度的冷色服装。

五、服装的款式与年龄协调

少年、青年、中年、老年,这是人生的四个阶段。联合国对人类年龄段划分提供了新的标准:44岁以下为青年人,45岁至59岁为中年人,60岁至74岁为年轻的老年人,75岁至89岁为老年人,90岁以上为长寿老年人。

年轻人着装时多追求款式新颖、时尚、自由、奔放,面料不必高档。但作为年轻的职场工作人员,服装款式仍要保持大方、庄重。

中年人气质优雅、端庄,服装款式可略为严谨,追求线条流畅,造型自然,合身挺括,面料精良,做工精细,色彩可华丽秀美,讲究巧妙的色彩点缀。

老年人与中年人相似,更应讲究穿着舒适得体,易于活动,可多选择明亮度高的颜色,可以显得人更有生气。

六、穿着与职业协调

一个人的穿着要与其职业特点相协调,例如:

文艺工作者:着装要体现出浪漫、时尚、个性独特。

科学工作者:着装要体现出严谨、庄重、雅致。

运动员:着装要体现出力量、简洁、健美。

医护人员:着装要体现出干净、整洁、清新。

教育工作者:着装要体现出端庄、大方、素雅。

学生:着装要体现出自然、质朴、热情、单纯。

户外工作者:着装要体现出豪放、轻便、耐用。

商界人士:着装要体现出干练、稳健、有魄力。

法律、外交人员:着装要体现出规范、严谨、质朴。

七、穿着与环境场合协调

(一)与环境协调

办公室:庄重整齐,宜穿职业装。

外出旅游:宽松舒适,方便运动,宜穿休闲装。

平日居家:随便不失礼,宜穿居家服。

交际应酬:大方华贵,宜穿礼宾服。

(二)与场合协调

1. 喜庆场合(结婚、生日、舞会、聚会、晚会、游园)。着装时要注意:

(1) 色彩要合适。比如：

男性深色为宜，单色、条纹、暗小格；女性宜穿浅色连衣裙或套裙。

主人穿着不宜太华丽、暴露，应素雅一点；客人穿着应欢快、喜气、鲜艳（但婚礼不可喧宾夺主）。

(2) 款式要得当。正式场合可严谨一点，其他场合可潇洒一点。

2. 庄重场合（正式宴请、庆典仪式、会见外宾）。穿着要注意：

(1) 按规定着装。比如：

男：以中山装、西装、民族装为主；

女：以套装、晚礼服、长裙、旗袍为主。总之，要体现出庄重、高雅的风度和气质。

(2) 按规范着装。比如：

男士西装应配衬衣、领带、领带夹、皮鞋。

女装应配皮鞋或皮凉鞋，后者应配长筒丝袜。

3. 悲伤场合（遗体告别、送葬、吊唁）。在这样的场合，着装时要注意：

宜穿素色服装，黑色尤佳，忌大红大绿，鞋子也应为暗色调，饰物应为素色。

八、西装与领带

（一）西装的穿法

西装产生于欧洲，已有150年的历史，清朝末年传入我国。西装造型优美，做工考究。合体的西装，能体现男士的潇洒风度，女士的优雅端庄，见图2-1西装在男人的衣橱里，是不可缺少的首要行头，每个男人至少应有三套，即中浅色单排双纽扣西装、时色三纽扣西便装和深色双排扣西装。穿时需要掌握下面几个要领：

1. 凡是正规场合，穿西装都应系领带。领带的色彩、图纹，可根据西装的色彩配置，以达到相映生辉的效果。领带不应露出小的一端，大的一端箭头应盖过皮带，如果露出皮带扣则是不雅的；穿背心，领带应放在背心里，尖也不能露出背心

图2-1 男士西装

之外。

2. 单排扣西装,三粒扣的只系中间一粒,两粒扣的只系上面的一粒,或是全部不系。在外国人眼中,只系上面的扣子是正统,只系下面的扣子是流气,两粒全系上是土气,全都不系是潇洒。在较正式的场合,一般要求把上面的扣子系上,坐下时应解开。穿双排扣的西装则都要扣上。

3. 有"明袋"的时色三纽扣西便装只适合在较随便的场合穿着。

4. 领口和袖口不可沾上污渍,一定要洗得干干净净,熨得笔挺,看起来才令人舒服。纯白色带清爽蓝条纹的长袖衬衫不可少。

5. 领带颜色调和就行,蓝色、灰色和红色较易配西装。使用领带夹的正确位置是,在衬衫从上朝下数的第四粒、第五粒纽扣之间。最好不要让它在系上西装上衣扣子之后外露。

6. 深色西装可配深色腰带,浅色西装腰带没什么限制。但牛仔裤的腰带不可配西装。记住裤子拉锁一定要拉严。

7. 黑皮鞋能配任何一种深色的西装,但灰色鞋子不宜配深色西装;浅色鞋子只可配浅色西装,不能配深色西装。漆皮鞋只适宜配礼服。请留意:鞋子擦得锃亮、光洁,容易给人留下好感,脏兮兮的鞋最不宜登大雅之堂。

8. 袜子宁长勿短。深色袜子对于深色或浅色西装都能配;浅色袜子虽能配浅色西装,但配深色西装却不适合。白袜子配衣服较难,穿时应三思。

穿西装还应注意避免以下的穿法:

1. 西裤短。标准的西裤长度为裤管盖住皮鞋。
2. 衬衫放在西裤外。
3. 衬衫领子太大,领脖间存在空隙。
4. 领带颜色刺目。
5. 领带太短或太长,一般领带长度应是领带尖盖住皮带扣。
6. 不扣衬衫扣就佩戴领带。
7. 西服上衣袖子过长。西服上衣袖应比衬衫袖短1厘米。
8. 西服的上衣、裤子袋内鼓囊囊。
9. 西服配运动鞋。
10. 皮鞋和鞋带颜色不协调。

(二) 领带的打法

下面的图示是一些常用的领带打法(见图2-2至图2-6):

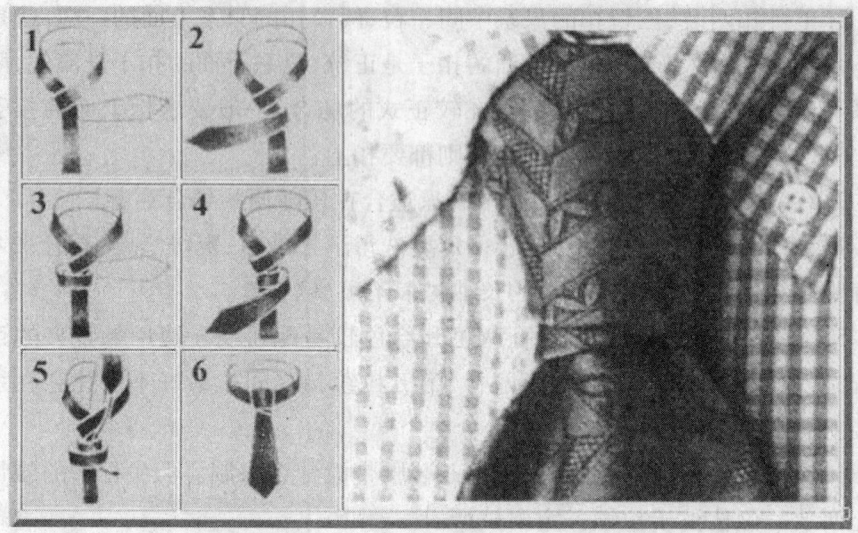

图2-2 亚伯特王子结(THE RPINCE ALBERT)完成图

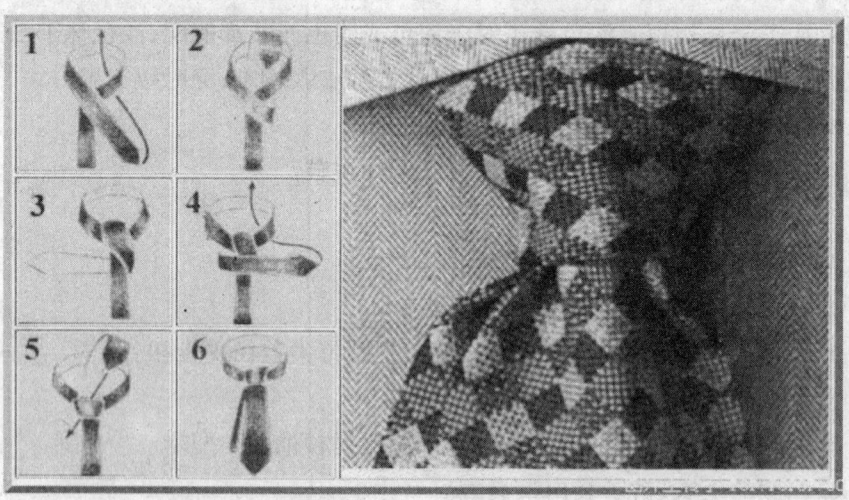

图2-3 浪漫结(THE TREND KNOT)完成图

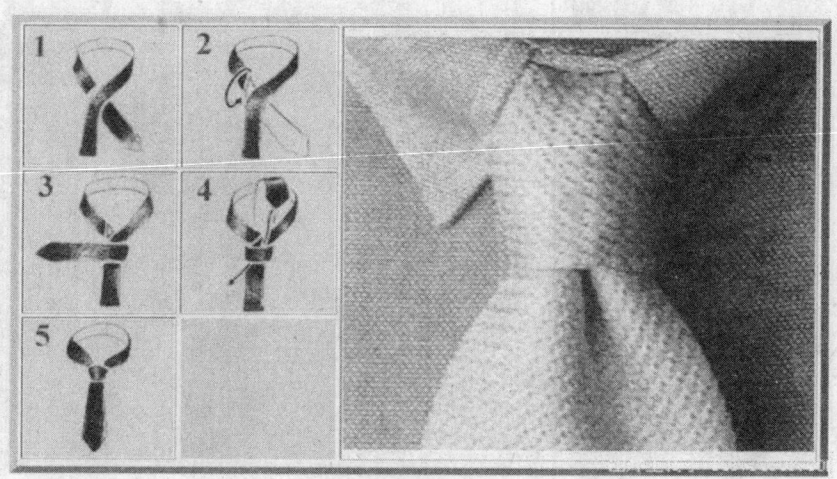

图2-4 简式结(马车夫结)完成图

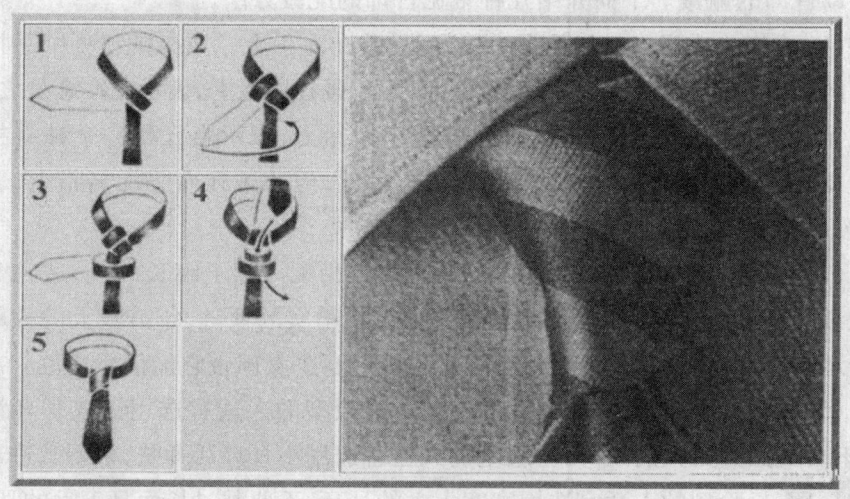

图2-5 十字结(半温莎结)完成图

九、饰物与佩件

穿着一身得体美观的服装,不可忽视饰品的佩戴。巧妙地使用首饰和饰物,才能构成整体的和谐、完美,达到相互烘托和渲染的装饰效果。

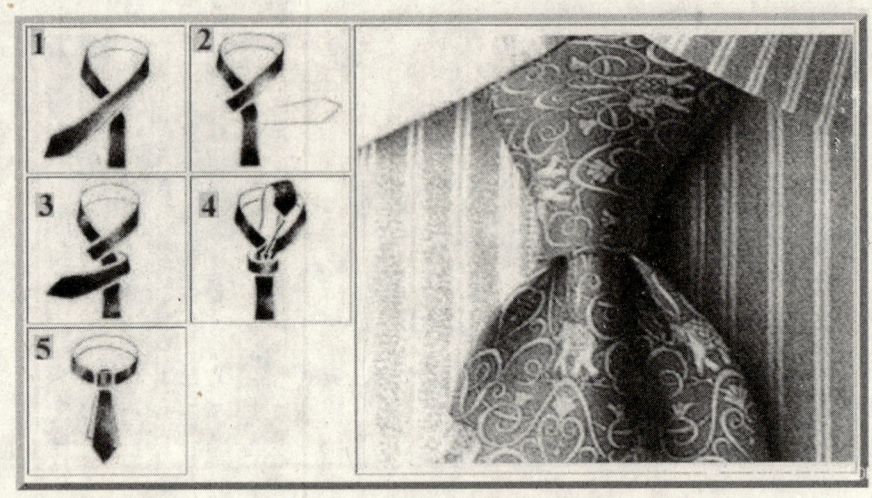

图2-6 四手结(单结)(THE FOUR-INOHAND)完成图

1. 首饰的佩戴。下面介绍几种常见首饰的配戴方法。

（1）戒指。戒指一般只能带一枚，而且戴在左手上。戒指戴在哪个手指上有不同的含义：戴在食指上，表示无偶而求爱；戴在中指上，表示正在恋爱之中；戴在无名指上，表示已订婚或结婚；戴在小拇指上，表示自己是一个独身主义者。在西方国家，未婚少女将戒指戴在右手上，但若戴在右手无名指上，表示"把爱献给了上帝"，是修女戴戒指的习惯。

（2）项链。戴项链时，要注意与个人条件相配。脖子细长的人，适宜戴直径较细的项链，显得纤细柔美，小巧玲珑；粗壮结实的项链，年龄较大的人戴着更合适些。双套链、三套链立体感强，美观雅致，少女佩带它能倍添姿色。

（3）耳环。佩戴耳环要与脸型相适。圆脸型的人适宜选用链式耳环活耳坠，不要戴又圆又大的耳环；方脸型的人适宜选用小耳环活耳坠，不要戴过于宽大的耳环；长脸型的人适宜选用宽宽大大的耳环，不要戴过长而且下垂的耳环。

（4）手镯和手链。如果在左手腕或左右两腕同时戴，表示已经结婚；如果仅在右腕戴，表示佩戴者尚未成婚；一只腕上只能戴一件饰品，手表和手镯或手链不能同时戴。

佩带首饰应注意下面几点：

首先，与服装整体协调。一般穿着考究的服装时应佩华贵的首饰；服装飘逸轻柔，首饰宜精致玲珑；着运动装、工作服不宜戴首饰；体态较胖的人戴首不宜太大,宜选用修长精巧的耳环、项链等;体态较瘦的人可用圆弧形的丰润饱满的首饰。

其次,与所处的环境、场合相协调。出席重要晚会、宴席,首饰应典雅高贵、别致大方,平日里则简单、素雅为好;劳动、开会时尽量不戴首饰。

最后,与身份要协调。年轻少女不宜多用首饰,更不宜用贵重饰品,金银珠宝会破坏青春自然美,适当选些流行的时髦首饰作些点缀就可以了。中老年妇女,则要选用质量优良、货真价实的贵重首饰。

2. 饰物的使用。鞋袜、帽子、围巾、眼镜、手提包等物品,除了具备实用的功能外,随着人们生活和审美需求的提高,这些物品的美化装饰功能越来越受到人们的重视。

(1)帽子和围巾。帽子和围巾是服饰的重要点缀,其风格应与整体形象和谐,在色彩上应注意补充平衡。如,在一套灰暗的服饰上配置艳丽色彩的帽子或围巾,会使人顿显活力与动感。而在一套色彩鲜艳的服装上配素洁、雅致的帽子或围巾,则又使人多出几分秀丽和娴静。尤其是各种花色图案的丝巾;四季皆宜,男女均可,如能巧加装点,非常能突出人的气质和风度。帽子还可以用来修饰脸型,长脸型的人应戴高筒毛线帽或宽边鸭舌帽,脸宽的人则忌戴小檐高顶帽等。

(2)鞋袜。鞋袜的式样和颜色应与服装相配。穿西装、套装、套裙等,宜配黑色皮鞋;穿自由奔放的牛仔装,一般讲,鞋的颜色应该比服装颜色深一些才和谐美观,否则有头重脚轻之感。男士的袜子花色要朴素大方,女士的袜子款式、色彩多样,但都要注意与服装和自身特点相符。尤其是在配裙装时,袜子长度要与裙子长度相适应,千万不可将袜口露在裙子外面。长袜更不可滑丝、破口。袜子的颜色要与裙子和鞋子相配。另外,肤色较白皙的人可穿深色袜,肤色较黑的人穿浅色袜。但要注意,带纹理、花型的袜子在正式场合是不适宜穿的。鞋袜除了美观外,还要注意清洁和保护。肮脏的鞋子,有异味的袜子,是极不合礼仪要求的。

(3)手提包。手提包要求与服装协调。夏季阳光明媚,服装轻薄,提包要素淡精巧;冬季相反,提包不妨色彩鲜明,款式造型夸张一些。真皮提包,高贵优雅;布包、草编包别有情调,特别是配以轻便装、运动装,显得十分自然和谐。男士的提包要求质地优良,格调高雅,它甚至是成功男士的象征。男士的提包颜色以深咖啡色最佳,黑色和灰色次之。

(4)眼镜。眼镜现在不仅是医疗保健用品,它还可以强调个性,增加美感,是很好的饰品。选择眼镜时,首先,要考虑眼镜架与脸型要相宜。如脸型窄长,可戴圆形或扁方形宽边眼镜;脸型较圆,可戴方形的宽边眼镜;三角型或瘦型脸,可戴圆形或扁圆形的眼镜。其次,眼镜架的颜色与大小要与肤色和脸型大小相协调。肤色较深的人不要配用对比度太大的颜色的镜架,脸型宽的人不要戴又圆又小的眼镜。最后,配眼镜还要考虑身份、职业。有身份、有地位的长者,不要戴新奇轻巧的眼镜;年轻人不要戴厚重深暗、古板陈旧的眼镜;知识分子戴眼镜要讲求秀雅斯文;从事外事活动的人戴眼镜宜精美华贵。在正式场合,佩戴变色镜或太阳镜是不礼貌的。当然,阳光下,色彩明丽、美观大方的太阳镜,不仅能保护双目不受烈日刺激,更能增添迷人的风采。

第三节 仪态礼仪

仪态是指人在行为中的姿势和风度。姿势是指身体呈现的样子;风度是指气质方面的表露。"站有站相,坐有坐相","站如松,坐如钟,走如风,卧如弓",是我们传统的对仪态的要求。在人际交往中,人们的感情流露和交流往往借助于人体的各种姿态,这就是人们常说的"体态语言",它作为一种无声的"语言",在生活中被广泛地运用。通过一个人的日常仪态,可以了解其素质和感情,展示其气质与风度。而一个人的仪态美,主要是一种外在美,它以高雅的气质、迷人的风度为具体表现形式。它既建立在一个人的内在美,即心灵美的基础上,又准确地将其表现出来。

依照秘书礼仪的规范化要求,各级秘书在自己的工作岗位上,务必要高度重视体态语的正确运用。这个问题,实际上又可分为相互关联的两个不同方面:一是更为有效地运用自身的体态语,二是更为准确地理解他人的体态语。具体来说,需要注意的仪态礼仪主要包括站姿、坐姿、行姿、手势、表情等几个方面。

一、站姿

在人际交往中,站立姿势乃是一个人全部仪态的根本之点。如果一个人的站立姿势不够标准,其他姿势便根本谈不上优美而典雅。

对站姿的要求是"站如松",即人的站立姿势要像松树一样端直挺拔。站立的姿态要展现身姿的健美挺拔、舒展优美、典雅大方,这是一种静态美,是培养优美仪态的起点,也是发展不同质感动态美的起点和基础。正确的站姿会给人以挺拔笔直、舒展大方、精力充沛、积极向上的印象。

站姿的特点是:端正、挺拔、舒展、俊美。

站姿的基本要领是:两脚跟相靠,脚尖分开45度到60度,身体重心放在两脚上。两腿并拢立直,腰背挺直,挺胸收腹。抬头脖颈挺直,双目向前平视,嘴唇微闭,面带微笑,微收下颌。

要注意:端正直立,不要无精打采、耸肩勾背、东倒西歪,不要倚靠在墙上或椅子上;在正式场合,不要将手插在裤袋里或交叉在胸前。

工作中常用的站姿有以下5种:

● 肃立站姿。要领是,两脚并拢,两膝绷直并严,挺胸抬头,收腹立腰,双臂自然下垂,下颌微收,双目平视。

● 体前交叉式。要领是,男性左脚向左横迈一小步,两脚展开,两脚尖与脚跟的距离相等,两脚之间距离以小于肩宽为宜,双手在腹前交叉,右手大拇指与四指分开搭在左手腕部,身体重心放在两脚上,腰背挺直,注意不要挺腹或后仰。

女性站成右丁字步,即两脚尖稍稍展开,右脚在前,将右脚跟靠于左脚内侧前端,腿绷直并严,腰背立直,两手在腹前交叉,右手握左手的手指部分,使左手四指不外露,左右手大拇指内收在手心处。

● 体后交叉式。要领是,两脚跟并拢两脚尖展开60度左右,腿绷直,腰背直立,两手在身后交叉,右手搭左手腕部,两手心向上收。

● 体后单背式。要领是,站成左丁字步,即左脚跟靠于右脚内侧中间位置,使两脚尖展开成90度,身体重心放在两脚上,左手后背半握拳,右手自然下垂。

另外,也可站成右丁字步,即右脚跟靠于左脚内侧中间位置,使两脚尖展开90度,右手后背半握拳,左手自然下垂。

● 体前单屈臂式。要领是,右脚内侧贴于左脚跟处(呈丁字步),两脚尖展开90度,左手臂自然下垂,右臂肘关节屈,右前臂抬至中腹部,右手心向里,手指自然弯曲。

另外,也可以左脚内侧贴于右脚跟处(呈丁字步),两脚尖展开90度,右手臂自然下垂,左臂肘关节屈,左前臂抬至中腹部,左手心向里,手指自然弯曲,重心放在两脚上。

男性在站立时,要注意表现出男性刚健、潇洒、英武、强壮的风采,要力求给人一种"劲"的壮美感;女性在站立时,则要注意表现出女性轻盈、妩媚、娴静、典雅的韵味,要努力给人一种"静"的优美感。

在日常生活的某些场合,常常有人站着时手足无措,双手不知放在何处才好。站姿可以随着场合进行调整。同别人站着交谈时,如果空着手,可双手在体后交叉,右手放在左手上;若你身上背着背包,可利用背包摆出优雅的站姿;向长辈、朋友、同事问候或做介绍时,不论握手或鞠躬,双足应当并立,相距约10厘米左右,膝盖要挺直;等车或等人时,两足的位置可一前一后,保持45度角,肌肉放松而自然,并保持身体的挺直。

总之,站的姿势应该是自然、轻松、优美的,不论站立时摆何种姿势,只有脚的姿势及角度和手的位置在变,而身体一定要保持绝对的挺直。

二、坐姿

坐的姿势,一般称为坐姿,指的是人在就座以后身体所保持的一种姿势。坐姿是体态美的主要内容之一。具体的方法是:人们将自己的臀部置于椅子、凳子、沙发或其他物体之上,以支撑自己身体的重量,双脚则需放在地上。坐的姿势,从根本上看,应当算是一种静态的姿势。学习与训练坐姿时,必须首先明确两点:一是允许自己采用坐姿时,才可以坐下。二是在坐下之后,尤其是在重要对象面前坐下时,务必要自觉地采用正确的坐姿。

对坐姿的要求是"坐如钟",即坐相要像钟那样端正稳重、安详儒雅。端正优美的坐姿,会给人以文雅稳重、自然大方的美感。见图2-7。

坐姿的特点是:安详、雅致、大方、得体。

坐姿的基本要领是:入座时走到座位前,转身后把右脚向后撤半步,轻稳坐下,然后把右脚与左脚并齐,坐在椅上,上体自然挺直,头正,表情自然亲切,目光柔和平视,嘴微闭,两肩平正放松,两臂自然弯曲放在膝上,也可以放在椅子或沙发扶手上,掌心向下,两脚平落地面,起立时右脚先后收半步,然后站起。

一般来说,在正式社交场合,要求男性两腿之间可有一拳的距离,女性两腿并拢无空隙。两腿自然弯曲,两脚平落地面,不宜前伸。在日常交往场合,男性可以跷腿,但不可跷得过高或抖动;女性大腿并拢,小腿交叉,但不宜向前伸直。

图2-7 坐姿

为使你的坐姿更加正确优美,应该注意:入座要轻柔和缓,起立要端庄稳重,不可弄得座椅乱响;就座时不可以扭扭歪歪,两腿过于叉开;不可以高跷起二郎腿,跷腿时,悬空的脚尖应向下,切忌脚尖朝天;坐下后不要随意挪动椅子,不可腿脚不停地抖动;女士着裙装入座时,应用手将裙装稍稍拢一下,不要坐下后再站起来整理衣服;正式场合与人会面时,10分钟左右不可松懈,不可以一开始就靠在椅背上。就座时,一般至少坐满椅子的三分之二,不可坐满椅子,也不要坐在椅子边上过分前倾;沙发椅的座位深广,坐下来时不要太靠里面。座位高低不同时,坐姿也有不同要求。以下简要加以介绍:

• 低座位:轻轻坐下,臀部后面距座椅背约2厘米,背部靠座椅靠背。如果你穿的是高跟鞋,坐在低座位上,膝盖会高出腰部,你应当并拢两腿,使膝盖平行靠紧,然后将膝盖偏向你的对话者,偏的角度应根据座位高低来定,但以大腿和上半身构成直角为标准。

• 较高的座位:上身仍然要正直,可以跷大腿。其方法是将左腿微向右倾,右大腿放在左大腿上,脚尖朝向地面,切忌右脚尖朝天。

• 座位不高也不低:两脚尽量向后左方,让大腿和你的上半身成90度以上角度,双膝并拢,再把右脚从左脚外侧伸出,使两脚外侧相靠,这样不但雅致,而且显得文静而优美。

不论何种坐姿,上身都应保持端正。

下面是最为常用的八种坐姿:

• 正襟危坐式。这种坐姿可谓是最基本的坐姿,适用于最正规的场合。要求:上身与大腿,大腿与小腿,小腿与地面,都应当成直角。双膝双脚完全并拢。

• 垂腿开膝式。这种坐姿多为男性所使用,也较为正规。要求:上身与大腿,大腿与小腿,皆成直角,小腿与地面垂直。双膝分开,但不得超过肩宽。

• 双腿叠放式。这种坐姿造型优雅,有一种大方高贵之感,适合穿短裙子的女士采用。要求:将双腿完全地一上一下交叠在一起,交叠后的两腿之间没有任何缝隙,犹如一条直线。双腿斜放于左右一侧,斜放后的腿部与地面呈45度夹角,叠放在上的脚尖垂向地面。

• 双腿斜放式。适用于穿裙子的女性在较低处就座使用。要求:双膝先并拢,然后双脚向左或向右斜放,力求使斜放后的腿部与地面呈45度角。见图2-8。

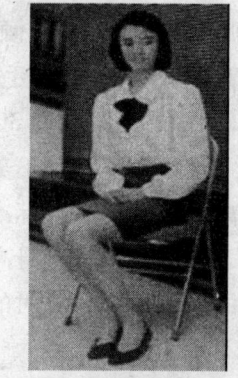

图2-8 双腿斜放式

- 双脚交叉式。它适用于各种场合,男女皆可选用。要求是:双膝先要并拢,然后双脚在踝部交叉。交叉后的双脚可以内收,也可以斜放,但不宜向前方远远直伸出去。
- 双脚内收式。适合一般场合采用,男女皆宜。要求:两大腿首先并拢,双膝略打开,两条小腿分开后向内侧屈回。
- 前伸后屈式。这是女性适用的一种优美的坐姿。要求:大腿并紧之后,向前伸出一条腿,并将另一条腿屈后,两脚脚掌着地,双脚前后要保持在同一条直线上。
- 大腿叠放式。多适用男性在非正式场合采用。要求:两条腿在大腿部分叠放在一起,叠放之后位于下方的一条腿垂直于地面,脚掌着地,位于上方的另一条腿的小腿则向内收,同时脚尖向下。

三、步姿

步姿,指的是一个人在行走之时所采取的具体姿势。在很多时候,步姿又称为走姿。它以人的站姿为基础,实际上属于站姿的延续动作。与其他姿势所不同的是,它自始至终都处于动态之中,它体现的是人类的运动之美和精神风貌。

对行姿的要求虽不一定非要做到古人所要求的"行如风",至少也要做到不慌不忙,快速敏捷,从容、稳重、大方。当然,不同情况对行姿的要求是不同的。一般来说,标准的行走姿势,要以端正的站立姿态为基础。

男性步姿的特点是:协调、稳健、庄重、刚毅。见图2-9。

女性步姿的特点是:轻松、敏捷、健美。见图2-10。

步姿的基本要领是:双目向前平视,面带微笑微收下颌。上身挺直,头正、挺胸收腹,重心稍前倾。手臂伸直放松,手指自然弯曲,摆时要以肩关节为轴,上臂带动前臂向前,手臂要摆直线,肘关节略屈,前臂不要向上甩动,向后摆动时,手臂外开不超过30度。前后摆的幅度为30~40厘米。

走路时姿势美不美,是由步度和步位决定的。步度是指行走时两腿之间的距离。步度的一般标准是一脚踩出落地后,脚跟离未踩出一脚脚尖的距离恰好等于自己的脚长。身高超过1.75米以上的人的步度约是一脚半长。步位是指你的脚下落到地上时的位置。走路时最好的步位是:两只脚所踩的是一条直线而不是两条平行线。

走路用腰力,才有韵律感。如果走路时腰部松懈,就会有吃重的感觉,不美观;如果拖着脚走路,便显得没有朝气,十分难看。优雅的步姿有几句口诀:"以胸领动肩轴摆,提髋提膝小腿迈,跟落掌接趾推送,双眼平视背放松。"走路的美感产生于下肢的频繁运动与上体稳定之间所形成的对比和谐,以及身体的平衡对称。要做到出步和落地时脚尖都正对前方,抬头挺胸,迈步向前。

常见的走姿是一字步。一字步走姿的要领是:行走时两脚内侧在一条直线上,两膝内侧相碰,收腰提臀挺胸收腹,肩外展,头正颈直微收下颌。步速每分钟125～130步。步长标准每一步为自己的一脚长或1.5个脚长。

图2-9 男性步姿

图2-10 女性步姿

行走时应注意,最忌步态不雅,走成内八字和外八字;不要弯腰驼背、歪肩晃膀;不要步子太大或太碎,更不能奔来跑去;走路时不要大甩手,扭腰摆臂,左顾右盼;不要双腿过于弯曲,走路不成直线;不要脚蹭地面;不要横冲直撞,行进中一定要目中有人,尽量减少在人群中穿行的机会;不要双手插裤兜;不要阻挡道路,多人一起行走勿排成横队;不要悍然抢行,有急事要超过前面的行人,不得跑步,可以大步超过并转向被超越者致意道歉;行进中应有意识使之悄然无声,不应制造出各种噪音。

礼仪服务过程中还有一些行走特例需要予以注意:

第一,陪同引导。作为秘书,应走在服务对象的左侧前方约一米左右的位置;本人须与服务对象的行进速度相协调,不能走得太快或太慢;行进中一定要处处以对方为中心,经过拐角、楼梯等处,要有及时的关照提醒,绝不可以不吭一声,而让对方茫然无知或不知所措;陪同引导时,要采用正确的体位,请对方开始行进时,应面向对方稍许欠身,行进中与对方交谈或答复问题时,应以头部、上身转向对方。

第二,上下楼梯。礼让服务对象,上楼时请服务对象前行,下楼时请服务对象后行。

第三,进出电梯。以礼相待,请服务对象先进先出,秘书人员站在门口礼让对方并顺势做出"请"的动作。

第四,出入房门。引领服务对象出入房门要先通报;要以手开关;要反手开关门面向他人;礼让服务对象,请对方先进先出;要为服务对象拉门。

四、蹲姿

秘书人员在整理工作环境或拿取、捡拾低处物品时,往往要采用蹲姿。但是很多人却因不了解正确的蹲姿,随意采用弯上身、翘臀部等不雅的姿态,不仅损毁个人形象,同时也令上级、同事、客人感到尴尬。

正确做法是:脚稍分开,站在所取物品旁,把腰部低下,屈膝去拿,而不应低头弓背。因为女子多穿着裙子,所以下蹲时,两腿应靠紧,左脚在前,右脚稍后。男子应左脚全脚着地,小腿基本垂直于地面,右脚脚跟提起,脚掌着地,形成左膝高右膝低的姿态,臀部向下,基本以右腿支撑身体。在下蹲时还要注意与身边人保持一定距离,速度不宜过快,如果是身旁有人时下蹲,最好与之侧身相向。正面面对他人,或背部面对他人下蹲,通常都是不礼貌的。

五、其他动作姿态

- 低处拾物:上体正直,单腿下蹲。
- 上下楼梯:上体直挺,靠右行,勿低头看梯,平视,落脚要轻,重心置于前脚的脚前部,以求平稳。
- 搭乘轿车:先侧身坐于车座上,而后将双腿、脚同时挪入车内,再调整好身体,整理衣裙,安坐待行。下车先移腿,再侧出。

六、个人举止行为的禁忌

- 在众人之中,应力求避免从身体内发出各种异常的声音。咳嗽、打喷嚏、打哈欠应侧身掩面后再为之。
- 公共场合不可用手抓挠身体任何部位,如:抓耳挠腮,挖耳鼻,揉眼搓泥垢,随意剔牙,修剪指甲,梳理头发等。需要时可上洗手间。
- 公开露面前,须把衣裤整理好,尤其是出洗手间时应和进去时保持一致。
- 参加正式活动前,不宜吃有刺激性气味的食物,如葱、蒜、韭菜、洋葱等。
- 公共场合,高声谈笑,大呼小叫不文明。人多时应加倍低声细语,不引起他人注意。

- 对陌生人不要盯视或评头品足,他人作私人谈话时,不可接近。帮助他人要尽力而为。见别人有不幸之事,不可有嘲笑、起哄之举,妨碍别人应致歉,得到帮助应道谢。
- 人来人往的公共场所最好不要吃东西,更不要出于友好而逼在场的朋友品尝你吃的东西。
- 患流感等传染性疾病者应避免参加各种公共场所的活动。
- 对一切公共活动场所的规则应无条件遵守与服从。不随地吐痰,不随手乱扔烟头及其他废物。
- 大庭广众之下,不要趴在或坐在桌上,也不要在他人面前躺在沙发上。走路脚步要放轻,不可沉闷拖沓,也不要走得咯咯响。

第四节 语言谈吐礼仪

语言是人类的交际工具和思维工具,是人们沟通信息、交流思想、联络感情、建立友谊的桥梁。语言是我们所知道的最庞大、最广博的艺术。在人际交往中,语言占据着最基本、最重要的位置。中国人讲究"听其言,观其行",以考察人品。在日常生活中,表达同样一个意思,在语言上却有美丑之分、文野之别,应好言为之。谈吐礼仪的目的是通过传递尊重、友善、平等的信息,给人以美的感受。语言谈吐礼仪与一般语言的不同在于它不使用侵犯他人的攻击性语言,而是通过文明、礼貌的语言建立起情感沟通的纽带。在使用轻松、诙谐、明快、幽默、委婉、庄严、赞美的语言所营造的自然、愉快、兴奋、亲切、可敬和舒畅的氛围中培育和增进友谊。

一、主要语言形式

- 有声语言:以说和听为形式的语言,也称口语。
- 无声语言:借助非有声语言来传递信息,表达感情,是参与交际活动的一种不出声的伴随语言。它以体态语为主,如眼睛传情,体态表意。
- 类语言:交际过程中有声而无固定语义的语言,也称副语言。如说话时的重读、语调、语速的变化等。

据国外心理学家测试,人们在表达思想感情时,55%的成分需要借助体态语。以下重点介绍几种体态语的表现形式。

二、几种体态语表现形式

在人际交往中,人们的感情流露和交流经常会借助于人体的各种器官和姿态,这就是我们通常所说的"体态语言"。它作为一种无声的"语言",在生活中被广泛地运用,在社交活动中有着特殊的意义和重要的作用。体态语不仅能增加有声语言的表现力,还能使表达的含义更加明确,使表达的情感更加真挚,并且能昭示或掩饰人的内心情绪,迅速地传递反馈信息,很好地体现人的气质和风度。体态语主要有以下几种:

(一)表情语

"一个人的喜怒哀乐,都写在脸上。"这是说人的表情语十分丰富。这种通过面部肌肉的运动所传达的信息就是表情语。罗兰就曾感慨道:面部表情是多个世纪培养成功的语言,是比嘴里讲的要复杂到千百倍的语言。

如果将对一个人的总体印象假定为百分之百的话,那么,其中75%的印象则来自于此人的表情。据专家研究分析,健康的表情在对方的心中印象是十分深刻的,它属于给人的第一印象。在给人的印象中,各种刺激所占的百分比是:视觉印象占75%,包括表情、态度,特别是微笑;谈吐印象占16%,包括谈吐文雅、使用敬语、有文化教养等;味觉印象占16%,包括香甜可口;嗅觉印象占3%,包括芳香、舒畅等;触觉印象占3%,包括和谐、温暖等多方面综合性的感觉。健康的表情留给人们的印象是深刻的,它是优雅风度的重要组成部分。表情礼仪主要探讨的是目光、笑容两方面的问题,其总的要求是:要理解表情,把握表情,在交际场合努力使自己的表情热情、友好、轻松、自然。

1. 目光。在中国,眼睛被喻为"心灵的窗户",在西方则被喻为"灵魂的窗口"。眼睛是人体传递信息最有效的器官,它能如实地反映出人的喜怒哀乐。泰戈尔曾说过,一旦学会了眼睛的语言,表情的变化将是无穷无尽的。在社交场合交谈时,一定要注意眼神的礼仪:目光坦然、温和、大方、亲切,正视对方的两眼与嘴部的三角区,表示对对方的尊重,但凝视的时间不能超过4,5秒,因为长时间凝视对方,会让对方感到紧张、难堪。做到这一点的要领是:放松精神,把自己的目光放虚一些,不要聚焦在对方脸上的某个部位,而是好像在用自己的目光笼罩对面的整个人。如果面对熟人、朋友、同事,可以用从容的眼光来表达问候、征求意见,这时目光可以多停留一些时间。与人对视时,切忌迅速移开,不要给人留下冷漠、傲慢的印象。对方缄默或失语时,不应再看对方。

注意目光的注视范围。目光注视区分为:公务注视区(额中至双眼部)、社交注视区(双眼至下颌)、亲密注视区(双眼至前胸)、侧扫式(亲密关系或非常厌恶关系)。注视区的选择视场合而定。

2. 微笑。人际交往时,表情应以喜、乐为主调,微笑是人类最美好的语言。微笑是自信的象征,是礼貌的表示,是心理健康的标志。在各种场合恰当地运用微笑,可以起到传递情感、沟通心灵、征服对方的积极心理效应。也许我们会偷偷地注意表情冷漠高傲的来宾,但我们更易于、乐于和满面春风的人交谈。美国希尔顿酒店董事长希尔顿曾经明言:"酒店的第一流的设备重要,而第一流的微笑更为重要。如果缺少服务人员的微笑,就好比花园失去了春日的阳光和春风。"有鉴于此,在许多国家里,服务行业在对从业人员进行岗前培训时,微笑被列为重要的培训项目之一。

图 2-11 微笑

微笑的要领:不闻其笑声,不见其牙齿;面部各部位综合运动;笑中有情,笑以传情;不要在对方悲伤难过时微笑。见图2-11。

另外,眉毛也能表达人们丰富的情感。如舒展眉毛,表示愉快;紧锁眉头,表示遇到麻烦或表示反对;眉梢上扬,表示疑惑、询问;眉尖上耸,表示惊讶;竖起眉毛,表示生气。

嘴巴也可以表达生动多变的感情。如紧闭双唇,嘴角微微后缩,表示严肃或专心致志;嘴巴张开成 O 形,表示惊讶;噘起双唇,表示不高兴;撇撇嘴,表示轻蔑或讨厌;咂咂嘴,表示赞叹或惋惜。

(二) 界域语

从心理学上讲,在每个人的人体周围存在着一个看不见的个人空间,每个人对这个个人空间都会非常敏感。一旦被冲破,我们会不自在或有不安全的感觉。这就是界域语。

1. 亲密空间:指交际双方保持 0～45 厘米的距离,一般限于夫妻、情侣、家人。

2. 个人空间:指交际双方保持 46～122 厘米的距离,一般是朋友、熟人相处的得体距离。

3. 社交空间：指平时社交、谈判场合中，交际双方 123～317 厘米的距离，一般是泛泛之交或工作关系。

(三) 首语

首语包括点头语和摇头语。在中国和其他大部分国家都是点头表示同意、赞赏，摇头表示否定和遗憾。而在印度、巴基斯坦等国，点头是否定，摇头是肯定。

在交谈中，头保持中立，表明对对方的讲话无大兴趣；头下意识从一侧斜到另一侧，表示对对方所谈的话有一定兴趣；头垂下，表示缺乏兴趣。

(四) 手势语

人们交往时，手势是语言的最好辅助，如翘起拇指或鼓掌表示钦佩、赞扬；连连摆手表示反对；握紧拳头表示愤怒、焦急；招手叫人过来，挥手表示再见或叫人走开；摇头表示困惑，用力挥手或拍额头表示恍然大悟。常见手势语有：

竖大拇指：夸赞、感激，有时还表示"我准备好了"；食指刮下巴：法国特有的一种手势语，女性对追求者的拒绝；竖食指：在西方为叫服务生或在会议中有意见要发表；飞吻：喜爱、敬慕；手触前额：向你致敬；拍桌：愤慨；捶胸：悲痛；搓手：为难、期待；快速捂嘴：吃惊；乱动：紧张；挠后脑勺：羞涩、不知所措；不自觉地摸嘴、揉眼：没说实话；八字型托颏：沉思、深算。

伸出食指、中指，掌心向前：西方意为胜利，中国以为数字 2；拇指和食指相交，其余三指伸开：美国（OK、赞扬、允诺）、法国（毫无价值）、日本（懂了、明白）、泰国（没问题、请便）、印度（正确、不错）、突尼斯（傻瓜）、巴西（侮辱男人，引诱女人）。

注意：忌伸一根手指头指人指路，这是没教养的表现。

另外要注意，适当地运用手势，可以增强感情的表达。但与人谈话时，手势不宜过多，动作不宜过大，要给人一种优雅、含蓄而彬彬有礼的感觉。

三、言谈的礼节

(一) 恰当地称呼他人

无论是新老朋友，一见面就得称呼对方。每个人都希望得到他人的尊重，比较看重自己已取得的地位。对有头衔的人称呼他的头衔，就是对他莫大的尊重。直呼其名仅适用于关系密切的人之间。你若与有头衔的人关系非同一般，直呼其名来得更亲切，但若是在公众和社交场合，你还是称呼他的头衔会更得体。对于知识界有高级职称的人士，可以直接称呼其职称。但是，对于学位，除了博士外,其他学位一般不作为称谓。

(二)谈吐要优雅

要做到"十要"、"十不要"。"十要"是指:讲究文明,不说脏话;控制情绪,不说气话;注重修养,不说大话;具体真实,勿说空话;坦诚相见,不说假话;新鲜活泼,不说套话;谦让随和,不说官话;要言不烦,不说废话;力求简洁,不宜多话;明白通畅,勿说胡话。

"十不要"是指:话颠三倒四,语无伦次;口头禅过多,令人生厌;说话嗓门大,口沫飞扬;牢骚怪话多,使人不快;爱争强好胜,强词夺理;爱冒充内行,表现自己;爱抢夺话头,包场到底;多节外生枝,毫无中心;爱挖苦讽刺,给人难堪;爱议论别人,揭人隐私。

(三)说话要礼貌

歌德说过:"一个人的礼貌,就是一面照出他肖像的镜子。"文明礼貌的交谈,总的来说,就是要做到"和气、文雅、谦逊",还要学会运用日常生活中的礼貌语言。如:

初次见面说"久仰";久未联系说"久违";等候客人说"恭候";客人到来说"光临";看望别人说"拜访";欢迎购物说"光顾";起身走时说"告辞";中途先走说"失陪";请人勿送说"留步";陪伴朋友说"奉陪";请人批评说"指教";求人解答用"请问";请人指点说"赐教";请人指正说"雅正";赠送作品说"斧正";对方来信说"惠书";向人祝贺说"恭喜";赞人见解用"高见";请人帮助说"劳驾";托人办事用"拜托";麻烦别人说"打扰";求人方便用"借光";物归原主说"奉还";请人谅解说"包涵"。

还要注意使用敬语、谦语、雅语。常用敬语有:我们日常使用的"请"字,第二人称中的"您"字,代词"阁下"、"尊夫人"、"贵方"等。谦语最经常的用法是在别人面前谦称自己和自己的亲属。例如,称自己为"愚",称自己家属为"家严、家慈、家兄、家嫂"等。自谦和敬人,是一个不可分割的统一体。尽管日常生活中谦语使用不多,但其精神无处不在。只要你在日常用语中表现出你的谦虚和恳切,人们自然会尊重你。雅语常常在一些正规的场合以及一些有长辈和女性在场的情况下,被用来替代那些比较随便,甚至粗俗的话语。如"请用茶"、"请用一些茶点"、"请大家慢用"等。

(四)话题要恰当

交谈的话题是指交谈的中心内容。一般而言,交谈的话题多少可以不定,

但在某一特定时刻宜少不宜多,最好只有一个。话题过多、过散,会使交谈者无所适从。在交谈之中,以下五类话题都是适宜选择的:

1. 既定的话题。既定的话题指交谈双方业已约定,或者其中一方先期准备好的话题。例如:求人帮助,征求意见,传递信息,讨论问题,研究工作一类的交谈,往往都属于话题既定的交谈。它适用于正式交谈。

2. 高雅的话题。高雅的话题指内容文明、优雅,格调高尚、脱俗的话题。例如:文学、艺术、哲学、历史、地理、建筑等,都是高雅的话题。它适用于各类交谈,但要求面对知音,忌不懂装懂,班门弄斧。

3. 轻松的话题。轻松的话题指谈论起来令人轻松愉快,身心放松,饶有情趣,不觉劳累厌烦的话题。例如:演出、流行、时装、美容、美发;体育比赛、电影电视、休闲娱乐,旅游观光,名人轶事,烹饪小吃,天气状况等等。它适用于非正式交谈,允许各抒己见,任意发挥。

4. 时尚的话题。此类话题是以此时此刻此地正在流行的事物作为谈论的中心。如:1997年,国内时尚交谈话题有香港回归,"十六"大召开,希望工程等;2001年时尚话题有"北京申奥成功"等,它适合于各种交谈。

5. 擅长的主题。此类话题是交谈双方,尤其是交谈对象,有研究,有兴趣,有可谈之处的话题。例如:与医生交谈,宜谈健康及祛病之法;与学者交谈,宜谈治学之道;与作家交谈,宜谈文学创作等等。它适用于各种交谈,但忌讳以己之长对人之短,"话不投机半句多"。

在各种交谈之中,有五类话题要忌谈:

1. 捉弄对方的话题。在交谈中,切不可对交谈对象尖酸刻薄,油腔滑调,乱开玩笑,口出无忌。不可挖苦对方所短,调侃取笑对方,成心让对方出丑,或是下不了台。俗话说:"伤人之言,重于刀枪剑戟",这定将损害双方关系。

2. 非议旁人的话题。有人喜欢在交谈中传播闲言碎语,制造是非,无中生有,造谣生事,非议其他不在场的人士。

3. 倾向错误的话题。例如:违背社会伦理道德,生活堕落,思想反动,政治错误,违法乱纪之类的话题,亦应避免。

4. 令人反感的话题。有时,在交谈中因为不慎,会谈及一些令交谈对象感到伤感、不快的话题,以及令对方不感兴趣的话题,这就是所谓令人反感的话题。这类话题,常见的有凶杀、惨案、灾祸、疾病、死亡、挫折等。

5. 个人隐私的话题。个人隐私,即个人不希望他人了解之事。在交谈中,若双方是初交,则有关对方年龄、收入、婚恋、家庭、健康、经历一类涉及个人隐私的话题,切勿加以谈论。除非是很熟悉的亲友,或有特殊的工作需要,才可问对方一些隐私,但要注意委婉、礼貌。

(五)要礼让对方

在交谈中,务必要争取以对方为中心,处处礼让对方,尊重对方,尤其是要避免出现以下几种失礼于人的情况:

1. 不要独白。既然交谈讲究双向沟通,那么在交谈中就要目中有人,礼让他人,要多给对方发言的机会,让大家都有交流的机会。不要一人独白,侃侃而谈,"独霸天下",只管自己尽兴,而始终不给他人张嘴的机会。

2. 不要冷场。不允许在交谈中走向另一个反面,即从头到尾保持沉默,不置一词,从而使交谈变得冷冷清清,破坏现场的气氛。

3. 不要插嘴。出于对他人的尊重,在他人讲话时,尽量不要在中途予以打断,突如其来地插上一嘴。这种做法会给人造成自以为是、喧宾夺主之感。

4. 不要抬杠。抬杠,是指喜爱与人争辩,固执己见,强词夺理。若以"杠头"自诩,自以为一贯正确,无理搅三分,得理不让人,是有悖交谈主旨的。

5. 不要否定。在交谈中,要善于聆听他人的意见,若对方所述无伤大雅,无关大是大非,一般不宜当面否定。

(六)措辞巧用含蓄

在交谈中,有些不宜回答的问题,如果正面直接回答,一方面可能无法回答,另一方面可能显得语气生硬,影响交谈的效果。如果运用含蓄的方式,不仅显得机智和思维敏捷,给他人留下较好的印象,而且能够创造轻松的谈话气氛。例如,西方记者有一次问周总理:"请问,中国人民银行有多少资金?"这实质是讥笑中国贫穷。总理含蓄地告诉他:"中国人民银行一共有十八元八角八分。"全体记者为之愕然,总理接着解释说:"中国人民银行发行面额为十元、五元、二元、一元、五角、一角、五分、二分、一分的主辅币人民币,合计十八元八角八分……"总理有意一转,不回答对方所指的资金,而是人民币的面额,既巧妙地保守了国家财政秘密,又含蓄地驳斥了记者怀疑、讥讽我国资金匮乏的恶意,同时创造了轻松的谈话气氛。

(七)注意电话礼仪

目前,电话已成为现代社会的主要通讯工具之一。使用电话传递信息时,通话双方彼此之间不见面,直接影响通话效果的是通话者的声音、态度和使用的言词。这三者一般被称作"电话三要素"。它们既与通话内容相关又直接影响通话者之间的相互关系。一位名人曾经说,不管是在组织里还是在家里,凭一个人在电话里讲话的方式,就可以判断出其修养水平。使用电话,应注意以下几个方面的问题:

1. 拨打电话时间选择适宜。使用电话的时间应该包括选择打电话的时间和电话交谈所持续的时间长短。如果不是特别紧急的事情,打电话一般不在早上 7:00 以前、就餐时间或晚上 10:30 以后,这几个时间打电话有可能会打扰对方休息或用餐。电话交谈时间以 3~5 分钟为宜,不宜过长。如果打电话的时间需 5 分钟以上,而又没有提前预约,应该向对方说明要办的事,征询对方是否方便,如果对方不便就请对方另约时间。

2. 准备好通话内容。大凡重要的电话,通话之前应做充分的准备,这样既可以节约时间,又可以抓住重点,条理分明。

3. 电话交谈中多用雅语、敬语、礼貌用语。如果是在单位上班时间接电话,拿起话筒后应亲切、和善、优美地回答说:"您好,(这是)××单位,请问您找谁?"声音清晰、悦耳、吐字清脆的第一声招呼会给对方留下良好的印象,对方对其所在单位也会有好印象。如果电话是打到家里,接电话的人可以说:"你好,请问你找谁?""你好,这是家庭电话,请问找哪位?"或直接说:"喂——,您找谁?"但声调上扬,显示出亲切、柔和。打电话的人应该说:"您好,我是××单位的××,我可以和××通电话吗?(或请问××在吗)"打电话的人挂电话前应该说一声"谢谢,再见""抱歉,打扰您了""有事来电话,再见"等得体恰当的礼貌用语。彼此恭谨致意,会让双方都感到愉快。一般由拨打电话的一方先提出结束谈话,致告别语。对方是长辈、上级、外宾或女性,要请对方先放下电话筒。如果来电话的人谈话太啰嗦,聊些无关紧要的事情浪费时间,你可以有礼貌地说:"对不起,我有些事情要去办,以后再谈好吗?"或说:"我不想占用你太多时间,我们改日再聊行吗?"

4. 控制情绪,保持喜悦的心情。电话交谈,应该始终心存尊重、诚恳之意。要保持良好的心情,即使自己心情很不好,接电话时也不要让自己不佳的情绪影响语气、语调,而使对方感到不舒服。日本一家公司老板为了让接线员时刻有笑容,给每个接线员配一面镜子,时刻用镜子检查自己,结果取得了很好的效果。

5. 声音清晰明朗,语气语调控制在最佳状态。语气语调是一种类语言。语调过高,语气过重,会让对方感到你尖刻、生硬、冷淡、刚而不柔;语气太轻,语调太低,会让对方感到你无精打采,有气无力。一般说来,语气适中,语调稍高,声音清晰明朗,尾音稍拖一点,会让对方感到亲切自然。打电话的姿势也会影响声音效果,如果打电话时弯腰躺在椅子上,说话时气流不通畅,传给对方的声音就是懒散的,无精打采的。若坐姿端正,发出的声音就会亲切悦耳,充满活力。所以,打电话时,即使对方看不见,也应保持端正的姿势。另外,打电话过程中请不要吸烟、喝茶、吃零食,否则就是对对方的不尊重。

6. 电话通讯的其他礼仪。接电话最好养成左手拿话筒的习惯,这样做是为了右手便于记录。打电话前最好把要谈的重要事情预先整理做成记录(目的明确),这样可以提高谈话效率。接电话应迅速,一般应在电话铃响三声之内接听。电话礼貌是维持良好人际关系的重要方式。我们接听任何人的来电,不管找谁都要热情、亲切、礼貌。即使来电话要找的人与你有矛盾或是你不喜欢的人,也绝不该在电话中体现出不悦、不礼貌,因为那样做只能让对方觉得你是一个心胸狭隘、没有修养的人,对方因此也会对你所在的单位产生不良印象。最后,使用公用电话应互谅互让,多为他人着想,尽可能缩短通话时间。

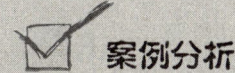

案例分析

1. 一日,某报社一女记者前去采访德国驻华大使夫人。大使夫人穿着居家休闲服开了门,请记者坐下后,委婉地致歉:"请稍候!"随后她走进卧室,20分钟后出来,已换上了正式的职业裙装,并且重新梳头、化妆。记者在采访结束的时候问了一个编外问题:"您刚才为什么要换衣服呢?原来的衣服也很好看。"大使夫人回答:"你来采访是在工作,我应该尊重你的工作。"

分析:仪容仪表问题绝不仅仅是"女为悦己者容","素面朝天"在一些场合并不是正确的做法。我们经常看到穿着睡衣出门买油条豆浆的城市居民,我们可能自己也不注意服装与整个国民素质的关系。但是这位大使夫人的做法给了我们很多启示:服装体现的是态度,服装体现的是素质,服装体现的是精神。

2. 某次人才招聘会上,南京某高校的一位高才生脱颖而出。招聘方经理对他很满意,请他去办公室详谈,甚至薪水待遇都谈好了。这时来了另一位经理,招聘经理示意小伙子去搬一把椅子来,小伙子很快就拖来了一把沙发椅,但是一路上发出刺耳的声音。招聘经理见此立刻终止了面谈。小伙子不解,后来经询问才知道,自己在仪态礼仪上出了错。

分析:我们在心理没有负担、最轻松的状态下,所言所为是一种最纯粹的修养表现。在小伙子去拖椅子的时候,他也许满心欢喜,没有去想办法避免发出刺耳的声音,没有顾及在场的其他人,也没有顾及办公室的地板。这在仪态礼仪上是不得体的,说明礼仪修养还不够。

3. 一次商务宴会中,客方的一位女宾,容貌靓丽,着装华丽、得体,很引人注目。但是其无论是喝水还是喝酒,都在杯沿上留下了明显的口红印痕,令很多想与之攀谈的男士望而却步。

分析:一处细节上的不得体往往导致所有的努力付之东流。一个人的包装不仅仅是服饰高档精致,还包括她的化妆与言谈举止。这位女士舍得花钱买高档服装,却舍不得买一只高档防水口红,实在是令人遗憾。也许她不是舍不得,而是没有意识到挑选口红除了颜色外,还要考虑是否易脱色。

思考练习题

1. 请根据自己的实际情况,分别设计参加面试答辩、正式宴会、生日晚会的形象。
2. 请列举秘书人员正确的站姿如坐姿。
3. 体态语主要有哪几种?试着分析自己在这方面的长处与不足。
4. 怎样做到开口也是"维纳斯"?

第三章

秘书办公会议礼仪

第一节 办公礼仪

一、办公礼仪的含义和内容

办公礼仪是指秘书人员在工作期间和办公场应该遵守的礼仪规范。办公礼仪的概念有广义和狭义之分。从广义上讲,办公礼仪是一个综合性概念,它涉及的范围比较广泛,如秘书人员的着装、见面的礼仪、客户接待的礼仪、电话处理技巧等,都属于办公礼仪的范畴。从狭义上讲,办公礼仪是指办公室工作礼仪,指秘书人员在办公室里除正常业务以外的基本礼仪规范。本节所指的办公礼仪是指狭义上的办公礼仪,包括办公环境礼仪、办公场所人际关系礼仪、办公场所用餐礼仪、办公室公共区域礼仪、办公设备使用礼仪。

二、办公环境礼仪

办公室环境是单位管理的一面镜子。优雅整洁的环境,令人心情舒畅,能提高办事效率。同时,良好的环境同整洁的仪容一样,是对来客尊重和礼貌的表示。秘书人员尤其要注重办公环境的礼仪,它不仅反映秘书人员的个人形象,也能体现你所在单位的形象。秘书人员的办公环境礼仪包括两个方面:一是指秘书人员自己的办公环境;二是指秘书人员所服务的领导的办公环境。

（一）秘书人员个人办公环境礼仪

秘书人员个人的办公室是秘书人员日常办公的场所，它的清洁整齐情况在某种程度上反映出秘书人员的个人素质和形象。一个良好的个人办公环境应具备：

1. 对办公空间进行合理规划。一般情况下，秘书人员的办公室都有橱柜、桌椅、电脑、文件、书籍以及其他办公设备。在空间有限的情况下要对相应的物品进行适当布置，从而使办公环境显得井然有序。

2. 定期清洁和打扫。秘书人员每天应提前到岗，将个人的办公场所收拾干净。打扫房间、擦拭桌椅和设备，垃圾每天清理。同时，尽量养成定期整理文件资料和书籍的习惯，要将各种书籍和资料按照一定的分类标准进行整理和装订，分类保存，将无用的文件和资料进行定期鉴别和销毁，保持橱柜和办公桌面的整齐。

3. 办公桌要保持整齐、干净和有序。桌子上摆放的东西越少越好，只将常用的办公文具放在最方便的地方，以便随时取用。切忌将文件、书籍、光盘、文具和个人饰品杂乱无章地堆放在桌面上。抽屉里的东西也要摆放整齐，将抽屉进行适当分类，将所需物品分门别类存放。

4. 办公桌的装饰要符合自己和单位的特色。为突出某种环境和氛围，可对办公室和办公桌进行适当装饰，如放置一些鲜花、绿色植物、相框及其他饰品等。但要注意不要喧宾夺主，如在办公室布置过分高大的植物，将办公桌布置得过分生活化等，这都不太恰当。

5. 电脑中文件的存放要整齐。秘书人员应对办公电脑进行定期清理和整理，电脑桌面要整洁，尽量不要将文件保存在桌面上，应利用文件夹来保存文件，以保持电脑的整齐。

6. 个人物品要妥善保管。出于使用方便考虑，很多秘书人员会将个人的一些物品，如学习资料、衣服、化妆和洗漱用品、运动器材及其他家用设备带到办公场所，这些物品都要妥善保管。私人物品应尽量放到避人的地方。

另外，秘书办公环境礼仪还应注意秘书人员的个人形象，如上班应穿着与职业相适应的服装；头发清洁整齐，勤洗、勤剪、勤梳理；牙齿、指甲、衣领、袜子、皮鞋也要定期修理；养成在洗手间、休息室整理仪容的习惯等。这些在后面的相应章节中会有详述，在此不再赘述。

(二)领导办公环境礼仪

秘书人员不仅要注意自己的办公环境,还应注意维持领导的办公环境。为领导保持一个良好的办公环境,是秘书人员的重要职责。要维持好领导的办公环境,应做到:

1. 协助领导布置好办公环境。通常情况下,单位领导都会有相当独立的办公场所。秘书人员要为领导办公室的空间布置提供参谋建议,努力为领导提供一个舒适、优雅而有品味的环境。

2. 上班之前要做好相应的布置。秘书要在上班之前为领导做好准备。如对房间、桌椅和电话进行清洁;为室内花卉浇水,清理枯枝;调节好空调和百叶窗;将办公桌上的日历翻新;盖章用的橡皮印改在当天;将当天的报纸、杂志排列整齐;将墨水、便纸条、圆珠笔和铅笔补足;将日程表和必要的文件资料置于上司和自己桌上。通过这些工作可使领导顺利地开展一天的工作。

3. 下班之后要做好相应的环境清理工作。下班之后,秘书人员也要对领导的办公场所进行必要的清理。如将所有散置的纸张放进抽屉;将桌上的小件办公用品装进文具用品盒里;清除领导办公室里的垃圾;查看现代办公设备是否关闭,电源是否切断;查看抽屉和橱门是否锁好等。

当然,并不是每一个领导都喜欢秘书人员帮助整理自己的物品和办公场所,因此秘书在对领导的办公环境进行维护时首先要了解领导的意图,在争得领导同意的前提下再帮助领导进行整理。在整理的过程中,也要注意凡是涉及领导个人的物品都要谨慎处理。

三、办公场所人际关系礼仪

办公场所人际关系礼仪是指秘书人员在办公场所同上司、下属(下级)以及同事相处时所应遵循的礼仪规范。它包括三个方面:

(一)与领导相处的礼仪

衡量秘书工作好坏的标准是领导对秘书工作的满意程度,换句话说,就是秘书在多大程度上能满足领导的工作需要。因此,对秘书而言,最重要的人际关系是同领导的关系,要搞好和领导的关系,就应遵循以下基本的礼仪规范:

1. 要对领导忠心。领导选拔秘书的首要标准是秘书人员的忠诚度。秘书要想取得领导的信任,必须对领导忠诚,这是秘书人员搞好与领导关系的前提。

2. 要能出色地完成领导交代的各项工作。秘书人员是为领导提供参谋和事务性辅助的工作人员。因此,秘书人员要想得到领导的赏识就要提高自己的办事能力,能够出色地完成领导交代的各项工作,这是秘书搞好与领导关系的根本。

3. 要学会关心上司。秘书人员不仅仅为领导工作提供服务和帮助,还应适当介入领导的个人生活中,为领导排忧解难,解决后顾之忧,从而使领导能不为日常生活琐事缠身。要学会关心领导的身体健康,在工作安排中考虑领导的身体状况;及时提醒领导休息和锻炼,在各种应酬中替领导圆场和周旋。当然,对领导个人生活的介入要掌握分寸,学会尊重领导的隐私,当领导不愿意秘书介入时要保持适当距离,如领导处理私人电话时秘书应回避。

4. 要时刻注意维护领导的形象。秘书人员是幕后英雄,不能和领导抢功;当舆论对领导不利时,要注意维护领导的形象,多做工作;当工作出现失误时要采取及时的补救措施,必要时要给领导"背黑锅";在任何时候都不要随便议论领导的是非。

5. 时刻注意自己的身份和地位。领导和秘书的关系是主辅关系,秘书人员在工作中要时刻注意自己的身份和地位。秘书只在自己的职权范围内处理问题,非紧急情况不能越权处理;遇到棘手的问题要先请示,不能擅自主张;遇到困难要事先和上司沟通,不要事后解释;秘书更不能越过自己的上司和领导去请示上司的上司。

(二) 和下属、下级相处的礼仪

秘书在同从事基层工作的下属、下级相处过程中,也应注意相关的礼仪。

1. 要有亲和力。严格意义上讲,秘书人员不算上级和领导,但由于和领导的关系特殊,而被许多基层的工作人员当领导看待。秘书人员要想赢得下属和下级的尊敬和信任,首先要有亲和力。

2. 要尊重下属和下级。秘书人员也是单位的普通一员,要尊重下属和下级。在办事、说话时口气要和蔼,要尊重下属和下级的权利、工作以及人格,不能蛮不讲理和自以为是。

3. 要以身作则。要求下属做到的,秘书自己首先做到。那种奉行双重标准的秘书会令下属反感。

4. 学会赞扬下属。对下属和下级,要多鼓励和褒奖,对下属和下级完成的工作要肯定、感谢。

5. 要勇于承担责任,不要诿过于下属。

6. 批评的时候要委婉、点到为止。批评下属的时候要委婉,注意就事论事,不要涉及人品、能力。

(三) 和同事相处的礼仪

在与同事相处时,一个好的秘书应做到:

1. 工作上分工不分家。在单位里,每一个人都有自己的工作职责,但由于秘书工作的特殊性,秘书人员通常能给别人提供很多帮助。秘书人员要在力所能及的前提下积极帮助别人,不能以分工为借口,消极地应付别人的求助。

2. 尽量不与同事抢功、争名。由于和领导关系密切,更容易获得领导的赏识和单位的奖励,这时就需要秘书人员能够实事求是,不与同事抢功、争名。

3. 不传播流言蜚语。秘书人员一个重要的素质是口风要紧,秘书人员有机会参与单位的机密事务,能够了解组织的机密和内幕信息,秘书人员不能以此为资本四处散播,更不能随意散播涉及其他同事切身利益的相关事项,切莫随意议论同事的是是非非。

4. 不拉帮结派。秘书人员不能从自己的私利出发,和同事拉帮结派,团结一部分人,排挤另一部分人。这样不利于秘书开展工作。

5. 不过分炫耀自己。秘书人员不能以和领导的关系为资本,炫耀自己;不能假借领导的名义狐假虎威;更不能以"二领导"自居,飞扬跋扈。这些都不利于秘书搞好和同事的关系。

四、办公场所用餐礼仪

现代社会是高效率、快节奏的社会,尤其是秘书人员,忙起来更是团团转,许多时候为了节省时间,吃饭都在办公室里解决。办公场所解决一日三餐,固然可以节省时间,但也要考虑别人的感受。下面是办公场所用餐时应注意的一些礼仪:

其一,用餐时放下手头工作,吃饭时要专心致志,不要边吃东西边工作,嘴里嚼着食物讲话是不礼貌的,更不要拿着筷子指手画脚。

其二,用餐完毕要马上清理。用餐之后,要立即着手清理,一次性饭盒和剩饭要倒掉,自带的餐具要洗干净,桌面也要擦拭干净,如有必要,开窗、开门通风,以免影响办公室的空气清新度。

其三,办公室用餐要注意自己的吃相。吃饭姿势要文雅;吃饭时不要随意讲话;不能用筷子指人;也不要四处蹭饭。

其四,选用食品要慎重。办公室用餐要尽量避免刺激性太强的食物,如葱、蒜、臭豆腐等。这一点在备零食时也要注意,应避免刺激性、吃时响声太大的零食,以免影响同事工作。

其五,不要在用餐时间找同事谈工作。俗话说,"民以食为天",即使是在办公场所用餐也是如此,不要随意打断别人用餐,以免影响同事的食欲。

五、办公公共区域的使用礼仪

办公公共区域是指一个单位的出入口、楼道、电梯、洗手间和餐厅等员工共同使用的区域。秘书办公公共区域礼仪是指秘书在这些区域活动时所应遵循的礼仪规范。具体地说有:

(一) 电梯使用礼仪

1. 秘书伴随客人或长辈来到电梯厅门前时,先按电梯按钮。

2. 上电梯时,秘书要请领导、同事先上,不要强行先入,如有不便的人(残疾人)应提供帮助。当迎接客人时,也可先入电梯,一手按开门按钮,另一手按住电梯侧门,迎接客人。

3. 进入电梯后,如有专门的电梯服务人员,应迅速自报楼层,并表示感谢。如无专门的电梯服务人员,要先按楼层,如有不便,亦可请他人代劳。

4. 进入电梯后要选择合适的位置,不要站在电梯门口妨碍别人出入;上高层要尽量往里边站;人数少时,适时调整位置,均匀松散地站;电梯内尽量侧身面对客人;在电梯内应尽量减少动作及动作幅度,以免影响他人。

5. 电梯内保持安静。电梯内尽可能不寒暄;尽量不谈公事或聊天;更不能旁若无人地高声阔论。秘书接待客人时,如果电梯内人员较少,则可适度寒暄,以免尴尬。

6. 到达目的楼层前要提前打招呼,避免电梯到达楼层后从别人身边挤过去。秘书接待客人时要请客人先行。秘书可一手按住开门按钮,另一手做出请出的动作,并说:"到了,您先请!"待客人走出电梯后,自己再出电梯,并热诚地引导客人行进的方向。

7. 有人急赶电梯,则要稍后。

(二) 楼梯和自动扶梯的使用礼仪

1. 秘书引导客人上楼时要走在前面。

2. 楼梯和扶梯较宽时,要靠右站立,以便让着急上楼的人从左侧超过。

3. 乘坐旋转楼梯或电梯时不宜四处张望,尤其是夏天有女士同行时更应注意。

  4. 走楼梯或自动扶梯也不便过多交谈,最好等到目的地后再谈。

  5. 秘书引导客人下楼或送客时要走在前面,而不是让客人先行。

(三) 会议室的使用礼仪

  会议室是秘书人员除办公室之外,最常使用的公共场所。使用会议室的礼仪有:

  1. 使用会议室之前要先申请,并按规定时间使用,以免影响他人使用。

  2. 会议之前布置现场须提前,不能一边开会一边布置现场。如果需要对会议室进行较大的改动,应提前取得管理部门的许可。

  3. 按时开会。秘书人员一定要事先通知、协调与会人员,以保证会议的按时召开。

  4. 会议场所禁烟。会议之前,秘书人员要宣布会议纪律,如无特殊情况,应禁止吸烟。

  5. 会议场所要合理设置手机。进入会议场所,秘书人员应要求与会人员将手机调到不影响会议进程的模式上。

  6. 会议场所举止要文明。与会人员要注意坐姿和表情;不宜大声吵闹;不能哄堂大笑;发言要遵守会议纪律;合理提出不同建议;文明对待其他与会人员的批评与建议。

  7. 会议完毕要及时清理会场。会议结束后秘书人员要清理会场,将与本次会议相关的物品收走,产生的垃圾及时清理;会场要恢复原状,借用的物品要归还;会议室使用完毕要及时向管理部门说明并移交会议室钥匙。

(四) 餐厅的使用礼仪

  1. 用餐要文明有序。人数较多时应自觉排队;遇到上级、客人或同事应尽量礼让。

  2. 进餐要注意吃相。餐厅是重要的公共办公区域,吃相不雅会影响个人形象。

  3. 餐厅进餐不宜大声喧闹。餐厅是进餐场所,应尽量保持安静。

  4. 用餐完毕要收拾。用餐完毕后要归还托盘、碗碟和筷子,及时清理垃圾,如有必要把椅子推到桌子下面。

(五) 洗手间的使用礼仪

  1. 使用洗手间要遵循先后顺序,除非紧急不宜抢先。

2. 洗手间遇见同事要招呼致意，不要刻意回避，尽量先和对方搭话。千万不要装做没看见把头低下，给人不爱理人的印象。尽量不要与上司在同一时间上洗手间，特别是洗手间小的情况下。

3. 使用洗手间要讲公共卫生，保持洗手间的干净卫生，入厕后要冲水；用毕的卫生纸要放到合适的位置；入厕完毕要洗手。

4. 洗手间谈话要注意言谈礼仪，不可大声喧哗，也不要谈论要事或议论别人，以防"隔墙有耳"。

六、办公设备的使用礼仪

办公设备是单位的公共财产，是大家手头必备的工具，维护和恰当使用这些设备不仅关乎工作效率，也能体现一个人的品质与修养。这方面的礼仪有：

（一）公用电脑的使用礼仪

使用公用电脑应注意：

1. 工作优先原则。当使用公用电脑发生撞车时，应遵循工作优先原则。工作优先于休闲娱乐；紧急、重要的工作优先于一般工作。

2. 公用电脑要注意保养。尽量少使用移动存储；使用之前要先杀毒；反病毒软件要定期升级；电脑要定期清理等。

3. 合理使用公用电脑。秘书人员使用公用电脑时要爱惜，不能随意增删文件和程序；出现问题要耐心修复；使用完毕要及时删除个人文件；如需在公用电脑上保存个人文件，要明示。

4. 出现故障要及时声明。电脑在使用过程中如出现故障要及时修复，不能一走了之；如果个人无法修复要及时说明和报告，以免影响他人使用。

（二）复印机和打印机的使用礼仪

1. 注意先后顺序。一般应遵循先来后到的原则，但如果对方资料很少，应该让对方先用。

2. 出现问题要及时处理。遇到无纸、卡纸、无墨等情况要及时处理；个人无法解决要请他人帮忙，不能把问题留给下一位同事。

3. 使用完毕后要带走原件，否则容易丢失原稿或泄漏信息。

4. 使用完毕应对机器进行合理设置，应关闭或设定为节能待机状态。

5. 尽量少在公司打印、复印私人资料。

6. 自觉登记。公用打印机或复印机如有登记单，在使用完毕后要自觉登记和记录。

(三)传真机的使用礼仪

1. 发传真前先给对方打确认电话,通过电话了解对方是否方便接受传真,特别是当对方传真机为公用时更有必要。另外,传真机有自动和手动两类,手动设置的传真机需要接受方给信号,因此更有必要发传真前先打电话。

2. 应在传真上注明接收单位、部门和工作人员名称。规范的单位会制作传真件的封页。

3. 不要传真太长的文件,传真件通常应限制在10页以内,太长的文档应选择邮寄或电子文档等途径。

4. 机密文件不宜使用公用传真机。

5. 传真信件要注意格式、称呼和敬语,信尾还应有签名。

6. 传送完毕要确认。打电话给对方,确定他们是否收到、收齐。

7. 尽量少用公司传真发送和接收私人资料。

8. 传真机使用完毕要登记。

七、办公礼仪应注意的禁忌

第一,在办公场所化妆。按照西方礼仪规范,当众化妆是极其缺乏教养的表现。办公场所是秘书人员重要的公共场所,应竭力避免在办公场所化妆,如需化妆或补妆可去洗手间。

第二,在办公场所吸烟。办公室空间通常比较狭小,空气流通也较差,在办公场所吸烟会损及同事和客人的健康。因此,办公场所应戒烟。

第三,借用物品不及时归还。俗话说:"好借好还,再借不难",借用物品不归还会损及个人信用。特别是借用办公室内的公共财产,更要及时归还,以免影响他人使用。

第四,长期占用办公电话。在工作期间,占用办公电话聊私事,煲电话粥会影响同事正常使用电话。

第五,过分吵闹和喧闹。办公室是办公场所,应保持安静,过分喧闹和吵闹会影响其他同事的正常工作。

第六,不注意环境卫生。文件资料随意堆放,垃圾随意丢弃,破坏办公室环境清洁也会给同事留下不良的印象。

第七,争功诿过。秘书人员要实事求是,不能抢占别人的工作业绩,也不要推卸责任。

 案 例

小李文秘专业毕业后,成功应聘到一家公司当秘书。小李年轻、时尚,爱好交际,上班期间喜欢挂在网上聊天,遇到知己还要煲上一段电话粥。小李特别喜欢吃零食,办公桌和抽屉里塞满了零食,经常一边工作一边享用,也经常和同事们分享零食。小李在校期间是学生会干部,工作能力也很出色,实习期间得到公司领导的多次表扬。小李特别开心,有时难免在同事面前沾沾自喜。慢慢地,小李发现她身边的同事开始疏远她。小李感到很纳闷,为什么在学校有着良好人缘的她却受到同事们的疏远呢?她在工作中有哪些不当之处?

第二节 会议礼仪

一、会议和会议礼仪

会议是指社会组织或相关人员为达到某一目的,在限定的时间、地点、对象,按照一定的程序,有组织、有领导的议事活动。会议是行政机关、事业单位和公司企业进行管理活动的重要手段,也是秘书人员接触最多的实务活动。会议礼仪是指在会议筹备、召开、主持、进行和会后这一过程中所应遵循的基本的礼仪规范。

二、会议前的筹备礼仪

一次成功的会议,离不开会前精细的组织和安排,会前的筹备工作应遵循的礼仪规范有:

(一)会议要有计划

会议计划是会议成功的前提和基础。会议计划不完整,必然会导致会议筹备杂乱无章,会议举行得一团糟,这样不仅达不到召开会议的目的,还会浪费与会人员的时间和精力。因此,决定召开会议之前要制定严格的会议计划,并在

会议计划的指导下筹备会议。

(二)会议主题和内容要符合礼仪规范

一次成功的会议必有一个简洁、鲜明的主题,有清晰、完整的会议内容。在确定会议主题和会议内容时,要考虑礼仪细节。会议主题的拟定通常要由会议的目的决定,但也要考虑与会人员的要求。会议的内容通常由会议的举办者拟定,但也要考虑与会人员的建议。多方参与的会议在拟定会议内容时要考虑与会人员的身份、地位以及各种禁忌,如两岸三地学者参加的商务洽谈会应尽量避免政治类的会议内容,以免给与会人员带来尴尬和不便。

(三)会议地点的选择要合适

1. 会议地点要符合会议的目的。确定会议地点首先要考虑会议的目的,内部会议可放在单位内部举行;以休闲娱乐为主的会议可放在度假村和名胜风景区;学术性会议可在各地轮流举行;成果经验交流会应放在典型地区举行。

2. 会议地点要能满足会议的需要。会议地点应该能够满足会议本身及与会者的需要和要求,能提供合适的会议场所,具备会议需要的设备;多天的会议要能解决食宿;新闻发布会则需要有较大的会场和适合记者采访的设备等;国际会议需要有传译设备和配备人员。

3. 会议地点的选择要考虑与会人员参加会议的便利性。

4. 会议地点的选择要照顾到与会人员的安全。

5. 会议地点的选择要考虑到与会人员自身的倾向性,如会员制的学术研讨会在确定会议地点时通常都会考虑与会人员的建议。

(四)合理确定与会人员的范围

一次成功的会议,并不是人数越多越好,与会人员的级别越高越好。要根据会议的目的、内容合理地确定与会人员的范围,不能单纯为了提高会议的档次和扩大会议的影响,而扩大与会人员的级别和人数,从而导致无关人员无意义的听会。

(五)通知与会人员要符合礼仪规范

通知与会人员需要注意如下礼仪细节:

1. 会议通知要提前。任何会议都要提前告知与会人员,提前的时间量要视会议内容、性质、要求,与会人员的复杂程度以及与会人员的地位和作用而定。简短的内部会议可提前两三天;年度重要的会议通常要提前1个月;需要提交论文的学术性会议通常要提前2~3个月;邀请与会人员作会议主席或安排重要发言则需提前更长的时间。

2. 邀请上级领导、专家、社会名流等与会要事先征求其意见。

3. 会议通知的内容要全面、准确。邀请与会人员的材料要全面,会议时间、地点、内容、要求都要一一具备;会议通知的内容要准确,散发出去后不能随意更改。

4. 以恰当的方式通知与会人员。通知与会人员的方式有很多种,有口头通知、电话通知、书面通知、邀请函(信)、请柬等。要视会议的性质和与会人员的身份采用不同的通知方式。部门内部会议可采用口头通知的方式;单位非正式会议可采用电话通知的方式;单位内部正式会议应下发会议通知;学术交流、经验交流可使用邀请信(函);庆典类会议或新闻发布会应使用请柬。另外,会议的通知方式也会受到与会人员身份的影响,内部成员可采用会议通知,外部关联单位成员可使用邀请信,而特别重要的(VIP)与会人员通常需要使用请柬邀请。

(六) 会期和会议程序的安排礼仪

1. 会期的确定要考虑到与会人员的便利性。会期确定的首要考虑因素为会议的内容、目标,如动员会要安排在活动开始前举行;中期检查会通常要安排在活动或年度中间进行;总结会一定是放在年底或项目结束时召开。但会期的确定还要照顾到与会人员的方便,如以高校教师和科研人员为主的学术交流会通常放在假期举行,避免和教师的正常工作冲突;邀请 VIP 与会,更要考虑其时间上的便利性。

2. 会期不宜太长。会期易短不易长,拖沓冗长的会议只会使人疲惫不堪,降低效率。

3. 会议的程序和议程要考虑人的精神和生理状况。上午人的精力通常会比较旺盛,可安排学习和大会发言;下午精力次之,可安排讨论以活跃气氛;晚上精力较差,可安排轻松、愉快的活动以放松心情。整个会议的程序和活动要考虑与会人员的精力和承受能力。

4. 特定的活动要尊重与会人员的意愿。很多会议都会安排休闲、娱乐和参观性活动,这些活动有时会消耗较大体力,有时还会有一定的危险性,通常都以自愿为原则,充分保障与会人员的选择和自由。

(七) 会议接待的礼仪细节

1. 会前对接待事宜要交代清楚。在会议通知材料上,要准确通知会议接待的细节,如是否有人接站;自行到达的准确线路;是否负责安排住宿;会议举办方的准确联系方式等。

2. 会议接待要制定详细的工作计划。如制定详细的接待须知和接待道具；掌握与会人员准确的抵达时间；安排专人到相应地点迎接；安排车辆调度；对不同的与会人员制定不同的接待规格；组织与会人员报到；安排、协助报到人员住宿；分发会议材料等。

3. 会议接待要尊重与会人员的选择。较大规模的会议都会安排专门接待，负责食宿，但也有一些与会人员会有特殊要求，会议接待人员要在力所能及的前提下予以满足或给予帮助。

4. 会议接待要制定相应的预案。接待计划可能完美无缺，但接待时可能会出现意外事故，如火车晚点、接待车辆出故障、接待车辆发生事故、接待人员不能到岗、与会人员身体受伤害等等，这些都需要接待人员认真考虑并加以处理。

（八）安排住宿的礼仪细节

安排与会人员住宿时需要注意以下几点：

1. 住宿地点首先要考虑到与会人员的安全。
2. 住宿地点要便于与会人员参加会议。
3. 安排住房时，要根据与会人员的职务、年龄、健康状况、性别和房间条件等进行综合考虑，统筹安排。
4. 房间的分配还要考虑到特殊与会人员的特殊需求。如，尽量将上年纪的人、身体弱的人、女士安排到向阳、通风、卫生条件比较好的房间。再如，对有打呼噜等习惯的人，要妥善安排，尽量不要影响其他人的休息。
5. 房间分配还应特别注意 VIP 的住宿需求，如房间的大小、档次、朝向以及房间外的风光等。

（九）会议饮食应注意的礼仪

安排会议饮食应注意：

1. 会议饮食要保证卫生、安全。有重要领导人参加的会议更要在饮食安全上严格把关。
2. 用餐的形式要考虑到会议的性质与形式。可根据实际情况，选择传统中餐、西餐或自助餐。当然，每日三餐可选择不同的形式，每日用餐也可有所不同。
3. 饮食的内容和形式应事先告知。与会人员在报到之后应收到饮食的相关安排。
4. 庄重的正餐应对餐厅进行适当布置。如，进行餐厅氛围布置；拟定用餐程序;准备发言设施;安排用餐顺序等。规格较高的商务性会议除了精心准备菜谱外,还要考虑进餐的环境和情调、桌次的布置、烛台和鲜花的搭配、音乐或乐队的选择等。

5. 会议用餐要考虑到与会人员的饮食文化和禁忌。会议用餐尤其要注意与会人员在饮食上的差异,如南方人和北方人在用餐上的差别;东方人和西方人在用餐上的区别;不同宗教和不同信仰的人在用餐上的差别。在准备用餐时,特别要注意不能侵犯与会人员的饮食禁忌,如欧美人的"六不食";阿拉伯人不饮酒、不食猪肉等。

6. 要照顾病号,照顾少数民族同志,照顾有特殊需要的与会人员。有条件的可设立病号席、清真席,实行分餐制。

7. 对因开会误了开饭时间的人员,应预留饭菜。如果采用包桌形式用餐,要安排好每桌的人员,以免发生混乱。

(十) 会议现场布置的礼仪细节

布置会议现场需要遵循以下礼仪:

1. 会议的气氛布置,包括会议场所门前的横幅、花篮、彩带等装饰;会议场所过道和走廊的指示牌;会议主席台上方的会标;会议主席台的桌布;会议现场的主色调;会议主席台前的鲜花和绿色植物;会议发言台的布置等。

2. 会议的会场格局。会场格局应根据会议的内容安排,同时要考虑与会者的人数及其彼此的关系,还要顾及会场的建筑形状,符合美学原理和与会者的审美观等。一般情况下,会场可以布置成圆形、椭圆形、长方形、回字形、山字形等。

3. 安排会议主席台。主席台的布置是会议现场布置的重中之重,它能体现出会议的性质,会议主席台布置的礼仪主要体现在主席台的座次安排上。

4. 检查会议现场的设备,包括照明灯光、话筒、投影设备、计算机、录音录像设备以及空调、通风和供暖设备,要保持这些会议设备在会议进行中处于良好的工作状态,避免因设备和设施问题影响会议进程。

5. 准备茶水、饮料和会间的食品供应。会议中经常用到的饮料是矿泉水和茶水,有时也会准备果汁和咖啡。另外,联谊、宣传性质的会议在走廊过道还会准备饼干、蛋糕、巧克力等食品,供与会人员会间享用。

(十一) 会标制作的礼仪细节

会标是对会议名称的书写,一般书写于红色横幅之上,悬挂在主席台上方,是与会者注目之所在。因此,会议筹备人员一定要重视会标的制作。应注意:

1. 会标的字体一般选择美术字,红底白字,醒目大方,现在多用电脑制作完成。有时在面向主席台的会场中央或后方,也悬挂写有标语口号的横幅,以烘托会议的主题。

2. 会标字体大小的设定要考虑主席台的台口宽度、会标字数的多少和会标字数的间隔。在制作会标前应首先丈量主席台台口宽度。

(十二)会议中用花的礼仪规范

会场摆放花卉可以调节会场气氛,振奋与会者精神,有助于开好会议。但花有花语,在使用时要注意礼仪细节:

1. 一般而言,摆放红色的花卉表示热烈,粉色的花卉表示亲切,绿色的叶子表示冷静。

2. 每一种花都有它独特的含义,这就是所谓花的语言。如铁树、棕榈等表示庄严;万年青、君子兰表示情谊长存、百事如意;菊花表示高风亮节;月季、玫瑰表示喜庆;牡丹表示富贵等,要根据会议的主题选择用花。我国的十大名花是梅花、牡丹、菊花、兰花、月季、杜鹃、山茶花、荷花、桂花、水仙。

3. 在国际会议中要特别注意慎用菊花、杜鹃花、石竹花、百合花和黄色花朵,因为在许多国家这些花都有消极的寓意。

(十三)会议主席台的安排礼仪

1. 大型会议的会场大多设主席台,和与会人员成面对面形式。由于多在礼堂、会堂召开,主席台一般设在舞台上。中型会议的主席台,设在舞台上下均可。如设在台下,要离与会者近一点,稍微垫高一点。小型会议可不设主席台。

2. 主席台正中央摆放一字型长桌,上覆白色桌布或绿色台毯,一排不够应分几排摆放。应根据主席台就座的人数放置座椅,前面备好茶杯或矿泉水、饮料,摆好每位与会领导人的名字标牌,这既可防止错位,方便领导人就座,又便于与会者辨认领导人,便于记者采访。

3. 主席台的座次尤其要注意。现代商务礼仪的一般座次原则是"以中间为尊,以右为尊,以前排为尊",但中国传统的政务礼仪是"以左为尊",因此在安排座次时要特别注意是遵循传统政务礼仪还是现代商务礼仪。

4. 主持人和发言领导的前面,应设置话筒。有些会议在主席台上单独设置讲坛,一般讲坛较高,设置在主席台左侧,上面应有麦克风,也可以在讲坛上装饰鲜花。

5. 主席台的上方应悬挂会议会标,背景要依据会议主题进行精心布置。如党的代表大会应悬挂党旗、党徽,人民代表大会应悬挂国徽,学校会议可悬挂校徽,某些会议还会特别制作会徽。主席台的四周可摆放绿色植物或鲜花作为装饰。

(十四)会议现场格局的安排礼仪

1. 日常工作会、座谈会形式,见图3-1至图3-6。此类会议规模较小,大多在十几人至20人左右。会场大多布置成圆形、椭圆形、长方形、T字形、U字形、口字形等,拉近主持人与参会人员的距离,令人感到亲切、轻松。

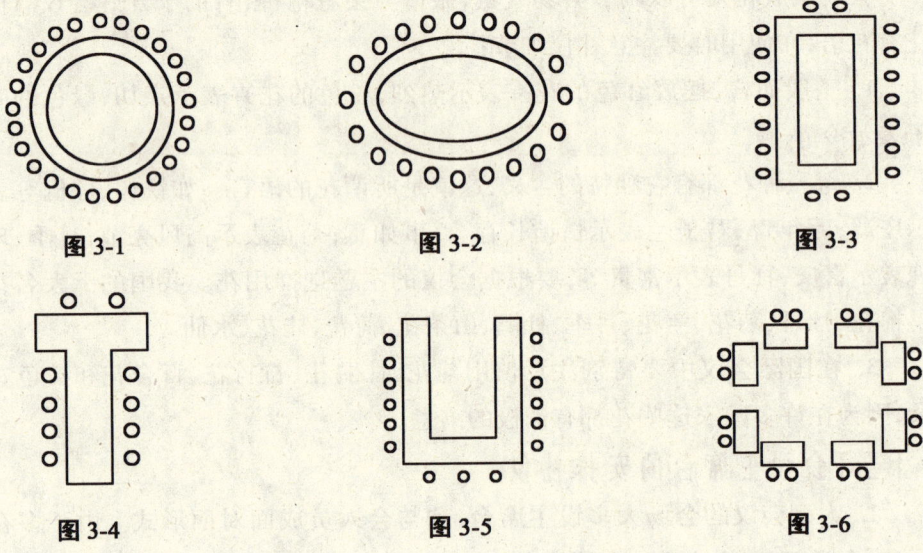

图3-1　　　　图3-2　　　　图3-3

图3-4　　　　图3-5　　　　图3-6

2. 中型会议的会场形式,见图3-7至图3-9。人数一般在几十人至几百人左右,多布置成而字形、倒山字形、半圆形。这些形式使人有正规、严肃之感,但要注意,使用图3-7形式时,与会人员席的横排面不要太宽,以免主席台同两边就座的与会人员首尾两端,不能相顾。如果与会人员较多,可以适当往纵的方向多排几行。

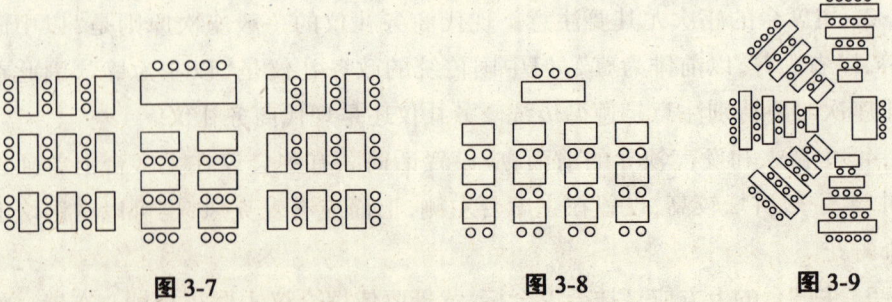

图3-7　　　　图3-8　　　　图3-9

3. 大型茶话会、团拜会的会场形式多布置成星点形、众星拱月形,见图 3-10。几百人以上的大型会议,一般都在礼堂、会堂、体育馆一类的地方召开,形式大多是固定的。

图 3-10

4. 会场布局要从实际出发,选择适用的形式,还可以灵活变通,自创一些形式。

(十五) 会场座次的安排礼仪

座次的排列包括主席台座次和与会者座次,主席台座次前面已经介绍,这里着重介绍与会者的座次安排。

1. 座次安排的一般方法有:按汉字笔画排列;按地理位置排列;按惯用的单位顺序或行业系统排列。

2. 会议座次安排还常常受到会议性质的影响。如果是代表大会,会议的正式代表坐在最前面,便于表决,候补代表次之,以便随时替补,列席人员坐在最后;如果是表彰大会,受表彰者坐在前面,突出其地位并方便其上台领奖;如果是座谈会,应该大家团团围坐,不分高下,体现出虚心、平等的精神。

3. 会议座次排定后,应在不同区域放置醒目的标志,便于与会者查找入座。

三、会议中的礼仪

(一) 会议的基本程序

1. 会议签到和领取资料。一般会议都会有签到工作,这样有助于会议主持者掌握与会人员的到会情况,并可顺便下发会议当天所需的文件资料。

2. 主持人宣布会议开始。会议主持人要根据会议时间和主要会议参加人的到场情况,及时宣布会议开始。

3. 会议开始的仪式。我国传统的会议开始仪式往往是起立、奏国歌,有些单位也会唱厂歌、校歌或其他有纪念意义的歌曲。

4. 会议主持人介绍会议的基本情况,包括会议的目的、宗旨,到会的主要领导,会议的主要程序和时间安排以及会议的相关事宜。

5. 会议按程序进行正式会议。

6. 会议进行结果性、实质性程序,包括选举、投票、表决,达成共识或形成决议性文字。

7. 会议闭幕或结束。在完成各项会议议题后,通常会有会议主持或与会领导对会议进行总结发言,宣布大会闭幕或结束。

(二)秘书人员在会议现场的服务性工作

1. 组织签到工作。签到工作是会议前的序曲,秘书人员通常要和礼仪小姐一起做好签到工作,以掌握与会人员的到会情况。在会议正式开始之前,要将签到结果向会议主持人汇报。

2. 引导座位、维护秩序。为了保持会场的秩序,秘书人员应加强检查,制止无关人员入场。如果会场较大,为了方便与会者,秘书人员可以引导与会者入座。

3. 提供通讯保障。做好会议值班、热线电话接听工作,及时传递信息。开会的时候,不是特别紧急的电话,一般都不传呼。一般的电话,可记录下内容,待会间休息或散会后交给当事人,只有内容十分紧急的电话才用纸条通知当事人接听。

4. 会场的清洁卫生、开水供应、灯光照明、扩音设施等服务。会场此项服务一般由秘书人员负责,如会场的清洁卫生、开水供应、灯光照明、扩音设施等。秘书人员要负责检查,督促相关人员做好各项服务工作。

5. 协助领导掌握情况,控制会议进程。会务人员对会议中的动态、与会者的建议和反应、出现的苗头和倾向,都要心中有数,并及时向会议领导报告。若会议依据某种错误信息或片面情况做出不正确的决定时,在征得会议主持人同意后,应向与会者如实反映真实情况。会议进行当中,视会场气氛情况,可适时向会议主持人建议休息几分钟。

6. 做好会议记录。秘书人员在会议中通常会担任记录员的角色,应如实地记录会议进程和与会人员的言谈、主张,以便为会议纪要、决议的形成提供文字材料。

7. 安排会议分组讨论。秘书人员要根据会议的性质,按照地区、专业、行业系统等不同的标准对与会人员进行分类;要安排好分组讨论的地点;确定各分组的负责人;安排好分组讨论的记录人员、联络人员;协助召集人汇总本组讨论发言的意见,形成会议记录,上交大会组织者。

8. 编写会议简报。会期较长、分组讨论的会议通常都会安排秘书人员编写会议简报,以便于与会人员及时掌握会议进程、各组讨论的进展和情况,从而推动会议的顺利开展。

9. 关心与会人员中老、弱、病、残者的健康状况。应为与会者准备一些医疗保健措施,保证与会者的身体健康。可选择会议驻地附近的医院作为定点医疗机构,也可选择配备一到两名驻会医生,准备一些常用药品和简单医疗设施,以备不时之需。秘书人员发现有人出现健康问题要及时处理或请示有关领导处理。

10. 做好会议的宣传、公关工作。秘书人员要及时联络媒体与记者,撰写新闻稿和各种消息稿;做好会议的新闻报道工作,为记者的采访和报道工作提供方便。

11. 安排好会议期间的娱乐活动。秘书人员应根据会议的日程,本着劳逸结合的原则,安排适量的文娱活动,丰富与会人员的会余生活。文娱活动一般应以观看电影、电视,戏剧和体育表演等为主,并尽可能围绕会议主题,认真加以选择并做好事务性的辅助工作。

12. 处理临时性事务工作。在开会过程中,秘书人员要负责处理与会领导临时交办的各项事宜,做好内外联系、传递信息的工作。在会议期间,秘书人员还应保持高度警惕,以应付各种突发性事件。

(三)秘书主持会议的礼仪性要求

1. 秘书在主持会议之前要做好相关的准备。这主要包括:全面了解会议的目的,把握会议背景;了解会议的参与者;熟悉会议议程和程序。

2. 秘书人员主持会议要注意形象。主持人应衣着整洁,大方庄重,精神饱满,切忌不修边幅,邋里邋遢;主持人要注意举止、姿态,步伐稳健有力,行走速度适宜;主持时站立要挺直、自然,主持过程中,切忌出现搔头、揉眼等不雅动作;主持人言谈应口齿清楚,思维敏捷,简明扼要,切忌讲话拖泥带水。

3. 主持人要严格按照会议议程和程序主持会议。会议讨论是不拘形式的,但作为主持人,必须对讨论过程加以控制。主持人有义务提醒大家围绕会议的宗旨和相关的议题进行讨论,当会议偏离主题时,秘书人员要及时将大家的注意力转移到会议的主题上。主持人有权制止无缘无故打断、中断会议的行为。

4. 主持人要严格控制时间进程。主持人要及时宣布会议开始,不要为迟到者反复重复已进行过的内容;严格执行各项议程的时间限定;有义务提醒会议发言人注意掌握时间;要及时中止超出时间的发言或讨论;掌握好休息时间,开会时间一到,马上召集与会人员回到会场;如确有必要延长会议时间,主持人须经领导同意或大会讨论通过。

5. 主持人要发扬民主,公平待人。会议应当是一个出席者平等交换意见的场所,主持人要为大家创造一个都能踊跃发言的民主环境。会议中就某一议题发生争端时,主持人要充当调停人,要保证不偏不倚,客观公正地听取各方的意见,提出选择方案,促使双方做出妥协。

6. 主持人应根据会议性质调节会议气氛。主持人要注意与会者的情绪,如果与会者情绪不高,则应当想办法加以调动;注意哪些人没有发言,要通过恰当的话题巧妙调动这部分人的发言积极性;如果会议气氛过于激烈,主持人要运用技巧进行中止,以缓解矛盾,给会议现场降温;主持人还要掌握幽默、诙谐的语言艺术,以化解会议现场的尴尬情形。

7. 整理、分析、归纳各方意见,为领导出谋划策。与会者发言之后,秘书应当做好总结工作,然后站在公正的立场上,总结各种意见,得出自己的结论,上报领导。

(四) 与会人员的礼仪要求

除组织会议以下,秘书人员经常要参加各类会议。作为与会人员,也要懂得与会的基本礼仪规范。

1. 事先阅读与会材料,有备而来。事先确认自己是否出席,了解会议的地点、目的、议程等内容;明确自己的分内工作,是否需要发言,是否需要提交论文或议案,是否承担会议的相关组织工作等,并做好相应准备。

2. 穿着整洁,仪表大方。会议是秘书人员经常参加的重要活动场合,应着正装如会,可以穿制服、中山装、西装套装、套裙或具有民族特色的传统服装,不可着夹克衫、T恤衫、健美裤、超短裙之类的便装与会。

3. 准时与会,进出有序。秘书人员应当遵守会议的时间安排,至少提前5分钟到达会场,以便能有充裕的时间签名、领取资料并寻找自己的座位。要依照会议安排落座,如果没有安排座次也要坐在恰当的位置上。不得无故迟到、缺席会议,如果不能按时到会或不能参加会议,应提前通知会议的主持人或组织者。

4. 开会后将手机、传呼等通讯工具关闭或调至振动模式,以免影响会议进程。会议之中应尽量避免接打电话,如确有必要,不能在会场接打电话,应先离开会场。

5. 开会时要尊重会议主持人和发言人。当别人讲话时,应认真倾听,可以准备纸笔记录与自己工作相关的内容或要求;不要在别人发言时说话、随意走动、打哈欠等,这是失礼的行为;在他人发言时不能反复看表或读书看报;不要随意起哄和鼓倒掌;与他人意见相左,可通过恰当的方式向相关人员反映,不可借题发挥,无事生非。

6. 要保持会场秩序,避免发出有碍会议秩序的噪音。在会上不吃带壳的食物;不喝易拉罐饮料;不与他人交头接耳、窃窃私语;不与他人打打闹闹等。

7. 会中尽量不离开会场。如果必须离开,要轻手轻脚,尽量不影响发言者和其他与会者,如果长时间离开或提前退场,应与会议组织者打招呼,说明理由,征得同意后再离开。离开会场时,应躬身快速通过,以免影响他人开会。

8. 与会人员要注意会场的行为举止。在座位上坐定后,上身要坐正,不要瘫坐在椅子上;双手要放在桌子上,不要坐立不安或摆弄东西;双脚要放平;身体可稍稍前倾以表示自己专心;要避免摇头晃脑、指指点点、大打哈欠、猛皱眉头、扮怪相等不良行为。

9. 要善始善终。与会人员要遵守会议议程的安排,始终如一地参会,不能提前退场;不能在会议结束之际消极听会;要认真完成会议结束时的各项议题;会议结束之际要有礼貌地鼓掌起立;待确认会议真正结束后再离会;离会后要整理会议现场;带走自己产生的垃圾;有秩序地离会。

(五) 会议发言人应注意的礼仪

会议发言有正式发言和自由发言两种,前者一般是领导报告,后者一般是讨论发言。秘书需要了解会议发言的人礼仪要求。这既是秘书参加各种会议的需要,也可为相关领导的发言做好准备,更好地协助领导的工作。

1. 作正式发言,应衣冠整齐,走上主席台应步态自然,刚劲有力,体现一种成竹在胸、自信自强的风度与气质。发言时应口齿清晰,讲究逻辑,简明扼要。如果是书面发言,要时常抬头扫视一下会场,不能低头读稿,旁若无人。发言完毕,应对听众的倾听表示谢意。

2. 自由发言则较随意,发言应讲究顺序和秩序,不能争抢发言;发言应简短,观点应明确;与他人有分歧,应以理服人,态度平和;发言应听从主持人的指挥,不能只顾自己。

3. 如果有会议参加者对发言人提问,发言人应礼貌作答,对不能回答的问题,应机智而礼貌地说明理由,对提问人的批评和所提意见应认真听取,即使提问者的批评是错误的,也不应失态。

4. 会议发言要掌握时间。会议明示有发言时间限制的,应自觉遵守会议时间;时间临近应加快发言;时间一到立刻终止发言。会议没有发言限制,也要自我约束,要给其他与会人员发言机会。

(六) 非正式会议的礼仪

非正式会议是指单位内部、项目小组、非正式组织成员之间为某一具体问题而召开的临时性、非正式的会议,它通常不列入会议计划,往往具有非组织色彩,也不强调有正式的结果。作为秘书也而要了解这类会议的基本礼仪要求。

1. 适当注意着装和打扮。不要穿看上去夸张的服装和令人分心的装束,如围着一条长披肩,或经常需要用手梳弄你总是垂到脸上的头发等来分散听众们的注意力。

2. 学会应用手势、姿势和声音来鼓励别人。不要死板地站在那里,最好能环场漫步,伸出你的手来邀请某人做特别的演说,轻松恰当地拍拍别人的肩膀或胳膊,以示友好;通过频繁点头来表达你对他人的认同;适当用音高和强调语气来表达自己的观点。

3. 扮演更积极的角色。非正式会议分工往往不很明确,你可以通过做会议记录、主持会议程序、鼓励他人发言、积极提出解决方案等方式获得组织会议的主动权,从而在会议中发挥更大的作用。

四、会议结束后的礼仪性工作

(一) 会议现场的清理工作

会议现场的清理工作包括拆除会议形成的各种标志物,如会议欢迎横幅,会议标语,会议指示牌,各种花篮、鲜花;清理会议现场;归还向有关单位借用的会议器材等。

(二) 进行相关费用结算

会议结束后应与宾馆、饭店、会场等有关单位就会议的开支情况进行经费结算。会议经费包括人员的食宿费用,租用会场、会议室的费用,租借车辆的费用,文件印刷的费用,通讯传真的费用,医药费用,文娱活动费用,证件制作费用,会议用品费用,租用花草费用等。会议经费在结算过程中如超出预算或花费较多时,应写出专题报告,详细说明会议经费超支的项目和数额,报分管领导审定。

(三) 会议结束后的纪念性服务

会议结束后,会议举办方会为与会人员提供纪念性服务,包括合影留念,形成与会人员的通讯录,向与会人员赠送有地方特色和纪念意义的礼品等。

(四) 为与会人员举行欢送仪式

一般大型会议在结束之后都会安排欢送宴会。在宴会上,举办方领导对会议进行总结,对与会人员表示感谢。对于 VIP,还会举行专门的仪式和拜访活动。

(五) 满足与会人员的个性化需求

会议结束后,很多外地与会人员都希望在会议所在地参观一下风景名胜,逛逛当地有特色的商业街,购买有地方特色的物品。会务工作人员要尽可能地为与会人员提供帮助。

(六) 为与会人员返程提供方便

会议工作人员一般会事先了解外地与会人员对时间安排、交通工具的要求。同民航、铁路、公路、港口等部门联系,预定好返程的飞机、火车、汽车、轮船票。会议结束后准备好车辆、人员,将客人安全送到机场、车站、码头,并与他们热情话别。

(七) 做好会议宣传工作

在会议结束后,会议工作人员要密切联系相关记者和媒体,做好会议的报道工作;监督媒体报道的内容、方式与立场;为媒体的后续报道和深入报道提供素材。

(八) 会后继续同与会人员保持联系

会议的举办方会后要将会议相关的文字材料及时送到与会人员手中;把会议决议、精神的执行情况反馈给与会人员;和与会人员保持联系,以便更好地开展工作,并为下次会议的顺利召开奠定基础。

(九) 做好会议总结

会议总结是不断提高办会质量的重要环节,没有深入的总结,难有真正的提高。秘书要认真总结"办会"的经验教训,力争不断提高自身的会务工作水平。每一次会议总有个别疏漏的地方,应及时总结疏漏的环节、疏漏的原因,避免在下一次会议中出现。

五、一些特殊会议的礼仪规范

(一)茶话会的礼仪

1. 茶话会的组织礼仪。这主要包括：

(1)要明确茶话会的主题。茶话会是联络老朋友、结交新朋友,具有对外联络和招待性质的社交性集会。召开茶话会必须先明确主题。若主题不明确,邀请的对象就不明确,就有可能把不相关的人召集到一起,进而影响茶话会的交流效果。茶话会的主题一般以联谊为主、娱乐为主或以专题为主。

(2)合理确定茶话会与会人员的名单。首先,要根据茶话会主题确定邀请对象;其次,在该主题范围内,邀请的对象要尽可能全面,避免遗漏;再次,名单确定后要以请柬的形式向对方提出正式邀请;最后,邀请一定要提前,以便邀请对象安排时间。

(3)茶话会的时间选择要恰当。茶话会要选择合适的时机,要名正言顺;茶话会开始的时间要符合邀请对象的工作和作息习惯;茶话会的持续时间要恰当,通常在两个小时左右。

(4)注意茶话会的座次安排。与一般会议相比,茶话会的座次安排较为随意,尊卑一般不宜过于明显。通常不排座次,允许自由活动,除主席台外一般不摆座签。

(5)精心准备茶点。茶话会内容重"说"不重"吃",但茶点不能太过随意,茶叶不能太差,风味小吃要精制,水果刀和面巾纸也应准备。

2. 参加茶话会的礼仪。这主要包括：

(1)与会之前要了解茶话会的内容。参加茶话会之前一定要先了解茶话会的目的和意义,并做一些必要的准备,这样发言才能做到有的放矢。

(2)会议期间要遵循会议主持的安排和会议程序。茶话会通常都以欢庆、团拜为目的,都会有领导参加,与会人员要按部就班进行座谈、发言。

(3)发言之前先示意。与会人员要发言,最好选择在上一位与会人员发言完毕后再发言;同时有多人想发言时应注意谦让,不要与人争抢。

(4)尽量避免打断别人的发言。不论自己有何高见,打断他人的发言,都是失当的行为。如有必要中间插话,应先致歉;发言之前应先示意。

(5)发言要简明扼要、清晰有序。在进行发言的过程中,不论所谈何事,都要使自己语速适中,口齿清晰,神态自然,用语文明。切忌啰嗦、重复。

(6)茶话会发言要有分寸。肯定成绩时,一定要实事求是,力戒阿谀奉承;

提出批评时,态度要友善,切勿夸大事实,挑刺挖苦;与其他发言者意见不合时,要注意"兼听则明",并且一定要注意保持风度,切勿当场对其表示出不满,或是在私下里对对方进行人身攻击;发言不要破坏茶话会的良好氛围,特别是以团拜为主的茶话会不应过分提意见,发表批评性意见;不能在茶话会上借题发挥,搬弄是非和影射他人。

(7)恰当食用茶话会的食品饮料。茶话会上都会摆放各种水果、食品和饮料,要恰当享用。茶话会通常以座谈为主,不是聚餐,不能重"吃"不重"说"。

(二)电视、电话会议的礼仪

电话、电视会议即利用电话、电视召开的会议,适用于布置重要、紧急的工作或向公众直接宣布重大决定,阐述方针政策,进行动员等。它的影响面比较广,更应注意相关的礼仪工作。

1. 组织电视、电话会议的礼仪。这主要包括:

(1)要及时、切实做好通知工作。会议时间一旦决定就无法更改,如果错过时间就失去了获取会议信息的机会。秘书先分别通过电话向各参加单位发出通知,明确参加电话、电视会议的对象,会议的议程和时间,要求各方准时出席,因为任何一方的耽误都会延长电话占用线路的时间,造成浪费。

(2)会议书面材料分发要到位。如果会议中要对某些文件进行讨论,可事先将文件寄给与会各方,文件上应标明顺序编号和标题。如果与传真机配套进行,则可在会前将文件传送至与会各方,会议进行中还可补充传送有关文件。文件的配套工作必须到位,方能保证会议的正常进行。

(3)会场安排要同步。会场分为主会场和分会场。召集方设主会场,其他参加会议的单位设分会场。各会场出席人员较多时,应当由召集方指定各分会场的协调人。为了使分会场的每个与会者都能清楚地听到从其他会场传来的话音,并能方便地表达自己的意见,各会场应装有扩音设备和话筒。

(4)会后材料的记录、整理和传递要及时。电视讲话往往事后以文字形式在报刊上发表,电话会议只由秘书作书面记录,或用录音电话系统记录会议,会后整理成书面记录。会议的召集方要及时将会议的文字成果下发到各与会单位。

2. 参加电视、电话会议的礼仪。这主要包括:

(1)注意个人外表形象。电视、电话会议一般通过摄像机传递图画,个人形象会产生放大效果,各个分会场都能看到相关与会人员的形象,如果穿着打扮不恰当,一旦上了荧幕,就会显得十分不得体。

(2)注意说话声音。在电视、电话现场,话筒会很敏感,讲话人在讲话中与话筒的距离及角度的细微变化都会造成一定程度的声音失真,给其他会场的收听者造成影响。

(3)注意个人不良的习惯性动作。面对镜头,与会人员的表现都会被完整地记录和传递出去,个人的不雅动作变成电视画面后就显得十分失礼,应尽量避免。

(4)注意轻拿轻放。电视、电话会议现场对背景声音都敏感,拿放杯子的声音、咳嗽的声音、话筒的声音都可能成为噪音,因此要轻拿轻放。

(三)展览会的礼仪

1. 参展商应该注意的礼仪。这主要包括:

(1)认真规划、设计展台。参展商在确定展位后,要联系广告公司、会展设计公司帮助设计展台,在财力允许的前提下,力争将展台设计得大方、实用、漂亮、高雅。

(2)精细准备展览。参展商要为展览准备充足的宣传材料,设计参展活动方案;为观众准备相应的礼品;将参展任务分配到个人并对人员进行培训。

(3)事先向参观单位和个人发出邀请。按照惯例,企业在参展前会向关系客户和单位邮寄参展的邀请信,有时还会为客户提供参观门票。

(4)严格要求参展人员。参展人员要统一着装,注意仪表仪容;会展接待要热情有度、态度友好,对观众要和蔼、微笑,有问必答;解说人员要训练有素、具有专业水准、仔细、耐心、善于沟通;参展期间要始终如一,言行举止要自然,避免不良的行为。

2. 观众观展应注意的礼仪。这主要包括:

(1)持票观展,有序进场。一般展会都会要求观众持票有序入场。当人数过多时,要遵循会展组织人员的统一安排,不可强行入场。

(2)有序观展。观众进入会场后,要文明观展,按照指定路线合理观展;当个别展位人数较多时,应自觉排队;在具体展位上要遵循参展商的要求,不能随意触摸和摆弄展品。

(3)不能哄抢礼品。参展商为了吸引观众,有时会准备相应的礼品,观众为了礼品,拥挤、哄抢是不文明的行为。

(四)新闻发布会的礼仪

1. 新闻发布会的组织礼仪。这包括:

（1）新闻发布会的主题要鲜明。国家机关会有例行发布会,而公司企业不主张举行例行发布会。只有确有必要,如公司组织发生重大变动,重要的纪念庆典活动,公司取得重大业绩、成就或技术突破,公司发生重大突发性事故时才召开新闻发布会。因此发布会的主题要鲜明。

（2）新闻发布会的地点要考虑到与会记者的方便。新闻发布会在确定地点时要考虑到与会记者的便利,包括交通的便利、泊车的便利、采访的便利等。

（3）新闻发布会的时间选择要便于记者采访。时机的选择要具有较高的新闻价值;日期的确定要便于记者的宣传报道;新闻发布会开始的具体时间要符合记者的作息习惯。

（4）新闻发布会所需的文字材料要精细准备。新闻发布会需要的文字材料有发言提纲、演讲发言稿、问答要点、宣传报道的消息稿和通讯稿、公司宣传册、相关的数据资料等。精细准备的文字材料可为记者的报道提供便利。

（5）以恰当的方式邀请与会人员。要事先确定与会人员的名单,不同级别的人要通过不同渠道、不同人员进行邀请;至少在2周之前发出请柬,发出请柬后要电话追踪;新闻发布会开始前1~2天之内要对邀请对象进行善意提醒。

（6）对新闻发布会的参加人员进行分工和培训。新闻发布会需要主持人、发言人、接待人员、演示人员、摄影录音记录人员、翻译人员、保安人员和突发事件的应付人员等,这些人具有不同的工作内容和要求,要对他们进行细致的培训,才能更好地服务于发布会的与会人员。

（7）对发布会现场进行精心的布置。发布会现场的布置包括主色调、发布会主题、企业标识、座次安排、鲜花、现场的常用设备、各种食品、饮料等的精心准备。

（8）合理设计发布会的程序。一次新闻发布会的程序通常为：迎接签到、发放资料、主持人宣布发布会开始、发言人讲话、相关产品的演示或展示、记者提问、发布会结束后的深度采访、发布会结束后的社交性活动。企业可根据发布会实际,灵活地安排各种活动。

（9）为与会人员精心准备礼品。新闻发布会是企业宣传自己的绝好机会,为使与会人员满意,常会精细准备礼品。企业通常会选择时尚、实用、价值较高而又有纪念意义的物品作为礼品。有些新闻发布会还会为记者准备红包,以拉近和记者的关系。

2.新闻发布会主持人和发言人的现场应酬礼仪。在新闻发布会上,主持人和发言人是主办单位的化身和代言人,他们的一言一行决定了新闻媒体、社会

公众的态度和评价,因此,应十分注意现场的应酬礼仪。这方面的礼仪有:

(1)主持人和发言人要事先做好准备。主持人要熟悉新闻发布会的目的与程序,熟悉到会的嘉宾和记者,掌握各发言人的身份和分工,准备应对发布会现场可能出现的尴尬局面。发言人要事先熟悉问答提纲,对可能提到的问题进行精细的准备,并要注意保持发言人之间、发言人和主持人之间口径的一致。

(2)主持人和发言人要注意外表的修饰。按惯例,主持人和发言人要化妆,着装要相互配合并且正式,举止要自然,坐姿要端正,神态镇静自若,面含微笑且目光有神,要尽量克服有损个人形象的不良举止和紧张行为。

(3)主持人和发言人要相互配合、口径一致。主持人和发言人在现场都有明确分工,要彼此支持。主持人的工作是主持会议、引导提问;发言人的工作是按主题、主旨发言并回答提问。主持人和发言人要相互配合,彼此支持,当发言人不止一人时,更要口径一致,做好分工。

(4)主持人和发言人对记者的态度一定要友好。新闻发布会的成功与否取决于媒体的态度和对自己的印象,因此在新闻发布会上对记者的态度一定要友好。由于职业习惯,在发布会上记者的提问有时可能会很尖锐、激烈,这时更需要主持人和发言人耐心、细致地对记者进行解释、说明,切记不能将对某件事情、某个对象的不满发泄到记者身上,这样会得不偿失。

(5)主持人和发言人要注意讲话的分寸,发言和回答都要简明扼要,干净利索,要在不泄密、不违法的前提下尽可能给记者提供有新闻价值的材料;语言要生动、活泼,能吸引记者的兴趣;发言要考虑后果,避免激化矛盾。

(6)主持人和发言人要控制现场的气氛。主持人和发言人要注意现场气氛,并及时进行调控。当现场较为冷清时,主持人和发言人可适当调侃,以活跃现场气氛;当记者关注的焦点偏离发布会的主题时,主持人和发言人要巧妙地把它转移过来;当现场气氛过于活跃时,主持人和发言人要适当给予降温;当现场气氛过于紧张时,主持人和发言人可通过幽默风趣的语言进行缓解。总之,要将发布会现场的气氛控制在一个良性、互动的状态。

(7)主持人和发言人要遵循议程,控制时间。主持人和发言人事先要彩排,把握时间;在发布会现场要严格控制时间,不能无限制地延长时间。一般新闻发布会以1个半小时到2个小时为宜,不宜过长。

(8)要做好新闻发布会后的应酬和社交工作。新闻发布会是单位对媒体进行公关的绝好机会,因此,许多单位在正式的新闻发布会结束后都会安排社交活动,如比较高档的宴请、酒会、自助餐等。通过这些活动,企业可以拉近和媒体、记者的关系。

（9）对记者的报道进行跟踪服务。新闻发布会结束后，要跟踪、了解媒体的报道情况。要了解报道的内容、数量、版面和立场，满足记者深度报道的需求，同时向媒体提供相关新闻和活动的后续资讯；同失实性报道和负面报道的媒体进行进一步接触、交流和沟通，通过各种公关手段促使其改变立场。

某高校召开某专业的评估会，为了对专业发展有一个准确的定位，学院广邀社会各界人士，到场的嘉宾有兄弟院校的教授专家、教育行政部门的对口负责人、对口专业公司的经理们。会议的筹备工作由学院的行政秘书小刘负责。小刘进行了精心的准备，从邀请嘉宾、准备文件资料、拟定会议程序、购买礼品、准备红包、预订宴会到布置会场都做了详尽而又仔细的安排。可谓万事俱备，只欠东风。会议开始那天，嘉宾按时到会，到场后却相互谦让。原来，小刘光顾着考虑座次，却没有制作和安放座次牌，嘉宾到场后不知该坐什么位置，致使现场一度有些混乱。会后，小刘受到学院领导的批评。

第三节　国旗、国歌和国徽礼仪

一、国旗礼仪

（一）国旗与国旗礼仪

国旗通常指的是一种由国家法律规定的、具有一定正式规格与式样的旗帜，用以在正式场所内进行悬挂。国旗通过国家的正式公告和通报以及国与国之间的相互承认，成为一国最常见的国家标志和象征。目前，世界上的大多数国家都拥有法律正式颁布的国旗。

国旗礼仪就是对国旗表示敬意和正确使用国旗时应遵循的行为规范。

（二）我国国旗的常识

1. 根据我国宪法的规定，"中华人民共和国国旗是五星红旗"。依照权威部门的解释,在五星红旗上,旗面的红色象征着革命,旗上五颗黄色的五角星及其相互关系则象征着中国共产党领导下的革命人民大团结。

2. 我国国旗的形状、颜色应两面相同,旗上五星两面相对。旗面应为长方形,其长与高的比例为3∶2。旗杆套为白色。

3. 国旗有通用尺寸。通用尺寸有五种:其一,长288厘米,高192厘米;其二,长240厘米,高160厘米;其三,长192厘米,高128厘米;其四,长144厘米,高96厘米;其五,长96厘米,高64厘米。

(三) 升降、悬挂国旗的规定

1. 升降国旗要符合惯例。一般应当早晨升起,傍晚降下。国内举行重大庆祝、纪念活动,大型文化、体育活动,大型展览会,可根据活动时间升挂我国国旗。

2. 悬挂国旗的场合有严格规定。国家机关、国家的象征性机关所在地、学校、驻外使领馆可悬挂国旗。除外国驻华的使领馆和其他外交代表机构之外,凡在我国境内升挂外国国旗时,一律应同时升挂中国国旗。

3. 悬挂国旗,应以正面面向观众,不准随便将其交叉悬挂、竖挂或反挂,更不得倒挂。有必要竖挂国旗或使用其反面时,须按照国家的有关规定办理。

4. 国旗与其他旗帜排序,应当将国旗置于显著的位置。外国驻华机构、外商投资企业、外国公民在同时升挂中国和外国国旗时,必须将中国国旗置于上首或中心位置。外商投资企业同时升挂中国国旗和企业旗时,必须把中国国旗置于中心、较高或者突出的位置。

5. 中外国旗并列时的排序。中国国旗与外国国旗并列时的排序,主要分为双边排列与多边排列两种具体情况。双边排列要看活动的举办方,通常应将活动另一方国旗置于显著位置。多边排列时,按规定应使我国国旗处于以下荣誉位置:一是一列并排时,以旗面面向观众为准,中国国旗应处于最右方。二是单行排列时,中国国旗应处于最前面。三是弧形或从中间往两旁排列时,中国国旗应处于中心。四是圆形排列时,中国国旗应处于主席台(或主入口)对面的中心位置。

(四) 升旗仪式的程序

1. 全场肃立。

2. 宣布仪式正式开始。

3. 出旗。出旗,是指国旗正式出场。出旗应由专人负责,其负责操作者通常由1名旗手和双数的护旗手组成。出旗时,通常为旗手居中,护旗手在其身后分列两侧随行,大家一起齐步走向旗杆。

4. 正式升挂国旗。升旗者可以是旗手,亦可由事先正式指定的各界代表担任。

5. 奏国歌或唱国歌。升旗时,若演奏国歌,宜与升旗同步进行,一般讲究旗升乐起,旗停乐止。若演唱国歌,也可以在升旗之后进行。

(五)升旗仪式上应注意的礼仪

1. 肃立致敬。当国旗升起时,任何在场者均应停止走动、交谈,并且停下手中的一切事情,然后面向国旗立正,并向其行注目礼。戴帽者通常应届时脱下自己的帽子,唯有身着制服者可例外。

2. 神态庄严。参加升旗仪式时,人人均应以自己庄重、严肃的态度与表情,来认真表达对国旗的敬意。此时此刻,绝对不应当态度漠然,或者嬉皮笑脸。

3. 保持安静。在升旗仪式上,应自觉保持安静。不许在升旗过程中交头接耳,打打闹闹,更不许接打移动电话。

二、国徽礼仪

国徽是指在正式场合代表本国的专用的徽记,它有着严格的形状与规范的图案。如同国旗、国歌一样,国徽也是一国最为重要的标志之一,并被广泛使用于国内事务与国际事务之中。

(一)我国国徽的常识

1. 我国的国徽图案,根据《中华人民共和国宪法》的规定:"中间是五星照耀下的天安门,周围是谷穗和齿轮。"

2. 国徽的形状。我国国徽的具体形状应为:两把麦稻组成正圆形的环。齿轮图案在下方麦稻秆的交叉点上。

3. 国徽的尺寸。我国国徽直径的通用尺寸分100厘米、80厘米、60厘米等三种。在特定场所需要悬挂非通用尺寸国徽的,应报经我国国务院办公厅批准。

4. 国徽的色彩。我国国徽为金红二色:麦稻、五星、天安门、齿轮为金色,圆环内底子及垂绶为红色。红为正红(同于国旗),金为大赤金(淡色而有光泽之金)。

(二) 国徽礼仪

1. 严格国徽的悬挂机关。这是指一般单位不得悬挂国徽。

2. 要正确悬挂国徽。机关悬挂国徽时,通常应将其悬挂在机关正门上方正中处。场所悬挂国徽时,也要将其悬挂于室内外的正墙正中处。在任何情况下,均不得将用于悬挂的国徽直接置于地面。

3. 要尊重国徽。不滥用国徽,如不能将国徽用于商标、广告;不能将国徽用于日常生活的陈设布置;不将国徽用于私人庆祝活动。不错用国徽,不将其他徽记当作国徽;不将国徽当作一般徽记;不对国徽进行颠倒、歪斜或重叠使用等;不对国徽进行随意解释。

4. 要爱护国徽。要珍惜、保护国徽,任何人都不得在言行中有意无意地对国徽及其图案加以侮辱。

三、国歌礼仪

(一) 国歌与国歌礼仪

国歌一般是指被某一国家正式确定并对外公布的用以代表本国的歌曲。国歌与国旗、国徽一样,向来都被视为一个国家所拥有的最主要的标志与象征。国歌礼仪,通常指的是对国歌表示尊重的一系列规范性做法与国际惯例。

(二) 我国国歌的常识

我国现行的正式国歌,是由田汉作词,聂耳作曲的《义勇军进行曲》。它是在1982年12月14日由我国第五届全国人民代表大会第五次会议所决定的。在此之前,《义勇军进行曲》曾是我国的"代国歌"。

(三) 国歌演奏的要求

1. 国歌通常只适合在正式的场合或规定的场合进行演奏,不宜随意而为,娱乐场所不能演奏国歌。

2. 演奏国歌时,不允许擅自改动其正规的曲调,不允许为其重新配乐,更不得以不严肃的方式对其演奏。

3. 演奏国歌要注意演奏技巧。演奏国歌时,不允许有人滥竽充数,不允许出现人为的失误。

(四) 国歌的演唱礼仪

1. 演唱国歌要起立。在公共场所正式演唱国歌时,除身体欠佳者之外,任何人都不得或坐或卧,而不起身站立。

2. 态度要认真。演唱国歌时,每一个人都必须认真对待,确保演唱的正确。众人齐唱国歌时,还必须力求节奏适当,与大家保持一致。不允许演唱国歌时丢三落四,自由发挥,更改歌词。不允许发声怪声怪调,含糊不清或者有意拖腔。

3. 要放声歌唱。演唱国歌时,一般均应放声高唱,不要闭口不唱,低声哼唱,或者吐字发声时不清晰、不大方、不准确。演唱我国国歌时,不应任意使用外语或土语、俗语。

4. 另外,各国国歌通常只适合在本国境内演唱,而且只适合在正式场合演唱。

案 例

某外国公司为了扩大在华业务,将大中国区总部由香港搬到北京,并在北京近郊盖了气派的总部大楼。公司为庆祝搬迁,举行了盛大的庆祝仪式。仪式选在总部大楼前面的广场上进行,广场中央树立了三根旗杆,自左至右分别是中国国旗、公司厂旗和该跨国公司的国旗。庆祝仪式逐渐步入高潮,公司领导即兴唱起了该国的国歌,唱完后提议中国员工也唱中国的国歌。请问,该公司的庆祝仪式有何不妥之处?

思考练习题

1. 秘书办公礼仪的主要内容是什么?

2. 秘书小李要陪同领导出席一次隆重的会议,小李应提醒领导注意哪些会议礼仪?

3. 请说出我国国旗、国徽的图案。在升国旗、奏国歌时,人们应采取哪些符合礼仪规范的举动?

第四章 秘书商务礼仪

商务礼仪是指商务活动中必须遵守的礼仪规范,包括接待礼仪、商务洽谈礼仪、典礼仪式礼仪、公关营销礼仪等。作为在公司中从事商务秘书活动的秘书人员,必须掌握商务礼仪规则,并加以熟练运用。

第一节 接待礼仪

一、接待工作和接待礼仪

接待是指社会组织或个人在日常交往中对前来接洽工作、参观学习、巡视检查或访问的团体或个人所进行的迎送、招待、商洽、联系等服务性工作的统称,是人们以及社会组织相互交往的一种方式。接待工作可以融洽和交往对象的关系,有助于树立组织良好的形象,保障相关活动的效果,因此各个单位都相当重视接待工作。接待工作又是秘书人员的一项重要职能,几乎每天都有迎来送往的接待工作。

接待礼仪是各行各业在接待工作实务中形成的、普遍遵守的基本礼仪规范。接待礼仪进一步规范了接待工作,秘书人员学习和掌握接待礼仪,有助于将来做好接待工作。

二、接待工作的原则

(一)平等待人

来访者虽然职务不同,但人格平等。无论对上级、下级或是同级的各方来访者,秘书人员都要同样尊重。所谓平等待人,就是应做到对来访客人一视同仁,尽到应尽之责;对上不唯唯诺诺,对下不趾高气扬。秘书人员尤其要注意恰当接待那些不为社会所重视的工作人员,如送盒饭者、快递公司的工作人员以及保洁人员等。公正、客观地对待每一位来客,才能真正做好接待服务工作。

(二)讲求礼貌

秘书人员在迎接、引导、介绍、交谈、提供服务和帮助客人的过程中要表现得彬彬有礼。秘书人员的礼貌要在表情、眼神、动作、姿态和言语中体现出来;要在接待工作中经常礼貌用语,如"您好"、"您请坐"、"请慢用"、"您请稍等"等。

(三)热情周到

在接待中,秘书人员既要有热情的态度,处处替客人着想,尽可能满足客人的需要和愿望,又要有细致周到的工作作风,细心照顾来访者,为之提供周到的服务,如为客人提供地方放置外套等。一个小差错就可能对整个接待活动产生负面影响。因此,秘书人员要认真做好接待过程中的每一项工作,通过热情周到的服务,保证接待活动的顺利进行。

(四)精简务实

接待工作不仅要重视程序和礼仪,还要强调务实,即把解决实际问题、促进相互之间的友好合作作为接待的指导思想。在接待工作中,提倡厉行节约、务求实效的精神,把接待活动的主要精力放到解决实际问题上来,反对讲排场、摆阔气、劳民伤财的风气。

(五)确保安全

接待工作,安全第一。没有切实的安全保证,就不会有成功的接待。接待安全包括饮食安全、住宿安全、交通安全、人身安全等。必要时可与有关保卫部门联系,采取严格的防范措施,确保接待工作顺利进行。同时,秘书人员在安排娱乐活动时一定要考虑安全因素,有危险性的活动内容,如激流勇进、滑雪、蹦极、赛艇等,要谨慎安排。

(六)讲究时效

接待工作要讲究时效,就是要求在处理得当的基础上提高效率。秘书人员在安排接待日程时,既要考虑节省对方的时间,也要考虑节省领导和自己的时间。

(七)内外有别

接待工作要严格做到内外有别。对外宾的接待,一定要遵守我国的外事工作纪律。对内接待可由各接待单位自行确定接待任务和方式,但也应当遵守有关法律、法规。对内接待是否发布消息应根据领导意图,秘书人员不能擅作主张。

三、接待的类型

对组织来言,客人来访的目的、身份、规模不同,接待的方式也不同。接待的类型有:

(一)按来访的规模、人数分

按来访的规模、人数,接待可以分为个人来访接待和团体来访接待。

1. 个人接待是个别客人来访时的接待工作,它可能是一个人,也可能是数人。个人接待的特点是接待准备工作简单,接待事项少,接待时间短,但有时突发性强,容易打乱事先的工作计划和安排。

2. 团体来访接待是指对以团队形式来访客人的接待。团体接待的特点是接待规格高,接待工作量大,涉及人和事较多,接待周期也比较长,需要事先做大量的准备工作。

(二)按准备程度分

按照准备程度来分,接待可分为有约接待和无约接待。

1. 有约接待是指客人在来访前已事先预约,秘书人员将其列入上司的工作日程并进行了相应准备的接待工作。这是接待工作的常态。

2. 无约接待是指客人由于这样或那样的原因,没有预约而造访所形成的接待工作。秘书要特别注意做好这类接待工作,因为这种访问常常会打乱上司的工作安排,有时也会浪费上司的时间和精力,需要秘书人员妥善处理。

另外,按接待对象可分为外宾接待和内宾接待;按相互关系可分为上级来访接待、下级来访接待和平行单位来访接待;按接待的内容可分为工作接待、生活接待和事务接待。

四、秘书接待团体来访的准备工作

(一)明确接待任务

接待工作从接受接待任务开始。一批或一次接待任务通常都是通过传真、电话、领导批示或口头安排等形式下达给秘书人员。

(二) 了解客人的基本情况

要想做好接待工作，必须知己知彼。只有在对客人充分了解的基础上，才能做好接待工作。要了解的基本情况有：

1. 来访人员的单位及其实力情况；
2. 来访人员的目的与要求；
3. 来访人员的人数、性别与年龄构成；
4. 来访人员的姓名与职务；
5. 来访人员的专业背景及其在来访人员中的角色；
6. 来访人员的国别、民族与宗教情况；
7. 来访人员的性格、兴趣、爱好；
8. 来访人员的私人禁忌情况；
9. 来访的路线、交通工具和抵离时间。

(三) 制定接待方案，确定接待规格

接待方案又称接待预案，是接待人员在接受接待任务后拟定的接待工作安排与计划。接待方案包括接待规格、接待方针、接待的日程安排、接待人员组成及分工、接待的经费预算以及接待中紧急事件的处理预案。接待规格主要是指接待方在接待客人时提供的接待条件和我方主要领导的陪同情况，通常有高规格接待、对等规格接待和低规格接待。

(四) 落实接待方案

接待方案制定后，要上报领导批准。领导批准后，就要提前落实接待方案。具体的落实工作有：

1. 成立接待小组，分配接待任务；
2. 与相关领导沟通接待陪同、接待工作事宜；
3. 准备相应的接待、会谈文件资料；
4. 确定宾馆，预订客人下榻的房间；
5. 联系酒店，预订宴请场所；
6. 确定接待室，并对接待室进行适当布置；
7. 准备迎接的物品，如海报标语、接站牌、鲜花、横幅、红地毯等；
8. 核实客人抵达的准确时间，安排好迎接车辆和接站人员。

(五) 对接待方案的落实情况进行监督、检查

在迎接的头一天，要对接待方案的落实情况进行监督、检查，确保所有的接

待事项都一一落实,并就相应的紧急事件做好预案,以防万一。

五、迎宾礼仪

(一)迎宾、迎宾仪式与迎宾礼仪

迎宾也称迎接、迎候,是指接待人员在有约来访的前提下,接待一方派出专人到某一特定地点恭候客人的到来。迎宾仪式则是指接待方为了表示对客人的尊敬和重视,而在迎宾地点举行的一种约定俗成的仪式,也称为欢迎仪式。迎宾礼仪是指在迎宾过程中形成和遵循的礼仪规范。从概念的外延上来讲,迎宾礼仪更广泛一些,迎宾仪式仅是指一个迎接仪式,而迎宾礼仪则体现在迎宾地点的选择、接待方的迎宾规格、迎宾仪式的隆重程度、迎接使用的车辆、乘车的座次安排等诸多内容。

(二)迎宾的基本程序

1. 确定迎宾地点。接待规格和接待对象不同,迎宾地点也会不同。在一般情况下,迎宾地点有四:交通工具停靠站,包括火车站、汽车站和飞机场;来宾临时下榻之处;接待方用于迎宾的常规场所,如广场、大厅等;接待方的办公地点门外,如政府大院门口、办公大楼门口、办公室门口、会客厅门口。

2. 确定迎宾人员。一定要精心选择迎宾人员,迎宾人员分两类:一类是领导和专业对口人员。领导和专业对口人员通常遵循对等原则,即根据客人的身份选择我方的迎宾人员,有时为体现对客人的重视和尊重,也会派出比对方身份和职务高的我方人员。另一类是接待人员,如秘书、公关小姐、保安和翻译人员。迎宾人员要求精干,以少为佳,通常不搞人海战术。

3. 提前到达迎宾地点。迎宾工作一定要掌握好时间,接待人员要事先了解客人正式到访的抵达时间,客人启程后要再次予以确认,在客人启程之后、到达之前的这段时间内和客人随时保持联系,以掌握客人抵达的准确时间,务必在客人抵达之前到达迎宾现场,并做好相应的准备。

4. 对客人身份进行确认。迎宾过程中,特别是交通工具停靠站,人员比较嘈杂,确认来宾的身份是一个不可忽略的问题,张冠李戴、失之交臂都是十分失礼的行为。准确确认客人身份的方法有:使用接站牌;悬挂欢迎横幅;佩戴身份胸卡;和客人提前约定双方的人数、性别构成、体貌特征和着装情况,便于相互确认。

5. 迎接客人。确认客人身份后,就要对客人进行欢迎问候。正式的迎接仪式有相应的活动,一般的迎宾工作有握手、致意、相互介绍成员、交换名片、为客人拿行李等工作,然后登车返回。

6. 安排住宿。接回客人后,接待人员通常先协助客人入住宾馆,安排客人先行休息,再安排其他的活动。在这一过程中,接待人员要向客人介绍接待期间的日程安排,并听取客人的意见。

(三)迎宾仪式的类型

根据迎宾的隆重程度,迎宾仪式主要包括如下内容:

1. 宾主双方热情见面,相互问候。

2. 向来宾献花。较为庄重的迎宾仪式会安排献花,安排献花仪式时要注意用花的礼仪与禁忌。

3. 宾主双方相互介绍迎宾人员。依照惯例,首先由主人陪同主宾来到东道主方面的主要迎宾人员面前,按照职务高低,一一将其介绍给主宾。随后,再由主宾陪同主人来到来访人员面前,按职务高低一一介绍。

4. 主人陪同来宾与欢迎队伍见面,即主宾在主人的陪同下经过欢迎人群并向人群挥手致意。这种仪式只见于一国政府迎接外国元首和首脑的欢迎仪式中。

(四)乘车的座次礼仪

秘书人员在迎接客人时要用交通工具。因此,秘书人员还要了解车辆的座次礼仪,熟悉车辆的上座位置。按照礼仪规范,车的上座因车辆类型、驾车人员的身份不同而不同。交通工具座次的礼仪规范有:

1. 轿车的座次礼仪。这主要有以下几种情形:

(1)五个座位轿车的一般座次。有专门司机开车时,后排右座是第一上座,后排左座是第二上座,后排中间座位是第三上座,前排右座是末座。如果领导和秘书去机场接两位客人,那么最重要的客人应该坐后排右座,第二位客人应该坐后排左座,领导坐后排中间的位置,秘书人员坐司机右侧座位。

(2)秘书人员开车的座次等同于司机开车的情形。

(3)领导亲自开车迎接客人时座次的位置。如果领导亲自开车,第一上座为前排右座,即在领导亲自驾车时,通常要把最重要的位置安排在领导的右侧,后排座次不变。

(4)在乘车座次安排上,还有一种说法是"客人坐哪,哪就是上座",即秘书人员在引导客人乘车时,既要遵循一般的礼仪座次规范,也要灵活善变,考虑客人的要求。如有的客人就喜欢坐随员座(即前排右座),秘书人员也不必坚持让客人坐后排右座。

2. 越野车的座次。越野车无论是主人驾驶还是司机驾驶,都应以前排右座为尊,后排右侧次之,后排左侧为末席。

3. 旅游大巴的座次。旅游大巴以司机座后第一排(即前排)为尊,后排依次为小;其座位的尊卑,依每排右侧往左侧递减。

六、秘书接待个人有约来访的程序

(一)事先确认

秘书在头一天下班前,应同客人确认第二天的来访安排。但在和客人确认来访安排之前,秘书人员应首先和上司进行确认,一方面提醒上司的工作日程;另一方面也了解上司的约见意愿。如果上司想取消约见,秘书人员要以合适、恰当的理由向客人解释。

(二)安排接待人员和接待场所

如果公司里有专门的接待人员,秘书应向接待人员布置接待任务,提供客人名单及基本信息。如接待需要专门场所,则需提前预订,以防接待场所使用撞车。如有必要,还需对接待场所进行适当布置,如悬挂横幅、摆放茶水、布置鲜花等。

(三)迎候客人

当客人进入办公室,秘书应马上放下手头的工作,专心接待。边做工作边接待的做法是不妥当的,这样会怠慢客人。如果手头工作确实放不下,则应先向来访者致歉,请其稍后。如有重要客人来访,秘书还需要提前到大门口前、办公楼前、电梯门口处等候迎接。

(四)向上司通报客人

客人如约来访后,秘书应及时通知上司。这样可以使上司有所准备,尽快处理完手头的工作,准备接待客人。这样做还有一个好处,即当客人的身份十分重要时,可以让上司亲自迎接。

(五)将客人引导至会客室

在获得上司的肯定性答复后,秘书人员有义务将客人引导至会客室。当然,如果来访者是公司的常客,也可以让客人自行进入;如果是重要客人,上司会亲自出面引导。

(六)替上司和客人做相互介绍

秘书人员将客人引入会客室后,应替主宾双方介绍。按照礼仪惯例,应先介绍上司,再介绍客人。

(七)给客人提供茶水饮料

待主宾双方寒暄入座后,秘书人员要给来访者提供茶水饮料。茶水供应完毕后,要视上司的态度而定,如果上司需要秘书人员陪同会谈时,秘书应留在会客室继续为上司和客人提供服务;如果上司不提出这样的要求,秘书人员可在得到上司许可后退出会客室。

七、秘书应对无约来访的方法

秘书在日常工作中会遇到大量的无约来访。临时出现的客人有时会打乱上司的工作安排,浪费上司的时间,因此需要秘书有技巧的应对。常见的处理方法为:

(一)弄清客人的身份

秘书在处理无约客人时,首先要做的事是弄明白客人的身份。在未了解客人的真实身份之前就将其引见给上司是秘书接待工作中的大忌。秘书人员尤其要注意的是,很多上司不欢迎的人,如保险推销员、产品代理者会冒充其他人的身份,以求接近公司的领导,秘书人员尤其要对这类人仔细筛选。

(二)了解客人的意图

弄清客人身份之后,秘书人员还要了解客人的意图。客人的意图会直接影响上司的接待意愿,如公司最近拖欠某位客户的合同款,那么上司可能就不愿见这位登门索债的客户。

(三)对客人进行分流

很多无约客人可能并不了解公司内部的分工,实际上很多工作可能并不需要上司亲自处理。如公司的午餐,秘书人员就可以做主安排;办公室订阅杂志,办公室主任就能决定;公司的日常财务管理和账目往来,分管财务的副总就能做主。在这种情况下,秘书人员可以根据公司的分工权限,将来访者进行分流,这样既可以减轻上司的工作压力,也可以帮助客人顺利地解决相关问题。

(四)根据上司的时间与意愿安排客人

当客人确实需要上司亲自接待时,秘书人员也不能直接将无约来访者引见给上司。首先,要看上司的工作时间是否允许,当上司时间安排非常紧张,全天都安排了工作内容时,不能随意安插无约的工作事项,客人身份非常特殊或其事项非常重要除外。即使上司的时间允许,也不能把来访者直接引见给上司,秘书人员还要了解上司的接待意愿。秘书人员要谨记：在未得到上司的肯定答复之前，秘书人员不能向客人做出肯定的承诺。

（五）委婉地提醒客人提前预约

如果不能给无约客人立即安排，通常要请来访者留下名片，待请示上司后再与其协商接待的具体时间。如果给无约客人安排了会面，秘书也应委婉地提醒客人以后要提前预约。对于那些经常不预约而又没有重要工作事项的客人，秘书人员可通过拒绝的方式对其进行提醒。

八、客人来访而上司无法接待时秘书的应对方法

首先，秘书应向客人道歉并解释原因，以取得对方谅解。因为客人是按时履约并无过错，因此秘书应首先致歉。为取得客人的谅解，解释理由要诚恳，但如果涉及公司内部机密则不宜透露太多，关键是让对方谅解即可。

其次，要陪同客人。在上司无法脱身的情况下，秘书人员一般要作陪，应同客人简单寒暄、聊天，帮助客人打发时间。如果客人无意，也可为其提供杂志、期刊，以打发时间。

再次，要及时关注上司的工作进展。秘书在陪同客人的同时，应关注上司的工作进展，必要时可对上司进行再次提醒。

最后，要根据情况恰当处理。按照惯例，不应让客人等候太久，一般不应超过20分钟。超过20分钟后，秘书人员要恰当处理，可以请示上司，是另约时间，还是授权他人代为接待，也要征求来访者的意见，如果来访者不愿继续等候，秘书人员要做好善后工作，如道歉、送客、另约时间、提醒上司给来访者电话致歉等。

九、秘书替上司接待客人的礼仪

由于上司外出或其他原因，秘书可能会被授权替上司接待一些客人。替上司接待客人的礼仪有：

（一）了解授权的范围

秘书应清楚自己被授权的权力范围，对于客人提出的问题，秘书人员应明白哪些事情可以自主解决，哪些可以做出承诺，哪些必须请示后才能答复。这一点很重要，秘书人员越权答复会给自己带来麻烦。

（二）详细了解客人的意图

秘书代替上司接待客人，大多是过渡性的或临时性的，事后还需要向上司

及时汇报,这就需要秘书人员把客人的意图完全弄清楚,供上司做出判断。

(三)妥善处理客人的问题

在了解了来访者的目的之后,秘书应在自己的权力范围内及时做出处理。如属于自己工作权限内的,可立即答复客人;如需要呈报和申请的,秘书人员也要如实向客人做出说明;可由其他人员帮助解决的,秘书可将客人介绍到相关同事那里。

(四)事后及时向上司报告

接待完毕后,秘书应将来访者的意图、接待过程、接待结果向上司进行汇报,以便上司做出下一步决定。

十、秘书引导客人的礼仪

引导客人是秘书人员日常接待的一个重要组成部分,引导客人时秘书人员要注意相应的礼仪规范。

(一)走廊的引导礼仪

走廊引导时,秘书人员应该走在客人的左前方,通常在左前方2~3步。秘书人员在左前方导引,客人在右后方,这既符合以右为尊的礼仪惯例,又可以避免客人经常躲避迎面而来的人。

(二)楼梯的引导礼仪

楼梯的引导要区分上下楼。引导客人上楼时,应该让客人走在前面,秘书人员走在后面;若是下楼,秘书人员应该走在前面,客人在后面。上下楼梯时,秘书人员应该注意客人的安全。

(三)电梯的引导礼仪

电梯的引导要看电梯有没有专门的司机。如果电梯有专门的司机,应该让客人先进先出,即让客人先进入电梯,到达目的楼层后,让客人先走出电梯;如果电梯没有专门的司机,需要秘书人员操作时,应该让客人后进先出,这样可以保证客人的安全。

(四)进入会客室的引导礼仪

会客室的引导要看门是外开还是内开。如果门是向外打开的,秘书人员应该一手开门,一手做出请的姿势,让客人先进;如果门是内开的,秘书人员应该先进门,然后再请客人进入会客室。

(五) 入座的引导礼仪

进入会客室,秘书人员要引导客人坐上座。一般的上座原则是"面门为上,以右为上,中间为上"。

十一、秘书人员敬茶(饮料)的礼仪

(一) 要尊重客人的选择

每个人有不同的饮茶嗜好。如果单位里有多种茶水、饮料,应首先征求客人的意见。秘书人员在上茶前常说的一句话是"×××先生您好,我们这里有×××、×××和×××,请问您需要什么?"这样可以避免秘书人员和客人不必要的尴尬。

(二) 茶水不能太满

我国有"茶七酒八"的说法,即上茶要上七分满,这样无论秘书敬茶,还是客人用茶都比较方便。

(三) 茶水不能太烫

通常情况下,秘书人员不能把刚刚泡好的热茶(热饮)马上端给客人,而应该稍稍凉一下再端上。在提供给客人的时候,要善意提醒客人茶水很烫。

(四) 要注意上茶的顺序

秘书敬茶时要注意先后顺序。一般应遵循先客人,后主人;先主宾,后次宾;先女士,后男士;先领导,后下属;先长辈,后晚辈的原则。

(五) 要注意敬茶的姿势

秘书人员在敬茶时应该双手端茶,右手拿着茶杯的杯托,左手托住杯底,敬重地奉给客人。在敬茶时要尽量避免手指接触杯沿。

(六) 续茶要及时

秘书人员在陪同上司会谈时要为客人提供好服务,茶水(饮料)的补充要及时,在客人用尽之前要勤续。当然,也有的地方有"待客三杯茶"的说法,第一杯为敬客茶,第二杯为续水茶,第三杯为送客茶。

十二、秘书做好接待工作的几个技巧

秘书人员要做好接待工作,除了常规的程序和工作内容外,还应注意如下技巧:

(一) 秘书应了解哪些人是不需要提前预约和通报的

上司的办公室并不是对所有人都关闭,一些特殊身份的人,如上司的上司、合伙人、上司重要的朋友、上司的家人,甚至公司内部的员工都有随时进入上司办公室的权力,除非上司正在开会或接见其他客人。秘书人员可以和上司约定一份不需要提前预约(也包括不需要提前通报的)的来访者的名单,以便于灵活地接待这些特殊来访者。

(二)有效起到过滤网的作用

秘书在日常接待中,扮演着上司过滤网的角色。秘书要把所有上司不想见、没有时间见的来访者挡在上司的视线之外,让这些人闯入上司的办公场所是秘书的失职。

(三)秘书人员时刻要注意自己的身份

秘书在陪同上司接待客户时要时刻注意自己的角色,处处想着维护上司的形象,不抢上司的风头,不能陷上司于尴尬之中,必要时候要替上司"背黑锅"。

(四)掌握终止接待的技巧

上司在接待来访者的过程中,秘书要时刻关注上司的心理状况。出于礼貌,上司在很多时候不方便终止和来访者的谈话,这时就需要秘书人员出面帮上司解围,如可以这样讲,"某×××会议已经开始,是否让他们等您一下?""×××公司的张总在前厅等您,您看该如何?""董事长刚才打电话说有一紧急事情想和您谈谈,您看什么时间比较方便?"当然,秘书也可以和上司提前约定一些暗号,当上司做出某些动作或姿势时,秘书人员就知道到结束接待的时间了。

十三、送别礼仪

(一)送别的含义与形式

1. 送别是指在客人离别之际,出于礼貌和尊重,主人为客人安排专门活动,陪着客人同行一段路程,与客人话别并目送客人远去。接待工作要善始善终,做好送别时接待工作的"结束曲",因此在接待工作中要做好送别工作。

2. 根据送别形式的不同,送别可分为道别、话别、饯别和送行。

(二)道别的礼仪规范

道别是指主人在客人告辞之际,与客人简短打个招呼、简单寒暄并送其离开的送别形式。道别是最简单的送别形式,它的礼仪规范有:

1. 告辞应由客人先提出。主宾交谈完毕后,按照常规应由客人先提出告辞。假如主人首先与来宾告辞,难免有逐客之嫌,所以一般不应该。特殊场合或由于时间紧张,主人先提议道别的,应做好解释工作并向客人道歉。

2. 主人应礼节性地予以挽留。客人提出告辞后,主人不能不做任何表示,也不能痛快答应,应加以挽留。

3. 主人应迟缓起身道别。客人提出告辞后,主人应先挽留,然后再顺水推舟予以道别,这时通常要求主人晚于客人起身道别。

4. 道别之际要与客人简单寒暄。主人在与客人道别时要使用一些礼貌用语或谦语,如"照顾不周,请多包涵"、"有空多联系"、"路上小心"、"一路顺风"、"再见"等。

5. 主人应相送客人一程。主人应相送一程,送别的远近可视客人的熟知程度、重要程度而有所区别,如办公室门口、电梯口、楼门口、大门口、车站牌等。在送别地点,主人通常都要目送客人远去或离开视野,话别之后立刻转身离开的送别方式是不礼貌的。

(三) 话别的礼仪

话别是指主人对远道而来的客人在其离别之际,到客人下榻或离去的场所探望对方,并与客人聚谈的送别形式。话别的礼仪有:

1. 选择话别的合适时机。话别通常是在客人临行的头一天。主人提出话别要考虑客人的方便;主人话别要提前和客人预约好。

2. 话别的地点要适宜。话别通常选择在客人下榻的房间,当主人身份较高时,也可选择在主人的会客室或为客人准备的欢送酒宴上。

3. 话别人员的身份要恰当。话别的人数和身份通常遵循对等的原则。

4. 话别时言谈的内容。话别的内容通常包括:回顾双方的合作历程;表达对客人离去的惜别之情;了解客人有无其他需要帮助的地方;向客人赠送礼品;协商送行的安排。

(四) 饯行的礼仪

饯行是主人在客人离别之际,专门为其安排欢送宴会的送别形式。饯行的礼仪有:

1. 饯行要事先提出并考虑客人的方便。临别之际,客人要做的工作也很多,因此一定要提前提出,选择合适的时间。

2. 饯行要注重形式。饯行的规格要较高,如选择在相当高档的酒店;单位主要领导要参加;设计相应的程序;主人在宴会开始前要郑重致辞;饯行宴上要赠送礼品等。

(五)送行的礼仪

送行是主人在客人临别之前,特地委派专人到客人启程返还之处,举行专门仪式,隆重地向对方告别的送别形式。送行仪式不等于送站,它是最隆重的送别形式,普通来宾不搞送行仪式,常见于国家机关。它的礼仪细节有:

1. 主人要在送行地点提前布置。主人要布置现场,通常要悬挂横幅、铺设红地毯、准备主客发言设施、组织欢送人群等。

2. 送行的工作人员要提前到达现场。客人在到达送行地点前,接待方工作人员应一切准备就绪。客人在主人的陪同下,到达送行现场后,送行仪式正式开始。

3. 举行专门的送行仪式。常见的送行仪式有主宾双方正式相见;主宾双方依次握手;安排献花;主宾双方相互致辞;正式道别。

4. 送行要善始善终。送行仪式结束后,不能马上撤离,要等客人远去或离开视野后方可清理送行现场。

案 例

周五下班前,公司秘书小张正为公司李总安排下一周的工作日程表。办公室王主任过来说有紧急任务:云南一重要客户下周三要来北京洽谈业务,对方一行大约有10人,李总要求我们今天拿出接待方案,他要亲自审批。听到接待方案,小张的脑子里浮现出相应的内容:接待方针、具体工作内容的分工、接待预算⋯⋯

第二节 商务洽谈礼仪

随着市场经济在全球的迅速发展,国家与国家之间、国家内部各经济实体之间的经济贸易联系日趋密切,各种形式的商务洽谈活动日益增多。在商务活动中,各公司出于寻求合作,开拓事业,维护自身的利益等目的,经常需要就某些问题进行接洽商谈。商务洽谈是双方在谋求合作的基础上,就利益分割的比例、承担的义务、享有的权利,通过说服对方实现利益均沾目标而交流观点的会谈。商务洽谈是一门学问，洽谈双方的实力、洽谈动机和洽谈目的对洽谈的影响很大，但在洽谈中双方的诚意、谈判能力也是至关重要的。洽谈活动是洽谈双方知识、信息、修养、口才、风度的综合较量。由于商务洽谈比起其他谈判，其目的性、原则性、对抗性都更加明显，因此，双方在维护各自的利益时很容易形成对峙，使矛盾激化，所以在商务洽谈中特别要注意洽谈礼仪。商务洽谈礼仪不是游离于商务洽谈之外的东西，而是商务洽谈的重要组成部分。遵循商务洽谈礼仪，有助于商务洽谈的成功。

一、洽谈礼仪原则

(一) 合作互利

商务洽谈的意图十分清楚，就是为了达到某种商业目的。廖金泽先生说过："谈判是妥协而不是对抗。因为对抗只会加剧双方的矛盾，导致谈判流产。"(《商务秘书手册》，海天出版社，2003)商务洽谈始终围绕着利益分配展开。虽然各方的出发点不同，都在争取自身的利益最大化，但谈判不是为了打击对方，而是为了与对方在某些问题上达成共识，为了找到双方都能够接受的利益平衡点，达到双赢。一场成功的洽谈，洽谈双方应该都是赢家；反之，则都是失败者。一方全胜，一方皆输的成功洽谈是不存在的。要取得洽谈的成功，首先各方要有信任和合作的诚意。

(二) 遵循必要的商业原则

商务洽谈应遵循必要的商业原则。应了解洽谈的特征、类型、程序，掌握谈判的技巧。商务洽谈应遵循的原则包括：

1. 如果不是迫不得已，不要讨价还价；
2. 后发制人；
3. 运用实力时，首先要以礼相待；
4. 让对手们互相竞争，你就会有利可图；
5. 为自己留有余地；
6. 言而有信；
7. 少讲多听；
8. 只有让对方意识到有利可图，你才有合作的可能；
9. 不要偏离对方期望值太多。

二、商务洽谈程序

(一)准备阶段

俗话说:"凡事预则立,不预则废","知己知彼,百战不殆"。在洽谈的准备阶段,首先要分析自身与对方的基本情况,双方的优势与劣势,分析洽谈目标的可行性,订立洽谈原则,组织洽谈班子。

1. 了解洽谈各方的基本情况。要了解各方法人资格、资信状况、法定地址、洽谈人身份与经营范围以及企业现状;了解洽谈负责人个人情况,包括年龄、学历、资历、个性、爱好、习惯、价值观念等;了解各方在洽谈中所处的地位,各自最大的需求和让步的范围、幅度,洽谈的时限等。

2. 拟订洽谈方案。洽谈方案的拟定工作包括:

(1)确定洽谈方针。

(2)确定洽谈班子。选择适当的人员组成洽谈班子,是洽谈能否成功的关键。洽谈班子一般以三四人为宜,领军人物应既是"导演",又是"主演",其他助手包括商务秘书、洽谈中会涉及的各专业人员。

(3)确定洽谈时间。洽谈时间的选择对洽谈能否成功也有影响。洽谈要选择适当的时机,除了考虑与洽谈目的有关的时机外,还应避开主谈者和其他成员过度疲劳、身体不适或心情不佳时。

(4)确定洽谈地点。选择洽谈地点,以自己熟悉的环境为宜。人天生具有领域感,一般在自己熟悉的环境里自信心会更强,容易得心应手地发挥。

另外,还要考虑周围环境,如房间的光线、温度、湿度、色彩、噪音度等。在舒适明亮、色彩悦目而又安静的房间里,人容易心平气和,思维清晰,便于倾听和理解对方的意愿和要求并作出恰当的反应。

(5)确定洽谈主题。

(6)确定洽谈活动日程表。

设计洽谈方案时,要对对方可能提出的方案作出预测,并提出自己应对的方案。谈判方案应切实可行,并且留有现场发挥、见机行事及必要时调整的空间。

3. 布置洽谈场地。商务洽谈场地要视参加洽谈的人数而定,应宽敞、大气、简洁、舒适,必要时安装扩音设备,谈判桌要宽敞,座椅应舒适。如果是双边洽谈,一般为长桌,双方的主谈者居中坐在相对的位置上,主方在左,客方在右(以面门的方向判断左右),或主方坐在背门一方,客方坐在迎门一方。其他洽谈人员则分列两侧而坐。如果是多边洽谈,则各方的主谈者应该围坐在圆桌相应的位子。圆桌通常较大,也可分段而置。其他人一般围绕各自的主谈者分列两侧而坐,也可坐于主谈者的身后。

正式洽谈桌上都应摆名签。这样做一方面可使洽谈秩序良好,另外由于指定某人坐某某处,无形中显示出影响力。

4. 准备洽谈成功签字仪式所需的文具,代表各方组织的旗帜或标志牌。与对方事先协商好签字人,各方签字人的身份应对等。与对方协商助签人员和签字的有关细节。

(二)开始阶段

1. 提出要求。由一方向另一方提出要求,要求的形式可以是口头、书面、电子信函等。措辞要郑重、礼貌、得体,学会使用外交辞令。切不可过于随意,那样会降低要求的可信度。

2. 不要直接切入主题。商务洽谈应该在轻松活泼的气氛中进行,所以在开始洽谈时可先说些联络感情的话,比如叙叙旧情,交换一些共同感兴趣又不致影响本次洽谈的信息。直接切入主题会显得不太礼貌,给人迫不及待的感觉,反而会降低成功率。要通过随意交谈为洽谈做铺垫,使对方逐步确认利益共同点与分歧点,然后慢慢引入正题。

(三)实质阶段

这是整个商务洽谈的关键时刻,也是洽谈技巧应用发挥的最佳时机,所有的努力都是为了使对方同意你的要求,使双方达成一致。技巧的应用应不露痕迹,而且应根据不同情况巧妙使用不同技巧。包括:忍耐、以退为进、开诚布公、留有余地、软硬兼施、单刀直入、适时恭维、疲劳轰炸、激将法、拖刀计、反间计、挤牙膏等,但是要牢记,无论使用何种技巧,都要避免激怒对方,因为对方一旦失去理智,洽谈肯定会失败。

双方达成共识,大的原则问题已谈妥后,就应商讨局部与细节。有时候正是一个微小的细节会坏了全局,所以一定要把细节一一落实,得到双方确认。

(四)协议阶段

洽谈结束,无论结果如何,都应对整个洽谈作出书面结论。洽谈成功则以协议形式给予确认。洽谈未成功则以备忘录形式加以记载,以便日后重新洽谈时有个基础。如有必要,可安排合影,一般在宾主见面握手后,合影完毕再入座。

第三节 商务通讯礼仪

现代社会已进入了电子化信息时代,现代商务活动若没有电子通讯作支撑,是难以想像的。在商务通讯中礼仪依然十分重要。

现代商务通讯包括电话通讯、手机对话、短信、电报、传真、电子邮件等。

一、电话礼仪

电话是人们交流和沟通的常用工具。打电话时人们虽未谋面,看不到对方的表情和举动,但能感受到对方的态度和声音,进而会影响到个人形象,因此有人提出电话礼仪的概念。所谓电话礼仪,是指人们在使用电话过程中应该遵循的礼仪规范。接打电话是秘书日常工作的一项重要内容,因此秘书人员更应注意电话礼仪。

(一)打电话的一般礼仪

1. 态度要礼貌、友好。在通话过程中,要让对方感觉到他是受欢迎的人。例如:要及时向对方问好;多使用礼貌用语;要尽可能地为对方提供帮助,而不是敷衍对方;尽量避免不耐烦的情绪等。

2. 声音要愉快、悦耳。电话交流中,声音是向对方传递信息的唯一渠道,因此秘密人员要格外注意自己的音量、音调、重读和语气。应努力做到:打电话时保持微笑;语速适中;音量合适;有合理的重读和强调。

3. 语言要清晰、准确。电话联络属于口头联络的一种方式,由于受到时空的限制,容易产生歧义。所以,在电话表达中,发音、吐字清晰、准确是非常重要的,秘书人员要注意自己的发音;纠正自己不良的发音习惯;尽量不要讲方言;遇到多音字词或同音字时要加以解释或说明。

4. 通话要简洁、高效。使用电话要注意沟通效率。不要在电话中讨论无聊的话题;不要在上班时间煲电话粥。公务电话要尽量做到简洁、高效;提倡"通话三分钟"原则,即一般事项通话时间不超过三分钟。

(二)秘书人员打电话前要做的准备

打电话之前,秘书应做好准备工作,这对于提高打电话的效率很有帮助。应做的准备有:

1. 准备好相关资料和文具。应事先将可能用到的文件资料准备好,放在身边随时可以翻阅的位置。如果谈话的内容特别有针对性,还应该把文件、资料翻到相应的页码,同时还要备好纸、笔等文具,便于随时记录对方的信息。

2. 准备好谈话内容。打电话前要应事先在记事本或纸上写下通话涉及的所有事情及重要的细节;问题较多时还应注意事项间的逻辑顺序,即先谈什么,后谈什么,一个良好的谈话顺序可帮助对方理清思路,避免其认识混乱,也有助于秘书从容顺利地完成通话而不至有什么遗漏。

3. 了解对方的姓名、身份和职务。如果是初次通话的人,应该确切了解对方的职务或身份。这样不会因称呼错了而使对方感到尴尬。

4. 弄清对方的电话号码。公务联系应首先使用办公电话,应弄清对方准确的电话号码;如果是长途,应知道对方区号;如果是分机,应知道分机号。这样可以避免拨错电话的尴尬。

5. 准备好预案。秘书人员在打电话之前还应考虑,如果要找的人不在该怎么处理?是电话留言,转找他人,还是告知自己的身份与电话,让对方择机回电。

(三)秘书选择打电话时间的礼仪

秘书人员打电话之前,首先要考虑对方时间是否方便。秘书应注意,下列时段打电话可能会给对方带来不便。

1. 周一早上上班之初。周末不办公,许多单位手头都有许多问题需要处理,同时很多单位也会在这个时间开例会,总结上周的工作,布置本周的工作任务。因此,秘书在电话联络时要尽量避开这个时段,除非工作特别紧急。同样道理,在节假日休息结束后的第一天也是如此。

2. 周五临近下班之际。这个时候很多员工开始着手规划周末的安排,在这个时段来电话,通常对方已心不在焉,因而很难保证相关工作的落实效果。

3. 午间休息时间。很多员工有中午小憩的习惯,在午饭或中午休息时间(从中午11:30~下午14:00之前)打电话,沟通效果一般不理想,甚至会出现对方很不耐烦挂断电话的情形。因此,秘书人员应尽量避开这一时段打电话。

4. 非工作时间进行公务联系。一般情况下,公务联系应在上班期间使用公务电话进行联系,不要在非工作期间打私人电话联系公务。当然,现在很多管理人员的手机都属于公务手机范畴,但秘书人员也应慎用。

5. 国际长途电话要考虑时差。打国际长途电话要注意时差问题,自己这里是上午,对方那里有可能是午夜,打电话时一定要考虑对方的作息时间。

(四)秘书打电话的基本礼仪

1. 振铃时间要恰当。秘书拨完电话号码后,要耐心等待,要考虑到对方不在电话机旁或手头有紧急公务一时无法脱身的情况。万一对方没有及时接听,也应该让电话铃声响过六、七声之后再挂断。

2. 拨铃次数要限制。如果电话连拨两次没人接,就不要再打了,反复拨打会影响对方同事的工作。如果对方占线,秘书听到忙音后,可以稍等后再重新拨叫。如果连续占线,可考虑使用其他相近电话进行联系。

3. 及时问候并自报家门。在对方接听电话后,秘书应该及时向对方问好并通报自己,如:"您好,我是××公司的秘书王晓玲,请问李××在吗?"如果能够听出对方的身份,直接称呼对方效果会更好。

4. 适当寒暄。联系到通话对象后,要和对方简单寒暄。特别是与初次接洽或长时间没联系的老客户、老朋友,礼节性的寒暄是必要的。但要注意,切不可让寒暄和客套话占用太长的时间。

5. 迅速切入正题。在经过简单寒暄后,要将话题迅速转到这次通话要解决的问题上。如果需要解决的问题较多,可先和对方有一个简单交流,让对方有心理准备。

6. 重点问题要重读和重复。电话交流重点要突出,重点问题要强调;语音也要有所变化,或重读或提高音量,以引起对方的重视;容易出错的问题要请对方核实,如通知中的时间、地点、电话号码、身份证、银行账号等内容。必要时可提醒对方记录,并对记录的内容进行核对。

7. 结束电话要迅速。公务电话要干净利索,在相关问题沟通完要迅速结束电话。电话结束前,要看看是不是问题都处理完了,还有没有细节性的问题需要询问。

8. 结束电话要礼貌。有以下几点要注意:

(1)如果对方给你提供了帮助,要向其表示感谢。

(2)挂电话之前要和对方打招呼,告知要结束电话,切忌对方话没说完就扣电话。

(3)一般情况下要请对方先扣电话。

(4)如果己方先扣,扣电话的声音一定要轻,切莫摔电话。

(五)秘书替上司拨打电话的礼仪

1. 拨电话之前要确保上司能够通话。秘书人员替上司拨通电话,要确认上司就在身边,而且没有其他紧急公务缠身,这样可以确保和对方通话。

2. 拨通电话后要表明意图。秘书人员拨通电话后首先要自报家门,然后将自己的意图告知对方,如:"您好,我是×××公司×××先生的秘书,×××先生想和贵公司的×××先生通话。"

3. 对方接电话后再将电话交给上司。秘书表明意图后,对方会根据自己的情况决定是否通话。待得到对方肯定性回复后再将电话交给上司。秘书切忌在没有得到对方肯定性答复前就将电话交给上司。

(六)秘书接电话的礼仪

1. 秘书要注意接电话的时机。秘书通常应在电话铃响 2 到 3 声之内接起电话。铃声一响就接很容易掉线,也会让对方有紧张感;过晚接电话一方面会让对方久候,也会吵扰同事工作。

2. 接通电话后秘书人员要自报家门。如果是内部电话,可以只通报部门和姓名;如果是外线电话,应该通报单位、部门和姓名;如果是高级管理人员的专职秘书,则应向对方准确表明身份,如:"您好,这里是×××公司×××先生办公室,我是秘书×××。"

3. 积极地为对方提供帮助。接通电话后,秘书态度要积极,认真对待,属于自己业务范畴内的事要积极解决;需要请示上司的,要告诉对方处理程序和时间;需要转接人员处理的,要积极帮助转接;属于其他部门管辖的,要明确告知,并提供相应电话。

4. 接电话要专心致志。接听电话时,要集中精力,不可一心二用。不能边接电话边打文稿;也不能边接电话边和同事谈话。如果手头确有急事应该告知对方,请其稍等。

5. 秘书中断电话要有礼貌。秘书在接电话时经常会短暂中断电话,让对方稍等。中断电话要有礼貌,在中断电话前要向对方打招呼;中断电话时间不能太长,如果短时间(1分钟之内)不能结束手头的工作,应先挂断电话。

6. 记录电话要全面。秘书人员经常要记录通话内容,记录时要全面;秘书人员应设计电话记录单,规范电话的记录与传递。

7. 通话完毕要礼貌结束电话。在通话结束前,要把对方请求的重要事项重复一遍,以便对方确认;还应主动询问对方还有没有其他事项需要帮助;挂断电话前要告知对方,不要在对方话音未尽时就挂断电话;如果是秘书人员接听电话,则应尽量让对方先挂电话。

(七)秘书同时接听两个电话的技巧

1. 请正在通话的一方稍等。通话过程中,另一部电话的铃声响起后,要向对方如实说明情况,告知又有电话打进来,请其稍候。

2. 根据情形灵活处理第二个电话。秘书接听后要迅速了解其内容,根据轻重缓急程度决定电话处理的优先顺序。如果第二个电话不是特别紧急,则告诉对方已有电话打进来,待处理完毕后再给其回电,将第二个电话挂断,接着处理第一个电话。如果第二个电话非常紧急或重要,不允许耽误,需要优先处理,则先将第一个电话挂断。

3. 向被挂断的电话致歉。不管哪种情形,都必须先挂断一个电话。待处理完一个电话,马上拨打另一个电话,首先要向对方解释、致歉。

此外,秘书在处理两个电话时还应注意:秘书不能同时接听两部电话,不能拿起两部电话轮流交替接听,也不能对另一部电话不理不睬。

(八)秘书替上司接听电话的基本礼仪

1. 表明自己的身份。秘书人员拿起电话后首先要表明自己的身份。

2. 问明对方的身份和目的。这是秘书人员替上司预接电话首先要做的工作。对对方身份和目的的了解,一方面可以帮助上司过滤一部分不必要接听的电话,从而尽量避免对上司工作不必要的干扰,也可以使上司在接电话之前对来电人的情况有一个大致了解。

3. 对电话进行分流。秘书替上司接听电话,最重要的作用是可节省上司的时间,减少对上司工作的干扰。秘书要根据对方的身份和意图对电话进行分类:打错的电话可以直接过滤掉;属于秘书工作范畴的直接处理;属于其他部门职责范围的电话可帮助转接或提供电话号码;需要上司处理的,待了解上司意愿后予以转接。

4. 了解上司的接听意愿。需要上司亲自处理的电话,秘书人员还要了解上司的接听意愿。有时电话打进来,上司可能正在处理其他的事情,如正与董事长谈话不希望被打扰。这时就需要秘书人员向对方加以解释并恰当处理。秘书人员切忌在未了解上司意愿的情况下就将电话转接给上司,这可能会给上司带来不便。

5. 将电话转接给上司。在获得上司的肯定性答复后,秘书人员可将电话转接。在上司接听电话之前,秘书要将对方的身份及目的向上司做简要介绍,使上司在通话前掌握必要的信息。

(九) 几种特殊情况的处理礼仪

当遇到以下问题时,秘书应做到亲切、稳重:

1. 如果发现对方拨错了电话,不应该责备对方,而应向对方解释,告知本电话是何单位或本人是谁。必要或可能时,不妨告诉对方他所要的正确号码,或代为查找。这样做既维护了秘书人员的良好形象,也能使对方对本单位产生良好印象。

2. 通话过程中如果因线路问题或其他客观原因致使电话中断,应由发话人迅速重拨一遍,不可让对方久等,并且应向对方解释、道歉。受话人则应在电话旁稍等片刻,不宜转而干其他的事,甚至抱怨、责备对方。

3. 如果接电话时发现对方找的是同单位或同部门的其他人,应让对方稍等,再热忱、迅速地帮助对方寻找所要联系的人员。切不可不理不睬,直接挂断电话,或者告诉他"打错了"了事;不可慢吞吞、懒洋洋地去找人,存心拖延时间;不能表现出丝毫的不满和冷淡。如果对方要找的人不在,则应向其致歉,并询问是否可以代为传达信息。若对方有留言,则应做好笔录,并与对方核实清楚,切勿刨根问底,摆出"审问"的架势。可参见表4-1。

表4-1

来电人员		总经理可接电话时	总经理不在时
内部	直接上级及平级	直接转入	记录留言
			如事务紧急,记录上级电话,速联系总经理回电
	直接下属	问清事情概要,转接时向总经理说明概要后转入	问清概要,如不紧急,记录下来转告总经理
			如事情紧急,告知总经理联系方法
	普通员工	问清事由,如需要,转告总经理;其他可视情况处理	
外部	重要且紧急	问清概要,向总经理说明后,然后转入	记录留言
			如事务紧急,记录上级电话,速联系总经理回电
	重要但不紧急	问清概要,向总经理说明后,依总经理指示转入或不转入	记录留言,向总经理汇报
	不重要且不紧急	问清概要,酌情处理	

案例

秘书小张正给公关部拟写一份紧急声明,工作很急。此时电话铃声响起,小张皱了一下眉头,显得很不耐烦,铃声响了好几遍,才拿起电话。

小张:"喂,找谁?"

客人:"你们公司总经理在吗?"

小张:"不在。"

客人:"那他什么时间能在办公室?"

小张:"不清楚。"

客人:"你能告诉我他的手机号吗?"

小张:"总经理交代过,手机号不便留给你。"

客人:"那……"

小张:"你稍后再打吧。"

说完小张就把电话扣了。刚扣完电话,又有电话打进来。小张很不耐烦地接起电话。

小张:"某某公司。"

王总:"我是 A 公司的王经理,你们李总在吗?"

小张:"王总您好。李总不在,他去上海和外商彼得先生洽谈某某业务去了。大约后天回来。"

王总:"哦。那曲总在吗?"

小张:"曲总正在开会,我帮你喊。"

小张说完将电话仰放在电脑桌上,去隔壁会议室喊曲总。曲总不愿意接王总的电话,告诉小张说:"我现在不方便,你帮我处理一下。"

在接电话过程中,小张有哪些做法不够恰当?

(十)语音留言礼仪

语音留言是一种有用的工具。语音留言礼仪有以下几点:

1. 留言时应该简短,并且提供几种选择,即表明身份后,给出选择项:留言;打到另一个分机上;等待接线员。

有时需要做稍长的信息："你好。我是张某。我今天和周五都会出差,晚上7点之前不能给你回电话。请留下姓名、电话和简短信息。"如果你带着手提电脑,可附上信箱地址,说明"可以用电子邮件联系"这样的话。

2. 录音之前,应遵循以下几点：

（1）调整机器使其在铃响四声后运作,这是多数地方的一个非公开准则。

（2）写下你想录在磁带里的话,然后练习一遍或两遍。

（3）越短越好。先给出姓名和电话号码,这样使对方知道是否找对了人,最后说："请留言。"你不必重复事实："我现在不在办公室"或者"不能立即接电话。"

3. 如果你是打电话一方,要注意以下几点：

（1）不管接电话的是人还是机器,都做好立刻说话的准备。

（2）即使拨错了号,只要听见嘟嘟声就留言,不用表明身份,只要说："对不起,我打错了。"

（3）一开始就给出你的全名和公司名称,这样对方不用为了找到电话而重放整篇留言。

（4）简短地说出打电话的原因。如果事情紧急,你应该说："我必须在明天的拍卖会之前和您谈谈。"

（5）留下自己完整的电话号码时语速要慢,在地区代码和当地号码间要有简短停顿,甚至知道对方已经有你的号码,也要留下号码。

（6）说出什么时候可以找到你。

（7）不要和没有直接对话的人说再见。不要说你很遗憾没见到对方,或者说这已经是你第二次打电话了。

（8）不要重复信息。如中午打第二次电话,重复早上10点的留言,这完全没有必要。

二、手机对话礼仪

手机即移动电话,是一种小型化、智能化的无线式电话。手机因其可以随身携带,随时随地保持联络畅通,受到人们的普遍欢迎。据电信部门统计,目前,手机已成为完全大众化的通讯工具。但也正是因为手机的能够随时随地保持联络畅通的特点,带来了一些副作用,如对他人形成干扰,容易泄密等。所以,商务活动中使用手机,要特别注意手机使用礼仪。

(一)放置有位

手机使用者应将手机放置在适当之处。在正式场合,不要有意识地将其展示于人。对于商务人员来说,不要把手机当作装饰品炫耀。不要常握在手中,或别在衣服外面甚至挂在胸前,也不可别在裤腰带上。外出时随身携带手机的最佳位置有二:一是公文包或手提包内,二是上衣口袋之内。

(二)使用得体

1. 只在绝对必要的情况下才在公众场合使用手机。在写字间工作时,尽量少用手机,多用座机。在接待客户,向上司汇报工作时,也不宜使用手机。为了防止商业秘密的泄露,在参加重要会晤、谈判或会议时,不但不宜使用手机,而且最好不要随身携带手机。

2. 以下场合应该关机:商业会议、社交集会、报告会、研讨会、剧院、影院、医院、图书馆、法院等。如果必须开机,请调为静音或震动模式,以免干扰他人。

3. 需要与人通话时,尽量降低音量,以免打扰他人。如果必须在社交场合或餐馆里打电话,应请求准予暂时离开,然后找一个足够隐秘的地方打电话。

4. 除非事情紧急,否则不要借用他人手机。

(三)保持畅通

拥有手机的目的是为了保证自己与外界的联络畅通无阻,所以在告知对方自己的手机号码时务必准确无误。如系口头相告,应重复一两次,以便对方进行验证。若号码改动,应及时通报给重要的交往对象。拥有手机不宜经常关机,并注意及时充电。重要岗位的人员应 24 小时开机。接到对方电话要及时回复,若有时换座机通话应不超过 5 分钟。

(四)巧用短信

现代手机的功能越来越多,其中短信的使用频率越来越高。据统计,2006年春节期间,全国共发短信 126 亿条。在商务交往中,也可以使用短信息与他人进行联络、沟通,但在使用短信时要注意以下几点:

1. 忌滥。不应以短信息骚扰他人。有些人喜欢转发短信息,接到一个自认为有趣的短信息,就转发一通,令收信人不胜其烦。

2. 忌骗。不能利用短信息四处欺诈。

3. 忌假。不应散发自己制造的弄虚作假的短信息。

4. 忌黄。不可利用短信息宣扬低级趣味的东西。

5. 忌黑。不能利用短信息扩散反动、封建、违法、犯罪的内容。

（五）注意安全

驾车时若必须接打手机，切记将车停在一边再使用。乘坐飞机时，必须自觉关闭随身携带的手机，以免手机发出的电子讯号干扰飞机的导航系统，危及飞行安全。在加油站也必须关闭手机，否则手机讯号可能引起火灾。

三、网络通信礼仪

随着现代通讯技术的不断发展和电脑应用的普及，互联网络在人类生产、生活中扮演着越来越重要的角色。在商务活动中，互联网不仅起到了一般的通讯联络作用，甚至出现了新兴的商务模式，即电子商务。这一切也促成了网络礼仪这个新词的产生，以及一套全新的应用于网络通信中的礼仪规范。

（一）网络道德

在商业界，忽略或者蔑视网络礼仪，像开会时恶劣的举止和粗鲁的行为一样，会损害你的名声。在因特网上与人相处时，你不能因为彼此不会谋面就表现得粗鲁。在使用网络时，要注意以下几点：

1. 使用电子邮件的时间。电子邮件虽然便捷，但是切记，它只是其他商业交流的补充，许多场合仍然需要电话和正式的商业信函。一条基本原则是，在体面的个人交流中，手写的信函和便条仍然是首选。

电话或者电子邮件可以用来邀请别人参加非正式的宴会，尤其是时间匆忙的情况下，然而对于更正式的场合，应该同时邮寄邀请函。

不要用电子邮件来逃避直接的人际交流。

2. 公私分明。要明确单位的电脑是一种办公用具，是用于处理公务的，在单位要做到因公上网，公私分明。不要在办公电脑上收发私人电子邮件。私人交往时，尽可能给对方留私人电话号码。

3. 规范上网。在使用网络时，必须对网上漫游的一系列规则有充分的认识，并严格遵守。互联网虽然是一种相对较新的交流形式，但并不意味着可以无视使用原则。在这些规则中，有的是网络使用操作的具体步骤、程序、方法等，涉及"必须怎样"一类的网络法律问题，如若违反，就无法正常使用网络。规则中相当重要的另一部分则涉及"应该怎样"一类的网络道德问题，这些规则虽然不具有强制性的约束力，但仍然要求人们严格的遵守。

4. 注意网络语言的礼貌。在网络交流中除了要注意使用日常礼貌用语外，特别要注意不要在网络上"喷火"（Flaming），即发出粗鲁、侮辱性的信息。

(二) 邮件的收发

所谓电子邮件,即通过网络在用户之间传递的各种信息。电子邮件是迄今为止最为方便快捷的通信方式之一。

收发电子邮件是商务人员利用网络执行公务最常见的方式,也是最重要的方式之一。在收发电子邮件的不同阶段,应遵守不同的礼仪要求。

1. 撰写与发送电子邮件。电子邮件迅速便捷,但在使用时不能因为求快而草率马虎。撰写与发送电子邮件,皆有一定的礼仪规范:

(1) 为节约经费,在撰写电子邮件时,尤其是撰写多个电子邮件时,应在脱机状态下进行,并将其保存于发件箱中,在准备发送时再联网,一次性发出。

(2) 在地址版块上撰写内容时,应简短写上邮件主题,便于对方打开邮件前对收到的信息有所了解。

(3) 在消息版块上撰写内容时,应遵照普通信件或公文所用的格式和规则。邮件正文要简洁,不宜长篇大论,以便于收件人阅读。

(4) 在写电子邮件,贴入公告信息时,如果用英语,注意不要全用大写或者全用小写。全用大写字母会被认为是在大吼,让人感到盛气凌人。全用小写字母虽不完全等同于耳语,但是也很恼人。所以不要怕麻烦,注意使用"转换"(SHIFT)键。

(5) 注意用语规范。商务信函应远离那些表示情感的小符号。例如":)"。在商务信函中也要尽量避免使用缩写,它看上去不够专业,而且对方也不一定熟悉网络行话。但是,自己一定要熟悉网络常用的缩写。表4-2是一些常用的电子邮件缩写符号:

表4-2

缩　写	含　义
AAMOF	事实上
AFAIK	据我所知
BTW	顺便
BRB	很快就回来
FWIW	值得的
FYI	供您参考
HTH	希望能有所帮助
IDK	我不知道
IMO	我认为

续表

缩　写	含　义
IOW	换句话说
NRN	不需回复
PLS	请
SP?	检查拼写
TIA	提前感谢
WRT	关于,考虑到

(6) 不可随便发送无聊、无用的垃圾邮件,无端增加网络的拥挤程度。

(7) 注意保密。电脑不是安全存款箱,除非你正在使用加密软件,否则你的秘密可能会泄漏,所以不宜在国际互联网上发送涉及机密内容的电子邮件。

2. 接收与回复电子邮件。相关的礼仪要求主要有:

(1) 定期打开收件箱,查看有无新邮件,以免遗漏或耽误重要邮件的阅读和回复。

(2) 及时回复公务邮件,不可有所怠慢,以免发件人担心邮件是否安全抵达,并确保及时交流信息,联系工作。一般应在收到邮件的当天予以回复,若涉及较难处理的问题,则可先告诉发件人已收到邮件,再择时另发邮件予以正式回复。

(3) 不要未经允许就转发别人的电子邮件。

3. 保存与删除电子邮件。关于电子邮件保存与删除的相关礼仪包括:

(1) 定期整理收件箱,对不同邮件分别予以保存与删除,不可使收件箱过于臃肿。

(2) 对于有价值的邮件,必须予以保存,或者通过复制进行专门的保存。

(3) 及时删除垃圾邮件。

SPAMMING 就是指垃圾邮件或者不合适的信息,包括广告和推销单,置之不理是最好的处理方法,或者加以永久性删除。如果你的公司设置了一种删除并追踪垃圾邮件发送者的方法,那么收到垃圾邮件之后,通知网络系统的管理者或其他相关负责人。

(4) 不要传阅连锁信,即使信上进行威胁,例如说不传阅会倒霉,也不应迷恋这种迷信的把戏。

4. 使用密码是防止偷窥的最佳方式。有几点需要记住：
（1）不要告诉任何人你的密码。
（2）不要转身看别人上网，他会以为你要偷看他的密码。
（3）不要使用明显的密码，例如名字的字母拼写、生日或者狗的名字。
（4）最安全的密码包括数字、标点和大小写字母。
（5）如果你认为自己会忘了密码，写下来放在安全处（但不要放在笔记本里）。

第四节　商务活动礼仪

典礼和仪式是秘书商务活动中常用的形式。每逢重大节日、纪念日、重要事件发生，商务单位都可能举行隆重的仪式，如开业典礼、剪彩仪式、周年庆典等。隆重的仪式能够激发人们的社会情感，比如开业典礼，无论这个仪式是否举行，企业都会在规定的时间开业，但有无这个典礼，效果却是不一样的。隆重的庆典仪式能给人留下强烈的印象，使人油然而生崇高庄严之感，意识到事件的意义，并以严肃的态度对待之。由于仪式的存在，参与者的精神、情感、思维及行为方式都会发生一种转换。庆典仪式能够增加参与者的团队精神，增强凝聚力，在自我与他人、自我与环境、自我与工作，甚至自我与自我之间搭起沟通的桥梁。所以，庆典仪式既可以鼓舞士气，促进企业文化建设，又可以增进关系、扩大宣传、提高企业知名度。

一、典礼礼仪

（一）商务典礼的种类

商务典礼仪式按活动内容大致可分为：开始性典礼、结束性典礼和庆祝型典礼。开始性典礼即用于某一件事情开始的典礼。举行开始性典礼，应该郑重、热烈，通过典礼的形式对参加典礼的人进行宣传教育，使有关人员了解这一事项的目的、意义和作用；动员有关人员对此给予必要的关注、重视，统一认识，振奋精神，以利于有效地开展工作。

结束性典礼，是指用于某一事项结束的典礼，目的是对某项工作、活动的顺利结束表示庆祝，通过典礼对该事项进行总结，表彰有关人员，使整个工作善始善终，如结业典礼、竣工典礼。

庆祝性典礼，是指某些组织或某些工作进展到特定阶段的庆典，如周年庆典。

（二）典礼的组织程序

在现代商业活动中，无论是开始性典礼、结束性典礼还是其他类庆典，都应热烈、合仪、有序、得体，以利于树立良好的组织形象，赢得典礼参加者的信赖，并借此机会扩大组织在社会公众中的传播范围，使典礼成为企业公关活动的一个有力环节。一般典礼礼仪工作包括：

1. 确立典礼的基本原则。在现代商业活动中，尽管其活动的具体原则千差万别，但举行开业典礼的基本原则是一致的，即热烈、隆重、节俭。

2. 典礼仪式的准备程序。这主要包括：

（1）确定日期。典礼的日期一般宜选择节假日或有纪念意义的日子。

（2）确定地点。典礼的现场一般设在本组织内显著的地方，如公司或店铺的门口。如果因为种种原因不能在本组织内举行，或者感到在本组织内举行不够气派，也可以租用一个条件较好的地方举行典礼。租用场地应尽量做到地点适宜、交通方便、设备齐全、租金合理。

（3）确定来宾。典礼是进行公关、扩大影响的绝好机会，所以在庆典时应有意识地邀请有关方面的领导、社会名流、新闻记者以及协作单位代表等参加。在确定好典礼日期、地点后，就要确定被邀请人员的名单，并在有关活动开始前一周发出请柬。印发请柬时要注意如下问题：请柬要精致美观，不能用油印的通知的形式，那样会给人不庄重的感觉。文字要简洁，措辞要热情、礼貌，需写清被邀请者的姓名，活动的性质、地点、日期、时间，举行活动的机构的名称及联系电话。重要庆典的邀请函上注意附回执。对主要领导和著名人士，应有专人亲送请柬。

（4）布置场地。典礼的场地应热烈、隆重、喜庆。首先要悬挂标明活动性质的会标，如"某某公司开业典礼"，现场两边张贴"欢迎各位领导莅临指导"、"欢迎各位来宾光临"等标语，会场四周可摆放鲜花、悬挂彩带、宫灯等饰物，来宾的贺礼如花篮、花瓶、牌匾等可摆放在迎门两侧。

（5）宣传工作。准备宣传品，如介绍本单位性质、业务、企业文化等的小册子，印有本单位名称和经营特色的购物袋、纪念品等，确定专人负责摄像、拍照。

（6）现场的组织工作。典礼现场的组织工作包括接待组织工作和后勤组织工作。

接待组织工作主要有：主持人，负责整个活动的程序。主持人可以是专业的礼宾主持,也可以是本组织负责人。接待人员,包括接待负责人、礼宾小姐、入口接待员、衣帽保管员、签到负责人、领位员、服务员(负责倒茶水等工作)等。

后勤组织工作主要有现场工作和安全保卫工作两大项。现场工作包括检查设备、试验音响、根据来宾人数统计席位、准备桌签胸卡(重要来宾的胸卡最好带花)、准备签到簿、茶水、纪念品等。

3. 现场活动程序。以开业典礼为例,一般程序为:

(1)主持人宣布典礼开始,播放音乐(选择欢快有力的乐曲,最好是进行曲),宣读典礼程序。

(2)介绍来宾,向来宾致谢。

(3)主持人致辞。致辞内容应扼要介绍本组织的性质、特色、经营目标等,语言要简短,措辞要生动热烈。

(4)来宾发表祝词,注意安排紧凑。

(5)剪彩仪式(细节见"仪式"部分)。

(6)引导来宾参观本公司周围环境。

(7)开业招待会。开业典礼仪式结束,可安排招待宴会。人数与规格视情况而定。一般来说,各界领导、社会名流、新闻界人士、商业客户等都应参加招待宴会。

案 例

洛沙娜美容中心适逢开业两周年,经理吩咐助理林芳考虑一下庆典活动的安排。林芳想,正好可以借此机会扩大美容中心的影响。她设计了一个庆典活动方案,决定邀请中心所在社区的部分新老顾客参加。活动形式以宴会为主,配以小型表演和美容知识问答等活动,又增强主宾之间的互动。林芳将活动方案拿给经理看,经理说最好能有新闻媒体参加。林芳想起自己正好有一位小学同学在晚报当记者,就把同学的情况对经理说了,经理说:"可以。"

第二天上午,林芳给美容中心附近的一家四星级宾馆的餐厅打电话联系,准备10天后在那里举办庆典活动。不巧,那家宾馆近期外部装修。林芳想到中心附近还有一家鸿盛大酒楼，虽不是很豪华，但自己曾经在这家酒楼吃过饭，感觉其环境、服务都不错，价格也合理。于是，林芳又同鸿盛大酒楼联系，确定了活动日期和规格。然后，她找出本店的顾客联络簿，选定了15位有代表性的顾客，分别发出了带回执的邀请函，并在函中注明"请携伴侣"。

林芳想起经理有一位朋友是本市有名的瑜珈大师，何不请来表演一些简单的瑜珈功，也正好应了美容中心健康美容的宗旨。林芳把这个想法告诉了经理，经理说："这事我来办。"于是林芳给瑜珈大师写了一封邀请函，交给了经理。她想，美容中心所在的社区一向支持中心的工作，便给社区主任也写了一封邀请函，又给那位当记者的同学以及酒楼老板分别写了邀请函，准备找机会亲自送去。

第二天，林芳带着写给酒楼孙老板的邀请函来到酒楼，孙老板很高兴，安排大堂经理与林芳一起商定了庆典宴会的菜单。林芳想起美容中心所在的社区有一位老教授是少数民族，他因经常在电视上做讲座，所以常去美容店做男性美容，中心的这次庆典活动也邀请了他，林芳便叮嘱大堂经理单独准备一份清真饭菜。

从餐厅出来，林芳又专门去了一趟礼仪公司，聘请了一位庆典司仪。在正式庆典日前，她又抽空到礼品批发市场为嘉宾们选购了一些工艺礼品。

店庆日到了。林芳一早就带着几位员工来到酒楼，配合酒楼服务员在大厅挂起了事先准备好的横幅，用鲜花和彩带将大堂布置得华丽典雅，喜庆盎然。她检查了音响设备，又吩咐人将埋在地毯下的电线整理好。

宴会开始前15分钟，身着华丽礼服的女经理来到大厅，看到林芳身着一套酒红色套裙，其他员工都穿着统一的粉红色工作服，一向在员工面前十分内敛的女经理也不由得露出了微笑。林芳把她前一晚儿写好的庆典祝词递给经理，请中心业务部主任和经理一起在大厅门前迎客，她与经理打了一声招呼，就去酒楼大门外等客人了。

宾客陆续到了。林芳去贵宾室请出社区主任和瑜珈大师，安排社区主任坐在餐厅正前方主桌上经理的右首，请瑜珈大师坐在了经理的左首，其他客人依次坐定。

> 庆典开始了,经理祝词后,开始了瑜伽功表演,前后又穿插了美容知识竞答。专职司仪诙谐幽默,妙语连珠的串联词使场面热闹而有序。一些陪同嘉宾来到这里的伴侣,原先对美容毫无感觉,活动中的一些知识竞答也引起了他们的兴趣。谁也没有注意到,林芳躲在一边,在事先准备的庆典活动稿上补充了一些内容,然后交给了她在晚报社工作的那位同学。
>
> 整个活动结束后,林芳陪同经理在餐厅门口送客,并将给宾客准备的小礼品一一奉上。
>
> 一个月后,洛沙娜美容中心的客户增加了20%,美容中心又向工商管理部门申请开发了一些新的美容项目,第三年,同在一个社区的另一家美容店悄悄关了门。

请就以上案例,说说洛沙娜美容中心在提高商务竞争力的过程中,有哪些值得借鉴的地方?

二、仪式礼仪
(一)签字仪式

在商务活动中产生的正式文件一般都要举行签字仪式以示郑重。签字仪式表明会谈各方对文件约束力的正式认可,体现各方对会谈成果的重视。签字仪式还具有见证作用和宣传作用。一般国内会谈文件的签字仪式可以不拘形式,而涉外会谈的签字仪式则有比较严格的要求。签字仪式的礼仪如下:

1. 文本的准备。双方所要签字的文本是签字仪式的主要对象,必须精心制作。一般来说,文本的准备有以下几项工作:

(1)定稿。定稿即通过讨论和磋商确定正式文件的文字内容。这是文本准备的前提。

(2)翻译。如果是涉外谈判,签字文本还要用中文和外文同时印制。翻译后的文本必须经过双方的确认。

(3)校印。文本排版后,必须经过严格的校对,确认无误后,才能交付印刷装订。文本的标印格式应当符合有关规定,同时还应注意以下两点:第一,印制涉外会谈的文本时,应将各国的本国文字置于各方自己保存的文本的上方。第二,涉外签字时,各方签字的位置应当安排在各方自己保存的文本签字处的上方,如果双方签字的位置是左右排列,则安排在左边;竖排印制的文本,则安排在右边。这种惯例称为"优先签字"。但如果双方以"甲方"和"乙方"简称,则甲方优先签字。

(4)确定正本和副本。文本分正本与副本。正本用于签字后由双方各自保存。一般情况下,双方各保存正本一份,但有时为了方便工作,也可以印制若干副本。副本的数量由双方根据实际需要协商确定,也可在条款中加以说明。

(5)盖章。一般在举行签字仪式前先在文本上盖上双方的公章,以便使文本在签字后立即生效。外交方面的会谈文本需加盖火漆印。

2. 确定参加人员。参加签字仪式的人员主要包括:

(1)签字人员。签字人员是签字仪式上的主要角色,可以是双方参加谈判的主谈人,也可以派更高级别的领导人作为签字人员,以示重视。确定签字人员要考虑以下几方面的因素:第一,必须具有代表一级政府和组织的法定资格。如企业之间的法定签字,或者由法人代表所委托的人员签字。委托签字必须出示委托人亲笔签署的委托书,必要时委托书应有公证机关的公证。第二,双方签字人员的身份应当大致相等。

(2)领导人。为了表示对谈判成果的重视,双方也可以派出地位较高的领导人参加签字仪式,但也应当注意规格大体相等。

(3)见证人。见证人主要是参加会谈的人员,双方人数应当相等。有时也可邀请保证人、协调人、律师、公证机关的公证人员参加。

(4)助签人。助签人的主要职责是在签字过程中帮助签字人员翻揭文本,指明需要签字之处。由于涉外签字的文本由中外文印成,各方签字的位置不一,一旦签错,就会导致签字仪式的失败,故助签人必须参加谈判的全过程,参与文本的整理、起草和制作工作,并且必须非常熟悉业务,认真仔细,忠实可靠。

3. 现场布置与物品准备。准备事项有:

(1)签字桌椅。双边签字,一般设长方桌,上铺深绿色台呢。桌后放两把椅子,为双方签字人员的座位。如为多方签字,则加长桌子,增加座位,或将桌子排成圆形或方形。涉外签字仪式双方的座位按主左客右的国际惯例摆放,即以迎门的方向为准,客方的座位安排在主方的右边。签字桌上应放置双方的席卡。

如果签字仪式在双方之外的其他地方举行,无法界定主宾,则由双方协商确定。

(2)国旗。涉外签字仪式必须挂各方的国旗。国旗可以按主左客右的惯例交叉插在签字桌中央的旗架上,也可以分别插于签字桌的两端或并挂在背面的墙上。多方签字时,可插在各方座位前的桌上。

(3)文具。签字用的文具包括钢笔、墨水、吸墨器(纸)。用笔和用墨必须符合归档的要求。签字笔要防止墨水堵塞或滴水,确保签字时书写流畅并干净。

(4)将各自保存的文本置于各方座位前的桌子上。

(5)参加人员位置。参加签字仪式的人员按主左客右的惯例分成左右两边立于签字人员的后边,双方身份最高的领导人并排站立于中间,双方其他人员按身份高低向两侧顺排。人数较多时可分成若干排。有时也可在签字桌的对面或前方两侧摆放座位,供参加人员就座。

签字仪式开始前,助签人应站立于各自签字人员身后外侧,仪式开始后也应当站在外侧,以避免挡住在后排中间站立的领导人的视线。

(6)讲台。如果签字仪式还安排双方领导人致辞,可在签字桌的右侧摆放讲台,也可不设讲台,仅放置落地话筒。

(7)会标。签字仪式的会标要求醒目,并反映签约双方的名称及签约内容。涉外签字仪式的会标应用中文和外文书写。如:

《上海—安特卫普 1998—1999 年度友好交流项目备忘录》
签字仪式
OFFICIELE ONDERTEKENING VAN HET VRIENDSCHAPPELJK MEMORANPUM TUSSEN SHANGHAI & ANTWERPEN 1998—1999

(8)香槟酒。有时在签字仪式结束后,双方会举行小型酒会,举杯共庆会谈成功,故应事先准备好香槟酒、酒杯等。

签字仪式现场布置图见图 4-1。

(二)剪彩仪式

在现代商业活动中,公司、商店、酒店、旅馆的开业,工程的开工,设施的投入使用,一般都会举行剪彩仪式。热烈而隆重的、符合有关礼仪的剪彩仪式,能够树立企业的良好形象。剪彩仪式往往作为开业典礼的一个组成部分,所以它的组织程序基本与开业典礼相同,但如果举行剪彩仪式,还需注意以下几个方面的问题:

1. 在确定剪彩仪式的日期时应特别注意天气的变化。因为剪彩仪式一般都在户外进行,应选择阳光灿烂的日子,尽量避开风、雪、雷、雨等恶劣天气,以保证仪式的顺利进行和参加人员的愉快心情。

2. 公司或店堂剪彩仪式一般会在大门口举行,而开工剪彩会在工地现场举行,无论会场设在哪里,都应该设立主席台,以会标表明主席台的位置,并计

第四章　秘书商务礼仪

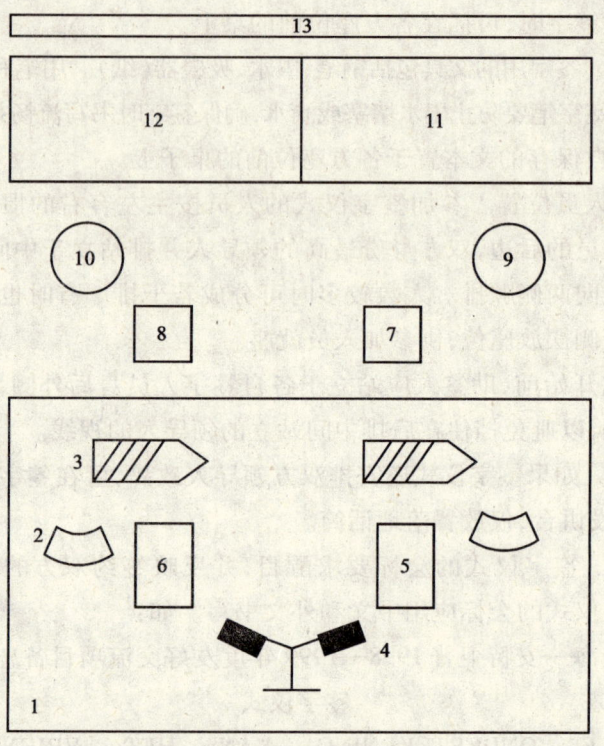

图 4-1　涉外签字仪式图

（注：图中数字分别表示：1. 签字桌； 2. 吸墨器； 3. 签字笔； 4. 旗架； 5. 主方保存的文本； 6. 客方保存的文本； 7. 主方签字人座位； 8. 客方签字人座位； 9. 主方助签人位置； 10. 客方助签人位置； 11. 主方参加人员位置； 12. 客方参加人员位置； 13. 会标）

算好主席台的席位和参加人员的座次和站位。

3. 事先确定剪彩者。剪彩人数根据主办方的数量确定,各单位由本单位负责人参与。

4. 礼宾小姐。参加剪彩仪式的礼宾小姐应端庄大方,统一着装。可选择西装套裙,也可选择色彩喜庆且明朗大方的旗袍。

5. 剪彩的场面。剪彩仪式的场面应隆重热烈,除准备会标外,还应有鲜花、气球、标语等渲染气氛。剪彩仪式是一个公开并庄重的场面,所有参加剪彩仪式的人员都应着正装。

6. 剪彩的进行。剪彩的进行一般由主持人宣布剪彩人员名单,由工作人员引导他们到剪彩指定位置,其余人员应尾随剪彩者,保持一定距离。礼宾小姐以托盘端上剪彩使用的工具。当剪彩完毕,剪彩者应面向四周鼓掌祝贺。剪彩结束后,主持人要再次向与会者表示感谢。

第五节 商务公关活动礼仪

贸易展览会、对外开放参观和新闻发布会等都属于商务公关活动。这类活动对商家来说,都是极好的宣传机会。聪明的商家对这类活动总是非常重视的,往往能抓住一些特别机遇大做文章,赢得商机。

首钢20世纪20年代从德国进口的西门子公司生产的电机使用了60多年,西门子公司老板在首钢参观时发现了这一奇迹后,如获至宝,提出以旧换新,并将换回去的老电机陈列于西门子产品博览会,并拍成纪录片大做宣传,以此说明西门子产品过硬。西门子公司由此信誉大增,订货者挤破门厅。

西门子公司用展览会的方式,让事实来证明公司的质量和信誉,可谓匠心独具,高明之至。俗话说:"耳听为虚,眼见为实",利用演示会、展览会、组织开放参观等活动,满足了公众眼见为实的心理要求,在加强公众对企业的可信度方面有"事半功倍"的效果。为此,作为商务秘书人员必须懂得商务公关活动的礼仪要求,并做好这类活动的组织工作。

一、贸易展览会

贸易展览会是有关方面为了开发客户,促进销售,采用集中陈列实物、文字、图表、影像资料等方式组织的商务宣传活动。展览会除了使公众更直观、更全面地了解企业及其产品,从而留下深刻的印象外,企业在展览会上还可以了解公众的反应和意见,相互沟通,增进友谊。可见,展览会是一种确立组织形象,推广产品的好形式。商务秘书必须熟知展览会的规范和礼仪,精心策划,以期达到最佳效果。

(一)展览会的类型

展览活动既有专业型的,也有贸易型的,还有综合型的。从形式上看,展览活动有产品展示、交易洽谈、宣传推广、酬宾娱乐等多种功能。根据展览会的性质、内容、规模等因素,展览会可分为大型综合性展览会和专题性展览会两类。

1. 大型综合性展览会。综合性展览会通常是有专门性的组织机构或单位负责筹办,企业应召参加的一种全方位的展示活动。它的规模一般很大,参展企业多,参展内容全面,综合概括性强。综合展览会的时间一般都较长,影响也相当大,是组织宣传形象的好机会,但由于其形式不拘一格,对主办者和参展者的技术要求很高,故需要充分的准备。

2. 专题性展览会。专题性展览会通常是由企业或行业性组织,围绕某一特定专题而举办的展示活动。与综合展览会相比,其内容较为单一、规模较小、无综合性,但展示的主体更鲜明、内容更集中而有深度。像"中国酒文化博览会",就是专门以展示酒为核心,通过酒来展示企业文化和中国传统的酒文化。专题展览会不像综合展览会那样繁杂,故比较多见,如"北京计算机产品展示会"、"全国医用设备展览会"等,都是以某一专题为主要内容的展示活动。此外,更有一些小型展览会,是由企业自办的,所以灵活性很强。像企业自办的小规模新产品展览会、企业产品(样品)陈列、与产品销售相结合的展销会(以展为主)和橱窗展示等,都是专题展示活动。

(二)展览会的筹备

展览会的筹备工作,由如下几个步骤组成:

1. 确定明确的主题。无论什么样的内容和形式,展览活动都有自己鲜明的主题。只有明确了主题,才能使图、文、物的组合更有针对性,才能使展示活动的整体效果得以体现。主题要写进展示计划,并且成为日后评价效果的依据。确定了主题,就要围绕主题进行准备。

2. 制订展览计划。有针对性的筹划是确保展览活动成功的关键。必须在活动之前十分清晰详尽地制订一份实施计划,对所有应该考虑、可能涉及的问题给出十分明确清晰而且卓有成效的答案。具体步骤为:

(1)确定展览方针。展览方针是展览活动的指导思想。与演戏一样,展示活动是利用展览会这一舞台来演企业形象这出戏,所以必须依据主题进行整体展示活动的规划和构思。

(2)确定展览内容。根据展览方针和展览主题,确定展览内容,并组织人员根据展览大纲的要求,搜集实物及有关资料,选择展览产品。

(3)策划展览方法。根据展览方针和展览主题,确定具体的展览方法,确定展品排列方式,画出展版小样。

(4)设计展览活动程序。

(5)预算展览会的费用开支。一个展览会的费用通常包括:场地费用、设计和布置费用、工作人员的费用、联系费和交际费、广告费、印刷品费、运输费、保险费等。应根据展览所要达到的效果来考虑花费的标准。

3. 申办展览手续。在举办展览会前，必须依法履行常规的报批手续。

4. 选择展览场地。在地点的选择上，首先，要考虑的是方便参观者，如交通方便、易寻找等；其次，要考虑展览会地点周围环境是否与展览会主题相得益彰；最后，要考虑辅助设施是否容易配备和安置等。

5. 撰写展览脚本。需要有专人对展品、图文等进行编辑，考虑整个展览会各部分之间如何衔接，负责设计会标、主题画等，并要进行版面上文字图表的制作、图片的裱贴和版面的加工与美化及撰写解说词。解说词要写得具体、精练。撰写好解说词后，交各解说员，要求他们正确流利地讲解展览内容。

6. 确定参展单位、参展项目和展览会的类型，并组织参观人员。可以采取广告和给有可能参展的单位发邀请信的方法吸引单位参展。广告和邀请信要写清楚展览会的宗旨、展出项目类型、对参观者人数和类型的预测、展览会的要求和费用等，并应给潜在的参展单位提供决策所需的资料。

7. 培训工作人员。展览会工作人员的素质和展览技能的掌握，直接影响着整个展览的效果。必须对展览会工作人员如讲解员、服务员等进行良好的公关训练，并对每次展出的项目进行最基本的专业知识培训，以满足展览会的要求。

8. 成立专门对外发布新闻的机构。要有专人负责对新闻界发布新闻及处理相关事宜。专门的机构要负责制定新闻发布计划和组织实施计划，负责与新闻界联系一切事务；要准备展览会所需的各种辅助宣传材料，如拍摄幻灯片和录像、制作各种小册子和目录等；主动向新闻单位提供新闻稿及其他资料，争取支持，以加强对展览会的宣传。

9. 准备展览会的辅助设备和相关服务。如，安排处理对外贸易业务的部门、附设产品定购的洽接室以及文书业务、邮政、检验、海关、交通运输、停车场等。在入口处应设置咨询台，贴出展览会平面图，作为参观者的指南。

10. 设计制作展览会徽标，备好展览会纪念品，提前印好入场券并分发出去，准备好售票的地点或窗口等。

(三) 展览活动礼仪

1. 努力维护整体形象。参展单位的整体形象，包括展示物的形象、工作人员的形象和展览环境三个部分。

(1) 展示物的形象主要由展品的外观、展品的质量、展品的陈列、展位的布置、发放的资料等构成。用以参展的物品外观上要力求完美无缺，质量上要优中选优。陈列上要既整齐美观又讲究主次,布置上要兼顾主题的突出与观众的注意力。用在展览会上散发的有关资料要印刷精美、图文并茂、资讯丰富,并应注有参展单位的主要联络方式等。

(2)工作人员的形象主要指在展览会上直接代表参展单位的工作人员的穿着打扮问题。在一般情况下,展位上的工作人员应统一着装。最佳选择是穿本单位制服,或者深色西装。接待人员还可身着色彩鲜艳的单色旗袍,肩披写有参展单位或其主打展品名称的大红色绶带。全体工作人员都要在左胸佩带标明单位、职务、姓名的胸卡。展会工作人员不宜佩带首饰,男士必须剃须,女士要化淡妆。

(3)展台要保持整洁,井井有条。绝不要让空茶杯或旧报纸四处散落,更不能出现瓜子皮、糖果纸或饭菜残汁。展台或座椅上不能乱放衣物。

2. 接待礼貌。展览一旦正式开始,全体参展单位的工作人员即应各就各位,站立迎宾。不允许迟到、早退、无故脱岗、东游西逛,更不允许在观众到来之时坐、卧不起,怠慢观众。

要注意待人接物的表情和语言。展台工作人员要避免主动走向客户并打招呼,这样做的结果是十有八九客户会找个理由离开。要想迅速与客户开始对话,要注意面带微笑并提出开放性问题,如:"您觉得我们的展台(或新产品)怎么样?""您对哪一款产品感兴趣?""您觉得今年的展览怎么样?"等等。当听到一句含糊的话或唐突的评论时,也要微笑应对,表现大度。

3. 善于运用解说技巧。解说技巧要因人而异,使解说具有针对性。与此同时,要突出自己展品的特色,在实事求是的前提下,注意扬长避短,强调"人无我有"之处。必要时还可邀请观众亲自动手操作或品尝。

(四)展览活动的善后工作

展览会结束后,要测定展览的实际效果。

1. 主办有奖测验活动。试题的内容可根据展览的内容有重点、有选择地确定。可以有填空题或问答题,当场测验,当场解答,然后根据成绩,当众发送奖品。这样既活跃了展览气氛,又起到了宣传教育的作用,也为测定展览效果提供了统计的依据。

2. 设置观众留言簿,主动征求观众意见。

3. 举办观众座谈会,请观众畅谈观后的感想和意见。

4. 登门拜访。

5. 发出问卷,进行问卷调查。

通过这些活动,对展览会进行效果测定,同时也了解了公众对主办单位的意见和建议,为以后的展览会提供参考。

二、对外开放参观的礼仪

南京一家板鸭店,过去在加工厂门口曾挂着一块牌子:"工场重地,谢绝参观",购买板鸭的人想从门缝中看看加工过程,也被工作人员劝离。1989年,该店接受一位公关专家的建议,将加工场门口的那块牌子改写成"加工熟食,欢迎参观"。购买熟食的顾客可以进去参观加工工厂,不仅能看到盐水鸭、板鸭等熟食的制作过程,还可获得商店赠送的一张优惠购物券。许多人参观后兴致勃勃地选购了熟食。该店生意于是由淡转旺,销售量日趋上升。该店经理感慨地说:"我们店以前在电视台、电台做了多次广告,花钱不少,效果不大。这次就换了一块牌子,改了几个字,销售量大大增加,这是公关宣传和语言艺术的效果。"

对外开放参观的直接目的是增加本组织的透明度和扩大本组织在社会上的知名度,争取公众的理解和支持。同时,开放参观有助于消除人们对本组织的某些不解和疑虑,改善社区关系。向社会公众开放,组织他们参观本组织,是增进与公众之间联系和了解的手段之一。参观的公众可以是员工家属、新闻工作者、主管部门领导、学校师生和其他对本组织感兴趣的公众等。

(一) 开放参观活动的作用

日本松下电器公司总裁松下幸之助曾深有体会地说:"让人参观工厂是推销产品最好最快的方法之一。"在德国的一些工厂,平素厂门把守很严,但一年之内都有几天厂门大开,恭恭敬敬地邀请四面八方的人进厂参观,这叫"开门日"。厂门一开,接待员就会殷勤接待,他们领着成群结队的参观者沿着各个车间的一条条流水线,一边介绍情况,一边耐心地解答问题。场内备有软饮料、小吃,还为青少年安排有益的活动,年纪大的人可以参加有奖抽签或购买彩票活动,并供应价格十分便宜的午餐。守候在门口的接待员还向每个客户赠送一份纪念品。参加"开门日"的人数之多,场面之热闹,实在可以和喜庆节日媲美。

虽然组织开放参观活动是件很复杂的工作,但开放参观又是很好的公关活动,它主要有以下显著作用:

1. 提高组织的透明度;
2. 增强组织的"人情味";
3. 为组织与公众的直接沟通提供机会;

4. 形成一种压力,促使组织总体素质的提高;

5. 解除公众对组织的误解或疑虑。

(二)开放参观活动的组织礼仪

1. 确定主题。任何一次开放参观,都应确定一个明确的主题,即想通过这次活动达到什么样的效果,给参观者留下什么印象。如,北京饭店在开业典礼半个月内,精心组织安排员工家属到饭店参观,其目标很明确:在饭店内外建立和谐的人际关系和生活氛围,产生强烈的向心力。

2. 选择开放时机。开放参观既可以常年进行,也可以定期进行,前者适用于服务行业,后者更适用于工业企业。开放参观的时间最好安排在一些特殊的日子,如周年纪念日等。应尽量避开恶劣气候以及其他对有关公众更有吸引力的社会活动日期等对组织不利的日期。

3. 安排参观线路。要提前划分好参观线路,制作向导图及标志,标明办公室、餐厅、休息室、医务室、厕所等有关部位。如有保密和安全需要,应注意防止参观者越过所限范围。

4. 做好宣传工作。对外开放参观的内容,要更具主题要求,力求实事求是,可以分为现场观摩、介绍、实物展览等。现场观摩以目击为主,并作必要的介绍和解释,但不能口若悬河,滔滔不绝,以免使人产生逆反心理,造成宣传气氛太浓或强加于人之感。应准备一份简单易懂的说明书,发给参观者。参观之前先放电影、录像或幻灯片进行介绍,帮助参观者了解主要概况。然后再由向导陪参观者沿参观路线做进一步解释和回答问题。最好将参观者分成十人以内一个小组,这样既便于组织,又能让参观者听清讲解。

(三)开放参观的接待工作礼仪

1. 应有专门的接待人员负责登记、讲解、向导等工作。安排合适的休息场所和茶水饮食,赠送有意义的纪念品。有关部门负责人或组织负责人必要时要亲自出场热忱地迎送参观者,介绍本组织的发展情况,感谢来宾光临,竭诚征求大家的意见。

2. 对外开放参观活动使组织的每一个员工都可能接触参观者,因此要让员工了解开放的有关情况,让员工们感到自己也有款待客人的责任,以使客人感到满意。

3. 开放参观活动后,还需要一系列的连续公关活动,如致函向参观者道谢、登报鸣谢,召开参观者代表座谈会,听取意见和建议,以改进管理。

三、新闻发布会

新闻发布会是企业由专人用口头形式辅助文稿向媒体报告或发布企业信息的专门性会议,也是企业最重要的公关活动之一。在当今这个信息化时代,媒体往往通过其所掌控的信息对人们的工作和生活产生着巨大的影响。商界人士如果不了解媒体,或是不善于应对媒体,都是有百害而无一利的。与社会保持良好的信息沟通,有助于企业的生存和发展,其中媒体的作用举足轻重。但是媒体作为一种利益集团,有其价值观和利益原则。企业与媒体是一种相互依存相互利用的关系。利益的重要性决定着媒体对企业的态度,利益原则影响着媒体与企业的关系。所以必须巧妙掌握分寸,既不使企业与媒体的关系庸俗化,又不致在与媒体打交道时限于被动。

与媒体相处,首先要了解媒体,对于重要媒体、主流栏目、受众状况等等各类媒体的具体状况,有一清二楚。另外平时要积极联络媒体,主动接触媒体,建立起相互信任的良好关系。第三还要善于应对媒体。应对媒体的关键在于,要善于扬长避短,不卑不亢,冷静沉着,临场不慌。做到这几点,在准备召开新闻发布会时就不至于被动。

新闻发布会虽然是一种重要的公关活动,但只有少而精才能起到良好的作用。所以在召开新闻发布会之前,一定要认真论证其必要性,不要随便召开新闻发布会。

(一)新闻发布会的准备

与贸易展览会的筹备一样,新闻发布会直接面对媒体,稍有失误就可能被媒体扩散以至放大,造成难以挽回的损失。所以在召开新闻发布会之前一定要精心准备。

1. 确定主题。召开新闻发布会之前要根据领导的要求和有关人员商议并确定会议的主题,会议所要达到的目的。一般来说,新闻发布会的主题大致上有三类:一类是发布某一消息,一类是说明某一问题,还有一类则是解释某一事件。

2. 确定新闻发布会的时间和地点。一般来说,一次新闻发布会所用时间应限制在两个小时以内。在选定日期时应注意以下四点:

(1)避开节假日;

(2)避开本地的重大活动;

(3)避开其他单位的新闻发布会;

(4)与新闻界的宣传报道重点避免撞车或相左。

通常认为举行新闻发布会的最佳时间,在周一至周四的上午十点至十二点,或是下午的三点至五点。

新闻发布会的举行地点除了可以考虑本单位所在地、活动或事件所在地外,还可优先考虑首都或其他影响较大的中心城市。必要时,还可在不同地点举行内容相似的新闻发布会。举行新闻发布会的现场应交通方便、条件舒适、大小适中,可酌情选择本单位的会议厅、宾馆的多功能厅、当地最有影响的建筑物等。

3. 确定新闻发布会的主持人、发言人。按照常规,新闻发布会的主持人大都应当由主办单位的公关部长、办公室主任或秘书长担任。最好是由仪表堂堂,年富力强,见多识广,反应灵活,语言流畅,幽默风趣,善于把握大局,长于引导提问,并且具有丰富会议主持经验者担任。

新闻发布会的发言人是会议的主角,通常应由本单位负责人担任,要求除了在社会上口碑较好,与新闻界关系较为融洽之外,还应具有良好修养,学识渊博,思维敏捷,记忆力强,善解人意,能言善辩,彬彬有礼等等。

4. 确定邀请对象。在确定新闻发布会的邀请对象时,应考虑以下两方面:

(1)邀请新闻界人士先要了解其主要特点。目前,新闻媒体大体可分为电视、报纸、广播、杂志四种。它们各有所长,各有所短。电视的优点是受众广泛,真实感强,但缺点是受时空限制,不容易保存。报纸的优点是信息容量大,易储存查阅,覆盖面广,但缺点是缺乏观赏性,感染力差。广播的优点是传播速度快,鼓动性极强,受限制较少;缺点是稍纵即逝,选择性差。杂志的优点是印刷精美,系统性强,形式多变,缺点是出版周期长。了解了上述主要媒体的优缺点,在邀请时注意考虑,就能促进新闻发布会取得良好效果。

(2)在邀请新闻单位的具体数量上,也有一定讲究。基本规则是:宣布某一消息时,尤其是为了扩大影响,提高本单位的知名度时,通常邀请的新闻单位多多益善。而在说明某一活动,解释某一事件时,特别是当本单位处于守势而这样做时,则邀请新闻单位的面不宜宽泛。不论是邀请一家还是数家新闻单位参加新闻发布会,主办单位都要尽可能优先邀请那些影响较大、报道公正、口碑良好的新闻单位派员到场。

5. 确定会议工作人员。会议工作人员包括接待员、招待员、会议保卫人员和其他工作人员等。

6. 准备会议资料,对于新闻发言稿的内容要特别慎重。

(二)新闻发布会过程中的礼仪

1. 注意外表修饰。在新闻发布会上,代表主办单位出场的主持人、发言人,是被新闻界人士视为主办单位的化身和代言人的,所以主持人和发言人的仪表应符合商务礼仪规范。面对新闻界人士时,主持人和发言人都要注意做到举止大方,面含微笑,目光炯炯,表情自然,坐姿端正,其他人员也都要注意着装整洁,举止得体。

2. 注意相互配合。参加新闻发布会的媒体大都见多识广,而且比较敏感,所以新闻发布会的主持人一定要特别善解人意,通过最良好的形象给媒体留下好的口碑。在接待工作中,切忌势利眼或顾此失彼,要巧妙周旋于各家媒体之间,使方方面面都照顾周到,体贴入微。主持人和发言人要配合默契,分工明确,彼此支持。

3. 注意讲话分寸。具体做到以下四点:

(1)简明扼要。在新闻发布会上绝不要口若悬河,有意卖弄口才,注意简明扼要。

(2)要提供新闻。新闻发布会上,在不违法、不泄密的前提下,要尽量满足新闻界的要求,要在讲话中善于表达自己独特的见解。

(3)生动灵活。面对冷场或冲突爆发在即,讲话者生动而灵活的语言,往往可以使之化险为夷,因此适当地采取一些幽默风趣的语言、巧妙的典故,也是必不可少的。

(4)温文尔雅。要始终保持沉稳的心态,即使新闻记者提出尖锐而棘手的问题,也不必慌乱。能答则答,不能答则巧妙地进行回避,或是直接而礼貌地告之"无可奉告"。无论如何都不要对对方恶语相加,甚至粗暴地打断对方提问,也不能吞吞吐吐、张口结舌。唯有语言谦恭敬人,才会不辱使命。

(三)新闻发布会的善后工作

1. 了解新闻界的反映。新闻发布会结束后,可对照来宾簿与来宾邀请名单,核查一下新闻界人士的到会情况。据此可推断出新闻界对本单位的重视程度。

2. 整理并保存会议资料。需要主办单位认真整理保存的新闻发布会有关资料,大致可分为两类:一类是会议上所用的图文声像资料,另一类是媒体有关会议报道的资料。

3. 新闻发布会结束后,要保持与各媒体之间的经常性联系,不论媒体是否及时发表消息,都应友好相处。要理解那些暂时不能发表消息的媒体,长远着眼,广交"媒友"。但要记住,切忌为了感谢记者而到他们办公室送礼,好像当面结账,会让对方感到窘迫。一封感谢信就足够了,而信上特别提出的不应是"宣传"一事,而应是报道宣传的准确度、透彻性和出色的文笔。

第六节　公关营销礼仪

营销活动是商务活动中的一个重要环节。在经济全球化、信息化、电子化趋势不断显现和买方市场普遍形成的今天,企业面临的市场环境越来越严峻,企业面对的竞争越来越激烈,营销礼仪也越来越受到企业决策者的重视,并日益成为营销中最基本的决定因素之一。

一、重视公关,树立形象

公共关系作为四大促销手段之一,在营销活动中起着重要的作用。首先,商品经济的繁荣促进了消费者需求层次的提高,面对琳琅满目的商品,消费者的品牌偏好和需求差异增强,越来越倾向于认牌购货,而消费者对品牌的信赖程度取决于企业和产品的市场形象。市场形象对产品促销影响力的增大,就使得现代企业由单纯的产品推销转为全面宣传产品形象和企业形象。其次,物质生活水平的提高加强了消费者对精神生活的追求,越来越多的消费者把购物当作一种消遣和享受,讲究在购买商品过程中的精神满足。因此,现代企业同消费者的情感沟通被看作是促销活动中不可缺少的一个重要方面。再次,现代化社会系统的发展使社会活动的关联性增强,各方面的相互影响作用越来越大,企业营销活动面临的制约因素也日益增多,如对消费者权益的保护、环境保护、反不正当竞争等等,企业只有与外部环境相适应,处理好同社会各界的关系,取得社会大众的认同,才有可能维持生存,获得发展。

二、推销员推销礼仪

在现代社会的商业竞争中,推销员的作用日趋重要。成功的推销员不仅要具备良好的科学文化知识,而且必须掌握基本的推销礼仪,这样才能在尊重顾客的前提下赢得顾客的信任,从而促使顾客产生实际购买行为。推销员推销的效率,直接影响着企业产品在市场中的销售份额,而推销的效率在一定程度上与推销礼仪密切相关。推销员在推销产品时应注意如下基本礼仪:

(一)重视关系管理,与老客户建立真诚和谐的合作关系

关系管理是用来指导推销员与顾客建立长期稳固的业务关系和人际关系,以便获得更多销售机会的一门艺术。因为向现有顾客推销产品所需的成本远远低于发掘新客户,何况同一顾客还可能购买企业的其他商品。关系管理是一种顾客导向的推销方法,它要求推销员主动寻找顾客,不仅要与顾客建立业务关系,还要建立良好的人际关系。推销员应当与批发商、代理商、售货商保持经常的联系,并从他们那里了解顾客对产品的评价,以及需要该产品的顾客范围,从而为更广泛地打开销路创造条件。一个推销员还应学会对目前不能展开推销的顾客做一个备忘录,以便以后再行推销。特别要注意的是,推销员对老客户必须真诚,任何虚伪和侥幸的做法都会失去老客户的信任。

(二)讲究谈判艺术

一个出色的推销员必须懂得,任何炫耀标榜自我的做法都会给人一种"奸商"的坏印象。夸夸其谈,滔滔不绝地自我标榜,很容易引起顾客的反感。要明确一个问题:推销员是在推销产品,不是在宣传自己,顾客在听推销员介绍产品时,他不仅留意推销员说些什么,同时也会对推销员的为人产生印象,暗自判断推销员的诚信品质。一个喜欢夸夸其谈、自我炫耀的人会使人感到太滑头,很难给人留下诚恳的印象。要恰如其分地推销和评价自己的商品,不能"王婆卖瓜,自卖自夸",过分抬高自己的商品。

在具体交谈时,注意不要直奔主题,见面可以先寒暄,使双方精神放松,感情逐渐融洽。即使是推销自己的产品,也要注意倾听对方的话。曾经在全美排名第一的汽车推销员祖·吉拉德曾谈到自己年轻时的一次教训。一天,一位名人来买车,交易过程很顺利,就要签单时,那位名人突然说不买了。祖·吉拉德从对方眼中看出他对该款车的喜爱,给他的价位也很合适,于是百思不得其解。当晚,祖·吉拉德拨通了名人家中的电话,名人问:"你真想知道吗?那一定要留意我的话。"祖·吉拉德回答:"一定。"名人说:"可是你今天下午并没有用心听我说话,当我准备签字时,提到我的儿子即将进密歇根大学就读,我还说到他的运动成绩和抱负,我以他为荣,你却没有任何反应,你根本不在乎我说了什么,你当时正在同另一个推销员说话。"祖·吉拉德记住了这个教训,从此工作越做越顺。

(三)注意礼貌,讲求信誉

常听商家说:"顾客就是上帝",推销员是为顾客服务的,因此,必须有礼貌

地对待顾客。俗话说:"礼多人不怪","买卖不成仁义在"。不管是可能成交的顾客,还是根本不可能成交的顾客,不管是目标顾客还是毫不相干的人,不管是自己的顾客还是别人的顾客,推销员对想要拜访的人都要以礼相待。"礼"是与人交往的一座桥梁,它能促进沟通,通过礼貌的举止获得对方的好感,建立良好的关系,从而获得交际的成功。过去人们常说:"无商不奸",可见顾客对商家往往有防范心理,为了扭转这种认识,树立在顾客心中的良好印象,推销一定要讲求信誉。推销也要学会换位思考,要站在顾客的角度想问题,而不要只想着自己赚钱。例如,在向顾客推销商品时,要从顾客的需要出发,帮助顾客选择适合他的商品,而不是靠口吐莲花把顾客并不需要,只是自己要推销的商品推销出去。

第七节 交际活动礼仪

馈赠舞会票、宴请、运动都属于交际活动。在这些活动过程中,也应遵循一定的礼仪。

一、馈赠礼仪

交际馈赠活动古已有之。早在原始社会,人们就认识到这一点:当考虑他人的需要而调整自己的行为时,生活就变得更轻松,干活的效率就更高。馈赠活动是一种传递友情的纽带。正常的馈赠能起到联络感情、加深印象、沟通信息、促进交际成功的作用,是社交活动中的一种媒介物。现代生活中,随着交际活动日益频繁,馈赠礼品活动越来越受到人们的重视。在现代商务活动中,为了表达感谢、祝贺、慰问、纪念等情感,也少不了馈赠礼品的形式。因此,掌握商务馈赠的礼仪规范是十分重要的。

(一)馈赠的原则

1. 注重情谊。礼品虽然是有形的物品,但它决不是商品,而是情意的载体。商品的价值反映在价格上,而情义却是无价的,因此在商务往来中,馈赠礼品关键是看能否代表双方的情意。有人认为礼品的价值越高,就越有意义,越能表达馈赠者的深情厚谊,这样做是把馈赠的礼品商品化、金钱化了,与馈赠的本意是相违背的,其结果不仅不能促成友谊,反而会弄巧成拙,让人怀疑馈赠者的动机。俗话说:"千里送鹅毛,礼轻情意重","瓜子不饱是个人心",价格昂贵的礼品不一定能代表真情实意,微薄的礼品也不一定不成敬意,关键看馈赠者是否真诚。所以,在商务活动中,馈赠礼品一定要淡化它的功利性,首先考虑礼品能否表达对受礼者美好的祝愿等积极寓意,切不可把商务馈赠庸俗化,把礼品当作交易的筹码。

2. 随俗避忌。在商务活动中,"以客为尊"是一条黄金法则,所以商务馈赠也必须遵守这一法则。除了要注重情意,还要考虑受礼者的风俗习惯,尽可能随俗,否则就可能犯忌,不仅起不到加强友谊的作用,还会适得其反,引起受礼者的反感。《礼记》有言:"礼从宜,使从俗",即礼品贵在适宜。比如,中国人讲究不给老人送钟,不给新婚夫妇送伞,是因为在汉语中,"钟"与"终"谐音,"伞"同"散"谐音。又如,信奉伊斯兰教的民族不食猪肉,不喝酒,就不宜给他们送这些东西。同样,给法国人送核桃,给日本人送荷花都是不适宜的,会让他们觉得受了侮辱。

3. 恰如其分。注意选择与馈赠者身份相适应的礼品。礼品如果与馈赠者身份不相适应,可能引起别人的疑虑,想到"重礼之下,必有所求";如果太轻薄或粗糙,一方面会使人觉得受到轻视,怀疑馈赠者的诚意,同时也可能使对方看轻馈赠者的实力。所以馈赠礼品的关键在于得体,恰如其分的馈赠可以产生有利于活动双方的良好效果,有助于加深双方的友谊和情感。

(二) 馈赠的种类

根据不同习俗、不同时节、不同情况、不同身份,应选择相应的礼品。

1. 节日馈赠。传统节日送食品较普遍,无论是中国传统的节日还是西方传统节日。如,中国春节送点心糖果,元宵节送元宵,端午节送粽子,中秋节送月饼。而西方习惯在圣诞节送火鸡,情人节送巧克力等。

2. 祝贺馈赠。祝贺馈赠一般选在企业开张、乔迁、完成任务或取得阶段性成果时,可以送牌匾、锦旗、鲜花、花篮等,而私人的生日可送蛋糕,对新婚夫妇可送工艺品、精美茶具、生活用品等。

3. 问候馈赠。出于问候的馈赠可送滋补品、水果、鲜花等。

(三) 馈赠的技巧

馈赠礼品不是一个简单草率的过程,要讲究一定的技巧。得体的馈赠,即使礼物微薄,也会皆大欢喜;反之,再贵重的东西也会使受者不快。

1. 投其所好。每个人、每个民族、每个国家都有各自的风俗习惯、兴趣爱好。选择礼品要有所考虑,有的放矢,投其所好,不可盲目。比如,给知识分子送礼,可选购名人字画、工艺品等;给外地人送礼,可送带有鲜明地方特色的工艺品,如北京人给外地人送礼可选择八达岭长城的织绣或挂毯;给外国人送礼,中国民间工艺品是他们的最爱,如大红的中国结、中国旅游标志铜奔马、无锡泥人、宜兴茶壶等。

当然,馈赠之前馈赠者不可能直接问对方需要什么,但可旁敲侧击,巧妙打听,然后有针对性地精心选择礼品。

2. 抓住时机、注意场合。馈赠的时机同样重要。选择适宜的时机馈赠礼品犹如锦上添花,既可表示馈赠者的美好心意,又便于受礼者在同样的喜庆日回赠。一般初次见面、节假日、开业庆典、周年庆贺、乔迁时是馈赠的合适时机。

馈赠礼品的场合也应注意。一般来说,不要在有第三者在场时馈赠礼品,这样会使受礼者和第三方都很尴尬。

因特殊原因不能亲自馈赠礼品时也可委托他人代送。这时要在礼品外包装上附上赠送者的名片,或亲笔便条,以便让对方清楚地知道这份礼品是谁送的。

3. 切勿庸俗。为搞不正当关系,为个人或小集团谋取非法利益而馈赠礼品,是将馈赠庸俗化,把正常的情感活动当作交易的筹码。这种馈赠活动会腐蚀毒化人的心灵,使人见利忘义,是滋生腐败的温床,它败坏道德风尚,助长不正之风,不利于建立健康的交际关系,不利于社会精神文明建设,必须坚决制止。

(四)送礼禁忌

1. 送奢侈礼品既是一种失礼,又是一种失策。

2. 逗乐的礼物当时让人觉得开心,但不长久,商务馈赠中不要选这类礼物。

3. 送花做礼品时要当心,对红玫瑰更要谨慎,因为它是浪漫的象征。绿色植物则既不会造成误解,又可长久保留。

4. 切忌将酒作为礼物送到别人的办公室,一般公司都禁止上班时间喝酒,所以职员桌上如果摆着酒就会很扎眼。

(五)收礼与回赠

1. 收礼。商务秘书绝对禁止收受送给个人的任何私人礼品,无论这种馈赠处于什么动机和理由。即使送礼者一片真诚,也应婉言谢绝坚辞不受。如果实在无法退回,那么应将礼品交给上司说明原因,由上司处理。

对于企业与企业之间的商务性礼物,只要不是指名送给个人,都可以理直气壮地代企业收下。而一些低值的办公用品,如笔、记事本或挂历等带有纪念性质的小东西可以收下,因为这些小东西只是为了方便工作。

对于一件得体的礼品,受礼人应郑重其事地收下,并说些"您太客气了"之类的客气话,以示感谢。不要什么也不说,随手放在不起眼的地方,这样会让送礼者认为你对此不感兴趣,对他不重视,这是不尊重他人的失礼表现。中国习惯收礼时不当面打开并做评价,但如果接受欧美国家馈赠者的礼品,最好当面打开,对礼物加以赞美并表示自己的喜悦之情。

2. 回赠。俗话说:"来而不往,非礼也"。一般来说,接受别人的礼品都应在适当的时机回赠价值相当的礼品。回赠也要注意时机。如果对方在拜访时带来礼品,可在送别时回赠;对方在自己开业、乔迁等庆典时带来礼物,则可选对方相应的庆典日回赠。

案 例

秘书小王到飞达公司没有几天,就陪同上司一起去外市一家同业公司考察。到那里后,同业公司对他们非常热情,并给小王和经理每人送了一个印有该公司商标的真皮手包。小王虽然很喜欢这个手包,但她认为这是不正之风。她把自己的想法告诉了经理,经理却说,这是正常的商务往来,该公司也是为了做宣传。小王仍然想不通,在离开该公司时,就悄悄把自己那个手包留在了宾馆里。后来,该公司的秘书小孙在宾馆里发现了那个包,以为是小王忘记了,她匆匆赶到机场准备把包交给小王,没想到小王对她说:"谢谢,我不需要。"小孙觉得小王太不近人情。

半年后,小孙所在的公司准备到飞达公司所在的城市考察,小孙在给飞达公司打电话联系时,接电话的正是小王,小孙心里有些不悦,但还是把本公司的意图告诉了小王。小王经过半年的工作实践,已经认识到商务馈赠是一种正常的工作交际活动。于是,她在做好了接待计划后,就去礼品批发市场精心选购了具有本市地方特色的挂毯。

当小孙陪同经理一行3个来到飞达公司后,该公司上下秩序井然,员工个个彬彬有礼,给他们留下了良好的印象。小孙见到飞达公司准备的礼品挂毯时,十分喜欢,心底原有的那点不快完全冰释。回去后,小孙把自己对飞达公司的看法告诉了经理,并且讲了上次飞达公司到他们公司时那件小小的过节,公司经理说:"从一个秘书的表现可以看出整个团队的精神。飞达公司的员工既讲原则,又能通情达理,而且善于学习,值得交往。"不久,小孙所在的公司与飞达公司签订了合作协议书。

通过这个案例,请思考商务馈赠的意义和原则。

二、宴会礼仪

最近有一美国客人来中国洽谈业务,秘书小李负责全程陪同,当天在某四星级酒店为美国客人接风。菜单由小李提前定好,菜肴十分丰盛,有金三元扒猪脸、烤鸭、鸭胗拼盘、鳝肉等特色菜。菜上来时,小李沾沾自喜,随后却发现美国客人皱起了眉头。这是为什么?小李一头雾水。

(一)宴请的形式

宴请是洽谈工作、联络感情、增进友情的途径,因此秘书人员要掌握宴请的礼仪。要掌握宴请的礼仪,首先要掌握宴请的形式。宴请的形式有:

1. 隆重的晚宴。这种宴会表明主人对宴请对象的高度重视,它讲究形式,程序完备。这种晚宴通常要发放请柬,甚至在请柬上注明对着装的要求;排定座次;宴请现场要进行布置;席间有祝辞活动和程序安排;有时亦有席间音乐,小型乐队现场演奏。

2. 便宴。采取较简便形式的宴请称为"便宴"。这种宴会适于公司、企业间一般的商务接待和安排,特别是在熟悉客户之间的应酬,亦用于亲朋好友之间。它的气氛轻松友好,形式不拘。在西方多安排在家中进行。

3. 冷餐会。冷餐会多用于组织内部的宴请。冷餐会不排席位,也不安排座位,通常是站着用餐;出席者一般不必计较礼宾的身份;菜肴以冷菜为主;一般不提供烈性酒。

4. 酒会。酒会多用于组织内部聚餐,有时也用于某些大型活动(比如新产品推荐活动)之后的简单招待。它的形式更简单,招待品以酒水为主,同时也会略备小吃,如三明治、面包卷、小香肠、炸春卷,通常以牙签取用;时间不限,可以随意到达或退席,来去自由。

5. 工作餐。工作餐常用于午间的简单招待,主人通常在自己的餐厅或工作地点就近的餐馆招待客人。就餐期间主客双方往往边吃边谈。

(二)宴请的筹备礼仪

1. 宴请要有恰当的名目。宴请的名目是指宴请的缘由,接送、洗尘、庆贺、送行等都可以,但宴请的名目一定要恰当。巧立名目、牵强附会的宴请会让客人感到尴尬。

2. 宴请形式要与宴请目的相适宜。宴请形式多种多样,不同的情形使用不同的宴请形式,如为重要客人接风多为正式宴请;活动之后的简单招待多为自助餐或酒会;组织内部的聚会多为冷餐或非正式中餐。

3. 宴请要选择合适的时间。宴请的日期首先要考虑时机因素,也要考虑客人的方便;涉外宴请要考虑外国客人的宗教与民族禁忌;正式的宴请应安排在晚间进行;宴请开始的时间要符合礼仪惯例,如西方人的晚餐时间通常在8点以后。

4. 宴请场所要适宜。宴请重在环境,档次越高的宴请越重视环境。宴请场所的考虑因素有:宴请场所的档次;宴请场所的特色;宴请场所的文化内涵;宴请场所的优雅程度;宴请场所交通的便利性;宴请场所服务的周到性等。

5. 正式邀请客人。正式的宴请要用请柬邀请客人;请柬一定要提前送达;宴请的请柬通常要由主人亲自送达。

6. 合理确定菜单。菜单是宴请的主角,宴请能否让客人满意,菜单是主要因素。菜单要考虑客人的因素,如要考虑主要客人的年龄、性别、习惯、宗教信仰、饮食嗜好等。另外,要注意不同民族、不同国家在饮食上的禁忌,即首先要保证菜单不能触犯对方的禁忌。

7. 对宴请现场进行布置。布置工作包括:

(1)确定宴请的桌次。宴请桌次较多时,要确定宴请的桌次。桌次有主次之分,主桌的确定应以"面门为上,以远为大,以中间为尊,以右为尊"为原则,其他的桌次按照离主桌远近,近为尊,远为次;右为尊,左为次的原则排列。一般的桌次安排见图4-2:

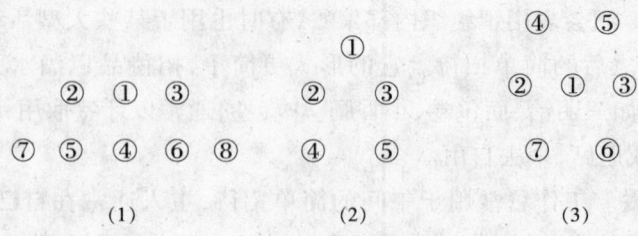

图4-2 宴请桌次排列形式

(2)安排宴请的座次。宴请的座次是指同一桌上座次的排列,宴请的座次有主次之分,正对着门的座次为主座,离门口最近的为副主座,其他客人的座次围绕主人而定,常见的中餐座次安排见图4-3:

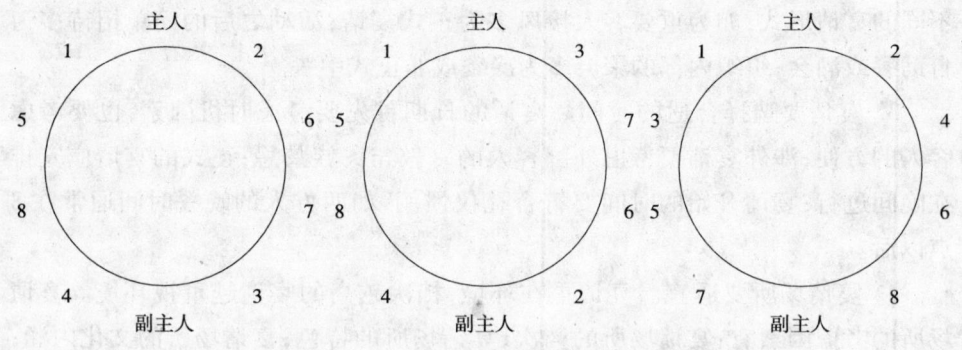

图4-3 宴请座次排列方式

(3)制作并安放座次牌。正式宴请会制作并放置座次牌,这样一方面可以方便工作人员引导客人,也可以避免主客之间、客人之间相互谦让。

(4)对宴请的门口进行布置。正式而隆重的宴请通常在酒店门口做相应的布置,如横幅、礼炮、气球、拱形门等,这样可以让气氛更热烈。

(5)布置背景。桌次较多的宴请,通常会布置背景。通过恰当的背景颜色、文字和鲜花烘托出宴请的气氛。

(6)选择合适的背景音乐。背景音乐可增强宴请的气氛,但背景音乐的选择要符合活动的气氛,秘书人员在宴请开始前一定要认真核实,避免宴请现场出现不和谐的音乐。有时,在宴请现场会请乐队伴奏,乐队的位置、音量的大小以及乐队演唱的乐曲都要事先敲定。

(7) 制作节目单或菜单。如果宴请活动与其他文娱活动安排在一起,通常要制作节目单。单一而正式的宴请也会制作已定制的菜单,这样在宴请开始前可以让贵宾过目,必要时可对菜单进行调整。

(8) 发言和致辞设施。正式宴请都会安排主宾致辞,因此在宴请上要设计讲坛,安放扩音设备。

8. 宴请的程序设计和人员安排。正式的宴请要规划程序,宴请的一般程序有:引导客人入座;按时开席;主人致辞;主要嘉宾致辞;主人敬酒;客人回敬以及相互敬酒;用餐完毕;主人安排送客等。正式的宴请还要对工作人员进行分工,选择合适的宴请主持人,工作人员的分工要明确。

(三) 宴请开始前的接待礼仪

1. 门口迎宾。宴会开始前,主人通常要在酒店或宾馆门口迎接,要对所有的客人表示热烈欢迎,不能冷落或怠慢客人。

2. 礼仪人员导引。一般情况下,礼仪人员要陪同领导在门口迎接,在领导和客人寒暄后,由礼仪人员将客人引至休息厅或宴会厅。

3. 给客人做介绍。将客人引至休息厅或宴会厅后,要由相应的人给客人做介绍,让主人与客人、客人与客人直接相互熟悉,以便交流,避免因双方不熟悉而造成的尴尬。

4. 陪同客人。在休息厅或宴会厅,要有相应身份的人照顾客人,并催促服务人员做好茶水、饮料等招待工作。VIP 要有专人全程陪同。

5. 引导客人入席。通常情况下,举办方的工作人员会引导客人入席。大型宴请一般都会区分主宾席和一般宾客席,客人要根据自己的身份,选择自己的座次。如果有主桌和次桌之分,通常先引导次桌的客人入席,待次桌的客人入席完毕后,主桌的客人再入座。客人坐错座位,地位较高的人坐在较低的席位上,主人通常要请上座;相反情况则尽量将错就错,或巧妙换座,尽量避免伤害客人的自尊心。

6. 按时开席。客人落座后,主人要按时开席。如果是主要客人或主宾迟到,适当延后,但延长时间不宜太长,最多不能超过 30 分钟,同时要向其他客人表示歉意。

(四) 宴请席间礼仪

1. 宴请上菜的礼仪。这包括:

(1) 主人要向宾馆交代上菜的时间,要等主要客人坐定后再上菜,上菜的速度不能太快也不能太慢。

（2）要注意上菜的顺序。中餐一般先上冷菜，再上热菜，然后上汤，最后上主食和果盘。

（3）菜上来后应将好菜或菜的最佳部位朝向主宾，如鱼头朝向主宾表示对主宾的尊重。

（4）菜上来后，主人要主动让菜，请客人先尝。客人相互谦让时，主人要主动分菜。

2. 斟酒和敬酒的礼仪。这包括：

（1）给客人斟酒要起立。通常要走到客人的右侧，给客人斟酒。

（2）斟酒不能斟太满。斟酒要斟到酒杯的3/4或4/5处。

（3）斟酒时要考虑斟酒的顺序。斟酒应本着先主宾，后次宾；先女宾，后男宾；先客人，后主人的斟酒顺序。

（4）敬酒要考虑顺序。通常由第一主人先敬酒，按照我国的传统，第一主人要敬三杯酒。第一主人敬完后，第二主人再敬。在主人敬完后，客人才能回敬。

（5）敬酒时要注意酒杯的高度。秘书人员或身份较低者在敬酒时要注意，与年长者、身份高者碰杯时应稍稍欠身，且酒杯杯沿应稍稍低于对方，以示尊敬。

（6）敬酒要适量。中式宴请，主人会轮番上阵，频频和客人喝酒，直至把客人喝醉。这种敬酒方式是不符合现代礼仪常规的，特别是在宴请外国客人时，要本着热情和适量的原则敬酒。

3. 参加宴请的席间礼仪。这包括：

（1）入座服从主人的安排。应在主人的安排下入座，不可抢先入座；如果主人安排上座应谦让。

（2）入座时要考虑和照顾席间人员。餐桌上有长者时，要等长者入座后再坐；席上如有女士，应等女士坐定后，方可入座。如女士座位在隔邻，应为其提供服务。

（3）入座后姿势端正。双脚踏在本人座位下，不可任意伸直，手肘不得靠桌缘，或将手放在邻座椅背上。

（4）用餐时不能只顾自己。用餐时要考虑别人，尤其要招呼两侧的女宾。

（5）夹菜时要注意顺序。要等主人、主客、长者、女士先夹完后，菜肴转到自己面前再夹。

(6)要注意吃相。吃饭时要细嚼慢咽,不能狼吞虎咽;尽量使用公筷、公勺;吃饭、喝汤不能发出声音;口内有食物时不能讲话;吃进口的东西,不能吐出来,如鱼刺要用手从口中取出;避免在餐桌上咳嗽、打喷嚏。万一不禁,应说声"对不起"。切忌用手指掏牙,应使用牙签,并以手或手帕遮掩。

(7)饮酒或劝酒要符合礼仪。饮酒要适量,留有余地,不能喝得酩酊大醉;敬酒要适量,不能粗鲁劝酒,更不能逼酒、灌酒;祝酒要注意语言,不能口出秽语和使用不文明语言。

(8)正确使用筷子。不能舔筷子,不能敲筷子,不能舞筷子,不能插筷子,不能扔筷子,不能拿筷子指人。

(9)正确使用餐巾、湿巾和餐巾纸。餐巾要铺在腿上或放在自己面前的盘下,餐巾不能用于擦拭碟子和酒杯;湿巾是用来擦手的,不能全身部位都擦;餐巾纸的功能类似于湿巾。

(10)席间应禁烟。主食进行中,不宜抽烟,如需抽烟,必须先征得邻座的同意。

(11)席间话题要恰当。席间要交谈,但话题要适当选择,影响食欲的话题、不健康的话题不谈。

(12)用餐完毕要注意礼仪。客人除非有事,一般不能先行离开;主人要等所有客人用餐完毕后再宣布宴请结束;离席时,应帮助隔座长者或女士拖拉座椅。

(五)西餐的常识与礼仪

1. 西餐的座次安排礼仪。这包括:

(1)西餐的桌子往往是长方形桌,而非中餐的圆桌。就餐时主人坐主位,其右手是第一主宾;副主人坐主人的对面,其右手坐第二主宾。如果是家庭西餐宴会,男主人坐主位,右手是第一女主宾;女主人坐副主人的位置,其右手坐第一男主宾。

(2)西餐多半是男女相间而坐,夫妇不坐在一起,以免各自聊家常话而忽略与其他宾客间的交流。一般的座次安排如图4-4。

2. 西餐的上菜顺序。西餐中的上菜顺序和中餐有很大区别,西餐的上菜顺序是:

(1)第一道是开胃菜,又称作头盘或头盆,以色拉类为主,如蔬菜色拉、海鲜色拉、什锦色拉,也有鹅肝酱、冻子、泥子之类的食物,其主要功能是帮助你打开胃口,做好吃正餐的准备。

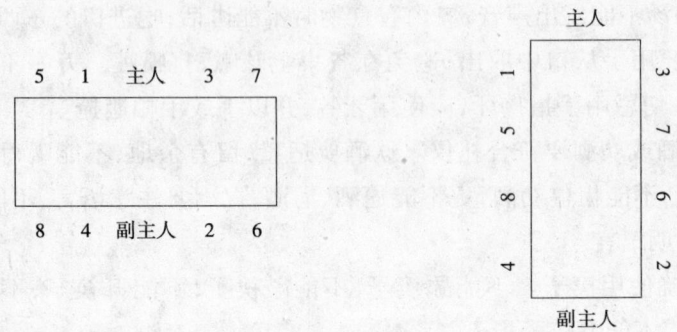

图4-4 西餐座次安排

(2) 第二道是汤。西餐要先喝汤,也叫做开胃汤。常见的开胃汤有红汤、白汤和清汤。红汤由琼汁、圆白菜、红萝卜、西红柿做成,酸甜口味;白汤常见的是奶油汤或蘑菇汤;清汤是比较清淡的汤。

(3) 第三道是副菜。副菜又称为白肉,通常是海鲜或鸡肉,这是因为海鲜和鸡肉做熟了之后肉是白色的。白肉比较单薄,属于过渡性质,有时不吃副菜直接上主菜。

(4) 第四道是主菜。主菜又称为红肉,通常是羊肉、牛肉或猪肉,它们做熟了之后颜色是红色的,吃了之后耐饥耐饿,所以是主菜。

(5) 第五道菜是点心。吃过西餐的主菜后,一般会上一些诸如蛋糕、饼干、馅饼、三明治之类的小点心,使那些还没有吃饱的人填饱肚皮。吃饱的客人可以不吃点心。

(6) 第六道是甜品和水果。这道菜主要有冰淇淋、水果、干果、坚果、鲜果以及各种各样的布丁甜品。

(7) 第七道是饮料。这是西餐的结束曲,最正规的热饮是红茶或不加任何东西的黑咖啡,这时还应上白兰地。这些饮料和酒水可以帮助客人化解油腻,助消化。

3. 西餐中的酒水。西餐的酒水比较讲究,强调上什么菜喝什么酒。上冷盘或海味杯时,要饮烈性酒,用烈性酒杯;上汤时,饮雪利酒(Sherry),用雪利酒杯;上海鲜时,饮冰镇白葡萄酒,用白葡萄酒酒杯;上主菜时,饮红葡萄酒,用红葡萄酒酒杯;上甜点时,饮砷酒(Port),用葡萄酒杯;上水果和奶酪时,一般不需上酒;上咖啡时,饮白兰地酒或利口酒,用白兰地酒酒杯和利口酒酒杯。

4. 西餐刀叉的使用礼仪。这包括：

（1）西餐刀叉的使用技巧。西餐中的刀叉繁多，一一记住这些刀叉的确困难，在刀叉使用上有两个窍门：①刀叉总是从外到内使用的，你只需要按照刀叉的排列顺序使用刀叉一般都不会错；②在西餐中，女主人或第一女主宾是西餐中的就餐第一人，所有的菜都由她先开始，因此，当你不了解刀叉的使用时，模仿女主人或第一女主宾的使用方法，通常不会出错。

（2）用刀叉表示暂时中止用餐的方法。如果你想休息一下或和朋友聊会儿天，可以用刀叉来表示。其表示方法为：叉在左边，面朝下，刀在右边，摆成一个角（在盘子的顶部形成一个角）。

（3）用刀叉表示结束用餐的方法。当你用餐完毕后，应将刀和叉并排放在盘子的右边或中间。欧洲人的叉子是面向下的，但美国人不在意叉子朝上或朝下。当你这么做后，侍者就明白你用餐已结束。

5. 西餐的禁忌。西餐和中餐的吃法有很大区别，很多中国人把中餐的吃法带到西餐中，这是不合时宜的。中国人吃西餐时应该注意的禁忌有：

（1）点菜不看菜单。一些中国人为了显示自己对西餐的熟悉，点西餐不看菜谱，直接向服务人员订餐，这是不符合西餐礼仪的。在西方，不管你多高贵、多有身份，订餐都必须看菜单，这是西餐的一个固有程序。

（2）餐间大声喧哗。西餐强调的是情调，吃西餐都有背景音乐，而且在西餐的菜单中是可以点歌曲的，因此，吃西餐时要尽量保持安静，大声说话或旁若无人地打手机是失礼的表现。

（3）频繁向客人敬酒以示好客之意。西餐中的酒很有讲究，主张敬酒不劝酒，频繁敬酒是不礼貌的行为。

（4）吃鱼时将鱼翻身。西餐中的鱼都是去刺的，吃的时候不能翻身。当然，在高档的中餐厅，吃鱼也不宜翻鱼身。

（5）整个面包拿起来吃。西餐中面包是要撕开，抹上黄油一块一块吃，将整个面包拿起来吃的方式不符合西餐礼仪。

（6）水果全用手拿着吃。西餐中水果的吃法也很繁琐，除了葡萄之外，不能用手拿起吃。

（7）咖啡一勺一勺舀着喝。咖啡要端起来喝，咖啡勺的作用是用来搅拌咖啡，不能用来舀咖啡喝。

三、舞会礼仪

舞会，一般是指以参加者自愿相邀共舞为主要内容的娱乐性社交聚会。在舞场优美的乐曲、五彩的灯光、高雅的舞姿衬托之下，人们不仅可以从容自在地自我放松，而且还可以联络老朋友，结识新朋友，进一步扩大自己的社交面。在各式各样的社交性聚会当中，舞会几乎是最具号召力、最受欢迎的一种形式。

从礼仪规范方面来讲，舞会的成败既取决于它的组织工作，又受制于舞会参加者的临场表现。

（一）舞会的组织

要使一场舞会圆满成功，舞会的组织工作至关重要。在组织一般性的社交舞会时，应当注意的主要问题包括时间、场地、曲目、来宾、接待等。

1. 时间。举办舞会，首先必须选择适当的时间。要考虑下述两个方面：一是时机。举办任何一场舞会都要"师出有名"，为舞会找到一个恰当的名义，如庆祝开业、周年纪念、假日联欢、欢度佳节、款待贵宾等等。在一般情况下，周末和节假日也非常适宜举办舞会。二是长度。确定一次舞会的具体长度，应当兼顾各种因素，其中最重要的是既不要使人过度疲劳妨碍正常的工作和生活，又能使大多数人尽兴。在正常情况下，舞会最适于在傍晚开始举行，以不超过午夜为佳，其最佳长度以两个半小时为宜。

2. 场地。舞会的场地问题，具体来说又分为举办地点与舞池的选择两方面。

（1）举办地点的选择。确定舞会具体的举办地点时，既要考虑人数、交通、安全问题，更要注意地点的档次与气氛是否适宜举办舞会，同时还应考虑经济问题。依照常规，举办小型舞会，可选择本公司的客厅、庭院或是花园、广场，而举办大型舞会，则宜租借专门的俱乐部，或是营业性舞厅。

（2）舞池的选择。舞池一般是指在舞会举办地点之内专供跳舞的地方。在举办大型、正式的舞会时，对于舞池的选择和布置必须认真考虑。其一，舞池的大小应当适度，与跳舞的总人数相适应。人均一平方米最佳。其二，舞池的地面务必干净平整，过脏、过滑、过糙都有碍于跳舞。其三，舞池的灯光应当正常，灯光过强或过弱都不合适，应当柔和之中有所变化。其四，舞池的音响需要认真调试，音量要适度，切勿出现噪音扰人的情形。其五，舞池周围最好设置足够的座椅，供舞者在跳舞间歇休息时使用。

3. 曲目。舞曲是舞会的导向和灵魂。在为舞会选择舞曲曲目时，应考虑以下四点：

(1)从众。选择的舞曲要符合大多数人的需要,切忌"曲高和寡",最好选择众人熟悉、节奏鲜明清晰、旋律优美动听的曲目作为舞曲。

(2)交错。曲目安排应快慢交错,节奏有张有弛。可将不同国家、不同风格、不同节奏的舞曲穿插安排,使舞曲时而婉转抒情,时而热烈奔放,好似波涛起伏,令人为之陶醉。

(3)适量。在正式舞会上,最好提前将选好的曲目印成曲目单,届时发给在场人士,曲目单上所列的舞曲总数所需时间应与舞会所定时间长度相呼应,留出一定的机动时间。曲目一经确定便不应再更改。因特殊原因临时加曲的,需特别说明。

(4)守例。选择舞曲曲目,还需遵守约定俗成的惯例。比如,一般的舞会均以《一路平安》为最后一支舞曲,此曲一经演奏,等于是在宣布"舞会到此结束"。

4. 来宾。对于舞会的来宾,组织者要做的主要工作有:邀请、限量、定比等。

(1)邀请。确定舞会参加者名单后,即以适当方式发出正式邀请。在常用的口头邀请、电话邀请、书面邀请等方式中,书面邀请最为正规。一般邀请函应提前7~10天发出。重要宾客应专人送达。

(2)限量。舞会的来宾人数要以舞池的面积为依据。来宾过多,可能使现场过于拥挤,使舞者难以尽兴,而且还有可能发生危险。而来宾过少也会影响气氛。

(3)定比。在较为正式的社交舞会上,相邀共舞的人不应当是同性,必须是异性。为此,舞会组织者要采取一切可行的具体措施,以保证舞会的全体参加者在总量上男女人数大致相当,基本上各占一半。

5. 接待。要确保舞会的顺利进行,主办者还要做好一些具体的接待工作。首先要确定舞会的主持人、招待人员,并准备适量的茶点。

(1)主持人。在较为正式的舞会上,通常需要一位经验丰富,头脑灵活,语言流畅,具有组织才能的人士充当舞会主持人。一般情况下,舞会主持人应由女士担任。在家庭舞会上,女主人是最佳人选。在商务活动中,主持人则可由公司秘书,也可由具有文艺特长的其他女职员担任。主持人的主要任务是控制全场节奏,调整场内来宾情绪,使舞会始终保持欢快热烈的气氛。

(2)招待。在可能的情况下,主办方还要组织一支精明强干的招待人员队伍。招待人员应由青年男女组成,统一着装或佩带统一的标识。招待人员的职责包括:迎送来宾;为来宾提供必要的服务;邀请没有舞伴的嘉宾共舞;为遭到异性纠缠的客人解围。

(3)茶点。在时间较长、较为正式的舞会上,主办方应为来宾提供适量的饮料、点心和果品，以供其选用。提供茶点的具体方式可以是按桌定量供应，也可采用自助方式。

(二) 出席舞会的礼仪

出席舞会的礼仪包括参加舞会的仪容、服饰礼仪、邀人礼仪、拒绝礼仪、舞姿礼仪、交际礼仪等五个方面。

1. 个人仪容服饰礼仪。舞会的吸引力在于它的特别和精致，所以每个参与者都应在仪容、服饰上特别讲究。

（1）仪容。舞会的参加者一般都应事先沐浴，并梳理适当的发型。男士务必剃须，女士在穿短袖或无袖服装时应剃去腋毛。特别要注重口腔卫生，认真清除口臭，参加舞会前不要吃有刺激气味的食品。外伤患者、感冒患者以及其他传染病患者应自觉地不去参加舞会，否则不仅不利于自身养病，还有可能传染给他人，影响大家的情绪。

参加舞会前，最好根据个人情况进行适度化妆。男士化妆的重点通常是美发、护肤和祛味。女士化妆的重点主要是美容和美发。与家居妆、上班妆相比，舞会妆可浓重一些，富有立体感。因舞会大多在晚间举行，舞者在灯光照耀下，色彩过淡会像病容。在商务活动的舞会上，浓妆也要注意自然，不要搞得过于怪诞，令人咋舌。

（2）服装。在正常情况下，舞会的着装必须干净整齐、美观大方，有条件的话可以穿格调高雅的礼服、时装和民族服装。若举办者对此有特殊要求，则要认真遵守。一般来说，标准的舞会服装应该是晚礼服。男士传统的晚礼服为全白色或全黑色西装上衣，衣领镶有缎面，腰间仅一纽扣。下装为佩有绸带、丝腰带的黑裤。衬衫可以是白色马赛罗（凸纹）有软前腰和前胸打褶的，系黑色领结，穿黑皮鞋。女士可穿长至脚背而不拖地的露背式单色连衣裙，也可穿设计非常精致的裙裤。若舞会特别隆重，要求穿大礼服，则男士为大燕尾服，上衣为黑色或深蓝色，前摆齐腰剪平，后摆为燕尾式样，翻领上镶有缎面；下装与上衣同色，为佩有缎带、裤腿外面有黑丝带的长裤，系白色大领结，配白色手套、黑丝袜、黑皮鞋。女士大礼服为袒胸露背的单色拖地或不拖地的连衣裙，佩戴颜色相同的长纱手套及头饰、耳环和项链等。

进入舞场，应先将外衣、帽子、围巾等脱下来，放到存衣处。女士的披肩在舞曲间歇时可以披上，但跳舞时一定要去掉。除非主人特意关照宽衣，男士不能随意脱下外衣，甚至纽扣也不能随意解开。

在舞会上通常不允许戴帽子、墨镜，或者穿拖鞋、凉鞋、旅游鞋。

2. 邀人礼仪。舞会礼仪规定,在邀人共舞时,特别要注意邀舞的常规、方法、选择、顺序等几个要点。

(1)邀舞的惯例。根据常规,请舞伴时,最好是邀请异性。多为男士邀请女士,当然女士也可邀请男士。在较为正式的舞会上,尤其是涉外舞会上,同性之间切勿相邀共舞。两位男士一起相拥跳舞,有"同性恋"之嫌,而两位女士一起跳舞,则等于是在说明:"没有男士相邀",似乎有呼吁男士救场的意思。男士邀请女士时,女士若不愿与之共舞,可以婉言拒绝,而女士邀请男士跳舞时,男士不应拒绝。

舞会是一种交际的方式,所以在较为正式的舞会上,一对舞伴只宜共舞一支舞曲,接下来需要通过交换舞伴去扩大交际面。舞会上的第一支舞曲和舞会结束的最后一支舞曲一般讲究男士邀请与自己同来的女士共舞。

(2)邀舞的方法。邀请他人跳舞,要力求文明礼貌、自然大方。千万不要勉强对方,尤其不要出言不逊,或是与其他人争抢舞伴。

一般来说,邀请舞伴时有两种具体办法可行。一种是直接邀请舞伴,即自己主动上前邀请舞伴。其正确姿态应是:步履庄重,自然而大方地走到准备邀请的女士面前,视线盯住对方,微微弓身,弯腰以15度左右为宜,面带微笑轻声询问:"可以请您跳舞吗?"作为女士,面对男士的邀请,可微微点头表示接受。既不能表现出措手不及,也不能表现出高傲的神色。另一种是间接邀请舞伴,即如果自觉相邀不便,或是把握不是很大时,可以托请与双方彼此相熟的人士代为引见介绍,牵线搭桥。

(3)选择舞伴。在自行选择舞伴时,舞会上也有常规可循,所以进舞场后不要急于行事,最好先适应一下舞场中的气氛,细心观察一下周围的情况。一般来说,以下八类对象是自选舞伴时最理智的选择。

• 希望结识之人。舞会是一个交际的场所,如果想结识某人,不妨找机会邀请对方或是其同伴共舞一曲,以舞为"桥",接近对方。

• 打算联络之人。在舞会上碰上久未谋面的旧交,最好请其或其同伴跳一支曲子,以便加强联络。

• 年龄相仿之人。双方年龄相近,一般是容易进行合作的。

• 身高相当之人。如果双方身高悬殊过大,会令人感到尴尬难堪。

• 气质相同之人。邀气质秉性相近的人一同共舞,往往容易相互产生好感,从而配合默契。

• 舞技相近之人。选择舞艺相近者为舞伴,可以"棋逢对手",相得益彰,有助于双方更好地发挥技艺,从而产生愉悦感和满足感。

● 少人邀请之人。邀请那些很少被人邀请的人跳舞,既是对其表示重视,也不易遭到回绝。

● 未带舞伴之人。邀请未带舞伴的人共舞,成功的机会往往较大。

除以上几种情况外,在舞会上倘若发现有人遇上异性的纠缠骚扰,最得体的做法是挺身而出,主动邀请被纠缠者跳舞。

(4)邀舞顺序。在较为正式的舞会上,根据舞会礼仪的规定,舞者除了要与自己一同来的同伴共舞开始曲与结束曲,或是可以酌情自择舞伴外,还要按照某些既定的顺序,去"毫无选择"地邀请其他一些舞伴。以下是男士邀请舞伴的合"礼"顺序:

就主人方面而言,自舞会的第二支舞曲开始,男主人应当前去邀请男主宾的女伴跳舞,而男主宾则应回请女主人共舞。接下来男主人还须依次邀请在礼宾序列上排位第二、第三的男士的女伴各跳一支舞曲。而那些把男主人依照礼宾序列相邀共舞的女士的男伴,则应同时回请女主人共舞。

就来宾方面而言,有下列一些女士是男宾应当以礼相邀共舞一曲的。主要包括:舞会的女主人、被介绍相识的女士、早已相识的女士、所遇到旧交的女伴、坐在自己身旁的女士。这些女士若被男宾相邀后,与其同来的男伴最好回请该男宾的女伴跳上一曲。

3. 拒绝礼仪。一般情况下,舞会上被人邀请时,通常不应拒绝对方。万一非要回绝他人的邀请时,则务必注意自己的态度和措辞,切勿伤害对方的自尊心。

(1)态度。在拒绝他人邀舞的请求时,态度要友好自然,表现要彬彬有礼。不要让对方晾在一旁下不了台,或者对其视而不见,置若罔闻。口头拒绝对方时,要起身向对方致歉,告知具体原因,说上一声"实在对不起",或"抱歉之至"等。别人邀请自己跳舞是尊重自己的表现,所以千万不能令对方难堪或受到伤害。拒绝一个人的邀请后,不要马上接受他人的邀请,尤其不要当着前者的面堂而皇之地这样做,因为这会被前者视为一种侮辱。

被人拒绝后,要有自知之明,有台阶就下,千万不要自找没趣,胡搅蛮缠。如果男士遭到某位女士的拒绝,再邀请舞伴时应远离此位女士,不能在被拒绝之后马上邀请她身边的其他女士跳舞,使后邀请的女士产生"临时替身"的感觉。

(2)托词。拒绝他人时,语言不宜僵硬、粗鲁,不宜对被拒绝者说些不礼貌的话,如"你是谁呀?""别来烦我""也不看看自己算老几"等。

在拒绝别人时,通常宜使用委婉、暗示的托词,常见的有以下六种:"已经有人邀请我了""我有点累,想休息一会儿""我不会跳这种舞""我不喜欢这种舞""我不熟悉这支舞曲""我不喜欢这首舞曲"。对这六种托词,拒绝者要会讲,被拒绝者也要会听,所谓"听话听音,锣鼓听声",要知难而退。

4. 舞姿礼仪。舞会是一种高雅的社交活动,并非表演,人人重在参与,因此不必对舞姿和舞技有过多的要求。但是在跳舞时的举止作态,必须尽量文明大方,合乎规范。具体来讲,在舞姿方面应注意标准与文明两个方面。

(1) 标准。在舞场上跳舞时,按规范,步入舞池时须女先男后,由女士选择跳舞的具体方位。而在跳舞的过程中进行合作时,则应由男士带领在先,女士配合于后。

每个人在跳舞时身体都应保持平衡,步法切勿零碎杂乱。在需要前进和后退的时候,迈出的脚步、身体的重心、力量的分配一定要认真准确,并且要注意移动自如。

在跳舞时要掌握运步方面的技巧。要记住,在变换各种方向时,均应以自己的左脚或右脚的前脚掌为轴心进行转动。

跳舞时所有人的行进方向都必须是逆时针方向行进,也唯有如此,才能确保舞池的正常秩序,不至于发生跳舞者相互碰撞拥挤的状况。

当有乐队演奏时,一曲舞毕,跳舞者应首先向乐队立正鼓掌,以示感谢,然后方可离去。离去时,男士应将自己所请的女士送回其原来的休息之处,道谢告别之后才能再去邀请其他女士。

有条件的话,平时对最基本的舞姿可多做练习,以便熟能生巧。

(2) 文明。在舞场上跳舞时,每个人的舞姿均应文明,跳舞时的具体动作要与当时演奏的舞曲协调一致,在任何时候都不要自我发挥,乱跳一气,尤其不允许有意采用夸张、怪异、粗野甚至色情的舞蹈动作去吸引他人的注意。

在跳舞时要注意与其他跳舞之人保持适当的距离,以防相互影响。万一不慎碰撞或踩踏了他人,应当自觉地向他人道歉。若系他人过错而向自己道歉,则应大度地向对方表示"没关系"。

不论自己与同舞的舞伴是何种关系,两个人在一起合作跳舞时,除必要的手部相互持握外,身体的其他部位都要保持大约一拳的距离。男士不得借机对女士拉抱,女士则不宜主动贴向男士。双方都不应当在跳舞时贴面、贴胸、贴腹,有意粘在一起。

除交谈外,在跳舞时切勿长时间紧盯着舞伴的双眼,万一碰到了对方身体其他部位,应立即为自己的不慎向对方说一声"对不起"。

5. 交际礼仪。鉴于舞会多以交际为目的,因此舞会亦称交际舞会。公司的商务秘书人员参加舞会时,不能只图跳舞尽兴而忘了本应进行的交际活动。舞会交际活动应包括:

(1) 叙旧。在舞会上碰到了老朋友,除了要争取邀请对方或其舞伴共舞一曲之外,还要尽量找时间与对方叙叙旧,致以必要的问候,并且传递适当的信息。千万不要在舞会上表现出"喜新厌旧"的情绪,为了结交新朋友,就对旧交不屑一顾。

(2) 交友。在舞会上结识新朋友,通常有三种方法可行。一是主动把自己介绍给对方;二是以邀请舞伴的方式直接或间接地认识对方;三是请主人或其他双方熟悉的人代为介绍。结交新朋友之后,一般不宜长时间深谈,可在此后适当的时间,主动打电话联络对方,以便进一步推进双方关系。

与互不相识的舞伴跳舞时,可略作交谈,其内容一般以称道对方的舞技,表扬乐队的演奏等内容为主。有时也可进行简短的自我介绍。但是在交谈时不宜打探对方的个人隐私,贬低他人的舞技,或是胡侃一通。无论如何都不要在跳舞时伺机向对方提出单独约会的请求,更不能风风火火、急不可耐地向对方表白"一见钟情"的爱慕之意。

四、运动礼仪

现代社会,运动社交已经成为一种时尚。打一场高尔夫球,举行一次网球比赛或乒乓球比赛,其产生的效果不亚于宴会和舞会,被称为社交体育运动。事实证明,许多富有实力的商家已把在高尔夫球场谈生意作为一种交往的常态。一些公司的企业文化也要求员工必须会打高尔夫球和网球,并经常开展健身活动。

游戏有游戏规则,体育运动也有运动礼仪,特别是打高尔夫等高端运动,对着装、次序等还特别讲究。一个现代商业人士必须懂得运动礼仪,它可以使你尽情地享受这些运动带来的无限乐趣并使其他人也同样过得愉快。

(一) 运动家的品格

运动家品格被描绘为流汗礼仪,在这一总标题下面有以下原则:好的运动家尊重游戏规则,不在游戏中投机取巧;在运动中服从运动场地工作人员的管理;能够考虑到别人的安全;注意不同场合穿不同场合的标准服装;对运动的结果以平常心待之,胜不骄,败不馁。

以上可以看作是运动的原则,还有一些具体的礼仪规则适用于不同的具体场合,下面主要讲一下打高尔夫球的相关礼仪。

(二)高尔夫球礼仪

1. 了解规则。了解打高尔夫球的传统和规则是很重要的,初学者有必要买一本相关书籍加以了解。

2. 着装。高尔夫球是一种比较高端的运动,对着装有较严格的要求,而且每个高尔夫球俱乐部还会有自己的一些特殊要求,所以如果你到一个不熟悉的俱乐部去打球,最好事先了解一下该穿什么衣服。但无论哪个俱乐部,都不要穿太暴露的衣服,穿牛仔裤也不好。一般来说,高尔夫球着装有如下基本要求:

(1)女士穿过膝长裙,略长的短裤或宽松长裤,加上开领衬衫,长袖或短袖均可。

(2)男士通常穿宽松长裤或略长的短裤加上开领衬衫。

(3)男士和女士一般都需戴有帽檐的帽子以抵御阳光。

(4)高尔夫球鞋是防滑鞋。职业人士还会建议你戴皮革的高尔夫球手套。

(5)无论选择什么服装,都以舒服为宜。

3. 高尔夫球车。相关礼仪包括:

(1)缓慢驾驶。

(2)一个球车所载球员数量不要超过两个。

(3)当球员击球时,不要让球车挡住同组球员的视线。

(4)不要让球车靠近绿地的前端,同时球车也要远离沙地和绿地。

(5)不要让小孩开球车。

如果本组有人在推球车时表现出不礼貌的举止,使你感到不舒服,不用犹豫,完全可以大胆说出自己的想法。

4. 打球时的礼节。这主要有:

(1)击球前确认球杆可能击到的地方和球可能落到的地方无人站立,如果对此有疑问时,可以先喊一声,再准备击球。

(2)快轮到你击球的时候,就做好准备击球。

(3)除非俱乐部允许,否则一组不能有5名甚至更多的球手。

(4)从技术最差的人开始击球,第一轮之后,从得分最低的那个人开始。

(5)决不要走到绿地其他球手的路线上,也决不要把包放在绿地上。

(6)当某组成员不能在场地上保持应有的速度,并落后于前面一组队员一洞以上时,就应该让后面一组超越先打,以保持球局的流畅。

(7)修补、翻砂子。修复由于击球过低而削起的小块草地或泥土。

(8) 不要在高尔夫球场上吃吃喝喝,到处乱扔废弃物就更不对了。

(9) 虽然高尔夫球是一种社交体育运动,但是别人击球时也不要讲话,废话连篇和恶意取笑别人都是令人讨厌的。

第八节 其他活动礼仪

周末,小李夫妇携带五岁的儿子一起去看话剧。由于演出地点不熟再加上路上堵车,小李一家到达剧场时话剧已开演20分钟了。小李他们一家的票是单号座次,为节约时间他们从双号入口进入,穿过整个剧场才找到自己的座位。刚坐下,朋友小张来打电话,说明天一起郊游。小李儿子听说是张叔叔打的电话,嚷着要找张叔叔家的小姐姐玩。把儿子安顿好,小李让其妻子把瓜子拿出来,夫妻俩磕起了瓜子。小李的行为恰当吗?

一、庆典活动礼仪

(一) 庆典活动的筹备礼仪

1. 选好庆典活动的主题。单位常见的庆典活动有周年庆典、获取某项荣誉庆典、取得重大业绩庆典、企业进入新的发展阶段庆典等。庆典活动的主题一定要恰当,巧立名目的庆典只能劳民伤财,让受邀者疲于应付,达不到喜庆的目的。

2. 精心拟定庆典的出席人员。确定庆典出席者名单时,应当始终以庆典的宗旨为指导思想,一般来说,庆典的出席者通常要考虑下列方面:上级领导、社会名流、大众传媒、合作伙伴、社区关系、单位员工。

3. 精心安排好来宾的接待工作。与一般商务交往中来宾的接待相比,对出席庆祝仪式的来宾的接待,更应突出礼仪性的特点。应成立专门的负责小组,做好来宾的迎候、引导、陪同、照顾工作,务必让每位来宾都得到精心的接待。

4. 精心布置好庆典仪式的现场。举行庆祝仪式的现场,是庆典活动的中心地点。对它的安排、布置是否恰如其分,往往会直接关系到出席者对庆典的印象的好坏。要考虑庆典举行的地点、场地的大小、音响的准备、环境的好坏等,各项工作都要做好。

5. 应当精心拟定好庆典的具体程序。庆典仪式程序的拟定应考虑两条原则:一是时间宜短不宜长,一般应以一个小时为限。这既是为了确保庆典的效果良好,也是为了尊重全体出席者,尤其是为了尊重来宾。二是程序宜少不宜多。程序过多,不仅会加长时间,而且还会分散出席者的注意力,并给人以庆典内容过于凌乱之感。

(二)参加庆典活动的礼仪

1. 参加庆典活动要守时。一般嘉宾要提前到达庆典现场,以便主人予以安排。如有特殊原因迟到,应及时通知主人。

2. 在开业典礼之前或开业典礼时应送贺礼,如花篮、楹联等,贺礼上要注明庆贺对象、庆贺缘由、贺词、祝贺单位。

3. 见到主人应向其表示祝贺。

4. 在典礼上贺词要简短精炼,不能随心所欲发挥,拖延时间。

5. 宾客要多做些礼节性的附和。在典礼的进行过程中要做礼节性的附和,比如鼓掌、跟随参观、写留言等。

6. 宾客离开时要与主办单位领导、主持人、服务人员等握手道别,并致谢意。

二、观看演出礼仪

(一)提前到达演出现场

应提前几分钟进场,从容地找到自己的座位。若迟到了,最好在幕间入场。如果是电影,没有幕间休息,应悄悄地行走。

(二)观看演出要注意坐姿

坐下后,戴帽的应脱帽,以免挡住后面人的视线。坐姿要平稳,不要经常左右晃动,双腿不要前伸,以免影响他人进出。不要把椅子的两个扶手都占用了,因为你身旁的人也有权靠着它。

(三)给别人带来不便要致歉和表示感谢

进出座位时应该礼貌地说"对不起,借光";如果别人必须起身让你通过,你要说"谢谢你"或"对不起";万一你第二次必须通过某一个人,你要说"对不起,又打扰了你",他们让你过去时,你更要说"谢谢你们"。在通过陌生人面前的时候,男士和女士都应该面对舞台并且紧贴着前排座位的靠背走过去,注意不要让手提包等物件从前面观众的头上拖过去。

(四)观看演出时要保持安静

进入剧场后要关闭或合理设置自己的通讯工具;不要在剧场大声谈笑,也不能窃窃私语;不要对剧情发表自己的看法,给邻座的人充当义务解说员;不应携带婴儿或太小的儿童观看演出,以免影响剧场安静。

(五)要尊重演员的演出

每一个节目演出完毕,应鼓掌表示感激。对精彩节目要求"再来一个",可以持续鼓掌,但不能一再要求重演。要照顾整个演出的安排和演员的体力。全部节目演出完毕,应向演员热烈鼓掌表示谢意。

(六)要谅解演员和剧场的失误

绝不能给演员喝倒彩、起哄、吹口哨、发嘘声怪声或做出其他有辱演员人格的事情。看电影时如遇中途断片,应坐在座位上耐心等待,不要喧闹、拍巴掌、抽烟或离开座位随意走动。

(七)要礼貌退场

不要中途退场,最好等到幕间休息,或一个节目结束之后,否则会影响别人观赏,对演员也不够尊重。等待演员谢幕后再行离场。谢幕时,不要拥到前台围观。退场要遵循秩序,不要拥挤。

三、祝贺活动礼仪

(一)祝贺及祝贺礼仪

祝贺,就是向他人道喜。关系单位开业、扩店、周年纪念、业务取得佳绩,都应予以祝贺。祝贺礼仪则是指在个人之间、社会组织之间、政府机关之间、政府与政府之间在相互祝贺的过程中应该遵循的礼仪规范。

(二)祝贺的形式

祝贺的形式多种多样,常见的形式有口头祝贺、电话祝贺、书信祝贺、传真祝贺、贺卡祝贺、贺电祝贺、点播祝贺、赠礼祝贺、设宴祝福等。每种形式都有自己特定的适用范围。在多数情况下,可以几种方式同时使用。

(三) 祝贺的礼仪

1. 祝贺要适时。对商界人士来说,适逢亲朋好友结婚、生育、乔迁、获奖、晋升、晋级、过生日、出国深造、事业上取得突出成就之时,都应当及时向其表示自己为对方而高兴。不然,就有疏远双方关系、心存不满或妒嫉之嫌。

2. 祝贺要根据对象和时机使用不同贺语。如,在祝贺同行开业时,多说"事业兴旺"、"大展宏图"、"日新月异"、"生意兴隆"、"财源茂盛"等对方最爱听的话。

3. 祝贺不要犯忌。如乘飞机者不喜欢别人祝他"一路顺风",因为这对飞机飞行有碍。香港人不爱听别人祝他"快乐",因为容易把"快乐"听成"快落"。

四、慰问活动

(一) 慰问与慰问礼仪

慰问,亦可称为安慰或劝慰,是指在他人遭遇重大变故,如患病、负伤、失恋、丧子、丧偶、婚姻裂变、极感痛苦忧伤,或破产、失业、休学、研究受阻、市场开拓失败、遭受困难挫折之时,对其进行安慰与问候,必要时给予对方一定的支持与鼓励,力求使对方的心情稳定,减轻哀伤。

慰问礼仪是指在慰问活动中应该遵循的行为规范和惯例。

(二) 慰问的基本要求

1. 慰问态度要真诚。首先要表现得"患难与共",不论是表情、神态、动作还是语言,都应当真诚地显示出慰问者的"同舟共济"之心、体贴关心之意。

2. 慰问重点是关心、体贴与疏导。对生活困难者,可询问其具体的难题,并给予力所能及的援助;对工作受挫者,应鼓励其再接再厉,奋起直追;对于颓废之人,则可以多一些激励。总之,应积极鼓励,给予帮助,耐心劝导,令其舒心。

3. 慰问要把握尺度,注意分寸。慰问要想收到好的效果,就要注意分寸。如对逝者家属进行慰问时表情凝重,语调深沉舒缓,语言饱含关心与同情之意,这是符合礼仪规范的,但若是一见面就表现得"冷冷清清,凄凄惨惨",搞得被慰问者伤心落泪,恶化其情绪,则属不当之举。

4. 慰问要因人而异。慰问要注意区别对待,慰问的对象可能是病人、逝者的家属、工作受挫者、家庭困难者、遭受灾难者等。对不同的对象要采用不同的慰问方法,如慰问病人时应多劝其振奋精神,保重身体,而慰问逝者家属则应劝其节哀顺变,保重自己的身体。另外,慰问他人还要见机行事,注意场合。

(三)慰问的形式

1. 探望式慰问。探望慰问,即登门探访、看望慰问对象,通过会面、交谈、劝解等进行慰问。从礼仪上讲,这种慰问方式是比较正式、庄重的。

2. 函电式慰问。函电式慰问,即采用书信、电报、传真、电子邮件及其他书面形式,对慰问对象进行的慰问。函电式慰问多用于政府之间和社会组织之间。

3. 礼品式慰问。礼品式慰问是以向慰问对象赠送慰问礼品的方式所进行的慰问。常见的慰问品有鲜花、书籍、光盘、时尚用品等。另外,能够为慰问对象解除实际困难或对其有所帮助的物品,如食品、衣物、生活必需品、慰问金等,也可作为慰问品。

(四)慰问的禁忌

1. 忌态度不真诚。慰问时若是嘻嘻哈哈、喜眉笑眼,语调尖锐、油滑,语言随意、放肆、轻浮,容易给人以幸灾乐祸的感觉。

2. 忌犯忌。慰问犯忌是指触犯了慰问对象的个人禁忌,如慰问病人时切忌谈论死亡的话题;安慰失恋者忌讳大谈特谈他人的恋爱成功之道。

3. 忌揭短。慰问对象正处于伤心难过之时,应注意在慰问时不能揭其伤疤和痛处。如慰问逝者的家属,忌在家属面前议论逝者的是非。

4. 忌添堵。慰问时添堵是指慰问者若不注意自己的言谈举止,不仅不能减少慰问对象的哀愁与痛苦,还会徒增其烦恼。

5. 忌哀怜。慰问者在慰问时切莫摆出一副高高在上、施舍慰问对象的样子。

6. 忌戏说。慰问时戏说是指慰问者拿慰问对象的伤心、哀伤之事打趣逗乐,戏说极易伤害慰问对象的自尊心。

五、参观的礼仪

(一)参观的组织礼仪

1. 选择合适的参观项目。在接待客人时,秘书人员如安排参观活动,要注意参观项目一定要恰当,要考虑客人的爱好和意愿。选择的参观项目要尽可能与业务会谈相配合。如会谈中涉及某些合作项目,则应安排参观有助于了解情况和问题的相关单位。选择的参观项目要具有典型性。

2. 要制定周密的参观计划。参观计划应包括:具体参观项目,参观人数,负责人以及工作人员,起止时间,交通工具,饮食住宿,安全保健,费用预算。

3. 精心筹备参观计划。参观的组织方要精心落实参观计划,提前联系参观项目负责单位,各项事务性工作也要在参观之前确保到位。

4. 热情组织参观。参观的组织方要按照参观计划,保证参观人员顺利、圆满地完成参观。

(二)参观礼仪

1. 提前做好准备,了解参观项目的基本常识。

2. 听从参观组织方的安排,不提过分的要求,尽量减少参观组织方的负担。

3. 有序参观。参观现场要服从主管单位的管理、遵守参观纪律。如参观展览馆或纪念馆,参观时要爱护展品,不要用手触摸,特别注意不要让孩子不小心碰坏展品和其他设施;不闯入参观的禁区等。

4. 参观时注意个人和组织形象。注意不大声喧哗,不随地吐痰,不随便拍照,不做有损个人和组织形象的事情。

5. 参观结束后要对参观的组织方表示感谢。

六、出访的礼仪

(一)要注意衣着、形象

在会谈、课堂及约会客人、出席音乐会等场合应着正装,男士一般应着西装、打领带、穿皮鞋(深色皮鞋不要穿浅色袜子);非正式场合(如参观、游览或旅行过程中)可着便装或根据主人的要求着装。任何服装均应注意清洁、整齐,衣领袖口要干净,皮鞋要擦亮。任何情况下不应穿短裤、拖鞋参加涉外活动。在饭店,不可穿内衣、睡衣和拖鞋离开房间到处走动。

(二)学习和掌握外事纪律

出国前要仔细学习相关的外事纪律,不做违反外事纪律的事情。

(三)尊重到访地的风俗习惯

不同的国家(地区)、民族,有不同的风俗习惯和礼节,出访人员均应予以尊重。团组成员在出访前应适当了解这些风俗习惯,不要触犯当地人民的生活和礼仪禁忌,新到一个国家(地区)或初次参加活动,应多了解、多观察,做到客随主便。

(四)遵守时间,不能失约

守时是涉外交往中极为重要的礼貌行为。参加各种活动,应按约定时间适时到达。因故迟到,要向主人和其他客人表示歉意。尽量做到不失约,如确不能赴约,要有礼貌地尽早通知主人,并以适当方式表示歉意。失约是非常失礼的行为。

(五)注意维护个人、组织和国家形象

在外事活动中,时刻注意自己的言行举止,不做有损人格、组织形象及国格、国家形象的事情。当个人、组织和国家形象受到他人侵害时,要坚决捍卫。

思考练习题

1. 某集团公司副总裁一行5人将于5月15日检查工作,时间3天,请问秘书应如何做好接待工作。

2. 公司总经理一行3人将于7月23日去东京大久公司考察访问,请问秘书该如何做准备?

3. 某公司王秘书上班时,接到一个电话,来电人称有重要事情向公司领导反映,必须领导亲自接电话,王秘书该怎么做?

4. 在营销活动中,为什么要树立企业形象?营销员应注意哪些礼仪?

5. 请组织一场舞会,由学生们现场演示舞会应注意的礼节。

第五章

秘书文书礼仪

第一节 文面礼仪

　　文面好比人面。人面需要讲究礼仪风范,文面也需要以塑造形象的态度来加以重视。我们讲究文面,是因为从文面格式的表层来看,它是文章内容表达的需要,是为了在最大限度上传递文章所要表达的各种信息,使信息的传播更加畅通。比如,为什么标题要上下空行,这样做就是为了使文章的"眼睛"更加醒目和传神,突出文章的内容要点、基本倾向和情感色彩。为什么标点要占格、要清晰,这是为了使文章的内在层次更加分明,因为标点符号实质上是文章思想层次的符号,标点符号的不规范会直接影响文章思想内容的清晰表达。从文面格式的深层来看,它是文章作者人格和精神的再现。文面格式虽然是一种表层形式,但是它却传递出文章深层的神韵,积淀着作者的语文修养。人们常说"文如其人","字如其人",文面格式的任何一个部分,都会不同程度地折射出文章作者的思想修养和文化精神。阅读一篇具体的文章,作者的精神风貌会跃然纸上,就像见到了作者一样。

　　由此可见,我们在写作的时候,一定要注意文面的规范化,把它上升到一定的礼仪文化的高度。下面我们从以下几方面来总结文面礼仪。

一、用纸和用墨的规范

　　纸、墨是我们文字形式的载体,从交际礼仪的角度看,不仅要考虑自己的现实条件,而且一定要考虑阅读者的接受心理,达到交流的目的。

(一)纸张的选择

目前国际流行的公文用纸是 A4 纸型,我国的《国家行政机关公文处理办法》已经规定了公文用纸统一选用 A4 纸型,工作中应当执行或者参照这一标准。至于个人信函、作文、论文、作业等的用纸应参考下面的建议:

1. 不要用纯白纸,一是单调,二是在中国传统文化心理上,纯白的纸太素,不吉利。

2. 不要用非自己单位的专用信笺,容易让人误会你调动了工作或是你在炫耀。

3. 不要选择过大、过小或者过薄、过黄、有缺损的纸张。

4. 不要使用裁剪不够整齐规范的纸张,否则显得对阅读者不重视。

(二)墨色的选择

在交际当中,用笔是有讲究的。最显得郑重其事、最有文化韵味的是毛笔,适用于文化届人士、海外华人和港澳台同胞。其次是钢笔,再次是圆珠笔,最次是铅笔。钢笔中又以碳素墨色为最上,因为这是不易褪色、可以永久保存的颜色;蓝黑其次;纯蓝再次之;红色一般用于评判和审判,在书信中使用是断交、绝交的意思。圆珠笔虽然书写流利,使用便利,但是缺少正式感,一般不能在庄重的场合使用,也不能用来给重要对象写信。铅笔的痕迹太浅,易擦拭,所以不能持久保存,不能用于交际。

二、文面格式规范

在秘书工作中,最常接触的就是公文、书信和一些调查报告、表格。下面我们从文章一般格式、书信格式和公文格式来介绍。

(一)文章一般格式

文章一般格式无外乎文章外在格式和书面誊写格式两个方面。文章的外在格式包括标题、署名和落款,书面的誊写格式包括页边距、段首、换行、序号几个方面。

1. 标题。标题上下各空一行,字号略大一些,一般用黑体或仿宋加粗。标题要居中书写,不能一律都"空四格"写题;如标题的字数很少,只有两三个字,字与字之间可空一两格;如标题字数较多,有十几个字,可分两行书写。标题要匀称、精当,一般为 4~14 个音节,可以一眼看全。如有副标题,一般在正标题第一个字下空2字格划破折号；若副标题过长需要回行,则回行时与破折号后的第一个字对齐。

标题中一般不用标点符号,如有特殊需要,可用引号、书名号;标题后除了表特殊感情的省略号、感叹号,一般也不用标点符号。

2. 署名。一般在标题正下方空一行处署名,居中,也可居右,一般用楷体。也可以在全文结束时和成文日期写在一起,这样一般称为落款,位置在正文末尾2行处,居右,署名在上,成文日期在下。

3. 页边距。无论是信纸、稿纸还是打印纸,都应当留有适当的页边,以使文面看起来开阔、俊朗。A4纸型的幅面尺寸为210mm×297mm,公文的版心尺寸为156mm×225mm,天头(上白边)为37mm左右,订口(左白边)为28mm。我们在用word排版的时候,选择天头27mm,地脚25mm,订口25mm,翻口25mm,基本上预览起来就很好看了。

4. 段首与顶格。正文的每一段开头要空两字格,回行的时候要顶格。不及和逾越都是不妥的。

5. 序号。在大部分的应用文中会用到表示结构层次的序号。序号的使用层次是:一、(一)1.(1),请记住序号后面相应的标点符号。序号前面也要空两格。在科技应用文中一般用1.,1.1,1.1.1为序号,依此类推。

(二)书信格式

书信是一种向特定对象传递信息、交流思想感情的应用文书。一封标准的信函分为笺文和封文两部分,各有礼仪规范。

1. 封文。信封左上方填写邮编及收信人地址。信封中间居中写收信人姓名,加上称呼。它可以是写信人对收信人的称呼,也可以是邮递员对收信人的称呼。收信人后面没有称呼是不礼貌的,属于格式上的错误。

收信人姓名和称呼后面应有启封辞。对高龄尊长用"安启"、"福启",对普通长辈用"钧启"、"赐启"、"道启",对平辈用"勋启(军人)"、"文启(教师)"、"芳启(女士)",对晚辈用"启"、"收启",对居丧者必须用"礼启"。

信封右下方为寄信人地址及邮编。讲究地说,寄信人地址后应有缄封辞,对长辈用"谨缄",对平辈用"缄",对晚辈用"手缄"。当然,不封口的书信不可用"启"或者"缄"。

2. 笺文。笺文实际上是一种书面谈话,首先要先向谈话对象有礼貌地打招呼;接着要说两句对对方表示尊重或友爱的话;接下来要有几句应酬语,自然地引出谈话的正题;再接下来才是正文;正文完了之后,还要说上几句结束谈话的应酬语;然后向收信人报自称并署名;最后写明谈话的时间。现以鲁迅写给母亲的信为例分别说明。

  母亲大人膝下,敬禀者,得来示,知大人亦患伤风,现已痊愈,甚慰。海婴亦已复原,胃口很开了。上海本已和暖,但近几日忽又下雨发风,冷如初冬,仍非生火炉不可。惟寓中均安,可请放心。老三亦好,只是公司中每日需办公八点钟,未免过于劳苦;至于寄信退回,据云系因信面上写号之故,因公司门房仅知各人之名,此后可写名,即不致收不到了。
  专此布达,恭请
金安

男树 叩
三月廿九
广平及海婴随叩

(1)笺文的结构。结合例文,我们可以整理出笺文的结构如表5-1所示:

表5-1　笺文的结构

笺文结构		
首部	一、称谓(母亲大人)	
	二、提称语(膝下)	
	三、启事敬语(敬禀者)	
中部	四、开头寒暄语(得来示,知……甚慰)	
	五、正文(海婴……不致收不到了)	
尾部	六、结尾应酬和敬语(专此布达)	
	七、问候祝颂(恭请金安)	
	八、自称、署名、礼告敬辞、时间(也可加写信地点)(男 树 叩 三月廿九)	
	九、附候与补述(广平及海婴随叩)	

(2)注意事项。称呼和祝颂语后半部分的顶格,是对收信人的一种尊重,是古代书信"抬头"传统的延续。古人书信为竖写,行文涉及对方收信人姓名

或称呼,为了表示尊重,不论书写到何处,都要把对方的姓名或称呼提到下一行的顶头书写。它的基本做法,为现代书信所吸收。

最一般的祝颂语是"此致敬礼"。"此致"可以有两种正确的位置来进行书写,一是紧接着主体正文之后,不另起段,不加标点;二是在正文之下另起一行空两格书写。"敬礼"写在"此致"的下一行,顶格书写。后应该加上一个惊叹号,以表示祝颂的诚意和强度。

写信人的姓名或名字,写在祝颂语下方空一至两行的右侧。最好还要在写信人姓名之前写上与收信人的关系,如儿×××、父×××、你的朋友×××等。另外,还要根据双方的关系写上礼告敬辞,尤其是对尊长,要在署名后面写上"敬上","谨上"。再下一行写日期。

如果忘了写某事,则可以在日期下空一行、再空两格写上"又附",再另起行书写未尽事宜。

(三)公文格式

按照2000年1月执行的《国家行政机关公文处理办法》以及1999年的《国家行政机关公文格式》,公文的各要素划分为眉首、主体、版记三部分。置于公文首页红色反线(宽度同版心,即154mm)以上的各要素统称眉首;置于红色反线(不含)以下主题词(不含)之间的各要素统称主体;置于主题词以下的各要素统称版记。

眉首的左上角是公文份数序号,右上角是秘密等级、保密期限和紧急程度,由发文机关全称或规范化简称后加"文件"组成的发文机关标识应该套红处理,其下居中是发文字号,发文字号由发文机关代字、年份和序号组成。发文字号之下是一条与版心等宽的红色反线。上报的公文需有签发人,平行排列于发文字号右侧。发文字号居左空1字,签发人姓名居右空1字。

主体部分有公文标题、主送机关、正文、附件、成文日期、附注等。标题由发文机关名称、事由、文种三要素组成。主送机关在标题下空1行,左侧顶格用3号仿宋体字标识,回行时仍顶格。正文在主送机关名称下1行,每自然段左空2字,回行顶格;数字、年份不能回行。公文如有附件,在正文下空1行左空2字格,后标全角冒号和名称。附件如有序号,使用阿拉伯数码(如"附件:1.××××");附件名称后不加标点符号。附件应与公文正文一起装订,并在附件左上角第1行顶格标识"附件",有序号时标识序号;附件的序号和名称前后标识应一致。成文日期用汉字将年、月、日标全;"2005年"写为"二〇〇五年",不可写作"二零零五年"。

公文生效的标志是加盖发文机关印章,印章应上距正文 1 行之内,端正、居中下压成文日期,印章用红色。公文如有阅读范围等附注内容,居左空 2 字加圆括号标识在成文日期下 1 行。

版记包括主题词、抄送机关、印发机关和印发日期。主题词用黑体字,居左顶格标识,后标全角冒号;词目之间空 1 字。抄送机关在主题词下 1 行,左右各空 1 字格,"抄送"后标全角冒号;抄送机关间用逗号隔开,回行时与冒号后的抄送机关对齐;在最后一个抄送机关后标句号。抄送机关之下(无抄送机关在主题词之下)1 行,左空 1 字是印发机关,右空 1 字是印发日期。

版记中各要素之下均加一反线,宽度同版心。版记应置于公文最后一面,版记的最后一个要素置于最后一行。

三、文字书写礼仪

除了书写的载体、文面格式以外,一笔字拿不拿得出手,有没有错别字,标点符号会不会使用也是文面礼仪要考虑的内容。当然,在当前办公自动化的条件下,在打印件成为我们上报、上交材料的普遍形式下,有很多东西似乎不需要掌握了。比如说书法,电脑当中有的是字体、字号可供选择;错别字也大量地属于同音字的误选,或者是输入时马虎所致;标点符号更是能标记得醒目、美观。但是作为语文方面的基本功,文字书写的能力还是需要经常锻炼的。

(一)杜绝错别字

不要写错别字。不会写或分辨不清的字要查字典,或向别人请教。不要乱写不合规范的简化汉字,也不要写在通常情况下已不用的繁体字和已废除的异体字。

(二)正确使用标点符号

1. 标点简介。常用的标点符号有 10 种,分点号和标点两大类。

点号的作用在于点断,主要表示说话时的停顿和语气。点号又分为句末点号和句内点号。句末点号用在句末,有句号、问号、叹号 3 种,表示句末的停顿,同时表示句子的语气。句内点号用在句内,有逗号、顿号、分号、冒号 4 种,表示句内的各种不同性质的停顿。

标点的作用在于标明,主要标明语句的性质和作用。常用的标点有:句号、逗号、引号、括号、破折号、省略号、着重号、连接号、间隔号、书名号和专名号。

2. 使用规范。标点符号的使用规范如下:

- 标点要写在格内。

- 逗号、顿号、句号写在一格的左下方;冒号、问号、叹号写在格子的左侧。
- 省略号、破折号占两格,转行时不要拆开。省略号应点六个点。
- 着重号应在字下,间隔号点在一格之内。
- 引文内又有引文时,则在双引号内再用单引号。
- 标点符号的书写要紧随文字,在一行末尾没有格子时不妨挤一下。

(三)写一笔好字

尽可能地练字。潇洒、娟秀的字迹是为自己做的无声广告。我们除了电脑打字,还会有很多机会动笔写字,比如说签到,留便条,做黑板报。要利用一切机会塑造自己的形象,写出一笔好字对此很有帮助。

第二节 信函类文书礼仪

一、信函类基本礼仪

(一)书信

秘书应掌握以下书信礼仪:

1. 书写合乎规范,用语礼貌。书信是一种交际文体,如果没有一个共同的交际规则和格式的规范,就会严重影响交际双方的信息沟通。比如,有的人在信的结尾处所写的致敬语,只有两个大大的"此致",让人莫名其妙。其实这只是半句话,它应该紧接"敬礼"、"撰安"、"教安"、"春安"、"康安"等词语。又如,有的人写了"此致敬礼"之后再写一句"祝你身体健康",就属画蛇添足了。

为了给收信人亲切感和尊重感,笺文中首先要得体称呼、礼貌招呼;要有寒暄应酬语,也要有结束应酬语;给长辈、上级写信,署名后不要忘了礼告敬辞;讲究启封辞和缄封辞。

有关的书信用语见本节附录。

2. 言之有物,通情达理。无论写给谁看,信中所述内容都应该实在、真诚,有情有理,以利了解与合作,增进联系和往来。

3. 字迹工整清晰,文辞通顺畅达。书信从内容到形式都让人赏心悦目,才能达到交际的目的。不可卖弄书法,龙飞凤舞;也不可卖弄词藻,诘屈聱牙。

(二) 电子邮件

电子邮件是一种新兴的书信形式,因其快捷、便利甚至出现了取代传统书信的趋势。电子邮件的写作和使用,也应该遵守相应的礼仪。它既是现实社会文化的一种延伸,同时又具有与传统社会礼仪完全不同的性质。电子邮件方面的礼仪,具体应该包括:

1. 一定要填写电子邮件的主题词,这样对方阅读电子邮件目录时,就会尽快决定阅读的重点和轻重缓急。

2. 不要传递超过几百 K 的大容量图片、带有艺术字体或彩色底纹背景的文件,以免使对方有限容量的信箱超载。这主要是指在邮局申请的信箱,而申请的免费邮箱则没有这个限制。但也不要直接传送非文本格式的文件,或容量太大的邮件,它会造成因传送失败而浪费网络资源的情况发生。

3. 在利用对方电子邮件回复对方的时候,不要把对方的信件内容又一次传递过去,这样会加剧网络传输的阻塞和拥挤。正确的做法是删去对方信件的内容,只发送你自己的信息。

4. 对收到要求回复的电子邮件,要及时给予答复,不要有来无回、石沉大海,这是不礼貌的。

(三) 短信

短信这个新名词的出现只有 20 来年,它伴随着手机使用,可以超越时间和空间的限制,快捷地传递信息。但是"大拇指一族"往往忽视了短信礼仪。比如,有的人发短信给长辈没有称呼,有的人发短信不署名,还有的短信内容低级庸俗,有的夜半"骚扰"。

为了和谐交往,我们应该做到:

1. 注意署名。
2. 一来一往足矣。
3. 上班时间不要没完没了地发短信。
4. 发短信不能太晚,回复也不能太晚。
5. 短信预约电话比较好。
6. 用短信提醒备忘。
7. 不文明、不健康、无品位的短信不要转发。
8. 及时删除不想让人看到的短信。
9. 避免短信内容雷同,最好自己精心编写。

10. 不要忘了给自己的家人发短信报平安与祝福。

二、常用信函
(一) 求职信

求职信是表达求职愿望,显示任职实力的一种专用书信。求职信切忌写得过长,有的放矢地说明对这个职位产生兴趣或想面谈的原因即可,一般一页纸足矣。不同的职位应写不同的求职信,不可"以不变应万变"。

1. 求职信的格式、内容。与普通书信无异,求职信主要包括收信人称呼、正文、结尾、署名、日期和附录共六个方面的内容。

(1)称呼。求职信的称呼书写时必须正规,如果是写给国家机关或事业单位的人事部门负责人,可用"尊敬的××处(司)长"称呼;如果是"三资"企业高级管理人员,则用"尊敬的××董事长(总经理)先生";如果是各企业的厂长、经理,则可称之为"尊敬的××厂长(经理)";如果写给院校人事处负责人或校长的求职信,可称"尊敬的××教授(校长、老师)"。求职信不管写给什么身份的人,都不要使用"××老前辈"、"××"师兄(傅)"等不正规的称呼。如果打探到对方是高学历者,可以用"××博士"、"××硕士"称呼之,则对方会更为容易接受,无形中对你产生一种亲切感。

(2)正文。求职信的中心部分是正文,形式多种多样,但内容都要求说明求职信息的来源、应聘职位、个人基本情况、工作成绩等事项。首先,写出信息来源渠道,如:"得悉贵公司正在拓展省外业务,招聘新人,且昨日又在《××商报》上读到贵公司的招聘广告,故有意角逐营业代表一职。"如果你并不知道他们是否需要招聘新人时,也可以投石问路,如:"久闻贵公司实力不凡,声誉卓著,产品畅销全国。据悉贵公司欲开拓海外市场,故冒昧写信自荐,希望加盟贵公司。我的基本情况如下……"这种情况下用"冒昧"二字就显得很有礼貌。

其次,在正文中要简明扼要地介绍自己与应聘职位有关的学历水平、经历、成绩等,令对方从阅读完毕之始就对你产生兴趣。但这些内容不能代替简历,较详细的个人简历应作为求职信的附录。

最后,应说明能胜任职位的各种能力,这是求职信的核心部分。其目的无非是表明自己具有专业知识和社会实践经验,具有与工作要求相符的特长、兴趣、性格和能力。总之,要让对方感到,你能胜任这个工作。在介绍自己的特长和个性时,一定要突出与所申请职位有联系的内容,千万不能写上那些与职位毫不沾边的东西,比如你应聘业务代表一职,却在求职信中大谈"本人好静,爱读小说"等与业务无关的性格特征。

（3）结尾。在求职信的末尾，一般应表达两个意思，一是希望对方给予答复，并盼望能够得到参加面试的机会；二是表示敬意、祝福之类的词句，如"顺祝愉快安康"、"深表谢意"、"祝贵公司财源广进"等，也可以用"此致敬礼"之类的通用词。最重要的是别忘了在结尾认真写明自己的详细通讯地址、邮政编码和联系电话，如果让你的亲朋好友转告，则要注明联系方式以及联系人的姓名以及与你的关系，以方便用人单位与之联系。

（4）署名。按照中国人的习惯，直接签上自己的名字，并在其后加上"谨上"或者"敬上"即可。国外一般都在名字前写上诸如"你诚挚的"、"你忠实的"、"你信赖的"等之类的形容词，这种方法不能轻易效仿。

（5）日期。写在署名右下方，应用阿拉伯数字书写，年、月、日全都写上。

（6）附录。求职信一般要求和有效证件一同寄出，如学历证、职称证、获奖证书、身份证的复印件，并在正文左下方一一注明。

2．求职信写作的要领。主要有以下几方面：

（1）内容资料要简单扼要，不要超过两页，一定要把重点写在第一页。

（2）避免咬文嚼字和意义晦涩的措辞。

（3）可以使用第一人称和第三人称混用的笔法，如"我想向您介绍一位青年，他……"，这样可以避免自吹自擂的嫌疑。

（4）不要只罗列过去的职务，要用强有力的词语如"获得"、"创造"、"发动"、"增加"、"坚决"、"重建"、"革新"、"促成"、"解决"等，来写出实际工作的业绩，用精确的数字和事实列出你所取得过的成绩。

（5）用电子文本创造专业形象，重点部分采用粗体，字体设计不能花里胡哨，以免分散审阅者对重点内容的注意力；版面设计要能够吸引别人的目光，使用优质白纸和精良的打印机；要实事求是，不说虚假的话，否则面试时就会露出马脚。

【范文一】

自荐信

尊敬的领导：

您好！

我是×××大学×××系的一名学生，即将面临毕业。

四年来，在师友的严格教诲及个人的努力下，我具备了扎实的专业基础知识,系统地掌握了××××、××××等有关理论;熟悉涉外工作常用礼仪;具有较好的英语听、说、读、写、译能力;能熟练操作计算机办公软件。同时,我利用课余时间广泛阅读了大量书籍,不但充实了自己,也培养了自己多方面的技能。

此外,我还积极地参加各种社会活动,抓住每一个机会,锻炼自己。大学四年,我深深地感受到,与优秀学生共事,使我在竞争中获益;向实际困难挑战,让我在挫折中成长。我热爱贵单位所从事的事业,殷切地期望能够在您的领导下,为这一光荣的事业添砖加瓦,并在实践中不断学习、进步。

收笔之际,郑重地提一个小小的要求:无论您是否选择我,尊敬的领导,希望您能够接受我诚恳的谢意!

祝愿贵单位事业蒸蒸日上!

×××

××××年××月××日

【范文二】(圆括号内为点评)

求职信

尊敬的领导(你想给谁看?明确一点):

您好!感谢您在百忙之中审阅我的自荐书,谢谢!我是××工业学院2004届本科毕业生,得知贵单位发展前景广阔,根据我的学习情况、社会工作能力以及对贵单位的了解(有什么了解,应展开),故毛遂自荐(荐什么,你想做什么应直接说出来)。

过硬的专业技能是我自信的基础。在大学期间,我主修机械制造工艺与设备专业。我刻苦学习了这个专业的理论知识,对这个专业有深入的了解,并能熟练运用于实际工作中。课余,我努力学习计算机和计算机网络方面的知识,并积极参加实践,具备了该方面的基本知识和较强的动手能力。(专业技能过硬?并未体现出来!)

大学里,丰富多彩的社会生活和井然有序而又紧张的学习气氛,使我得到多方面不同程度的锻炼和考验;正直和努力是我做人的原则;沉着和冷静是我遇事的态度;爱好广泛使我非常充实;强烈的事业心和责任感使我能够面对任何困难和挑战。(与求职关系不大)

我热忱地期待在机械电子、计算机及其他领域(你到底想做什么?会做什么?其他领域具体指哪些领域?)得到您的垂青和接纳。如蒙贵单位录用,将不负厚望,尽最大忠诚与努力,以谦逊而自信的态度在贵单位步步实干,点滴积累,进一步充实自己,切实为贵单位作出贡献,共创辉煌未来!(适当表白一下即可,不需喊口号!)

如有机会与您面谈,我将十分感谢。

此致

敬礼!

自荐人:×××(加上"谨上"更好些)
2005年11月23日

(二)辞职信

辞职信是指辞退在单位中所担任的职务和工作所写的实用文书,可分集体辞职书和个人辞职书两种。

1. 格式、内容。辞职信内容包括以下几部分:

(1)标题。在第一行中间写"辞职书"三个字,或写"辞去×××工作"等字样。

(2)称谓。在第二行顶格写任职单位负责人姓名。

(3)正文。写明辞职的原因,辞去什么职务、什么工作。

(4)结语。在正文后面写表示歉意的语句。

(5)署名、日期。在正文右下方写上辞职人的姓名,在署名下面写具体的年、月、日。

2. 写作要领。写辞职信应掌握以下写作要领:

(1)抓住关键点。理由要充分、可信。写辞职书,一定要使辞职的理由充分、可信。因为只有理由充分、可信,才能得到批准。但陈述理由的文字应扼要,不必展开。在辞职信的开头要直接表明你辞职的意图,并说明你辞职的原因,是已经接受其他公司的聘用书还是有其他理由,比如搬迁到其他城市等。

(2)说明合同最终终止是哪一天。一般来说,应该在合同终止前2个星期提出辞职。

（3）在辞职信中最好表明你接受的其他公司的聘用职位更适合自己的事业发展目标。

（4）措辞要委婉、恳切。用委婉、恳切的言词来表明辞职的诚意。你还应当在信中向你的老板表示感谢，感谢他能提供给你为公司服务的机会。

【范文】

辞职信

××：

您好！

首先，非常感谢您这一年来对我的信任和关照。

回顾一年来的工作，越来越觉得来××工作是我的幸运。我一直非常珍惜这份工作，一年多来公司领导对我的关心和教导，同事们对我的帮助，让我感激不尽。在公司工作的一年多时间中，我学到很多东西，无论是在专业技能还是做人方面都有了很大的提高，感谢公司领导对我的关心和培养，对于我此刻的离开我只能表示深深的歉意。非常感激公司给予了我这样的工作和锻炼机会。但同时，我发觉自己从事××行业的兴趣也减退了，我不希望自己带着这种情绪工作，对不起您也对不起我自己。真得该改行了，刚好此时有个机会，我打算试试看，所以我决定辞职，请您支持。

请您谅解我做出的决定，也原谅我采取的暂别方式，我希望我们能再有共事的机会。我会在上交辞职报告后1~2周离开公司，以便完成工作交接。

在短短的一年内我们公司已经发生了可喜的巨大变化，我很遗憾不能继续为公司辉煌的明天贡献自己的力量。我只有衷心祝愿公司的业绩一路飙升！公司领导及各位同事工作顺利！

致

礼！

××

××××年×月×日

（三）感谢信

感谢信是对于支援、帮助、关心过自己的党政机关、企事业单位、社会团体或个人表示感谢的专用书信。感谢信依据不同的内容可以有不同的分法，如对象有集体、个人之分，形式有张贴、邮寄之别。无论怎么分类，都不影响感谢信的写法。

1. 格式、内容。感谢信通常由标题、称谓、正文和落款四部分构成。

标题。感谢信的标题通常由单独文种名称组成，如《感谢信》；也有的由感谢对象和文种名称共同组成，如《致某某剧院的感谢信》；再有就是由感谢双方和文种名称组成，如《××街道致××剧院的感谢信》。

称呼。写在开头顶格处，要求写明被感谢的机关、单位、团体或个人的名称或姓名，然后加上冒号。

正文。感谢信的正文从称呼下移一行空两格开始写，要求写上感谢的内容和感谢的心情。应分段写出以下几个方面：

第一，感谢的事由。精炼地叙述事情的前因后果，突出对方的好品德、好作风。叙述时务必交代清楚人物、事件、时间、地点、原因和结果，尤其重点叙述关键时刻对方的关心和支持。

第二，揭示意义。在叙事的基础上指出对方的关心支持和帮助对整个事情成功的重要性以及体现出的可贵精神，同时表明向对方学习的态度和决心。

第三，结尾。结尾要写上表示敬意、感谢的话，如"此致敬礼"、"致以诚挚的敬意"等。

第四，落款。感谢信的落款署上发文单位名称或发文者的姓名，并且署上成文日期。

2. 写作要领。感谢信的正文务必写清得到了哪些帮助，这些帮助又产生了哪些效果。

叙述事件时，要准确无误地叙述时间、地点，发生事件的其他详细情况。有时别人在做好事帮助他人时，可能自己并不在意，所以详细的叙述就尤其显得必要。

感谢信以感谢为主，所以感谢应真诚、朴素，表达谢意时要符合实际，说到做到。同时，感谢时要考虑感谢对象的身份、年龄、性别、学历修养等情况，以使自己的感谢恰到好处，切实可行。

感谢信在语言上的要求是精炼、简洁，遣词造句要把握好一个度，不可过分雕饰、过分华丽,否则会给人一种不实甚至虚伪之感。在篇幅上切记不可太长。所谓话不在多,点到为止。这样会更有余味,更能表达出自己的感谢之情。

【范文】

贺昌玉同学感谢《大学生》杂志为其呼吁捐款治病

《大学生》杂志社:

请贵刊转告全国所有关心我的大学生、解放军战士、工人、教师及各界朋友,我的病情经几家大医院治疗,目前已得到控制,现正在家休养。如不出意外,下学期开学即可返校学习。

顽疾缠身,是人生中的不幸,我是不幸的,疾病几乎摧毁了我和我的家庭。但我又是幸运的,由于《大学生》杂志的呼吁,一封封来自远方的书信、一张张几经周折转来的药方,使我那近乎停止跳动的心脏,又恢复了正常的节奏;几乎凝滞的血,又沸腾了起来。一双双援助的手,一颗颗充满爱的心,指明了我生活的路,温暖了我一家的心。

可敬的叔叔、阿姨、各位同学们,我和你们天各一方,相见无期,你们却把自己微薄的收入,甚至是你们的助学金、生活费给了我。你们当中甚至一些是残疾人,没有经济收入,却还想了各种办法来挽救我……近来我的脑海中经常出现你们的身影:有年迈的老人,有可爱的军人,有可敬的老师,还有很多我不相识的人……我无法具体描绘你们的形象,但你们高尚的品格、助人为乐的精神将永存于我心中,永存于我家乡父老的心中……

遗憾的是我不能面见答谢各位,在此请接受一个你们用爱心挽救的人的深深谢意,愿你们爱的春风暖遍祖国,充满世界。

为了不辜负你们的一片爱心和良好祝愿,我将继续我的学业,争取取得优异的成绩,报答关心我的远方的朋友们。

愿我们的心永远相通。

贺昌玉

×年×月×日

评析：这是贺昌玉同学为感谢《大学生》杂志为其呼吁捐款治病而写的一封感谢信(在编入本书时做了改动)，以表达他对广大热心读者的深深谢意。作者先向关心自己的社会各界朋友报告了自己的病情，之后写了感谢的原因：由于杂志社的呼吁，自己受到了救助，家人冷却的心得到了温暖。然后作者用较大的篇幅来抒发自己的感激之情，写出自己今后一定要努力学习，用优异的成绩报答朋友们的关怀。该感谢信中，作者清楚地交代了感谢的原因及事件发生的前前后后，表达了自己的感激之情，并展示了社会各界的关心所产生的结果及自己今后的打算，完全符合感谢信的一般写法。该感谢信语言朴实自然，措辞亲切中肯，可谓真情实感的自然流露。

（四）慰问信

慰问信是行政机关、企事业单位、社会团体或个人对工作中作出巨大贡献、取得优异成绩或遭遇天灾人祸、蒙受重大损失的集体或个人表示安慰、问候、鼓励和关切的专用信体。慰问信大多是以张贴、登报，在电台、电视上播放的形式出现的，是通过赞扬表达崇敬之情，或关切的方式来达成双方的情感交流和相互理解的，感情应真挚，语言要亲切。尤其是节日慰问，更是起着相互沟通情感的作用。

1. 格式、内容。慰问信通常有标题、抬头、正文、落款四部分构成。

（1）标题。慰问信的标题或单独由文种名称组成，如《慰问信》；或由慰问对象和文种名共同组成，如《给抗洪部队的慰问信》；或由慰问双方和文种名共同组成，如《朱德致抗美援朝将士的慰问信》。

（2）抬头（称呼）。慰问信的开头要顶格写上受文者的名称或姓名称呼。如果是写给个人的，应在姓名之后，加上"同志"、"先生"等字样，后加冒号。如"郑州市人民政府："、"鲁迅先生："。

（3）正文。正文要另起一行，空两格写慰问的内容。慰问的正文一般由发文目的、慰问缘由或慰问事项等几部分构成。

其一，发文目的。此部分要开宗明义，写清楚发此信的目的是代表何人向何集体表示慰问。如"中共杭州市委慰问驻杭部队军烈及转业军人"的开头："值此×××年新春佳节即将到来之际，中共杭州市委、市人大常委会、市人民政府、市政协代表全市人民，真诚地向你们及你们的亲属表示亲切的慰问，并致以崇高的敬意。"

其二，慰问缘由或慰问事项。本部分要概括地叙述对方的先进思想、先进事迹，或战胜困难、舍己为人、不怕牺牲的可贵品德和高尚风格；或者简要叙述对方所遭受的困难和损失,以示发信方对此关切的程度,并要表现出发信方的钦佩或同情之情。

其三,结尾。结尾表示共同的愿望和决心。如"让我们携手并进,为早日实现祖国的四个现代化而共同奋斗",又如"……困难是暂时的,最后的胜利一定属于我们!"等。接着写祝愿的话,如"祝你们取得更大的成绩"、"祝节日愉快"等等,但"祝"字后面的话应另起一行,空两格写,不得连写在上文末尾。

(4)落款。慰问信的落款要署上发文单位或发文个人的称呼,并在署名右下方署上成文日期。

2.写作要领。写作慰问信时以下方面特别需要注意:

(1)要向对方表示出无限亲切、关怀的感情,使对方有一种温暖如春的感觉。

(2)要较全面地概括对方的可贵精神,并提出希望,勉励他们继续努力工作,刻苦奋斗,取得胜利。

(3)行文要诚恳、真切,措辞要恰当,篇幅要短小。

【范文】

致邹韬奋夫人沈粹缜的慰问信

粹缜先生:

在抗战胜利的欢呼声中,想起毕生为民族的自由解放而奋斗的韬奋先生已经不能和我们同享欢喜,我们不能不感到无限的痛苦,您所感到的痛苦自然是更加深切的了。我们知道,韬奋先生生前尽瘁国事,不治生产,由于您的协助和鼓励,才使他能够无所顾虑地为他的事业而努力。现在,他一生光辉的努力已经开始获得报偿了。在他的笔底,培育了中国人民的觉醒和团结,促成了现在中国人民的胜利,中国人民一定要继续努力,为实现韬奋先生全心向往的和平、团结、民主的新中国而奋斗不懈。韬奋先生的功业在中国人民心目中永垂不朽,他的名字将永远是引导中国人民前进的旗帜。想到这些,您,最亲切地了解韬奋先生的人,一定也会在苦痛中感到安慰的吧!您的孩子——嘉骝,在延安过得很好,他的品格和勤学,都使他能无负于他的父亲,这也一定是可以使您欣慰的事吧!向您致衷心的慰问,并祝您和您的孩子们健康!

周恩来启
卅四年九月十二日

评析:在胜利的欢呼声中,周恩来同志没有忘记为民族的解放事业而奋斗的志士们。这篇慰问信情真意切,表达了周恩来同志对逝者的敬慕和对逝者妻儿的关怀。文中高度评价了韬奋先生为革命事业所做的贡献和工作。"他的名字将永远是引导中国人民前进的旗帜。"这是多么高的赞颂!抚慰生者是该慰问信的最大特点,作者除了歌颂逝者的功德外,没有忽略生者的贡献和生者的情感需要。他赞扬了沈粹缜女士的功绩,同时没有忘记告之她孩子的生活和学习情况。这封慰问信没有套话和官话,有的是真挚的慰问。今天读来,仍能感受到周恩来同志对逝者的情谊和对生者的关心。

(五)介绍信

介绍信是机关团体、企事业单位的人员与其他单位或个人联系工作、了解情况、洽谈业务、参加各种社会活动使用的一种专用书信。介绍信包括铅印成文不留存根的印刷介绍信;铅印成文带存根的印刷介绍信;用一般公文纸写的书信式介绍信。介绍信适用于单位与单位之间的工作来往所需,是一种较为正规的具有一定凭证作用的信件,在日常工作和社会生活中用得较多。

一般来讲,介绍信通常可以分为手写式介绍信和印刷式介绍信。手写式介绍信一般采用公文信纸书写或书写在机关、团体、单位自制的信笺上,最后只要加盖公章即可。在正规的场合下少用这种介绍信。印刷式介绍信是一种正式的介绍信,铅印成文,内容格式等已事先印刷出来,使用者只需填写姓名、单位,另加盖公章即可。我们这里以印刷式介绍信为例介绍一下写法。

1.介绍信的格式与写法。介绍信一般应包括标题、称谓、被介绍者简况、事由、署名日期和有效期等一些内容。印刷式介绍信一般由存根联、正式联和间缝三部分组成。

(1)存根部分。第一行正中写有"介绍信"三个字,字体要大;紧接"介绍信"三个字后,用括号注明"存根"两个字。

第二行。在右下方写有"××字×号"字样。"×号"是介绍信的页码编号。

正文。另起一行写介绍信的内容,具体有:被介绍对象的姓名、人数及相关的身份内容介绍,前往何处何单位,办理什么事情,有什么要求等。

结尾。结尾只注明成文日期即可,不必署名,因为存根仅供本单位在必要时查考而已。

(2)介绍信的间缝部分。存根部分同正文部分之间有一条虚线,虚线上写有"××字第××号"字样。这里可照存根第二行"××字×号"的内容填写。要求数字要大写,如"壹佰叁拾肆号",字体要大些,便于从虚线处截开后,字迹在存根联和正文联各有一半。同时,应在虚线正中加盖公章。

(3)正式联部分。第一行正中写有"介绍信"字样,字体较大。

第二行在右下方有"××字××号"字样,内容照存根联填写。

称谓。称谓要顶格写,写明所联系的单位或个人的称呼或姓名。

正文。正文应另起一行,空两格起再写介绍信的具体内容。内容同存根内容一样,主要写明持介绍信者的姓名、人数以及要接洽的具体事项、要求等。

结尾。写明祝愿或敬意的话,一般要写些诸如"请接洽"、"请指教"、"请协助"之类的话,后边还要写"此致敬礼"。最后要注明该介绍信的有效期限。

署名。在右下方要署上本单位的全称,并加盖公章,同时另起一行署成文日期。介绍信写好后,应装入公文信封内。信封的写法与普通信封相同。

2.写作要领。介绍信的写作要领有以下几点:

(1)要填写被介绍人的真实姓名、身份,不得虚假编造,冒名顶替。

(2)所接洽办理的事项要写清楚,与此无关的不要写。介绍信要简明扼要,不可太长。

(3)介绍信务必加盖公章,以免日后造成不必要的麻烦。查看介绍信时,也要核对公章和介绍信的有效期限。

(4)有存根的介绍信,存根联和正式联要内容完全一致。存根底稿要妥善保存,以备今后查考。

(5)介绍信书写不得涂改,要书写工整。有涂改的地方,可加盖公章,否则此介绍信将被视为无效。

【范文】

介绍信(存根)

××字第××号

兹介绍×××等同志×人前往×××联系××××。

×年×月×日

············第···········号·········

介绍信

××××:

　　　　　兹介绍×××等同志×人,前往你处联系××××,请
　　　予接洽并给予协助。
　　　　　此致
　　　敬礼!

　　　　　　　　　　　　　　　　　　　　　　××××(公章)
　　(有效期××天)　　　　　　　××××年×月×日

(六)证明信

　　证明信是以行政机关、社会团体、企事业单位或个人的名义凭借确凿的证据证明某人的身份、经历或某件事情的真实情况时所使用的一种专用书信,具有凭证的特点。证明信一般也直接称作证明。证明信以开具证明人的不同而分为以组织的名义所发的证明信和以个人的名义所发的证明信两种。而以组织的名义所发的证明信还可再分为普通书写的证明信和印刷证明信两种。

　　1.格式与写法。不论是哪种形式的证明信,其结构都大致相同,一般都有标题、称呼、正文、署名和日期等构成。

　　(1)标题。证明信的标题通常单独以文种名作标题,居中;也有由事由和文种名共同构成的,如"关于×××同志××情况(或问题)的证明"。

　　(2)称呼。在第二行顶格写上受文单位名称或受文个人的姓名称呼,然后加冒号。有些供有关人员外出活动证明身份的证明信因没有固定的受文者,开头可以不写受文者称呼,而是在正文前用公文引导词"兹"引起正文内容。

　　(3)正文。正文要在称呼写完后另起一行,空两格书写。要针对对方所要求的要点写,要你证明什么问题就证明什么问题,其他无关的内容不写。如证明的是某人的历史问题,则应写清人名、何时、何地及所经历的事情;若要证明某一事件,则要写清参与者的姓名、身份,及其在此事件中的地位、作用和事件本身的前因后果,也就是要写清人物、事件的本来面目。正文写完后,要另起一行,顶格写上"特此证明"四个字。也可直接在正文结尾处写出。

　　(4)落款。落款即署名和成文日期。要在正文的右下方写上证明单位或个人的姓名称呼,成文日期写在署名下另起一行,然后由证明单位或证明人加盖公章或签名、盖私章,否则证明信将是无效的。

　　2.写作要领。证明信的写作要领有:

　　(1)以个人名义所发的证明信,还需以单位的名义写明写证明信者本人的政治面貌、工作情况等,以便使审阅证明信的人了解证明人的情况,从而鉴别证

明材料的真伪与可信程度。

(2)个人所写的证明信的内容如果本人不太熟悉,应写"仅供参考"的提示性语言。因为证明信有时是作为结论性证据的,所以要实事求是,严肃认真,要尽量言之有据。

(3)对于随身携带的证明信,一般要求在证明信的结尾注明有效时间、过期无效的期限。证明信的语言要十分准确,不可含糊其辞。证明信不能用铅笔、红色笔书写,若有涂改,必须在涂改处加盖公章。

【范文一】作为证件用的证明信:

证明信

　　我厂工程师×××同志,技术员×××同志,前往湖北、广东、海南等省,检查并修理我厂出产的××牌热水器,希有关单位给予帮助。

　　特此证明。

×××厂

×年×月×日

【范文二】对研究生身份的证明信:

证明信

×××局党委:

　　××同志,男,现年40岁,一九六四年九月考入我校学习,系×××教授的研究生,一九六七年九月毕业。由于历史原因,毕业时未能发给研究生毕业证书,现即将补发。特此证明。

　　此致

敬礼

××大学校长×××(签名)

×年×月×日

(七)邀请书

邀请书是行政机关、企事业单位、社会团体或个人邀请有关人士前往某地参加某项活动或事宜的专用书信。邀请书又称邀请信。

1. 格式与写法。邀请书通常由标题、称呼、正文、结尾和落款五部分组成。

(1)标题。邀请书的标题一般有两种构成方式,单独以文种名称组成,如《邀请书》、《邀请信》;由发文原因和文种名称共同组成,如《关于出席亚太经济发展会议的邀请书》。

(2)称呼。要顶格写被邀请的单位或个人的名称或姓名,也就是要写明主送对象,如:"×××大学"、"××同志"。

(3)正文。邀请书的正文通常要求写出举办活动的内容、活动目的、活动时间、活动地点、活动方式、邀请对象以及邀请对象所作的工作等。活动的各种事宜务必在邀请书中写清楚、写周详。若附有票、券等物也应同邀请书一并送给主送对象。若相距较远,则应写明交通路线,以及来回接送的方式等。其他差旅费及活动经费的开销来源、被邀人所应准备的材料文件、节目发言等也应在正文中交代清楚。

(4)结尾。结尾处要求写上礼节性的问候语。如:"恳请光临"、"致以敬意"等等。

(5)落款。邀请书的落款要署上发文单位名称或发文者个人的姓名,署上发文日期。邀请单位还应加盖公章,以求慎重。

2.写作要领。邀请书有以下写作要领:

(1)语言要含有尊敬之意;

(2)邀请书务必事项周详;

(3)邀请书要提前一周至10天发送,故应提早拟写完毕。

【范文一】

邀请书

尊敬的×××教授:

　　学会决定于××××年×月×日在××市华祥宾馆举办民间文学理论报告会。恭请您就有关民间文学的现状与发展发表高见。务请拨冗出席。

　顺祝

健康!

××省文学研究会
联系人:×××
××××年×月×日

【范文二】

邀请书

××大学：

  根据省委宣传部关于今年重大活动宣传的统一部署，我厅将举办"五月的鲜花——纪念'五四'运动八十五周年大型歌咏会"，由××教育电视台等单位负责承办。本活动时间拟定为5月2日下午，在××工业大学室外演出并电视直播。因演出活动的需要，经编导与贵单位领导初步协商落实，今正式向贵单位发出参加活动邀请书。请将回执单填好传真给××教育电视台节目编导组。因本次演出纪念活动为全省电视直播，恳请贵单位认真抓好节目的整体质量。节目审查时间为4月20日左右。具体事宜请与编导组联系。

  联系电话（传真）：8077×××—33×× 联系人：王×、周××、陈×

  另外，请贵单位领队及节目指导教师于本月23日（星期二）下午2:00到××教育电视台四楼会议室参加节目协调会。

  此致

敬礼

××广播电视厅（章）
二〇〇四年三月十九日

（八）请柬

  请柬，又叫请帖，是为邀请宾客而发出的书面通知。请柬在社会交际中被广泛应用。一些公务活动包括召开较隆重的会议需要请柬；人们在结婚、祝寿、生育或举行其他庆典活动时，为邀请亲友赴宴或与会，也常常需要发请柬给被邀请者。发请柬是为了表示对客人的尊敬，也表明邀请者的郑重态度，所以请柬在款式和装帧设计上应美观、大方、精致，使被邀请者体味到主人的热情与诚意，感到喜悦和亲切。现在通行的请柬形式有双柬帖与单柬帖两种：双柬帖即双帖，将一张纸折成两等分，对折后成长方形；单柬帖即单帖，用一张长方形纸做成。无论双帖、单帖，帖文的书写或排版款式均有横排、竖排两种。

请柬的篇幅有限,书写时应根据具体场合、内容、对象,认真措辞,行文应达、雅兼备。达,即准确;雅,就是讲究文字美。在遣词造句方面,有的使用文言语句,显得古朴典雅;有的选用较通俗易懂的语句,显得亲切热情。不管使用哪种风格的语言,都要庄重、明白,使人一看就懂,切忌语言的乏味和浮华。

1. 请柬的格式与写法。请柬通常由标题、称呼、正文、结尾、落款五部分组成。

（1）标题。双柬帖的封面印着或写明"请柬"二字,一般应做些艺术加工,即采用名家书法、字面烫金或加以图案装饰等。有些单柬帖,"请柬"二字写在顶端第一行,字体较正文稍大。

（2）称呼。无论单帖、双帖,在帖文行文方面大致是一样的。帖文首行顶格书写被邀请者的姓名或被邀请单位的名称。有的请柬把被邀请者的姓名或单位名称放在末行,也要顶格书写。

（3）正文。写明被邀请者参加活动的内容,如参加座谈会、联欢会、宴会,应交代具体时间、地点。若有其他活动,如观看影视表演,应在请柬上注明或附入场券。

（4）结尾。写"敬请光临"、"致以敬礼"等,古代称此为"具礼"。

（5）落款。最后应写明邀请人的单位或姓名和发出请柬的时间。

2. 写作要领。竖排是请柬最为常用的形式,它更符合中国人的文化传统。因此,在购买已印制好的请柬时,可根据对方的具体情况选择合适的请柬版式。另外在书写请柬时,还应注意字体的大小、疏密、排列等问题,务必做到美观大方。

请柬的文字较讲究,文言色彩较浓,还有一些固定的用语,如父亲称"家严",母亲称"家慈";男子生日称"悬弧",女子生日称"设悦";晚辈为父母亲祝寿发出寿柬,儿子自称"承庆子",若有祖父母在,则自称"重庆子";"厚仪"指客人赠送的礼品,"敬备薄酌"表示要请客吃饭;"特洁燕酌"标明是乔迁新居请客;"熊罴"是生子的吉祥语;"汤饼"则是自己办置酒席的谦称。"敬请光临"中的"光临"要抬头顶格书写,以示礼貌。不可将被邀请人姓名写在"敬请"后面。

现今,请柬在写法上也日益与现代人们的书写习惯相适应。横排书写的请柬越来越多,请柬措辞的文言色彩也有所减弱。

如果需要对方明确答复是否应邀,以便主人有所准备,则须在请柬上提出回函要求。

【范文一】嫁女宴请客人婚柬

××先生：

小女××八月十日于归，荷蒙厚仪，谨订于是日下午五时淡酌候教

　　　　　　　　　　××鞠躬
　　　　　　　　　　席设聚宝酒楼餐厅
　　　　　　　　　　恕不介催

（如果是请尊辈，则不宜写"恕不介催。"）

【范文二】新居落成请柬

谨择于七月十日迁居处特洁燕酌敬候

光临

　　　　　　王××敬约

【范文三】父母双寿的请酒寿柬

十月九日为家严慈秩双寿恭备薄酌

敬请

李府孝慈校　　玉赐

　　　　　　　　　　耿×顿首
　　　　　　　　　　十月五日

【范文四】生子女请酒贴

喜得一男（女）谨于八月八日洁治汤饼

敬请

王府志明舅父大人　　玉赐

　　　　　　　　　　愚外侄晓明鞠躬
　　　　　　　　　　八月四日

【范文五】邀请记者请柬

××电视台：

兹定于五月四日晚八时整，在××大学学习堂举行"五四"青年诗歌朗诵会，届时恭请贵台派记者光临。

　　　　　　　　　　××大学团委
　　　　　　　　　　五月二日

附录：

1.家族关系称谓表

第五章 秘书文书礼仪

称呼对象	称呼(称谓)	对此自称	对他人称其家族中人	对他人称自己家族中人
父亲的父母	祖父母	儿孙女	令祖母	家祖母
父亲的伯(叔)父母	伯(叔)祖父母	侄孙女	令伯(叔)祖母	家伯(叔)祖母
父生养母	父亲母	男(或儿)女儿	尊令堂	父(严、尊)家母(慈)
兄父亲的嫂	父伯母	儿侄女	父令伯母	父家伯母
弟父亲的媳	叔父婶母	儿侄女	叔父令婶母	叔父家婶母
兄(哥)兄妻	兄哥(或某)嫂嫂	弟妹	兄令嫂	兄家嫂
弟弟妻	弟弟(或某)弟妹妹	兄姊、姐	弟令弟妹	弟舍弟妹
姊(姐)妹	姊(姐)姐(或某)妹妹	弟妹	姊令妹	家姊舍妹
丈夫	夫子(或夫君)某某(单称名或字)	妻某某(单称名或字)	某先生(或尊夫君)	外子
妻子	吾妻(或贤妻)某某(单称名或字)	夫某某(单称名或字)	尊夫人嫂	内子(人)

续表

称呼对象	称呼(称谓)	对此自称	对他人称其家族中人	对他人称自己家族中人
子女	儿 儿 吾（或某某） 女 女	父 母	郎（或公子） 令 媛（或爱）	儿 小 女
子 兄(弟) 女	侄（或侄儿） 侄女	伯（叔）父 姑母	侄 令 侄女	侄 舍 侄女
子 儿子的 女	儿孙 儿孙（或某某） 女孙女	父 祖 母	孙 令 孙女	孙 小 孙女
子 侄儿的 女	孙 贤侄 孙女	祖 伯（叔） 祖母	孙 令侄 孙女	侄 舍侄 孙女
儿 侄媳 孙	某某 贤媳（或） 某某儿	父 伯（叔）祖 母	儿 令侄媳 媳	儿 小侄媳 孙
父 丈夫的 亲 母	公父 （或亲） 婆母	媳（或儿）	公 令 婆	公爹 家 婆母
父 丈夫的伯(叔) 母	父（翁） 伯（叔） 母（或婶母）	侄媳	父（翁） 令伯（叔） 母（姑）	父（翁） 家伯（叔） 母（姑）

注：(1)对他人称自己家族中已故的尊辈，将"家"字换成"先"字，如先祖父（或先祖考）、先祖母（或先祖妣）、先父（或先考、先严），先母（或先妣、先慈）、先兄、先姊；

(2)对他人称自己家族中已故的平辈或晚辈，将"舍"字换成"亡"字，如亡夫、亡妻、亡弟、亡妹等；

(3)称他人时加贤、爱等词，自称时加愚；表格中的"某某"代字或号。

2. 亲戚关系称谓表

称呼对象	称呼（称谓）	对此自称	对他人称其家族中人	对他人称自己家族中人
姐(妹) 父亲的 姐(妹)丈	母 姑 丈	侄(或内侄) 侄女(内 侄子)	母 令姑 丈	母 家姑 丈
父 母亲的 母	父 外祖 母	孙 外 孙女	父 令外祖 母	父 家外祖 母
兄(弟) 母亲的 嫂(弟媳)	父 舅 母	甥 外 甥女	父 令舅 母	舅 家 舅母
姐(妹) 母亲的 姐(妹)丈	甥 姨 丈	甥 姨 甥女	父 令姨 母	父 家姨 母
伯(叔) 父亲的表 嫂(弟媳)	父 表伯(叔) 母	侄 表 侄女	伯(叔) 令表 伯(叔)母	伯叔 家表 伯(叔)母
兄 母亲的表 嫂(弟媳)	父 表舅 母	甥 表 甥女	舅 令表 舅母	舅 家表 舅母
父 妻子的 亲 母	父 岳 母	子婿(或婿)	岳 令 岳母	岳 家 岳母
父 妻子的伯(叔) 母	父 伯(叔)岳 母	侄婿	岳 令伯(叔) 岳母	岳 家伯(叔) 岳母
父 兄(弟)的岳 母 公爹 姐(妹)的 婆母	父 姻伯(叔) 母	侄 姻 侄女	令亲	舍亲

续表

称呼对象	称呼(称谓)	对此自称	对他人称其家族中人	对他人称自己家族中人
父 儿子的岳 母 公 女儿的 婆	翁 亲家 母	弟 姻愚 妹	翁 令亲家 母	翁 敝亲家 母
姊 的丈夫 妹	姊(姐) 丈 妹	弟 内 兄 妹 姨 姊	令姊(妹)丈	家姊丈 舍妹丈
姑 家的 姨 兄 嫂	兄 表 嫂	弟 表 妹	兄 令表 嫂	兄 家表 嫂
兄 妻子的 弟	兄 兄 内(或) 弟弟	妹 婿 姊	兄 令内 弟	兄 敝内 弟
姊 妻子的 丈 妹	兄 襟 弟	兄 襟 弟	令僚婿	敝连襟
侄 妻子娘家 侄女	侄 贤内 侄女	姑丈	侄 令内 侄女	侄 舍内 侄女
儿 女儿的 女	孙 贤外 孙女	父 外祖 母	孙 令外 孙女	孙 舍外 孙女
儿 姐妹的 女	甥 贤 甥女	舅 愚 舅母	甥 令 外甥	甥 舍 甥女

续表

称呼对象	称呼（称谓）	对此自称	对他人称其家族中人	对他人称自己家族中人
女儿的丈夫	贤婿	岳 愚 岳母	令婿	小婿
儿 表兄弟的 女	侄 贤表 侄女	伯(叔) 愚表 伯母(叔母)	侄 令表 侄女	侄 舍表 侄女
侄 姻亲家的 侄女	侄 贤姻 侄女	愚	令亲	舍亲

注：亲戚中的姻伯、姻叔、姻兄、姻侄等，均指联姻的亲戚中无一定称呼者，如弟兄的岳父母、内兄内弟、姐妹的公婆、姐妹丈夫的兄弟，乃至妻子的表兄弟等。

3. 师友世交关系称谓表

称呼对象	称呼（称谓）	对此自称	对他人称其师友世交	对他人称自己师友世交
父 老师的 母	公 太师 母	门下晚生		
老师(男老师) 老师的妻子	老师(或吾师) 师母	生(或学生、受业)	业师 令 师母	业师 敝 师母
老师(女老师) 老师的丈夫	老师(或吾师) 师丈(或某先生)	生(或学生)	业师 令 师丈	业师 敝 师丈
父 世交的叔(伯) 母	父 世叔(伯) 母	侄 世 侄女		
兄 世交的 姊	兄兄 世(或吾) 姊姊	弟弟 世(或吾) 妹妹	令友	敝友

续表

称呼对象	称呼(称谓)	对此自称	对他人称其师友世交	对他人称自己师友世交
比自己年长的同学	兄 学长(或学) 姊	弟弟 学(或) 妹妹	贵同学	敝同学
比自己年幼的同学	弟 学 妹	学兄兄 (或) 学姊姊	贵同学	敝同学
自己的学生	弟 仁棣(或学) 妹	小兄 (或友生) 愚姊	令高足	门人 敝 学生

注：(1)世交中的平辈人，如果交情比较深，则称吾兄(或某某兄)、吾姊(或某某姊)、某弟、某姊更为亲近；

(2)世交中的叔伯之分，视双方父母年龄大小而定。

第三节　告启类文书礼仪

"告启"，从字面上解释，"告"是告知、告白、告诉；"启"是陈述、开导、启发。告启类文书是把各种事物，通过一定形式的媒介，公开而广泛地公诸于世，以达到预定的目的。告启类文书具有广泛群众性、公开宣传性、内容真实性、具体实用性和表述说明性的特点。它可以在公开场所张贴，也可以通过报纸杂志刊登，还可以通过电台、电视台、网络播放，形式自由灵活。告启类文书主要有启事、告白、声明、海报四种。

一、启事

启事是机关团体、企事业单位、公民个人有事情需要向公众说明，或者请求有关单位、广大群众帮助时所写的一种说明事项的实用文体。这种文体，有的具有广告性质，可代替广告使用，但广告不能全代替启事用。比如，"寻人启事"不能写成"寻人广告"，"征婚启事"不能写成"征婚广告"等。

启事的格式与写法如下：

第一部分：标题。在第一行中间用比正文大的字写上文种"启事"或说明事项内容和文种，如"招生启事"、"征稿启事"、"招聘中学教师启事"等。还有一种，写明启事单位名称加内容和文种，如"北京显像管厂聘请法律顾问启事"等。

第二部分：正文。从第二行空两格写正文。正文因启事所说明的事项不同而异。总的要求是要说得有条理，清楚明白，简明扼要。正文后可以写上"此启"或"特此启事"的结束语，也可不写。

第三部分：落款。在正文下一行偏右边，写上启事单位名称，如"××公司"、"××人"。单位名称已写入标题，后边就不必再写了，只写联系地址、电话号码、邮政编码、联系人，年、月、日。

【范文】

遂平华强塑胶公司高薪诚聘

本公司专营塑料包装袋多年，规模产值稳居全国同行前列，前景广阔，正值高速发展阶段，诚邀管理精英加盟，公司将提供优厚的薪金待遇，也可由应聘者提出薪金要求再商议。经省人才交流中心批准，现诚聘以下职位：

一、生产现场经理：男，45岁以下，口才较好，作风正派，刻苦务实，分析判断力强，有现场管理数千员工的实力和资历。

二、生产厂长：男，40岁以下，刻苦耐劳，处事果断，能独当一面解决千人以上生产现场问题，当班全过程在车间，能够用多种办法强化劳动纪律和提高产品质量。

三、人事部主任：男，45岁以下，分析力强，擅长快速准确识别人才及适用岗位，口才好者优先。略逊以上条件者可任副职。

四、监事员：男，50岁以下，作风正派，敢于坚持原则维护企业利益，擅长财务监督，有纪检类领导经历者优先。

五、工业会计：女，40岁以下，三年以上会计工作经历，有会计证及职称，能独立处理全盘工业会计账目，字秀笔快，电脑熟（广州一名，××省若干名）。

六、采购部主任：男，30~50岁，有悟性，采购经验丰富，具有较强的采购谈判能力和市场分析判断力，善于领导下属拓展工作，需经常接触废旧塑料。

七、销售部主任：男，45 岁以下，有领导 20 名以上业务员的资历，业绩公认突出，对稳定老客户和开拓新市场具有独到精辟的见解。

以上各职位要求留在公司住宿，不吸烟。除广州会计外，均在××省××市工作（不收抵押金）。

重点提示：本公司要求严格，应聘者须认真衡量职位要求，勿贸然来厂，以免浪费双方时间。一经正式录用，由公司报销单程硬卧或汽车单程路费，公司不负责此外任何费用。欢迎应聘者直接面试：每周星期日 10～13 时，路线：××省××市北沿 107 国道 18 公里×× 县城入 15 公里铁西工贸区。或将近照、亲笔简历资料及联系电话寄××省××县铁西工贸区华强塑胶公司人事部，邮政编码：×××，信封注明应聘职位。合则专约，资料恕不退回。

评析：这则招聘启事语言简练得体，庄重严肃而又不失礼貌热情，足可以看出该公司招贤纳士的诚意。虚席以待各位贤士加盟，所需职位分项列出，就每项而言又提出具体要求，如：性别、年龄、特长等，有的还有住址限制。另外，职位均要求住宿在公司，不吸烟等。这则启事还有一个"重点提示"说明不是普通的招工，更显出公司的非同寻常，另外也显示出公司对招贤的严肃、认真与重视。最后提出应聘者面试的具体时间、乘车路线及须交验的材料、寄往何处、邮编等。总之，这则招聘启事主要目的很明显，是为了公司前途着想，诚恳地邀请社会各界贤士加盟，其认真、严肃的态度为公司的良好形象作了广告宣传作用。

二、讣告

讣告又称"讣闻"、"讣文"。"讣"原指报丧的意思，就是将人死了的消息报告给大家。讣告是机关、单位、个人把某人去世的不幸消息向死者的亲戚、朋友、家属发出的通告性文书。党和国家领导人去世，现在一般不用讣告而用公告或宣告，以表示隆重、庄严，是国内发生的大事。生死是人生中的大事，人死之后，机关、单位或生者亲属一般要进行一些悼念活动，来表示对死者的哀悼之情，寄托哀思，上至国家领导下至平民百姓无不如此。自古以来，人们在进行悼念活动时已形成了一些较为固定的形式，然而对于这些文体的写作，人们却知之较少，现将其写作格式和要求进行专门介绍。

第五章 秘书文书礼仪

(一) 讣告的形式

讣告通常而言有三种形式。一般性讣告：普通公民去世，用此讣告发布消息。公告式讣告：党和国家领导人去世，以此发布消息，以示隆重。它是由党和国家机关、团体作出决定发出的。新闻式公告：这种讣告作为一则消息在报纸上公布，旨在让社会各界人士知道。这种讣告的内容和形式都很简单，但也有的报道得较详细。一般性讣告是最常见的讣告形式。

(二) 一般性讣告的格式与写法

1. 标题。标题一般有两种形式，一种由文种名称组成，在头一行中间写上"讣告"二字。另一种由死者名和文种名共同构成，如"鲁迅先生讣告"。标题字体一般要略大于正文字体，或者给标题字加黑。

2. 正文。讣告的正文通常要写出下面几项内容：

首先，写明死者的姓名、身份、死因、逝世的具体时间、地点、终年岁数。这里需指出的是，终年也有的写为享年，意思是享受过的有生之年。享年一般用于自己的长辈或人们所敬重的老者；终年指死时已活到多少岁。终年的用法较为广泛，不带有感情色彩。

其次，简介死者生平主要经历及政治、学术、艺术、技术方面的主要成就。需要指出的是，这里死者的经历是其代表性的经历，而不是其个人履历的一种复写。

最后，告知吊唁、追悼会的时间、地点，接送车辆安排等其他有关事宜。

3. 落款。讣告的落款署明发讣告的单位、团体或个人的名称或姓名，以及发讣告的时间。

(三) 写作要领

讣告的语言要求准确、简练、严肃、郑重。

时代变化了，有些词语带有极强书面语味道的，在行文时，理应淘汰。如要用"先父"、"先母"代替过去的"先考"、"先妣"。

凡讣告的用纸，依据我国的传统忌用红色，一般用白纸、上书黑字即可。

一般性讣告需在告别仪式之前尽早发出，以便死者亲友及时地做出必要的安排和准备，如备花圈，写挽联等。

【范文一】

鲁迅先生讣告

鲁迅（周树人）先生于一九三六年十月十九日上午五时

二十五分病卒于上海寓所,享年五十六岁。即日移置万国殡仪馆,由二十日上午十时至下午五时为各界瞻仰遗容的时间。依先生的遗言:"不得因为丧事收受任何人的一文钱。"除祭奠和表示哀悼的挽词、花圈等以外,谢绝一切金钱上的赠送。谨此讣闻。

鲁迅先生治丧委员会
蔡元培、内山完造
宋庆龄、A. 史沫特莱
沈钧儒、萧三、曹靖华
许季、茅盾、胡愈之
胡风、周作人、周建人

【范文二】

讣 告

×××厂老工人王××同志,因长期患肝硬化,经多方医治无效,于二〇〇四年元月五日上午九时二十分逝世,终年××岁。

王××同志自参加工作以来,工作一贯负责,积极肯干,多次被评选为先进生产者,深受全厂职工的尊敬和好评。他的病逝,使我们失去了一个好同志。为了寄托我们的哀思,兹定于元月八日上午九时在本厂礼堂召开追悼会,希王××同志生前好友届时参加。

王××同志治丧委员会
二〇〇四年×月×日

【病例分析】

讣 告

夫张××(原××市××厂党委书记,离休)于19××年4月18日上午因病逝世,终年74岁。在此沉痛告知社会各界。张××遗体告别仪式定于4月24日在××殡仪馆举行,欢迎各位届时光临。

妻:王×× 率

　　　　　　子：××　媳：××　孙：××
　　　　　　女：××　婿：××　外孙：××泣告

该讣告存在以下问题：

首先,正文介绍死者逝世时间时,要写明具体时间,而该文"4月18日上午"说法模糊不清,可改为"4月18日上午几点几分"。

另外,死者仅是某厂的党委书记,不是社会上众望所归的领袖人物,故正文中"在此沉痛告知社会各界"不妥,可改为"在此沉痛告知其生前战友、同事和好友。"

第三,讣告语言要郑重、严肃。该讣告正文结尾"欢迎各位届时光临"一句失去了讣告的严肃性,显得极不庄重。

三、声明

声明是机关、团体、企事业单位就某些重要事项向公众作郑重说明,并标明取向、明确态度的应用文体。它着重在说明事项或情况的基础上,澄清是非真伪,以正视听。声明具有严正性和明确性的特点,目的是表明立场、观点,引起公众的注意和了解,保护自身的合法权益。

(一)声明的格式与写法

1. 标题。标题一般由单位名称、事由、文种组成。文种前有时加"严正"二字。如:"××造纸厂××牌纸巾被侵权假冒案的严正声明"。有的声明单位授权××律师,在标题上也标明,如"××集团授权××律师郑重声明"。简单的标题只写"声明"二字即可。

2. 正文。正文陈述声明的缘由和有关事项。以某企业发出的禁止对方侵权声明为例,主要应包括以下内容:①陈述本企业生产经营情况,拥有的著名商标等。②遭受过某企业哪些方面的侵权行为,陈述遭侵权的具体情况,如时间、采用的方法、手段等。③发出严正警告,停止一切侵权行为,否则将使用法律武器进行维权诉讼。

3. 结尾。最后应注明声明者的单位名称、日期。

(二)写作要领

声明的目的是维护权益、信誉,将损失降低到最小限度,虽通过媒体向公众发布,但写作时应具有针对性,直接对侵权者发出警告,表明鲜明的态度与严正的立场。

应直截了当、郑重地宣布声明的事项,语言准确严肃,语气果断坚定,没有回旋的余地。

【范文一】

××省食品进出口公司授权××市
律师事务所×××律师郑重声明

"榴花牌"是××省食品进出口公司于×××年依法申请的注册商标,该公司享有此注册商标的所有权。"榴花牌"白砂糖是××省食品进出口公司享誉国际市场的名牌产品,深受国内外消费者的信赖。但最近发现某单位未经该公司许可,擅自制造销售该公司"榴花牌"注册商标标识,并在同类商品上使用此商标。此种行为是违反我国商标法的严重侵权行为。为维护该公司合法权益,本律师经其特别授权郑重声明:凡有上述商标侵权行为的单位,必须立即停止非法行为。否则一经发现,本律师将诉诸法律,依法追究侵权者的法律责任。

××省食品进出口公司
××市律师事务所
2004年6月10日

分析:标题表明是授权声明;正文部分为维护企业权益、信誉,坚决反对擅自制造、冒用注册商标的侵权行为,表明严正态度;落款两单位并列署名,以示郑重。

【范文二】

声 明

本律师作为××经济特区贸易有限公司常年法律顾问,经授权声明如下:

××经济特区贸易有限公司是经中华人民共和国对外经济贸易合作部批准、具有法人资格的外资企业。本公司自×××年成立至今,从未在××省境内等任何地方设立任何形式的办事处或其他分支机构。

凡未经本公司法人代表授权,在××省境内冒用、盗用本公司名义进行任何形式的商务活动,包括签订的一切合同,一律无效,由此产生的后果本公司不予承担。

本公司依法保留追究违法冒用、盗用者的法律、经济责任的权利。

特此声明

××市法律事务所
律师:×××
2004年5月20日

分析:标题表明是律师授权声明;正文表明授权单位性质、机构设置情况以及声明的内容;落款完整,有律师事务所的名字,也有律师的名字,真实、郑重。

四、海报

海报是主办单位向公众报道举行文化、娱乐、体育等活动的一种事务文书。从内容分,海报有演出海报、讲演海报、比赛海报、展览海报等。从形式分,海报有文字海报和美术海报两种。海报的格式和写法如下。

(一)标题

海报的写法多种多样,标题的位置也可根据排版设计随意摆放。

1. 用文种作标题。有的海报标题只写"海报"两字。
2. 用内容作标题。
3. 以主办单位的名称为标题。

(二)正文

海报的正文要用简洁的文字写清楚活动内容、时间、地点、参加办法等。海报正文有以下3种形式:

1. 一段式。内容简单的通常只用三言两语,一段成文。例如,"×月×日下午×时,我校和××学院足球队在本校大操场进行友谊比赛,欢迎踊跃观赛。"

2. 项目排列式。内容稍多的可分项目,分项排列成文。

3. 附加标语式。有的海报在正文首或正文末加上排列整齐的标语,起画龙点睛的作用。配上这类标语之后,可起到渲染吸引作用,但要遵守真实的原则,不能哗众取宠,招摇撞骗。

(三)结尾

海报结尾的内容有主办单位、海报制作时间等。若正文已把有关内容写清楚了,可以不设结尾。有的结尾还加上一些吸引人的口号,如"售完即止！勿失良机"之类。

【范文】

海 报

特邀××学院××教授主讲

沟通:××

讲座形式:视频为主,辅以讲解。

发送时间:×××年×月×日至×日,每晚×时至×时。

地点:××××报告厅。

入场办法:×月×日起在本馆门口售票处售票,每票××元。

第四节 致词类文书礼仪

一、致词类文书基本礼仪

致词类文书往往是在一定的公开场合,为了协调关系、交流感情和增进友谊而向特定的对象表达欢迎、感谢、庆贺或一定观点主张的礼节性和仪式性应用文体。致词类文书主要有欢迎词、欢送词、答谢词、贺词、祝酒词、演讲稿。它的礼仪规范要注意下面几个方面的问题。

1. 称谓问题。致词类文书都有特定的受众,而且具有现场性,所以在称谓问题上要充分尊重,既要能概括受众的层次,又要礼貌地抓住受众的注意力。一般在称谓上的次序是:先特殊后一般;自上而下;由外到内;由疏到亲。如:"尊敬的各位来宾、朋友们""南极考察队陈德鸿总指挥及全体同志""朋友们、同志们""女士们、先生们、朋友们、同志们"。

2. 态度要友好、热情。致词类文书是建立在双方互相尊重的基础上的,除了在称谓前要有表示尊敬和亲切的修饰词,在正文的开头和结尾也要表现出浓厚的真情实意。这种情感要出于真诚,要自然流露,客套话也要恰到好处,不可过滥。如,"今天我们在这里欢迎我们尊贵的客人米勒先生和夫人,感到非常高兴！米勒先生和夫人是我们的老朋友,对我国人民怀有深厚的感情,对我国的建设事业做出了很大贡献。他们的到来,意味着我们的合作事业进入了一个崭新的阶段。在此,我们对二位的到来表示热烈的欢迎!""我们过去有过良好的合作基础,我相信,我们将愉快地进行新的合作。祝愿先生和夫人在访问中生活愉快！请为二位贵宾的到来干杯!"

3. 文化上雅俗共赏。不管是即兴演讲还是事先起草的礼仪致辞,都要注意场合、受众、时令及气氛等,用语上不仅要雅致、准确、生动、贴切,还要通俗易懂,语音上铿锵有力,不会出现理解上的混淆。适当地运用典雅的诗词、名言格句和民俗谚语,能增强文化气息和现场的互动。如,"有朋自远方来,不亦乐乎"出现在欢迎词中很恰当;"天下没有不散的筵席"出现在欢送词中较妥。国家元首出访,在答谢词中除了用上自己本国的格言,还可用东道国的诗句、名言,这样能缩短主客之间的文化距离,产生很好的效果。

二、常用文种

(一)欢迎词

欢迎词是由东道主出面对宾客的到来表示欢迎的讲话文稿。欢迎词指行政机关、企事业单位、社会团体或个人在公共场合欢迎友好团体或个人来访时致辞的讲话稿。

1. 特点。欢迎词有以下两个特点:

(1)欢愉性。中国有句古话是"有朋自远方来,不亦乐乎",所以致欢迎词应当有一种愉快的心情,言词用语务必富有激情和表现出致辞人的真诚。只有这样才可给客人一种"宾至如归"的感觉,为下一步各种活动的圆满举行打下好的基础。

(2)口语性。欢迎词本意是现场当面向宾客口头表达的,所以口语化是欢迎词文字上的必然要求,在遣词用语上要运用生活化的语言,既简洁又富有生活的情趣。口语化会拉近主人同来宾的亲切关系。

2. 分类。欢迎词有以下两种分类方法:

(1)欢迎词从表达方式上分,可分为:现场讲演欢迎词和报刊发表欢迎词。现场讲演欢迎词一般是由欢迎人在被欢迎人到达时在欢迎现场口头发表的欢迎稿。

报刊发表欢迎词,这是发表在报刊或公开发行刊物上的欢迎稿,它一般在客人到达前后发表。

(2)欢迎词从社交的公关性质上分,可分为和人交往欢迎词和公事往来欢迎词。

私人交往欢迎词。私人交往欢迎词一般是在个人举行较大型的宴会、聚会、茶会、舞会、讨论会等非官方的场合下使用的欢迎稿。通常要在正式活动开始前进行。私人交往欢迎词往往具有很大的即时性、现场性。

公事往来欢迎词。这样的欢迎词一般在较庄重的公共事务中使用。要有事先准备好的得体的书面稿,文字措辞上的要求较私人交往欢迎词更正式和严格。

3. 欢迎词的基本格式和写法。欢迎词一般由标题、称呼、正文和落款四部分组成。

(1) 标题。标题一般有两种写法。

一种是单独以文种命名,如"欢迎词"。另一种是由活动内容和文种名共同构成,如"在××学术讨论会上的欢迎词"。

(2) 称呼。称呼要求写在开头顶格处。要写明来宾的姓名称呼,如"尊敬的各位先生们女士们""亲爱的××大学各位同仁"。

(3) 正文。欢迎词的正文一般可有开头、主体和结尾三部分构成。

其一,开头。开头通常应说明现场举行的是何种仪式,发言者代表什么人向哪些来宾表示欢迎。如:

"今天下午我们有机会与史密斯先生欢聚一堂,感到十分荣幸。史密斯先生已来我校多次,是一位我们十分熟悉的师长和学界的前辈,他在文学理论方面的学术成就,在世界已久负盛名。这次,我们有幸再次邀请到史密斯先生来我校讲学,希望大家倍加珍惜这次机会。首先让我代表今天所有参加会议的人,向远道而来的贵宾表示热烈的欢迎和敬意。"

又如中共温州市委副书记陈艾华于1998年1月13日所作的《在全国普通高校招生改革研讨会上的致辞》的开头部分:

"各位领导,同志们:

在牛年即将过去,虎年就要到来之际,全国普通高校招生改革研讨会在我市隆重举行,我谨代表中共温州市人民政府,向国家教委领导和与会代表表示热烈的欢迎!"

其二,主体。欢迎词在这一部分一般要阐述和回顾宾主双方在共同的领域所持的共同的立场、观点、目标、原则等内容,较具体地介绍来宾在各方面的成就及在某些方面做出的突出贡献,同时要指出来宾本次到访或光临对增加宾主友谊及合作交流所具有的现实意义和历史意义。

其三,结尾。通常在结尾处再次向来宾表示欢迎,并表达自己对今后合作的良好祝愿。如《在全国普通高校招生改革研讨会上的致辞》的结尾部分:

"各位领导,各位同志:这次全国普通高校招生改革研讨会在我们温州召开,这是对我市教育改革和发展工作的一个很大的鞭策。我们要借这次会议的东风,认真学习兄弟地区的先进经验。我们也热忱地希望各位领导和同志们,对我市教育工作多加指导和帮助。最后,预祝会议圆满成功!"

(4)落款。欢迎词的落款要署上致词单位名称、致词者的身份、姓名,并署上成文日期。

4. 欢迎词写作的注意事项。欢迎词是出于礼仪的需要而使用的,因此要十分注意礼貌。具体而言,要注意以下几点:

(1)称呼要用尊称,感情要真挚,要能较得体地表达自己的原则立场。

(2)措辞要慎重,勿信口开河,同时要注意尊重对方的风俗习惯,应避开对方的忌讳,以免发生误会。

(3)语言要精确、热情、友好、温和、礼貌。

(4)篇幅短小,言简意赅。一般的欢迎词都是一种礼节性的外交或公关辞令,宜短小精悍,不必长篇大论。

【范文】

周恩来总理在欢迎尼克松总统宴会上的讲话

总统先生、总统夫人,女士们、先生们,同志们、朋友们:

首先,我高兴地代表毛泽东主席和中国政府向尼克松总统和夫人,以及其他的客人们表示欢迎。同时,我也想利用这个机会代表中国人民向远在太平洋彼岸的美国人民致以亲切的问候。尼克松总统应中国政府的邀请,前来我国访问,使两国领导人有机会直接会晤,谋求两国关系正常化,并对共同关心的问题交换意见,这是符合中美两国人民愿望的积极行动,这在中美两国关系史上是一个创举。

美国人民是伟大的人民。中国人民是伟大的人民。我们两国人民一向是友好的。由于大家都知道的原因,两国人民之间往来中断了二十多年。现在,经过中美双方共同努力,友好往来的大门终于打开了。目前,促使两国关系正常化,争取和缓解紧张局势,已经成为中美两国人民强烈的愿望。人民,只有人民,才是创造世界历史的动力。我们相信,我们两国人民这种共同愿望,总有一天要实现的。

中美两国的社会制度根本不同,在中美两国政府之间存在巨大分歧。但是,这种分歧不应当妨碍中美两国在相互尊重主权和领土完整、互不侵犯、互不干涉内政、平等互利和和平共处五项原则的基础上建立正常的国家关系,更不应该导致战争。中国政府早在1955年就公开声明,中国人民不想同美国打仗,中国政府愿意坐下来同美国政府谈判,这是我们一贯奉行的方针。我们注意到尼克松总统在来华前的讲话中也说到:"我们必须做的事情是寻找某种办法使我们可以有分歧而又不成为战争中的敌人。"我们希望,通过双方坦率地交换意见,弄清彼此之间的分歧,努力寻找共同点,使我们两国的关系能够有一个新的开始。

最后我建议为尼克松总统和夫人的健康,为其他美国客人们的健康,为在座的所有朋友和同志们的健康,为中美两国之间的友谊,干杯!

评析:这篇欢迎词是周总理在欢迎尼克松总统宴会上的讲话,既有欢迎词的特点,又有祝酒词的特点。我们知道,在中美关系正常化之前,两国领导人的会晤见面是很有历史意义的。如何站在本国的立场,把握外交上的主动权,这种外交会谈不啻于一场言语的交锋。我们也可以看到,周总理在这篇讲话中始终站在历史和时代的高度,彬彬有礼,不卑不亢,态度冷静、平和、客观,又不失真诚,热情。很值得我们效仿。

(二) 欢送词

欢送词是行政机关、企事业单位、社会团体或个人在公共场合欢送友好团体回归或亲友出行时致辞的讲话稿。欢送词同欢迎词在分类上大致一样,按表达方式可分为现场讲演欢送词和报刊发表欢送词两种;按社交的公关性质可分为私人交往欢送词和公事往来欢送词两种。这里不详加说明。

1. 欢送词的特点。欢送词具有以下两个特点:

(1) 惜别性。有句古诗说的好,"相见时难别亦难",中国人重情谊这一千古不变的民族传统精神在今天更显得珍贵。欢送词要表达亲朋远行时的感受,所以依依惜别之情要溢于言表。当然,格调也不可过于低沉,尤其是公共事务的交往更应把握好分别时所用言辞的分寸。

(2)口语性。同欢迎词一样,口语性也是欢送词的显著特点之一。遣词造句也应注意使用生活化的语言,使送别既富有情趣又自然得体。

2.格式与写法。同欢迎词一样,欢送词也由标题、称呼、正文和落款四部分组成。

(1)标题。标题的写法一般有两种。一种是单独以文种命名,如"欢送词"。另一种是由活动内容和文种名共同构成,如"在××研讨会结束典礼上的讲话"。

(2)称呼。称呼要求写在开头顶格处,要写出宾客的姓名称呼,如"尊敬的各位先生们、女士们""亲爱的×××大学各位同仁"。

(3)正文。欢送词的正文一般由开头、主体、结尾和落款四部分构成。

其一,开头。开头通常应说明此时在举行何种欢送仪式,发言人是以什么身份代表哪些人向宾客表示欢送的。

其二,主体。欢送词在这一部分要回顾和阐述双方在合作或访问期间在哪些问题和项目上达成了一致的立场、取得了哪些有突破性的进展,陈述本次合作交流中双方的合作和交流给双方所带来的益处,阐述其深远的历史意义。对于私人欢送词还应注意表达双方在共事合作期间彼此友谊的加深增进以及分别之后的想念之情。若为朋友送行,还要加上一些勉励的话。

其三,结尾。通常在结尾处再次向来宾表示真挚的欢送之情,并表达期待再次合作的心愿。亲朋远行尤其要表达希望早日团聚的惜别之情。

(4)落款。欢送词在落款处要署上致辞单位的名称、致辞者的身份、姓名,并署上成文日期。

3.写作要领。欢送词的写作要领如下:

(1)称呼用尊称,注意宾客身份,致辞要恰到好处,感情要真挚诚恳。

(2)措辞慎重,勿信口开河,要尊重对方风俗习惯,以免发生不该发生的误会。

(3)语言要精确、热情、友好、温和、礼貌。

(4)要言简意赅,篇幅不宜过长。欢送词也是一种礼节性的社交公关辞令,要短小精悍,这样更宜于表达主人的尊重和礼貌。

【范文】

欢送词

尊敬的各位领导、各位同志:

在这样一个秋高气爽、丹桂飘香的美好夜晚,我们以中华民族传统的方式欢聚一堂,共同欢送尊敬的朱书记走上新的领导岗位。此时此刻,我的心情跟大家一样,依依不舍,心绪难平,有许多惜别的话要说,有许多感激的话要讲,千言万语都表达不了我此时的心声。借此机会,我代表××部也代表我本人向我前任的老部长为海安组织工作付出的心血和做出的贡献,表示崇高的敬意和深深的感谢!向应邀出席今晚活动的各位领导、各位朋友,表示最热烈的欢迎!感谢你们长期以来对我们工作的关心、支持和厚爱!

俗话说,相见时难别亦难。五年前,我有幸和朱书记由同一张任命书任命,同一天、同乘一辆车、同住一栋宿舍楼到海安工作了。朱书记一直是我学习的榜样,工作的楷模,他始终以强烈的事业心、高度的责任感对待工作,以创新创优的标准与时俱进,开拓进取,以勤政务实的作风树好样子,以和蔼兄长的姿态关心同志,赢得了领导的肯定和同志们的尊重。在朱书记的带领下,我们共同努力,使××部的各项工作上水平、创特色、获佳绩,赢得了省市诸多的第一和荣誉,他为我们开展好组织工作打下了坚实的基础,今后也将是我们努力工作的动力和源泉。

朱书记有胆有识,有德有才,思想深邃,政治敏锐,魄力超群,为人坦诚,待人热情,风度翩翩,是一个难得的好领导、好兄长。我们在与朱书记的工作接触当中也结下了深厚的感情,大家忘不了朱书记,我相信朱书记也不会忘记大家,今后我们不会因两地的距离而削弱我们的情谊。今天,在老部长履新之际,惜别之情更加浓郁,拜托之心更加真挚,我们恳请朱书记一如既往地对我们的工作给予关心、指导和帮助。五年留给我们太多太多美好的回忆!五年间我们创造了太多太多精彩的事业!我衷心地祝愿朱书记在新的岗位、宽阔的人生舞台上一帆风顺、事业有成、创造辉煌、再创佳绩!

(三)答谢词

答谢词是在公共场合,主人致欢迎词或欢送词后,客人所发表的对主人热情接待和多方关照表示谢意的讲话,也指客人在举行必要的答谢活动中所发表的感谢主人热情款待的讲话。答谢词的写作重点在于表达出对主人热情好客的真挚感谢之情。答谢词也由开头、主体、结尾三个部分组成。

开头。先向主人表示感谢之情。

主体。先用具体的事例,对主人的一切安排予以高度评价,对主人的盛情款待表示衷心感谢,对访问取得的收获表示充分的肯定,然后谈自己的感想和心情,如:颂扬主人的成绩和贡献,阐发访问成功的意义,讲述对主人的美好印象。

结尾。再次表示感谢,并对双方关系的发展表示诚挚的祝愿。

【范文】

加拿大淡水鱼研究所所长的答谢词

女士们,先生们:

我荣幸地代表来自世界各地21个不同国家的科学家,在这里答谢陈教授刚才热情洋溢的欢迎词。使我感到特别荣幸的是我能代表所有参加此次国际会议的外宾讲话,因为这是我们第一次有幸在中国参加这一学术会议。

我感谢大会组织委员会对我们的邀请,感谢他们为这次会议的准备工作所付出的辛勤劳动和心血。我们刚到武汉不久,但大会的计划组织工作已给我们留下了深刻的印象。我们同时也感谢中国主人对我们的深情厚谊。

科学是不分国界的,科学使我们走到一起。我希望今后几天的接触交流将使我们大家感到满意。看到这样盛大的国际聚会,我感到愉快,我向参加今天会议的所有人员表示祝贺,我相信他们的研究工作已达到了本领域的高水平。

陈教授,谢谢你热情的欢迎词,同时也感谢你们埋头苦干的组织委员会。此外,我们还要感谢武汉市政府和人民,感谢他们为了我们在这里过得愉快已经做了并且还在做大量的工作。

谢谢!

四、祝辞、贺词

祝辞是行政机关、企事业单位、社会团体或个人在喜庆场合对某人或某项即将开始的工作、事业表示祝福的言辞或文章。祝辞一般是在事情未完成时表示的一种祝愿和希望。贺词是行政机关、企事业单位、社会团体或个人在喜庆场合对某人或某项已经取得成功的工作、事业表示祝贺的言辞或文章。贺词一般是在事情完成时表示的庆贺和道喜。由上可知,祝辞和贺词是存在区别的。祝辞在事前贺,贺词在事后贺,但祝辞、贺词在某些场合却可以互用。今天人们在实际使用时又常常将祝辞、贺词混在一起,祝、贺之间也难以分清,所以这里我们将其归为一类进行介绍。

(一) 特点

1. 喜庆性。祝辞、贺词是在喜庆的场合对祝贺对象的一种真诚的祈颂祝福和良好心愿的表达,因此喜庆性是祝辞、贺词的基本特点。在措辞用语上务必体现出一种喜悦、美好之情。

2. 体裁的多样性。祝辞、贺词无须拘泥于某种文体,可以根据祝贺对象的具体情况采用合适贴切的文章体裁。如既可以用一般的应用文体,也可以采用诗、词、对联等各种其他的文体样式。如夏衍贺钱钟书80华诞词:风虑云龙笔,霜钟月笛情。

(二) 分类

1. 祝辞、贺词从祝贺对象上看可以分为四类:

(1) 祝贺寿诞。祝贺寿诞的主要对象是老年人。在祝贺中,既赞颂他已取得的辉煌成绩,又祝愿他幸福健康长寿。祝贺寿诞的对象也可以是新得子女的一对夫妻,贺其喜得子嗣,祝其夫妻生活更加甜美。祝贺寿诞的对象也可以是自己,称自寿。自寿往往抒发个人的感慨、抱负,或自勉。如:

仆仆风尘六十年,胸中豪气尚盘旋。千辛历尽心翻快,百体呈衰齿独坚。抗战不难行蜀道,宣传无懈说民权。法西斯未全消灭,岂敢停骖倦着鞭。《熊瑾玎:六十自寿》

(2) 祝贺事业。事业成功的祝贺涉及范围极广。如会议开始时祝其圆满成功,会议结束时贺会议圆满结束;展览会剪彩时祝其取得较好的社会效益,展览会结束时贺其已取得了预期目的;某人考入大学时,贺其金榜题名,祝其鹏程万里、百尺竿头再进一步;其他如公司开业、银行开张、报刊创刊、社团纪念日等均可贺其已取得的成就,祝其今后事业的顺利发达。

(3) 祝贺婚嫁。既贺新婚,又祝新人婚姻和谐美满。

(4) 祝贺酒宴。以酒助兴,酒只是人们交往中的一种媒介形式。酒宴上的祝辞、贺词,其实是在向赴宴宾客表达一种祝福和庆贺。

2. 祝辞、贺词从表达形式上看可分为两类：

（1）现场即席致辞祝贺。一般说来，在较为随意轻松的场合可以即兴表示祝贺，但在公共事务场合下，为庄重严肃起见，应按事先拟好的祝贺辞发言。

（2）信函电传祝贺。有时祝贺人无法到场祝贺，在这样的情况下，可以用书信的方式祝贺，也可以拍发电报、传真或用电子邮件来表示祝贺之意。

（三）格式与写法

祝辞、贺词通常由标题、称呼、正文和落款四部分组成。

1. 标题。祝辞、贺词的标题一般由两种方式构成。一种是由致辞者、致辞场合和文种共同构成，如《周恩来总理在迎接尼克松总统宴会上的讲话》。另一种是由致辞对象和致辞内容共同构成，如《贺紫荆山国庆集体婚礼》、《在谢××先生和王××小姐婚礼上的祝辞》。

2. 称呼。称呼写在开头顶格处，写明祝辞或贺词对象的姓名。一般要在姓名后面加上称呼甚至有关的职务头衔，以求敬重，如"尊敬的斯密斯博士"。

3. 正文。正文一般由三项内容构成：

（1）向受辞方致意要说明自己代表何人或何种组织向受辞方及其何项事业祝福贺喜。如孙玉茹《在创新电脑公司开业庆典上的贺词》：改革开放带来累累硕果，十五大东风又吹开朵朵新花。在这万象更新的金秋季节，天津创新电脑公司隆重开业了。在此，我代表各位来宾和广大用户，向你们表示衷心的祝贺！

（2）概括评价受辞方已取得的成就。如《在创新电脑公司开业庆典上的贺词》：你们公司的名字是"创新"，今天我的贺辞也要来一个创新，在这里，我不想谈"门盈喜气，店满春风"的老话，也不想说"生意兴隆通四海，财源茂盛达三江"的俗愿，我只想从"创新"的"新"字谈起，那就是——新事、新风、新辉煌。众所周知，科学技术是第一生产力，正当电脑这一崭新的生产力以惊人的速度进入人类一切领域的时候，你们站在时代的前列，以股份制的新形式成立了公司，并打出了"为时代文明铺路，让电脑走进千家万户"的旗帜，正可谓"胸怀四化业，志在绘宏图"。你们公司开业可喜可贺，而你们所从事的新事业更可喜可贺！自古以来，没有哪个商家不贪利，没有哪个商家不爱财。然而你们却说："我们从事的是文明事业，我们就要有别人没有的新风尚，生财有道，以德为先，以信为本。"并推出了人无我有、人有我新的宗旨："有价的电脑，无价的服务""全心全意为用户，献出兄弟姐妹情"。朋友们，你们说，有这样的商家，有这样的新风，你们还愁买不到称心的电脑吗？他们还愁财源不像长江之水一样滚滚来吗?

(3)展望未来美好前景。再次向受辞方表示衷心的祝贺,如《在创新电脑公司开业庆典上的贺词》的结尾:创新,创新,只有创新才会出新;创新,创新,只有开拓才能前进。如今,党的政策已经为你们铺平了道路,朋友们,扬鞭起程吧,此时风光正好,天下太阳正红。各位来宾,让我们举杯祝愿,祝创新公司的事业蓬勃发展,一步一层天!

4.落款。落款处应当署上致辞单位名称,或致辞人姓名,最后还要署上成文日期。

(四)祝辞、贺词写作应注意的事项

1.语言要求充满热情、喜悦、鼓励、希望、褒扬之意,满怀诚意地表达自己的良好祝愿,以使对方感到温暖和愉快,受到激励与鼓舞。

2.祝辞多用恰如其分的褒扬、赞美、激励之词,但千万不可滥用美辞,以免给人阿谀奉承之嫌;不应使用辩论、谴责、批评等词句和语气。

3.祝辞、贺词文体上可以多种多样,只要能写出特色,表达诚挚的祝愿即可。

【范文一】

夏衍贺杨绛80华诞:

无官无位,活得自在;

有才有识,独铸伟词。

评析:这是以对联形式出现的祝辞。对联往往语言简洁,富有节奏,概括力强。夏衍同志在16个字的范围内,将杨绛先生一生不追名夺利,洒脱自在而又有高尚追求的品行写了出来。"独铸伟词"一语又是对先生一生成就的最好总结,恰切得体,令人佩服。

【范文二】

谨祝各位圣诞快乐

[英]温斯顿·丘吉尔

各位为自由而奋斗的劳动者和将士:

我的朋友、伟大而卓越的罗斯福总统,刚才已经发表过圣诞前夕的演说,已经向全美国的家庭致友爱的献词。我现在能追随骥尾讲几句话,内心感到无限的荣幸。

我今天虽然远离家庭和祖国,在这里过节,但我一点也没有异乡的感觉。我不知道,这是由于本人的母系血统和你们相同,抑或是由于本人多年来在此地所得的友谊,抑或是由于这两个文字相同、信仰相同、理想相同的国家,在共同奋斗中所产生出来的同志感情,抑或是由于上述三种关系的综合。总之,我在美国的政治中心地——华盛顿过节,完全不感到自己是一个异乡之客。我和各位之间,本来就有手足之情,再加上各位欢迎的盛意,我觉得很应该和各位共坐炉边,同享这圣诞之乐。

但今年的圣诞前夕,却是一个奇异的圣诞前夕。因为整个世界都卷入一种生死搏斗之中,使用着科学所能设计的恐怖武器来互相屠杀。假若我们不是深信自己对于别国领土财富没有贪图的恶念,没有攫取物资的野心,没有卑鄙的念头,那么我们今年的圣诞节,一定很难过。战争的狂潮虽然在各地奔腾,使人们心惊胆跳,但在今天,每一个家庭都在宁静的、肃穆的气氛里过节。今天晚上,我们可以暂时把恐惧和忧虑抛开、忘记,而为那些可爱的孩子们布置一个快乐的晚会。全世界说英语的家庭,今晚都应该变成光明的和平的小天地,使孩子们尽量享受这个良宵,使他们因为得到父母的恩物而高兴,同时使我们自己也能享受这种无牵无挂的乐趣,然后我们担起明年艰苦的任务,以各种的代价,使我们孩子所应继承的产业不致被人剥夺,使他们在文明世界中所应有的自由生活,不致被人破坏。因此,在上帝庇佑之下,我谨祝各位圣诞快乐。

注:丘吉尔(1873~1965),英国政治家、作家。1940~1945、1951~1955 曾两任英国首相。第二次世界大战中,领导英国人民对德作战,并与前苏联、美国、中国等国家共同抗击法西斯,直至战争胜利。1953 年,丘吉尔因其撰写的《第二次世界大战回忆录》等著述,获得诺贝尔文学奖。1944 年冬丘吉尔访问美国,适逢圣诞节,通过广播向美国人民祝贺节日。丘吉尔的演说感情真挚,言辞恳切,表达了对美国人民的友好情谊以及英美两国艰苦奋斗、共同赢得第二次世界大战最后胜利的愿望。

评析:这是英国首相丘吉尔在做客美国时所作的一段圣诞祝词。祝词从共同的血缘,共同的文字、信仰,共同的理想境遇出发,将自己同美国人民的心联结在一起,把自己融化在听众之中。这种精心求同的演讲策略使双方的情感一下子拉近,消融在一起,是一篇构思巧妙、充盈智慧的祝辞。

五、祝酒词

祝酒词是在重大庆典、友好往来的宴会上发表的讲话。宴会上祝酒,是招待宾客的礼仪。一般来说,主宾均要致祝酒词。主方的祝酒词主要是表示对来宾的欢迎;客方的祝酒词主要是表示对主方的谢忱。如果出于某种需要,也可在祝酒词中做出符合宴会氛围的深沉、委婉或幽默的表达。

祝酒词因以酒为媒介,加以热烈的语言,会为酒会平添友好的气氛。

(一)特点

1. 祝酒词的主要特点是祝愿性。祝愿事情的成功或祝愿美好、幸福。
2. 祝酒词因其场合比较隆重或热闹,因此不宜太长,言词要简洁而有吸引力。

(二)写法

祝酒词的开头部分要表示欢迎、问候或表示感谢。主体部分根据宴请的对象、宴会的性质,简略地表述主人的想法、观点、立场和意见,既可以追溯已经获得的成绩,也可以畅谈友情发展的历史,还可以展望未来。结尾可用"让我们为……干杯"或"为了……让我们干杯"表达礼节性的祝愿。

【范文】

酒宴祝词

今天,在迎来了五年一度的经贸盛会——中国哈尔滨第五届边境、地方经济贸易洽谈会之际,我谨代表洽谈会筹备委员会热烈欢迎国内外工商界新老朋友到会,洽谈贸易和经济技术合作项目,进一步加强相互了解,加深友谊,共同促进双方友好合作和发展,并预祝各位在本届洽谈会上取得丰硕成果。让我们共同干杯!

六、演讲稿

演讲稿也叫演说词,是在较隆重的集会和会议上发表的讲话文稿,可以用来交流思想感情,表达主张见解,具有宣传、鼓动和教育作用。

(一) 特点

演讲稿有以下 3 个特点:

1. 针对性。讲演稿的内容多是听众最关心、最感兴趣、最想了解的,表达方式也因人而异,十分注意效果。

2. 鼓动性。讲演的目的是感动听众,说服听众,以情感人,激发共鸣,争取最佳宣传说服效果。

3. 有声性。讲演稿要能将无声文字通过演讲者声情并茂的讲演变为有声语言。要好说、好听、好懂、好记,要写得琅琅上口,讲得悦耳动听,通俗易懂,明白如话,幽默风趣。

(二) 种类

1. 从演讲场合划分,演讲稿可分为会场讲演稿、广播讲演稿、电视讲演稿、课堂讲演稿、法庭辩论稿等。

2. 从演讲内容和性质划分,演讲稿可分为政治演讲稿、学术演讲稿、社会活动演讲稿等。

3. 从表达方式上划分,演讲稿可分为记叙性演讲稿、议论性演讲稿、抒情性演讲稿等。

(三) 格式与写法

演讲稿由标题、称呼和正文三部分构成。

1. 标题。讲演稿的标题无固定格式,一般有四种类型:

(1) 揭示主题型,如《人应该有奉献精神》;

(2) 揭示内容型,如《在省科技工作会议上的讲话》;

(3) 提出问题型,如《当代大学生应具备什么素质》;

(4) 思考问题型,如《象牙塔与蜗牛庐》。

2. 称呼。要根据受众和演讲内容的需要决定称呼。常用"同志们""朋友们"等,也可加定语渲染气氛,如"年轻的朋友们"等。

3. 正文。正文由开头语、主体和结语三部分构成。

(1) 开头语。开头语的任务是吸引听众、引出下文,有六种常见形式:①由背景和问候、感谢语开始;②概括演讲内容或揭示中心论点;③从演讲题目谈起;④从演讲缘由谈起;⑤从另件事引入正题;⑥用发人深思的问题开头。

(2) 主体。主体即中心内容,一般有三种类型:①记叙性演讲稿,以对人物事件的叙述和生活画面描述行文;②议论性演讲稿。以典型事例和理论为论据,用逻辑方式行文,用观点说服听众;③抒情性演讲稿,用抒情性语言表明观点,以情感人,说服听众,寓情于事、寓情于理、寓情于物。

(3)结语。结语是讲演能否走向成功的关键,常用总结全文、加深印象,提出希望、给人鼓舞,表示决心、照应题目、完整文意等方法在激动人心的结语中结束全文。

【范文】

科学的颂歌

(爱因斯坦在美国加利福尼亚工学院对1938级学生的演说)

我亲爱的朋友们:

我十分高兴看到我面前的你们——选择了科学作为职业、精力充沛的青年人队伍。

我将反复唱一首赞美歌,赞美在应用科学上我们已经取得的伟大成果,赞美你们即将为人类带来的更大的进步。事实上,你们处在一个应用科学的时代,也是在这样一个应用科学的国度。

如果说我现在不合时宜地说话,那是错误的!恰像有人认为不开化的印第安人经济不丰富、生活不愉快一样,但我不这么想。事实上,开明国家的孩子是那样地喜欢"印第安人"游戏,这具有深刻的意味。

伟大的应用科学使我们减少劳动,使生活变得安乐舒适,但为什么现在它带给我们的幸福这么少呢?简单的答案就是:因为我们仍然没有把科学置于合理的应用之中。

战争年代,科学为我们可能中毒和相互伤害服务;和平时期,它使我们的生活变得匆忙和不稳定。代替大规模从脑力消耗的劳动中解脱的我们,它使人们成为机器的奴隶——人们的大部分时间用在了漫长单调的令人厌恶的工作上,且还要继续担心自己可怜的口粮。

你们可能觉得我这个老头儿唱的歌不中听,可是我这么说具有一个良好的目的——为了指出科学的重要和前途。

为使你们的工作能够赐福于人类,仅仅懂得应用科学本身是不够的!对人类本身及其命运的关心必然会培养出努力学习各种技术的兴趣；对尚未解决的巨大劳动起源和商品分配的问题的关心——是我们思想意识的建立，将会给整个人类带来幸福而不是灾难。在你们的图表和方程式中千万不要忘记这一点。

2006年4月份IT界发生了一起"邮件门事件"，事情大概是这样的：EMC大中华区总裁陆纯初下班后回办公室，发现忘了带钥匙，门已经被秘书锁上。于是他给秘书写邮件。"Rebecca, I just told you not to assume or take things for granted on Tuesday, you locked me out of my office this evening when all my things are all still in the office because you assume I have my office key on my person. With immediate effect, you do not leave the office until you have checked with all the managers you support——this is for the lunce hour as well as at end of day, OK？"（瑞贝卡，我曾告诉过你，想东西、做事情不要想当然。结果今天晚上你就把我锁在门外，我要取的东西还在办公室里。问题在于你自以为是地认为我随身带了钥匙。从现在起，无论是午餐时段还是晚上下班后，你要跟你服务的每一名经理都确认无事后才能离开办公室，明白了吗？）

秘书用中文这样回信："第一，我做这件事是完全正确的，我锁门是从安全角度上考虑的，如果一旦丢了东西，我无法承担这个责任。第二，你有钥匙，你自己忘了带，还要说别人不对，造成这件事的主要原因都是你自己，不要把自己的错误转移到别人身上。第三，你无权干涉和控制我的私人时间，我一天就8小时工作时间，请你记住中午和晚上下班的时间都是我的私人时间。第四，从到EMC的第一天到现在为止，我工作尽职尽责，也加过很多次的班，我也没有任何怨言，但是如果你们要求我加班是为了工作以外的事情，我无法做到。第五，虽然咱们是上下级的关系，也请你注意一下你说话的语气，这是做人最基本的礼貌问题。第六，我要在这强调一下，我并没有猜想或者假定什么，因为我没有这个时间也没有这个必要。"

评析：邮件中两人的语气都是不礼貌的。每个人都会有失误,也都会有脾气,所以老板不高兴是正常的,秘书发脾气也是正常的。但是职场当中的规则是,接受上下级别的差异,尤其是作为秘书,更应懂得接受上级的批评。无论对错,都要学会应对,千万不能以眼还眼,以牙还牙,否则,只能是自己吃亏。瑞贝卡的错在于为自己辩解时口气太咄咄逼人,出奇的强硬。受了委屈的话也应该谦和地、委婉地解释,以错误的方式来处理错误是更大的错误。

思考练习题

1. 秘书在文面方面应注意哪些礼仪事项？
2. 写信应注意什么？写电子邮件时应注意哪些礼仪规范？
3. 你所在的公司要举行一次大型产品推介会,需要向社会临时招聘10名礼仪小姐,请你帮忙写一份招聘启事,未尽事宜可以自拟。
4. 欢迎词和欢送词有什么特点？写作上应注意什么？
5. 在本单位的新年宴会上,你代表所在部门发表祝酒词,你会如何说？

第六章 秘书涉外礼仪

第一节 东方礼仪

一、东方礼仪概述

(一) 东方礼仪的渊源

东方传统礼仪极富有人情味,其形成主要有三个原因。

1. 古代中国文化的影响。古老的中国文明,对东方礼仪的形成有极大影响。早在封建社会早期,中国就有了一套完整的礼仪制度,"大礼三百,小礼三千",把人们的一切生活或全部习惯都纳入礼的典范。尤其是意识形态方面,东方礼仪深受孔孟儒家思想的影响。孔子要求人们"文质彬彬,然后君子",所以君子风范为人们所推崇。如日本商人总是西装革履,一派儒雅的气质,而日本礼仪中表现个人修养的茶道、书道、花道以及禅,也无一不是来源于中国。

2. 礼仪教育的结果。东方人比较重视礼仪教育。孩子从会说话起就开始接受父母、亲属的礼仪教育;进入学校后,要接受学校的礼仪教育;进入社会后,要以礼相待,要强调社会公德。如日本有"入社教育",还有不少团体和个人开展礼仪运动。

3. 西方思想的影响。第二次世界大战以后,西方的文明及礼仪进入东方,使东方的传统礼仪受到了一定的冲击。如西餐、西服走进东方家庭,妇女开始参政议政。东西方文化的有机结合,形成了现代的东方礼仪。

(二)东方礼仪的特点

1. 重视血缘。东方民族都非常重视家族和血缘关系。"老吾老以及人之老,幼吾幼以及人之幼",这一敬老爱幼之风,自古皆然。在中国、日本、韩国、越南等国家的家庭里,四代同堂,共处一室的较多,而西方人往往觉得不可思议。"落叶归根""父母在,不远游",这些都体现了东方人强烈的家庭种族观念。

2. 谦逊含蓄。西方人多率直坦诚,东方人则谦逊含蓄。东方人在送礼时,尽管礼物是经过精心挑选的上品,也会恭敬地说"微薄之礼,不成敬意,请笑纳"之类的谦恭话语。而西方人在送人礼物时,则会说:"这是最好的礼品",不讲委婉含蓄。

3. 强调共性。东方人特别强调国家、民族和"集团"的利益,集体的凝聚力非常强烈。中庸原则把东方人的思想意识和个性心理都规范于一个统一的和谐秩序中。例如,日本企业的经营具有家庭式色彩,讲究人情味,人人把为集团谋事出力、做出贡献当作荣耀之事。

4. 礼尚往来。"来而不往非礼也"是东方礼仪的重要思想之一。基于这种思想,日文中馈赠一词叫"赠答",意为赠送和还礼。东方人很注重还礼,如韩国、日本、新加坡等国。

二、日本礼仪

(一)交往礼仪

日本人性格内向,感情不外露,爱面子,自尊心强,重视人际关系,讲信用,重礼节。

1. 姓名与称呼。日本人姓名排列顺序和我国相同,姓在前,名在后,但姓名字数较多。其姓一般由一至五个汉字组成,以两个字居多,如铃木、佐藤等。名字以两个字的居多,通常通过郎字排行,如太郎(一郎)、二郎等。在正式场合经常把姓与名分开书写,如"二阶堂 进","吉田 正一"等。一般口头称呼时只呼姓,在正式场合呼全名。

对男子可在姓后面加"君",只有对教师、医生、年长者、上级和有特殊才能的人才称"先生",对德高望重的女子也可称为"先生",对其他人均以"桑"相称。

2. 见面礼节。鞠躬是日本传统的礼节之一。通常在表示见面、告别、致谢(歉)时使用。见面时互相行鞠躬礼,并致"您好"、"请多关照"等谦词,表示诚恳、可亲。虽然握手已成为通用礼节,但与对方握手后还常行鞠躬礼,特别是互相道别时。

中文的"跪坐"在日文中叫"坐",而中文的"坐"在日文中叫"放腰"。跪坐是日本人在和室(日本式房间)里生活的基本姿势。女子跪坐时双膝不松开,使人觉得谦恭有礼;男子跪坐时双膝间可松开到能放进一个拳头的程度。

3. 交谈与做客。与日本人交谈,可谈些有关日本和日本文化、垒球、高尔夫球、食品和旅行印象等话题。应回避的话题是:家庭问题,贸易摩擦问题,个人财产的价值和政治问题等。

日本人很少招待或邀请观光者进入自己的住宅。未接到邀请不要登门拜访。做客时,要预约并按时赴约。按惯例要带礼物,但不要带贵重礼物,因为日本人认为他们应以同等规格的礼物来回赠。

在屋内就座时,应坐在背对着门的位置上,只有在主人劝说下,才可移向尊贵的位置,即面朝门的方向。如果看到摆设着艺术品和装饰品的壁龛,不要坐在它上面,因为这一座位是为贵客准备的。就餐后,主人送上绿茶,就意味着该告辞了。访问后的几天内,要用信或电话的方式向主人表示感谢。

4. 馈赠。日本盛行送礼。荣升、结婚、生孩子、生日、节日等都会赠送礼品。

送礼时不送双数,要送奇数礼物。日本习惯用奇数表示"阳"、"吉",偶数表示"阴"、"凶"。礼品颜色也有讲究,吉事礼品应为黄白色或红白色,不幸事送礼应为黑、白色或灰白色等。赠送对方没有的而又是对方有用场的礼品最理想。一般可送食品、鱼干、茶叶、酒类、工艺品、文房四宝等,梳子不宜作礼品,因其日文中发音与"苦死"相同,意为极其辛苦。送礼和受礼都要用双手,并且要轻微地鞠躬。不要在送礼人面前打开礼品。

(二)商务礼仪

商务活动的访问要避开12月到次年1月中旬、黄金周(4月29日至5月5日)和7月、8月。

1. 约会与洽谈。所有的商务活动和政府拜会都要事先预约好。安排商务约会的最好时间是上午10点至下午2点。日本人守时准时,过早或过迟都不礼貌。

与日本商人洽谈时要注意:①不要直奔主题。首次洽谈很重要,日本人希望了解对方公司的情况以及相互来往的时间,因此开始时,不要讨论商务问题,谈谈业余爱好以及对日本的印象等较好。②不派高级人员。谈判工作应先派中级管理人员,避免一开始谈判用公司的头面人物与别人较量。③不要轻易让步。意见一致了才能做出决定,而且各方的工作人员都必须赞同这一书面建议。④要配一名翻译。这样既有助于交流看法,又可帮你倾听日本谈判班子有何评论。

2. 名片与书信。初次相识见面时,要交换名片。需要准备一面是中文、一面是日文的商务名片,名片上一定要印上职务,日本人希望知道对方在公司的地位。

业务书信要明了易懂、行文简洁、符合礼仪。重要的书信要留一份底稿。

3. 馈赠与宴请。在日本,第一次与别人洽谈,要带点小礼品。乙方公司制造的特殊产品也是好的礼物,但不要炫耀自己的商标。日本人有两个送礼的节气,一是岁尾,二是中元节。在这期间,企业界纷纷交换贺卡和赠送礼物。

在商务招待活动中,要让日本人首先发出晚餐邀请,离开日本前,再发答谢邀请。商务晚宴几乎从不邀请对方的配偶参加。晚餐后,会有一场狂饮酒会。在日本,狂饮酒会是建立商务关系的一个重要部分,这是放松自己和建立相互信任关系的时机。狂饮时喝得酩酊大醉也不以为耻。彼此同时喝醉,正好证明相互之间的友谊和忠诚。

(三)餐饮礼仪

日本人的饮食分为三种:和食(日本饭菜)、洋食(西餐)、中华料理(中餐)。日本食物主要由米饭、蔬菜、海鲜和水果构成。日本人喜欢吃瘦猪肉、牛肉、生鱼片、生蛎肉、生鸡蛋、笋、豆腐、酱汤、泡菜和各种时鲜蔬菜。

最能代表日本饮食特色的是西沙米和寿司。西沙米即生鱼片。日本人把活鱼切成薄如蝉翼的鱼片,佐以姜丝、酱汁等伴着吃。寿司即米饭团,在饭团里卷以鱼、虾、贝肉等,用手拿着吃。

1. 餐具。日本人的餐具与中国一样,主要是筷子和勺子。日本人认为筷子是日本文化之缘,1974 年始,把每年 8 月 4 日定为筷子节。

日本的筷子短而头尖。吃日本饭菜时,筷子横放在用餐者的胸前,用来夹每种固体食物;勺子是为了吃自己碗内的食物。日本忌讳用同一双筷子让大家依次夹食物,这样会使他们联想起死者的家属在佛教火化仪式中传递死者骨头的场面。也不要把筷子垂直插在米饭中,因为这也有供奉死者的含义。日本人用筷有"忌八筷":舔筷、迷筷(犹豫不定)、移筷(连夹两道菜中间不吃饭)、扭筷、掏筷(在菜中扒寻)、插筷(插着菜吃)、跨筷(把筷子跨放在碗碟上)、剔筷(为筷为牙签)。

2. 共餐须知。在日本人家中或日本餐馆中,被安排在门边,意味着该第一个离开。

全部菜肴通常是用一个托盘同时端上来。客人应当微微点头致礼。就餐中的谈话应集中谈论这餐饭,夸它味美,谈日本的一般烹调和他们食品的时令。

日本人饮酒时,认为让客人自己斟酒是失礼行为,所以在饮酒时不要自斟自饮。当别人斟酒时,要把杯子端起来,接着要为邻座斟酒。在放下杯子之前,必须先呷一口。斟酒时,右手拿酒壶,左手从下面托着壶底,但千万不能碰着酒杯。翻掌斟酒是非常失礼的。客人也同样接受对方斟酒。如果用的是酒盅,要双手接,喝光后,把酒盅放在餐巾纸上送还,不要单手举杯。客人在一般情况下,接受头一杯酒为礼节,客气地谢绝第二杯酒不为失礼。

3. 茶道。日本人十分重视茶道。茶道是以沏茶、品茶为手段,用以联络感情、陶冶性格且富有艺术性、礼节性的一种独特的活动。

茶道会多用于款待贵客。正式的茶道会要在9平方米的专用茶室中举行,参加人只限三五人。茶室正中置放用以烧水的陶制炭炉和茶壶,炉前陈列着各种精致的茶具。由于茶道的仪式十分繁琐,所以精于茶道便被认为是对一个人的身份、修养的肯定。饮茶方式一般有两种:一种是每位客人各饮一碗,另一种是一碗茶每人只饮一口,由全体客人轮着饮用。

(四)服饰礼仪

日本人很注意衣着。成年人,尤其是商务人员,很少穿色彩鲜艳、式样奇特的服装。所以,在日本最好不要穿工装裤、短裤,或在游览地以外的地方穿T恤衫。

在日本从事商务活动宜穿保守式西装,参加娱乐活动时可着便装。但在特殊日子里,如参加宗教仪式、庆祝重要节日、参加婚礼、出席茶道等活动时要穿传统民族服装——和服,以示庄重。

和服,亦称"着物",实际上是长袖式的外衣。男和服一般是单色布料,腰间束带较窄且短;女式和服除了一般用花布外,后腰处系一个大布包,称为"腰包",独具风格。与和服配套的鞋子叫草履。草履呈椭圆足形,用草、皮革、布制作而成。女式和服的款式、花色以及发型还是区别穿着年龄、婚否的标志。

出席商务洽谈时,男士要穿黑色礼服,系上领带;去高级俱乐部和餐馆时,要穿夹克衫,系领带。女士不宜穿紧身裙。出席别人的婚礼,男士穿黑色正式礼服,配黑色蝴蝶结或白色、银灰色领带;女士可穿除白色以外的任何颜色的服装。出席葬礼时,男士穿黑色礼服,系黑色领带;女士不戴宝石饰物,可带珍珠饰物。

(五)主要节日

日本是当今世界节假日最多的国家之一。主要节日有：元旦(1月1日)；成人节(1月15日)；建国纪念日(纪元节,2月11日)；雏祭(3月3日),又称女儿节,相传最早是中国的风俗；春分节(3月21日)；樱花节(3月15日~4月15日)；天皇诞生日(4月29日),旧称"天长节"；宪法纪念日(5月3日)；儿童节(5月5日)；中元节(7月15日)；敬老节(9月15日)；秋分节(9月23日)；体育节(10月10日)；文化节(11月3日)；勤劳感谢节(11月23日),亦称菊花节；国庆日(12月23日)等。

三、韩国礼仪

(一)交往礼仪

1. 姓名与称呼。韩国有一半以上居民姓金、李、朴,韩国人最喜欢以头衔相称对方。

2. 见面礼节。韩国人注重礼节,讲究尊卑。见面时通常打招呼,互相鞠躬并握手。当晚辈、下属与长辈、上级握手时,后者伸出手来后,前者须以右手握手,随后再将自己的左手置于对方右手之上,表示自己对对方的特殊尊重。

在韩国家庭中,还保留着小孩向尊贵的客人行跪拜礼的习俗。女士一般不与男子握手,除非别人先伸出手来。女士之间习惯鞠躬问候。社交中,人们乐于交换名片。

3. 交谈与做客。在社交场合,许多韩国人会讲英语,并且将此视为有教养、受过良好教育的标志之一。韩国人与外国人交往时,可能会问及一些私人的问题。韩国人有敬老的习惯,任何场合都应先向长者问候。忌谈的话题有：经济危机、意识形态、南北分裂、韩美关系、韩日关系等。

到韩国人家中做客或进饭馆都要脱鞋。上门做客,宜带上鲜花或其他小礼物,进门后双手递给主人,主人不当着客人的面打开礼物。韩国家庭中的餐桌为矮腿方桌,宾主盘腿席地而坐,不可双腿伸直或叉开,否则被视为没教养。与长辈同座时,要保持一定的姿势,不可掉以轻心。抽烟时,一定要得到长辈允许。

(二)餐饮礼仪

韩国人饮食味偏清淡,不喜油腻,以辣和酸为主要特点。辣泡菜是韩国传统菜肴；汤饺子是传统的接待客人的食品之一。韩国人的主食主要是米饭和冷面,爱吃牛肉、瘦猪肉、海味、狗肉和卷心菜等,不爱吃羊肉、肥猪肉、鸭子,爱喝啤酒。"韩国烧烤"也很有特色。

用餐时,如有长辈同桌,晚辈不可先动筷子;小孩子吃饭时不可以比父母快;不可用筷子对别人指指点点。在宴会上,女服务员替客人夹菜,各道菜陆续端上,每道菜都须尝一尝才会使主人高兴。

韩国男子酒量大,爱喝烧酒、清酒、啤酒。妇女多不饮酒。韩国人喜欢喝茶和咖啡,不喜欢喝稀粥和清汤,认为穷人才会如此。

(三)服饰礼仪

韩国人对社交场合的穿着打扮十分在意。在商务活动中,男子穿深色的西装套服,而妇女的着装绝对不能过于前卫。在韩国,邋里邋遢、衣冠不整的人和着装过露、过透的人一样,都让人看不起。

在某些特定的场合,尤其是过年过节时,韩国人要穿本民族的传统服装。男子上身穿夹袄,下身穿宽大的长裆裤,有时加一件坎肩,外面再披上一件长袍。妇女则大都上穿夹袄,下着轻盈的齐胸长裙,服装颜色以白色为主。

(四)主要节日

韩国的主要节日有:元旦(农历1月1日);大望日(2月5日);端午节(农历5月5日);佛诞日(5月8日);七夕节(农历7月7日);中秋节(农历8月15日);冬至(12月12日)。

四、新加坡礼仪

(一)交往礼仪

1. 姓名与称呼。新加坡是一个文明的国家,讲究礼貌已成为新加坡人的行为准则。通常的见面礼是握手,但仍保留着各民族的传统习惯。如华裔老年人中还有相互作揖的习惯,印度血统的新加坡人仍见面行合十礼等。称呼上,不论什么民族的人,都可以"先生"、"小姐"、"太太"相称。

2. 交谈与做客。在新加坡最好的话题是当地的烹饪和餐厅、特别喜欢的旅游地以及对方的业务情况,还可谈论新加坡的经济成就等。回避的话题是:谈论个人性格、当地政治或其不足之处、种族摩擦、配偶情况和宗教信仰。

在新加坡,朋友或同事常未经约会而彼此造访。到新加坡人家中做客,宜带上鲜花或巧克力等礼物。如果应邀去吃午饭,赴约要准时,若不能准时到达,必须预先通知对方,以示尊重。饭后应提出帮助清洗,当然,往往会遭到委婉拒绝。如果在别人家里打电话,应要求付费。

馈赠礼品时要用右手,接受礼品应以具有同等价值的礼品或请吃饭作为回报;不要在接受礼品时,或当着送礼人的面打开礼品。

(二)商务礼仪

商务访问的时间最好在每年的3月和7月。因为当地大多数商人均于11月至次年2月休假。

1. 约会与洽谈。要提前一两个月安排好各种约会,因为新加坡的商人频繁外出,经常不在办公室。

新加坡商人们很谨慎,需要有互相认识的朋友或银行开出的引荐信,才有助于建立关系和安排好约会。如果没有介绍信,即便提出会晤请求,也可能得不到答复。

新加坡的商务中心组织严密,约会讲究准时,会谈无需很长时间。洽谈商务需要有耐心,决策的做出较缓慢。第一次洽谈往往在会谈室进行,以后则可能在餐馆或咖啡馆。新加坡政府曾发动过反对吸烟运动,所以不要在政府工作人员面前吸烟。

2. 名片与书信。见面互相介绍后,要交换名片。在商务团体中,多数人都讲英语,所以应持印有中英文对照的名片。有些政府官员不使用名片。在新加坡,通信多采用英语。

3. 馈赠与宴请。在新加坡,不要赠送任何能构成贿赂行为的礼品。因为新加坡是无贪污行贿现象的国家,政府官员可以接受小的纪念品,但不要送礼物给文职人员和任何其他政府官员。有些公司是政府所有的,因而这些规定同样适用。在第一次洽谈会上,要尽量避免交换礼品。

在新加坡,如果得到吃饭邀请,要尽可能应允,这是一个在非商务场合同对手建立友好关系的最重要机会。第一次的邀请,通常是在进行第二次洽谈后才发出的。如果晚餐是社交性的,一般都邀请配偶参加,那就不要讨论商务。大部分午餐都具有重大的商业目的,带夫人参加不合适。

对邀请参加的宴会一定要答谢。但答谢宴请不要比主人的宴请更豪华,这样做会使他们尴尬。答谢必须邀请出席主人晚宴的每一个人,并了解客人的特殊爱好和忌讳。

(三)餐饮礼仪

新加坡华人饮食习惯与我国基本相同,菜肴以闽粤风味为主;印度裔新加坡人忌食牛肉,忌用左手进食;马来裔新加坡人忌食猪肉。新加坡人口味清淡,偏好甜食,讲究营养,平日爱吃米饭和各种海鲜,对于面食不太喜欢。

新加坡人大多喜欢喝茶,经常在清茶中放橄榄之后饮用,称之为"元宝茶",认为喝这种茶可以令人财运亨通。新加坡人还喜欢喝鹿茸酒、人参酒等补酒。

(四)服饰礼仪

新加坡人的国服,是一种以胡姬花作为图案的服装。在国家庆典和其他一些隆重的场合,新加坡人经常穿国服。

新加坡人的着装讲究郑重。参加政务活动、社交活动和商务活动时,男士一般着白衬衣、打领带,穿长裤、皮鞋,女子则穿套装或深色长裙。在日常生活中,不同民族的新加坡人穿着打扮各具民族特色。华人多为长衫、长裤、连衣裙或旗袍,马来人最爱穿"巴汝"、沙笼,锡克人则是男子缠头,女子身披纱丽。

在许多公共场所,穿着过分随便者,如穿牛仔装、运动装、沙滩装、低胸装、露背装、露脐装的人,往往被禁止入内。

(五)主要节日

新加坡的主要节日有:元旦(1月1日);复活节(3~4月间);劳动节(5月1日);卫塞节(5月10日);开斋节(5月);国庆节(8月9日);灯节(又称屠妖节,10~11月间);圣诞节(12月25日)等。

五、马来西亚礼仪

(一)交往礼仪

1. 姓名与称呼。马来西亚人没有固定的姓,通常只有本身的名字。他们按父辈来寻找自己的血统,儿子以父名为姓,父亲则以祖父名为姓,故一家几代人有不同的姓。

2. 见面礼节。马来西亚人平易近人,愉快乐观,无忧无虑,喜开玩笑,认为"笑口常开"是一种社交礼貌。相互见面时,要按不同的年龄、性别行不同的握手礼。

3. 交谈与做客。与马来西亚人交谈,最好的话题是:对方的社会成就、足球、马来西亚的文明史和各地区的烹饪方法等。马来西亚人不喜欢人们把他们的生活与新加坡相比较。应回避的话题是:马来西亚国内的种族集团之间的纷争、国内和世界的政治生活、以色列和宗教信仰。

马来西亚人可以经约会而互访。但是造访穆斯林家庭,不要在下午6点至7点之间,这时是穆斯林人的晚祷时间。当客人到达时,主人通常会为他们送上饮料,注意要用双手去接饮料,用左手轻托右手。马来人会请客人坐在椅子上或坐在铺于地面的席子上。席地而坐时,男人要盘着双腿,女人则应把两只脚蜷曲着藏在左边。如果见到穆斯林的《古兰经》,绝不要摸它。注意不要踩在或坐在祈祷用的小地毯上。

所带礼品应在离开时赠送。不要用白颜色的纸包装礼品,因为白色与办丧事相联系。大多数马来西亚人是穆斯林,不要送酒、小刀等物品,而应送有包装的水果或糖果、香料、玩具和来自家乡的工艺品。对印度裔马来西亚人来说,所送的礼品不要使用黑、白两种颜色的包装纸,相反,要用绿色、红色或黄色的包装纸。

(二)商务礼仪

在马来西亚,商务访问的时间与新加坡相同,应避开穆斯林的斋月和华人的春节。

1. 约会与洽谈。要提前准备。在马来西亚,严守时间不像日本和西方国家那样重要。由于把人看得比时间重要,所以,约会往往开始得较晚。

当着皇族成员的面吸烟是不礼貌的行为,他们中的许多人,是因商务或出席洽谈会而来的。任何人都不可触摸马来人的头和背部,那会被看成是对他人的严重侵犯和给他人带来厄运。

2. 名片与书信。在你被介绍给别人后,要交换名片,应持印有中英文对照的名片。要用英语称呼马来人,要在他们的名字前冠以先生、夫人和小姐等称呼。

3. 馈赠与宴请。用作商务馈赠的最好礼物是钢笔、业务日记簿、名片册和带有自己公司标记的其他东西,但不要送酒。

马来人一般十分好客,他们认为客人在主人家里若不吃不喝,等于不尊敬主人。如果得到吃饭的邀请,要尽可能应允。

(三)餐饮礼仪

1. 餐具与饮食。只有在十分正规的宴请中,马来人才以刀、叉、匙进餐,平时用餐时既用手,也用勺子。在马来西亚,左手被认为是"不洁之手",因此禁用左手取食食物或饮料。如果有勺子和叉子,则用右手拿勺子,左手握叉子,用叉子把食物拨到勺子内,然后食用。

马来人的主食以大米、糯米糕、椰浆、咖喱为主,喜欢吃牛肉、羊肉、鸡、鸭、鱼及蔬菜,还有带辣味的菜肴。风味食品以"沙爹"(即烤鸡、烤羊肉)最为有名,是各种宴会不可缺少的佳肴。马来人习惯用手抓饭进食,进餐时,桌子上有两杯水,一杯供饮用,一杯用于清洗手指。马来人禁酒,通常以热茶或白开水招待客人。

2. 共餐须知。马来西亚人宴请客人通常在饭店举行。饭前一般不会有饮料和开胃酒,同时,要让主人点菜;请人吃饭,尽量使餐桌上的人达到双数,以保平安;若有人向你敬酒,要用双手接,并用右手握杯,用左手托右手,向别人敬酒也如此。如被邀请到主人家中就餐,必须准时到达。假如是主宾,请他坐在主人的右边,或者在餐桌的首位。在传统的家庭中,妇女要在男人们吃完以后才开始就餐。如果你有饮食禁忌,在饭前应委婉地告诉主人,拒绝别人敬菜敬酒是不礼貌的行为。

(四) 服饰礼仪

马来西亚居民最具代表性的衣着是"巴迪"——一种蜡染花做成的长袖上衣,这是他们的国服,即使在正式的交际场合也可以穿着,不为失礼。在社交场合,马来西亚人可以穿西装或套裙;在公共场所,不论男女,衣着都不得露出胳膊和腿,所以背心、短裤、短裙往往是忌穿的。

一般情况下,马来人习惯穿着本民族的一种传统服装:男子上身穿无领、长袖外衣,叫"巴汝";下身围一大块布,叫"纱笼";头上还要戴一顶无沿小帽。女子穿"克巴亚",即无领、长袖连衣长裙,头上必须围头巾。

(五) 主要节日

马来西亚的节日主要有:年节(1月1日);穆罕默德诞辰日(1月);联邦国土节(2月1日);劳动节(5月1日);感恩节(6月3日);国王生日(6月6日);地方假日(7月1日);宰牲节(7月14日);解放日(又名国庆节,8月31日);圣诞节(12月25日)等。

六、泰国礼仪

(一) 交往礼仪

泰国人的礼仪沿用佛教的礼仪。泰国人注重人际关系,讲礼貌,处事小心谨慎,不喜冒险。

1. 姓名与称呼。泰国人的姓名是名在前姓在后。未婚妇女用父姓,婚后用夫姓。口头称呼时,无论男女,一般只叫名字不叫姓,并在名字前面加冠称"坤",意为"您"。

2. 见面礼节。泰国人与人见面或告别时一般不握手,而是行合十礼:合掌,两肘向下,微微点头。唯独和尚不必向任何人还合十礼,与人见面只点头微笑致意。泰国人说再见、感谢某人或因感到困窘请人原谅时,也用合十的姿势。常用的问候语是"你到哪去",这是一种习惯,并不要求作答,"上街去"是一个有礼貌的回答。

泰国人可以毫不拘束地自我介绍,或询问别人的姓名。泰国重视级别,所以应把身份低者介绍给身份高者,即便身份低者是位女士。

3. 交谈与做客。谈论的话题最好为泰国的食品、气候和对该国的良好印象。泰国人喜欢赞扬。应避免诸如政治、王室和宗教的话题。泰国人不喜欢谈论个人问题,但对于像"你收入多少"或者"你多大年龄"这样的个人问题,他们认为这只是表示友好的关心,并非不礼貌。如果不愿说实话,可以含糊回答和微笑。

泰国人在访问密友或是送礼品给上级时往往不预先通知。

泰国人非常重视头部,而轻视两脚。他们认为头是智慧所在,是神圣不可侵犯的,若被他人触摸是奇耻大辱,即使是小孩也不行。如果是长辈在座,晚辈必须坐在地下或者蹲跪着,以免高于长辈的头部,否则就是对长辈的不尊敬。不要坐得比别人高,腿不要交叉,要把腿蜷曲在身体下面。另外,坐着的人忌讳他人拿着东西从自己头上过。

(二)商务礼仪

到泰国商务旅行的最佳时间是11月到次年3月。

1. 约会与洽谈。在泰国,许多小公司即使不预约也接受访问,但任何一家大公司都希望或坚持先预约。商务约会最佳时间为上午8点和下午3点,要避开星期一和星期五,因为许多总经理喜欢度长周末。应遵守时间,准时赴约。由于曼谷的交通堵塞问题十分严重,因此要多留出时间。

会见时要穿着体面。在泰国外表很重要,拥有财富会备受赞美。

2. 名片与通信。到泰国去进行商务旅行要准备好一面印中文、一面印泰文的名片。许多地位高的人都有皇室头衔,以缩写形式醒目地写在他们的名片上。一些较常见的缩写是:P·O·C·,意为国王之孙,M·R·,意为国王孙子的孙子。如果对方的头衔印在名片上,就用头衔称呼。自己的名片要先递给高级人士。

通信一般以"亲爱的坤"开头。泰国人经常在书信的最后一段中叙述相互的友情并转达问候。

3. 馈赠与宴请。泰国商人喜欢有小礼品送给他们的小孩,穿民族服装的玩偶、游戏器具、纸牌和书画一类最好。男士们欣赏白兰地,女士们喜欢化妆品,年轻人喜爱国外大学的T恤衫。传递礼品或其他物品时用右手,接受礼物后,应行合十礼。礼物不要当面打开。

泰国人喜欢从午餐开始商务关系,增进了解。午餐的谈话内容都是关于对方的家庭和兴趣,不谈生意。泰国商人喜欢在下午6点邀请客人外出吃饭。饭后,常邀请来访商人去酒吧,最好不要拒绝,否则被认为很不礼貌。

(三)餐饮礼仪

1. 餐具与饮食。泰国人进餐用叉子和勺子,筷子只在中国餐馆使用。供应的食品都是小片,可以用勺子边切割较大的食品,因而通常不需用刀子。餐桌上用鱼酱油代替咸味。有些食品,用右手抓来吃,或者用手掌弄平,从大的公共食盘中取食品,然后用一块湿布擦手。

泰国人的主食是大米;早餐多为西餐,午、晚餐为中餐;喜欢吃鱼、虾、羊肉、鸡、辣椒等,也喜欢味精和鱼露调味,不喜欢糖,最爱吃的是具有民族风味的"咖喱饭"(用大米、鱼肉、香料、椰酱及蔬菜等烹制而成),不爱吃红烧菜肴,忌食牛肉。泰国人喜喝啤酒,拿啤酒当水喝。不喝热茶,习惯在喝的茶里放块冰,喝饮料时也同样配上冰块。饭后有吃水果的习惯,如苹果、鸭梨等,但不吃香蕉。

2. 共餐须知。在泰国从事商务活动,被对方邀请吃饭是常事,但要有礼貌地拒绝第一次邀请,等候别人再来邀请。但在正式场合,如举行典礼,拒绝用餐是不礼貌的。如客人建议到一家泰国餐厅聚会,泰国人会很高兴。一般谁请客谁付账,若不清楚是谁请客,由上一级付钱。

泰国每餐必备的是米饭,所有的菜和汤摆在桌子中间,不把菜从一个人递给另一个人。大家随便吃,不拘形式。在泰国人家里做客,女主人有时要等所有客人吃完后再吃。

(四)服饰礼仪

泰国的各个民族都有自己的传统服饰,在正式场合,泰国人都穿自己本民族的传统服饰。

由于气候炎热,泰国男子平时多穿长裤、衬衫,尤其是花衬衫,只有参加宴会时才穿深色套装。女子喜穿裙子和宽大的短外套。泰国人的服饰喜用鲜艳之色。但紫色为寡妇在哀悼时所穿;黑色表示悲痛,只在参加丧礼时穿。泰国男女青年都喜欢佩戴项链、戒指等首饰。

到泰国寺庙烧香拜佛或参观,必须衣冠整洁;进入寺庙时要摘帽脱鞋,以表示对神佛的尊重;严禁穿背心、短裤和超短裙进入,否则会被视为玷污圣堂。

(五)主要节日

泰国的主要节日有:元旦(1月1日),即新年;宋干节(4月13日~15日),即佛历新年,又称泼水节;劳动节(5月1日);加冕典礼节(5月5日);春耕节(5月9日);佛斋节(阴历8月满月日);年中假日(7月1日);皇后诞辰(8月12日);国庆日(12月5日);宪法节(12月10日);水灯节(泰历12月15日);新年除夕(12月31日)等。

七、菲律宾礼仪

(一)交往礼仪

菲律宾人和蔼可亲,愉快乐观,善于交际,但时间观念不强。菲律宾人不分男女,见面都握手,男人之间有时也拍对方的肩膀,表示问候。晚辈见长辈时,可称呼长辈为"博"(意为大爷)。

应邀到菲律宾人家中做客,至少要得到三次邀请,才可上门,否则就不要接受邀请。参加宴请,应迟到15~30分钟,否则被视为不礼貌。席间要尽量放松,若过于严肃,反而会使主人担心。饮酒过量会被认为是贪婪,受礼不能当面打开。菲律宾人家庭观念强,喜欢别人谈论他们的家庭,但忌谈论第二次世界大战,以及该国政治纷争、宗教、外国援助等话题。

(二)餐饮礼仪

菲律宾人的饮食风味受西班牙影响较大,喜食香辣菜肴。主食以大米、玉米为主,米饭放在竹筒里煮,用手抓饭进食;副食有肉类、海鲜、蔬菜等。代表性的名菜有咖喱鸡肉、虾子煮汤、肉类炖蒜、炭火烤乳猪等。菲律宾人不论男女,都爱喝啤酒。而且,菲律宾人在待客时,总少不了用槟榔来招待。

(三)服饰礼仪

菲律宾人在大多数场合都衣着整洁。商务活动中,男人们常穿一件白色或乳黄色衬衫,宽松大裤;女子穿西装或衬衣、裙子、长袜。外宾在拜访政府官员或商界人士时,宜穿保守式西装。在菲律宾,正式宴请请柬上都会注明"必须穿无尾礼服等正装"。假如没有无尾礼服,则可穿当地的正装——香蕉纤维织成的"巴隆塔卡乐"裤和衬衫。

(四)主要节日

菲律宾的主要节日有:元旦(1月1日)、自由日(2月25日)、濯足节(3月

23日)、耶稣受难日(3月24日)、国际劳动节(5月1日)、血盟节(5月18日)、独立日(即国庆节,6月12日)、民族英雄日(8月27日)、感恩节(9月21日)、万圣节(11月1日)、圣诞节(12月25日)、黎萨尔纪念日(12月30日)等。每年从5月18日至22日,菲律宾东明都洛省卡拉潘市都要举行一周盛大的"血盟节"庆祝活动,这是纪念中菲人民传统友谊的节日。最后一天,当地的政府官员和群众都会参加盛大的化装游行活动,并举行别开生面的血盟节仪式,把活动推向高潮。

八、印度尼西亚礼仪

(一) 交往礼仪

印度尼西亚人重深交、讲旧情,热情好客,讲礼貌,爱笑。他们把笑看成是一种交际语言。

在社交场合与客人见面时,印尼人一般用握手礼。与熟人、朋友相遇时,传统礼节是用右手按住胸口互相问好,也可以点点头。对男士一般称先生,女士称夫人。普通场合,男人之间打招呼可称兄弟。商务交往一定要互送名片,否则会遭受冷落。

印度尼西亚人不喜欢别人问他的名字。名字的长短往往能表明一个人的地位和富裕程度,富人的名字往往很长。多数中层人士有两个名字,下层人士只有一个名字。

印度尼西亚人有进清真寺脱鞋的习俗;喜欢客人到家中做客,而且任何时间都欢迎。应邀做客时,可以送一束鲜花,不一定非要送礼,但最好说几句感谢的话,或写便条表示谢意。

(二) 餐饮礼仪

印度尼西亚人以大米为主食,以鱼类、蔬菜、肉类等为副食,爱吃中国菜。由于印度尼西亚人信奉伊斯兰教,因此忌食猪肉食品,也不吃带骨的菜,不喜欢带汁的菜和鱼肚;不喜欢烈性酒,常用饮料有红茶、葡萄酒、香槟酒等。除在官方场合有时使用刀、叉、匙或筷子外,人们一般都习惯用手抓饭。在拜访印度尼西亚人时,如遇到主人正在吃饭,他们会邀请你共同进餐,这时你不可推辞,否则会被认为是不懂礼貌。

(三) 服饰礼仪

在印度尼西亚,受宗教信仰等方面因素的制约,人们的穿着打扮属于朴素保守型,但非常讲究服饰的干净整洁。

一般场合男子穿蜡染的长袖衬衫,下身裹以纱笼,并头戴无沿小帽。女子一般大都身穿纱笼,配以与纱笼色调一致的披肩或腰带。在办公或对外交往中,男子常穿白衬衫、长西裤,打领带;女子一般穿深色外套,并配以裙子。

(四)主要节日

印度尼西亚除宗教节日外,主要的节日有国庆日(8月17日)、建军节(10月5日)、英雄节(11月10日,又称青年节、烈士节)等。

九、印度礼仪

(一)交往礼仪

印度人所用的较有特色的见面礼节主要有三种:

1. 贴面礼。该礼节流行于印度的东南部地区。与客人相见时,将自己的鼻子与嘴巴紧贴在对方的面颊上,并且用力地吸气,同时还要口念道:"嗅一嗅我"。

2. 摸脚礼。这是印度一种礼遇极高的见面礼。晚辈在拜见长辈时,首先弯腰用右手触摸长辈的脚部,然后再用它去回摸一下自己的前额,以示用自己的头部接触对方的脚部。

3. 举手礼。它是合十礼的一种变通。当一只手持物,难以双手合十时,则举起右手,指尖向上,掌心内向,向交往对象致敬,与此同时,还须问候对方"您好"。

印度也流行握手礼。但在一般情况下,印度妇女仍不习惯同异性握手,即使用左手与人相握,也不被许可。

到印度人家中去做客,要带上小礼物,如家乡工艺品或盒装糖果。妇女们比较喜欢的礼物是做传统服装用的布料。

(二)餐饮礼仪

印度人主食以米饭为主,喜欢咖喱或辣椒做菜,口味清淡,爱吃山芋,认为山芋是菜中佳品。烹调方式主要有炒、煮和烩三种。

印度人食素者特别多,而且社会地位越高的人越忌荤食。根据教规,印度教教徒不吃牛肉,穆斯林教徒忌吃猪肉,耆那教教徒则忌杀生,又忌肉食。印度人不爱喝汤,也不喜欢饮酒,许多人认为白开水是世间最佳的饮料。印度人喜喝红茶、奶茶,吃饭时单独用盘子,习惯用右手抓饭、递礼品、敬茶,而不用双手。

请客时,印度人往往会请在座者之中最有钱的人或者最受欢迎的人付账。

(三)服饰礼仪

印度人的着装讲究朴素、清洁。在一般场合,男子的上身穿一件"吉尔达",即一种宽松的圆领长衫,下身则穿一条"陀地",即一种以一块白布缠绕在下身、垂至脚面的围裤。印度妇女最具民族特色的服装是纱丽。纱丽色彩鲜艳,图案优美。

第二节 西方礼仪

一、西方礼仪概述

(一)西方礼仪的沿革

西方礼仪的产生与西方文明的发展有着密切的关系。它萌芽于古希腊,形成于17世纪和18世纪的法国,其间,深受古希腊、罗马、法兰西等文化的影响。

1. 古希腊文化的影响。位于希腊半岛的古希腊,是欧洲文明的发源地,它对西方礼仪的形成产生了深远的影响。

(1)民主意识的形成。带有原始意味的贵族民主制和军事民主制,是古希腊政治结构的基本形式。

(2)血缘关系的淡漠。在与自然抗争中,古希腊人形成了独立进取的乐观精神,提倡人人平等,积极参与竞争,漠视家庭血缘关系。

(3)宗教情感的产生。西方人信奉宗教。古希腊人崇尚力量和美,那些代表力量和美的神灵、雕像以及他们的神殿,是古希腊人崇拜的最高对象。

(4)见面礼节的形成。现代西方人见面时的握手、接吻礼,可以在古希腊找到根源。古希腊绘有上帝和国王与穿短披风的临死者握手的图画;而接吻礼则出自于特洛伊城的妇女们用亲吻抚慰、激励丈夫们为保卫特洛伊城而战的故事。

(5)尊重妇女。"女士优先"也与古希腊人尊重女性的思想有密切关系。古希腊人对女性的崇拜,主要表现在对女性权力和威望的崇拜。在古希腊人创造的神祇中,虽然主神宙斯是男性,但雅典的保护神、智慧女神雅典娜,爱情之神维纳斯以及命运之神、正义之神、胜利之神等都是女性。

2. 罗马文化的影响。罗马文化对西方礼仪产生的影响主要有:

(1)法的观念的形成。罗马时期制定了欧洲较早的一部法律——《罗马法典》,它是后来许多西方国家制定法律的依据。例如,在西方许多国家,男女双方订婚后,女方若被男方吻过,依照法律,就有权享有男方一半的财产,即使男方在结婚前死去。这一法律便是沿袭了古罗马法典中的做法。

(2)等级观念的产生。随着罗马对外征战的节节胜利,等级观念在征服者与被征服者之间形成,并将等级观念与接吻礼挂起钩来。只有同辈或同级之间,才可以头对头地拥抱、吻嘴、吻脸。地位愈低,所吻的部位愈低,最底层的人只能吻足、吻尘土,于是形成了吻足礼。

3. 基督教的影响。源于公元一世纪罗马帝国时期的基督教,对西方礼仪的形成也产生了很大的影响。如,现代西方人一生中最重要的礼仪——洗礼、婚礼、葬礼,都与教堂结下了不解之缘。

4. 中世纪的影响。中世纪的骑士制度把妇女推上了社交活动主角的地位,贵妇人的"沙龙"是骑士们通向上流社会的捷径。在这种交往活动中,形成了一系列的礼仪规范

5. 文艺复兴的影响。14世纪意大利的文艺复兴运动对西方人产生了巨大的影响。它强调人权,提倡平等,把人们的思想从中世纪的神权桎梏中解放出来。这种强烈的提倡个性自由、人人平等的民主意识,一直在影响着西方人的思想和行为方式。

6. 法国宫廷文化的影响。17世纪和18世纪的法国宫廷制定了出入上流社会场所的种种行为规范,这是西方礼仪的雏形。我们今天所遵循的国际礼仪,大部分都是此时形成的。

(二)西方礼仪的特点

1. 简单实用。西方礼仪是人们在长期的实践活动中产生、形成的,它重视实践,符合人们的现实需要。因此,西方礼仪具有很强的现实性,表现出了强大的生命力。

2. 提倡个人尊严。西方人讲究个人尊严,崇尚个人的力量,追求个人的利益。法国的爱尔维修把利己思想、享乐和追求正当的利益当作道德的基础,而德国的费尔巴哈也倡导"合理的利己主义",所以西方认为,冒犯到对方"私人的"地方是非常失礼的行为,他们尊重别人的隐私权,也要求别人尊重他们的隐私权。

3. 平等、自由、开放。西方人讲究公平竞争,古希腊的奥林匹克体育竞赛便证明了这一点。西方人崇尚自由,不但表现在思想上,还表现在行为方式上。

这种平等、自由、开放的思想也直接影响了人们交往中的礼仪规范。

4. 尊重妇女。"女士优先"在现代西方国家很盛行,许多社交场合的礼仪也体现出了这一点。

二、英国礼仪

(一)交往礼仪

英国人性格内向,遇事谨慎,感情不外露,比较保守,但自信,大多数人追求绅士、淑女风度,讲文明、重礼节。

1. 姓名与称呼。英国人姓名的排列是名在前姓在后,还有人沿袭用父名或父辈名,在名后缀以小字或罗马数字以示区别。书写时常把名字缩写为一个字头,但姓不能缩写。口头称呼一般称姓;正式场合一般用全称;关系密切的常称本人名、教名或昵称。妇女结婚前用自己的姓名。婚后一般是自己的名加丈夫的姓。

英国是君主制国家,按习惯称国王、王后为"陛下",称王子、公主、亲王为"殿下",对有公、侯、伯、子、男等爵位的人士既可称爵位,也可称"阁下"。对有职称者,可直呼其职称,如"教授"、"博士"、"法官"等。对教会中的神职人员,一般可称教会的职称,或姓名加职称,或职称加先生。

2. 介绍与握手。英国人之间的相互结识一般需要别人介绍,方式为当面介绍或信函介绍。

(1)当面介绍。一般的礼节是:向老年人引见年轻人,向妇女引见男子,向地位高的人引见地位低的人,向已婚者引见未婚者,向有贵族头衔的介绍没有头衔的人。握手一般是由妇女、地位高者、年长者先伸手,若他们没有伸手,男子、地位低者、年轻者则向对方点头微笑。

(2)书信介绍。在私人交往中,常通过书信介绍朋友认识。介绍信简单明了,写好后不封口交给被介绍人。被介绍人一般不直接持介绍信去拜访对方,只把介绍信连同自己的名片留给对方的秘书或助手。如被介绍人是妇女,则通过邮局寄出介绍信,等候对方的反应。对方收到信后,一般要在三四天之内回答,根据情况回拜、约见或邀请。

双方初次见面行握手礼,女子一般施屈膝礼。英国人不喜欢见面时拥抱,一般只是点头致意或用手指碰一下帽檐儿,彼此寒暄几句。

3. 交谈与做客。英国人内向含蓄,待人彬彬有礼,使用礼貌用语。与英国人交谈必须慎重地选择话题。在社交场合,最安全保险又能使人人参与的话题是谈论天气。英国人特别讲究尊重自己的"个人天地",即使不是隐私,也不愿旁人打听。

到英国人家做客,一般要先和女主人寒暄、握手,然后才同男主人招呼。未经预约的拜访非常失礼,因此拜访大多是因为被邀请。

到英国人家中做客,可携带一些小礼品,如高级巧克力、名酒、鲜花或客人自己国家的民间工艺品,最好是价值不大但有纪念意义的物品。若是探视病人或赴私人宴会,可送鲜花、水果。英国人对有客人公司标记的纪念品不感兴趣,也不要给他们送太"私生活化"的礼品。主人一般会当着客人的面打开礼品,并给予热情的赞扬且表示谢意。

4. 聚会。为了庆贺结婚、生日、子女成年或联络感情,英国女主人们很热心举行聚会,常见形式有宴会和茶会。

(1)宴会。家庭宴请一般规模较小,多为宾主一共12人。要提前邀约,以便客人及时做出答复。参加宴会前,一定要重新核对宴请的主人、地点和时间,了解清楚该次宴会是否对服饰有特别要求,是否邀请了配偶等。

赴宴要准时,到达后,先向主人问候、寒暄。若主人忙,可以自我介绍与其他客人认识,尽量做到与其他客人融洽相处。通常,应在晚上11点至午夜之间告辞,男女主人务必将客人送至大门口。

在宴会结束后除了应向主人致谢外,还必须写一封信再次致谢,在宴会结束后的一个星期内寄出。通常致谢信由被邀请方的妻子代表全家写给女主人,感谢她的盛情款待。

(2)下午茶。下午茶指朋友间吃喝聊天的小聚,通常只有三四个朋友参加,在下午的四五点钟开始。饮料是茶,英国人喜欢中国的红茶。茶会中的传统食品有:各种热糕、黄瓜三明治、小圆饼、切成小块的大蛋糕等。吃茶点时,女宾应一手持碟,一手取食;同样,喝茶时应一手持茶托,一手拿杯子。主人提供的饮品,客人饮量以不超过3杯为宜。

茶会一般持续一小时左右,茶会之后无须写信或打电话向女主人再次致谢。

(二)商务礼仪

商务旅行最好选择2月至6月或9月中旬至11月,要避开圣诞节及复活节前后两周时间。

1. 约会与会谈。英国人讲究约会和守约。来访者应准时或提早赴约。开场白尽量简单明了,直截了当。

对于商务谈判,英国人往往不做充分准备,细节之处不加注意。一般说来,英国商人易于相处,遇到问题也易于解决,但必须恪守信用。会谈完毕,通常由职位较高者表示访问结束。不论男女,都要在来访者离去的时候站起来,至少要送他们到办公室门口,还可由主人或秘书送他们到楼梯口或电梯口。

2. 名片和信笺。名片分私人拜访名片和商务交往名片两种。商务交往名片又可分为职业名片和商业名片。

职业名片的格式为:姓名居于中央,下面是职位名称,地址放左下角,电话号码放右下角。如图6-1所示:

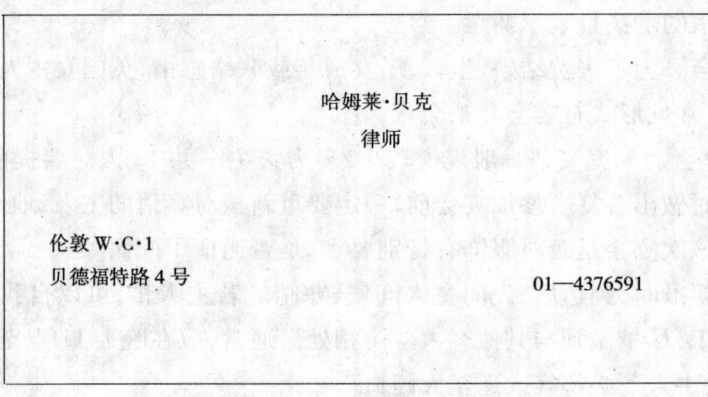

图6-1 职业名片

商业名片要比职业名片的内容多一些,所以要大一些。

写信时,商业用的信笺很重要。这往往是一家公司或一个商人所能见到的对另一家公司或另一个商人的第一个"印象"。商业信笺应印上公司的名称、地址和电话号码。

3. 业务宴客。午餐和晚餐是业务宴客中的两种最普通形式。主宾应坐在主人的右边,第二位重要客人则应坐在左边。业务上所居的地位优先于社会地位,但有时席位的先后可不予考虑,人们往往坐在最需要和他们谈话的人旁边,或者公司职员与来宾相间就座。

午餐通常在午后一点至一点半开始,客人务必准时到达,通常在下午二点半之前告辞。

(三) 餐饮礼仪

1. 餐具与饮食。英国人喜用银器、瓷器和玻璃器皿。

英国人口味清淡,喜喝清汤,爱喝酒,也特别喜欢喝茶,大多有喝"被窝茶"

(早晨)、"下午茶"（午后）的习惯。但英国人大多不喝清茶，而是先在杯中放牛奶，然后冲茶，最后放糖。如果先倒茶再冲牛奶，会被视为无教养。英国人喜饮威士忌，以苏格兰地区生产的威士忌最为有名。

2. 共餐须知。宴会的食品和酒实际上是作为陪衬，宴会的核心在于谈话。因此，良好的餐桌仪态，意味着要掌握好吃喝技巧，从而使宴会的核心工作不受干扰。

（1）吃喝技巧。持刀时食指不可触及刀背，其余三指顺势弯曲，握住刀柄。持叉应尽可能持住叉柄末端，而不能抓住叉柄的下部。刀叉并用时叉齿向下，要切一片吃一片。持匙用右手，持法同叉。如果暂停用餐，刀叉应互成夹角置于盘上。如果已经用毕，则刀叉应并排置于盘上，注意叉齿应向上。

（2）饮酒须知。在宴会上，大多每一道食品都配有一种不同的酒，一旦开始下一道食品，就不能再用前一道剩酒。任何时候都可以谢绝斟酒，只需说"不，谢谢！"或可用一手轻捂酒杯，以示强调。

（3）宴会谈话。宴会上要与周边客人进行愉快地交谈。讨论的话题可深奥严肃，也可轻松愉快，目的都是融洽气氛，促进友谊。谈话最好从有关时事或中性的话题开始。英国人一般乐于谈论自己的业余爱好，而不喜欢谈论自己的职业。

（四）服饰礼仪

英国人对衣着很讲究，好讲派头，强调矜持庄重，往往以貌取人。

1. 参加婚礼的服装。新婚婚纱是白色的，米色和象牙色的礼服也很流行。被邀请参加正式婚礼表明希望所有的宾客都穿上正式服装。参加婚礼的女宾应注意，应尽可能表示对新娘的敬意，不要过分浓妆艳抹，以抢走新娘的风光。

2. 参加葬礼的服装。男子一定要系黑色领带，妇女穿深色衣服，多数人还戴上帽子，珠宝饰物应朴素大方。

3. 参加宴会的服装。宴会的规格不同，着装要求也不同。许多正式的宴会或舞会，往往在请柬上注明了服装要求，如"黑领结"，表示须着小礼服（便礼服）；"白领结"，表示须着大礼服（燕尾服）。

4. 参加商务活动的服装。在商务活动中，男士宜穿三件套深色西装，打传统保守式的领带，勿打斜纹领带，因为英国人会联想到那是旧"军团"或老学校制服的领带。

（五）主要节日

英国的主要节日有：新年（1月1日）；复活节（3月21日月圆后第一个星

期日);国际劳动节(5月1日);英联邦节(5月24日);银行春假节(6月第一个周末);国庆日(6月第二个星期的星期四);银行暑假节(8月最后一个周末);圣诞节(12月25日)。

三、法国礼仪

(一)交往礼节

1. 姓名与称呼。法国人姓名是名在前姓在后,一般由二节或三节组成,前一、二节为个人名,最后一节为姓。有的姓名可达四五节,多数是教名和由长辈起的名字。妇女的姓名、口头称呼基本与英国习惯相同。

2. 见面礼节。法国人性格爽朗热情,谈吐幽默风趣。自我介绍时,一般先通报自己的姓名及所担任的职务,同事之间很少以名字相称,除非在挚友之间。人们一般只以"先生"、"夫人"、"小姐"相称。

法国人通常行握手礼,同时说一声"先生,幸会"。惯例是男子握手时先脱下手套,女士则不用。男子应让女士先伸手,如女方不伸手,不应计较,但只伸三个手指是无礼的。如是亲朋好友相遇,则以亲吻或拥抱代替握手。吻手礼是较为庄重的礼节,一般只对有王族血统的妇女才能行吻手礼。行礼时,嘴不应触到女士的手,不能吻戴手套的手,不能在公众场合吻手,也不吻少女的手。

在工作集会上,作为主人一方应将在场者逐一介绍,必要时也介绍每个人的职务或社会地位,总是把男子介绍给女士,介绍完握手。

3. 致意与乘车。两个相识的人在路上相遇时要相互点头致意,首先行礼的是地位较低或年纪较轻者。如果双方都戴帽,脱帽也是一种致意。同相识的女士交叉而过时,应等待她的目光表示同意后再敬礼。如果女士有人陪同,同伴也应当还礼。男子停下来同女士谈话时,要摘掉帽子,需要女方请他戴帽时再戴上。乘电梯时,男子后进电梯,先出电梯,应为女士开门;如果电梯里先有女士在,即使是不认识的,也应脱帽致意。

在地铁车站,每人都应以同样的速度走路,以免造成拥挤,上下车都要快速。乘出租车时,男子要为女士打开车门并拉住,女士上车后坐在右侧,因为后座的首席是右座。男子要绕过车头,从另一个门上车。下车时,男子应绕过车头,帮助女士下车。两对夫妇同乘一辆车时,被邀请的一方在加油时付加油费,付共同的餐费和饮料费。

4. 拜访与谈话。到家中拜访主人时,男子穿深色西服,妇女要显示出善于选择服饰,不过分奢华,不标新立异。

拜访者走进客厅时,男主人和女主人要站起来,女士们可端坐不动,但少女要起立。来访者以女客打头,向女主人致敬,后由女主人介绍在场的人。礼仪性的访问一般持续20分钟。如果应邀喝茶,则要延长时间,喝完茶即走是不礼貌的。在私人聚会上,通常由地位最高者先行告辞。

应邀到法国人家中做客,应带上小礼品,如送给小孩的糖果、巧克力,送给女主人的鲜花等。送花通常为单数。法国本土产的香槟酒、白兰地、香水(男士不可送香水给女士,否则有过分亲热或图谋不轨之嫌)、艺术品、书籍等也是受欢迎的礼物。对社交性的访问应进行回访。

拜访中,宾主在一起可畅快的交谈。男人之间谈得最多的是公务和商务;女人之间谈得最多的是衣饰、孩子、家务,避免对共同认识者品头论足。政治性题材容易引起激烈的讨论,在涉及时要谨慎。文学、艺术和体育活动等都是不错的话题。话题要尽量避免涉及个人隐私。

(二)商务礼仪

如到法国从事商务活动,不宜在圣诞节和复活节前后两周进行。法国商人非常重视休假,7月15日和9月15日为当地人度假日,也不宜前往。

1.约会与洽谈。访问要预约。法国商人非常守时,访问者如果迟到,会使自己处于非常不利的地位。如因事故迟到,应尽量打电话通知接见人,使其能安排时间或另定约会。

来访者在进门处请看门人或秘书帮助脱下大衣和帽子。访问者和被访问者之间的最初接触对于见面后的进程有举足轻重的作用。拜访原则上不应超过20分钟,应及时告退。如果要求得到一个明确的答复,听到之后,就应立即致谢,然后告退。

在商贸谈判中,法国人立场极为坚定,坚持在谈判中使用法语,明显地偏爱横向式谈判,即喜欢先为协议勾画出一个轮廓,然后再达成原则协议,最后再确定协议的各个方面。

2.名片与信函。法国男子一般都有两张名片:一张是印姓名和通常用名,另一张上还有职业、工作地点和电话号码。夫妇两人合用的名片为家庭名片,用于社交。

名片的使用有若干规矩:把投放或寄送名片本身看作是一项访问,接受名片都应在24小时内回送名片。自己送名片更合乎礼仪。单身男士向单身男士投放一张名片,向夫妇投放两张。夫妇两人或已婚妇女拜访一对夫妻时,留下一张丈夫的名片给男主人,留下一张家庭名片给女主人。

在法国,收到信件要尽快回复。事务性信件应简明扼要,尽量用手写。打印的信件,签名一定要手写。

(三)餐饮礼仪

1. 就餐习惯。法国的烹调举世闻名,用料讲究,品种繁多,讲究色、香、味、形和营养。法国人把就餐视为人生一大快事。最名贵的菜是鹅肝,爱吃的菜肴有猪肉、牛肉、香肠、蜗牛和青蛙腿等,并有吃生菜肴的习惯;口味偏爱酸、甜、咸味,忌吃无鳞鱼,不吃辣的食品。法国人的早餐简单,注重午餐和晚餐。就餐时,要把碟中的食物吃完,否则会冒犯女主人或厨师。因此,有英国人"注意着礼节吃",德国人"考虑着营养吃",意大利人"痛痛快快地吃",而法国人则"夸奖着厨师的技艺吃"的说法。若被邀请用餐,客人应对每道菜表示赞赏。

2. 餐具与饮食。就餐时每人面前只放一副刀叉,一半放在碟中,一半放在桌布上,叉尖朝台布,吃完后把刀叉放在碟中。每道菜后全部撤换。

午宴多用有颜色的桌布和餐巾,桌上用具简单。商务性的午宴上因要谈工作,因此菜肴从简、清淡。隆重的晚宴往往用最好的桌布、最讲究的银餐具,用很高的烛台,以散发出柔和的烛光。

法国是全世界奶酪和面包消费量最大的国家,以致有"奶酪王国"、"面包王国"的称号。法国人爱喝酒,喝酒就像喝茶一样,想喝就喝,尤其爱饮葡萄酒、玫瑰酒、香槟酒等,但无劝酒习惯。法国国内的名酒主要是香槟酒和白兰地。庆祝活动多喝香槟酒,打开香槟酒瓶塞时发出的声音往往能给宴会增添欢乐的气氛。白兰地是葡萄酒的一种,年代越久,越为名贵。

3. 餐饮举止。就餐时,两手放在桌面上,但不能把两肘也放上。面包放在台布上,可用手折断,但不要把面包屑捏团,也不要用面包吸净盘子。碟内尽量干净,杯子半干时倒酒,但全干时不再续酒。就餐过程中绝对不能吸烟。在法国,两道菜之间点上一支烟被认为是十分不礼貌的。

饭桌上谈话是法国一贯的重要传统。主人在安排客人时,要创造出几个谈话中心,或让一位健谈的客人谈,或让客人同左邻右舍交谈共同的题目。

(四)服饰礼仪

法国巴黎是世界时装的中心。法国人的衣着十分考究,穿着不当会降低自己的身份。

1. 对女士的服饰要求。法国妇女以最喜欢打扮而闻名世界。在巴黎街头,很难发现穿着同样服装的两个女子。在日常生活中,她们给人们的印象是随意、时髦。女士应邀到外面参加午餐招待会,应戴帽子。在有教士参加的晚间活动上,女士们的露肩礼服要注意暴露得当。

2. 对男士服装的要求。法国男士的礼服主要有常礼服、吸烟服、晚礼服、丧服。男士只戴结婚戒指和镌有徽纹的戒指。

(1)常礼服。常礼服用于较为正式的场合,一般为全套西服。西装要求为双排扣,黑色、灰色或深蓝色。必须穿西装背心,因为给人看到衬衣和裤子的结合部是不雅的。白衬衣要配半软领或硬领,系灰色或素花领带,着黑色皮鞋,黑色或同领带相配的袜子。

(2)吸烟服。晚上,男士一般穿吸烟服,半软翻领白衬衫,黑领结,黑皮鞋和黑袜。在法国,只在请柬上要求时才如此穿着。

(3)晚礼服。在正式场合要穿晚礼服,配白色上浆衬衣,圆角直领,白色领结,白色背心,黑袜子,亮光黑色皮鞋。请柬上一般都会注明"晚礼服"。

(4)丧服。丧服包括黑领带,白衬衣,黑礼帽和深色大衣,黑袜子和黑色手套。

(五)主要节日

法国的主要节日有元旦(1月1日);复活节(3月21日月圆后第一个星期日);国际劳动节(5月1日);贞德就义日(5月8日);国庆节(7月14日);诸圣节(11月1日);圣诞节(12月25日)等。

四、德国礼仪

(一)交往礼节

德国人勤劳,有朝气,守纪律,好清洁,爱音乐,比较注重礼仪,尊重传统和权威。

与客人见面时,德国人一般惯行握手礼;亲朋好友相见时,一般惯施拥抱礼;情侣和夫妻间见面惯施拥抱和亲吻礼。

德国人不喜欢直呼其名,要称头衔,如某博士、某教授等,一般情况下称呼姓。接电话时首先要告诉对方自己的姓名。在街上两人并行时,右边为尊;三人并行,中间为尊。宴会上,男士坐在女士或职位较高者的左侧;当女士离开饭桌或回来时,男士要站起来以表示礼貌。

应邀到德国人家中做客,通常以鲜花为礼物,不包装,且必须是单数。其他礼物如威士忌酒、有价值的纪念品等都受欢迎。若送刀剑或刀叉餐具等,则请对方付一个硬币给你,以免所送的礼物伤害你们之间的友谊。德国人对礼品包装很讲究,忌讳用白色、黑色和咖啡色的包装纸,也不用彩带系扎礼品。

与德国人交谈时,不要议论打垒球、篮球或美国式橄榄球,最好谈个人的业余爱好和足球之类的体育项目。谈话不宜涉及纳粹、宗教与党派之争等话题。

(二)餐饮礼仪

德国人喜欢吃牛肉、猪肉、鸡、鸭及野味,不大吃鱼虾、海味。主食为肉类、马铃薯、色拉等。德国人饮食口味较重,偏酸甜,不喜欢油腻、太辣的食物,但很喜欢中国菜。德国人早餐较简单,午餐(主餐)和晚餐较丰盛,喜欢以大米、面条为主食;晚餐大多是夹着香肠或火腿的土司之类的冷餐。他们常常喜欢关掉电灯,点几根蜡烛进晚餐,享受古典情调。

德国人吃马铃薯的方法是以叉、刀背将其压碎,而不是用刀子切割着吃。就餐时先喝啤酒,再喝葡萄酒,要是反过来喝,则认为有损健康。喝酒时,一般情况下不碰杯,一旦碰杯,则必须一口气将杯中的酒喝完;为别人斟酒时,一定要斟满,否则为失礼。

(三)服饰礼仪

德国商人喜欢穿三件套西装,并喜欢戴上呢帽。他们也希望对方与自己穿戴一样。

(四)主要节日

德国的主要节日有:国庆日(10月3日);啤酒节(9月的最后一个星期至10月的第一个星期);狂欢节(11月11日11时开始,到第二年复活节4月4日,是德国的传统节日)。德国在狂欢节结束的前一天,一定是星期一,这一天被称为"疯狂的星期一"。主要活动有两项:一是化妆大游行;二是举办大型狂欢集会和舞会,一直到深夜。在此之前的最后一个星期四,称为"女人节",是狂欢节进入高潮的标志。"女人节"要表演女人夺权的喜剧,可以坐市长的椅子,还有许多地方的妇女拿着剪刀在街上专门剪男人的领带,并拿回家去钉在墙上供欣赏。

五、西班牙礼仪

(一)交往礼仪

西班牙人喜欢夜生活,有午休会友的习惯。西班牙很多商店从下午一点半到四点半停止办公,晚上十点左右到第二天凌晨一点之间最为热闹。

西班牙人相见时握手和拥抱同样普遍,朋友间通常是男性相互抱肩膀,女性轻轻搂抱并吻双颊。西班牙人喜欢谈论政治、体育和旅行,避免说宗教、家庭和工作。另外要注意,不要说斗牛的坏话。

(二) 餐饮礼仪

西班牙人喜爱美食,一年12个月,月月有大饱口福的节日,所以西班牙有"饱口福,到节日"这样的口头语。西班牙人喜吃鸡、鱼虾、水果、蔬菜。口味浓郁,喜喝啤酒、葡萄酒。

六、俄罗斯礼仪

(一) 交往礼仪

俄罗斯人性格开朗豪放,不善掩饰,注意礼貌,热情好客。在交往中,初次见面行握手礼;熟悉的朋友,久别重逢时,一般要热情拥抱,甚至亲吻双颊,但男士对女士多为吻手背。

俄罗斯人在称呼上,非常熟悉的朋友之间可直呼其名,不太熟悉的朋友之间或公务社交场合,年轻人对长辈、下级对上级必须使用尊称,即本名、父名、姓氏加"先生"或"夫人"等称呼或头衔。与客人相见要互相问好,并道"早安"、"午安"、"晚安"。俄罗斯人的"您"与"你"分得非常清楚,不可随意乱用。

到俄罗斯人家中做客时,应注意礼节。带给主人的礼物可以是酒或鲜花,也可以是艺术品或书籍。送花时颜色应为红色(参加婚礼可送白色或粉色鲜花),花束必须是单数,他们视单数为吉祥的象征。他们常将面包和盐献给客人,以表示敬意。

(二) 餐饮礼仪

俄罗斯人用餐时,第一道菜是汤。汤的种类较多,著名的有"罗宋汤";食物以面包、牛奶、奶油、肉类和土豆为主。俄罗斯人口味偏爱甜、咸、油腻,不吃乌贼、海蜇、海参和木耳等。俄罗斯境内的鞑靼人忌吃猪肉、驴肉和骡肉,境内的犹太人不吃猪肉和无鳞的鱼。

俄罗斯人最爱喝的饮料是格瓦斯,一种清凉饮料,多数人爱喝伏特加等烈性酒和啤酒。饮茶是俄罗斯人的嗜好,尤其是红茶,茶水一般要放糖或放盐,喝茶时还配有果酱、蜂蜜、糖果和甜点心。

(三) 服饰礼仪

俄罗斯人爱整洁,外出时总是衣冠楚楚,衣着得体。不扣好扣子或将外衣搭在肩上都被认为是不文明的表现。城市居民多着现代西装,春秋季喜欢在西装外套一件漂亮的风衣,冬季则以呢大衣为主。女士爱穿裙子。

(四) 主要节日

俄罗斯的主要节日有：圣诞节（1月7日），东正教节日；洗礼节（1月19日），东正教节日；谢肉节（复活节前第8周）；复活节（4月23日）；清明节（复活节后第9天）；桦树节（6月24日）；十月革命节（11月7日）；俄罗斯之冬等。

七、美国礼仪

(一) 交往礼仪

美国人大多是欧洲的后裔，所以思维方式、生活习惯与欧洲接近。同时，不同的生活环境又使美国人有许多与欧洲不同的礼仪、习俗。美国人性格随和友善，讲礼貌而不拘泥于多而琐碎的细节，独立精神强，充满自信，追求新奇，喜欢变革。

1. 姓名与称呼。美国人姓名的顺序与英国相同。在称呼上，喜欢直呼其名，但出于礼貌还是以"先生"（男孩子年满12岁就可称为先生）、"夫人"、"女士"、"小姐"或对方的职衔称呼客人，熟悉之后可不受约束。在非正式场合，美国人很少用正式的头衔来称呼别人，但各种行政官衔被称呼时都须带着姓氏。

2. 见面礼节。在美国，人们见面和告别时行握手礼，彼此很熟悉的女性之间、男女之间也亲吻面颊。朋友之间通常不拘礼节，见面时只点头微笑，说一声"Hello"或"Hi"表示问候。

3. 交谈与做客。在美国社会中，人们的一切行为都以个人为中心，个人利益是神圣不可侵犯的。人们日常交谈，不喜欢涉及个人私事。在美国，有些话题必须回避，如年龄、婚姻状况、收入情况、宗教信仰。美国人有忌"老"心理，老年人不喜欢别人恭维他们的年龄。美国人讲究"个人空间"，与他们谈话时，不可站得太近。

拜访美国家庭，要事先约定，准时赴约。美国人时间观念很强，因此，如果不能按时到达，应打电话通知对方，并表示歉意。

进屋后，先向女主人问好，然后向男主人和孩子们问好。如遇主人家宾客满座，只需同主人和相识者握手，对其他人点头致意即可。在美国人家中做客，不必过分拘礼。主人喜欢听人赞美他们家中的摆设，而不愿听到询问价格的话。做客时不要轻易抽烟，但若主人主动邀请，则要接受主人的烟，否则主人会认为你看不起他而感到不愉快。做客时间不宜太长，但饭后不要立即告辞；如果夫妇一起去，应由妻子先起立告辞。

4. 送礼。美国人一般不随便送礼，但逢节日、生日、婚礼或探视病人，送礼是可以的。

美国人最盛行在圣诞节互赠礼品,比较喜欢的礼物有书籍、文具、玩具、鲜花、巧克力以及中国工艺品。他们不太计较礼物的便宜与贵重,礼物多用花纸包好,再系上丝带。美国人收到礼物后,会立即打开,当着送礼人的面欣赏或品尝礼物,并立即向送礼者道谢。

探视病人大多赠鲜花,有时也赠盆景。习惯上,若自己亲自去慰问,通常送插瓶的花,不必附名片;如果请花店直接送去,须附名片。

(二) 商务礼仪

到美国从事商务活动一般要避开6月至8月,因为这期间多数商人会去度假。圣诞节和复活节前后两周也不宜前往。

1. 预约与洽谈。与美国人进行商务活动绝对要预约。抵达前要通电话告知,并且要准时守信。

初见美国商人,他们会表现得十分友好和开放,但不能因此断定美国商人很好打交道。美国商人在谈判中往往充满信心,讲话简单明快,与他们做生意,"是"和"否"必须分清楚。当无法接受对方提出的条款时,要明白地告诉对方不能接受,而不要含糊其辞,使对方存有希望。

与美国人谈判,绝对不要指名批评某人,美国人谈到第三者时,都会顾及,避免损伤对方的人格。

美国商人对商品的包装特别注意,他们对包装的要求是精美、雅致;有趣味,可供欣赏;创新、方便、实用;时髦、色彩鲜艳。

2. 馈赠与宴请。对美国人来讲,送礼是表达一种友情。但如果用送礼作为手段,企图达到某种目的,一旦让他觉察,他会拒绝再和你往来。因此,为了避免嫌疑,在商务洽谈之前,千万不要给对方送礼物。即使在商务活动结束后,也不能给美国人,尤其是官员或政府机构供职人员送大礼,否则会令他惶恐不安。

美国人不喜欢大摆宴席,但喜欢借早餐、午餐之机,边进餐,边谈工作和讨论业务,称为"工作早餐"或"工作午餐"。工作午餐不同于其他社交约会,不需要发出正式邀请。只要双方都愿意坐在一起商谈业务或交换意见,就可以一起共进午餐。谁提议举行这个工作午餐,谁就是"东道主",餐馆由他定,时间则由双方商定。工作午餐持续约两三个小时,提议者首先把餐巾放回餐桌上或者站起来就是结束午餐的信号。工作午餐可由提议者付账,亦可实行AA制。

(三) 餐饮礼仪

美国有来自世界许多国家、地区的人和他们的后裔,他们把故乡的风俗、习惯乃至烹调技艺也都带到了这里，形成了五花八门的饮食特色。最有特点的是快餐。美国人做事力求简便与快捷，通常都食用快餐、罐头或冷冻食品。代表性食物是热狗、汉堡包等。

1. 餐具与饮食。美国人对餐具及饮食不太讲究。美国人喜欢把需要割切的食物一次性全部切完，然后把刀放在碟子上面，把叉子换到右手来吃菜。除了一日三餐外，多数家庭有在睡前吃些小吃的习惯。美国人不爱吃肥肉，不吃清蒸和红烧的食品，忌食各种动物的内脏及奇形怪状的食品，如鸡爪、猪蹄、海参等；一般不饮烈性酒，即便要饮，也通常将烈性酒加进冰块再喝。

每逢假日，美国家庭常举行野餐和户外烧烤餐，有的公园甚至为此专门为游人提供烧烤用的炊具。

2. 共餐须知。美国人对食物的要求是简单、方便、营养，尤其重视席间的谈话。

在宴会上，美国人有一个习俗：在上头道菜时，每个男士要照顾他右边相邻的女士，细致而耐心地为其效劳；在上第二道菜时，转而为左边的女士服务。这种做法可使每个女士都不会没有人照顾或无人交谈。"女士优先"在美国已成为社会习惯。

（四）服饰礼仪

美国人的衣着，可以说是自由、严谨两分明。日常主要以宽大舒适为原则，自由自在、无拘无束，全凭自己的爱好，夹克衫、运动衫、毛线衫、工装裤、牛仔服随处可见，甚至穿着泳装也可以招摇过市。

但在正式场合，美国人的衣着非常严谨，讲究着装礼节。男士穿较深颜色的西装，打领带，给人一种沉稳可靠的印象；女士穿套裙，颜色多为深蓝色、灰色或大红色。

（五）主要节日

美国人的重要节日有：元旦（1月1日）；华盛顿生日（2月22日）；圣范伦泰节（2月14日），即学校儿童节；复活节（3月21日月圆后第一个星期日）；先烈纪念日（5月30日）；国庆日（7月14日），即独立日；劳动节（9月第一个星期一）；感恩节（11月最后一个星期四）；圣诞节（12月25日）。还有一些没有公共假期的全国性节日，如情人节（2月14日），愚人节（4月1日），母亲节（5月第二个星期日），父亲节（6月第三个星期日），南瓜灯节等。

八、加拿大礼仪

(一) 交往礼节

加拿大人性格比较开朗,自由观念较强,友善、和气、好客。人们见面时行握手礼,熟人、亲友和情人之间也亲吻和拥抱。在称呼方面与美国相同,熟人之间问候时只喊一声"Hello"。

加拿大人不像美国人那样随便,大部分招待会在饭店或俱乐部举行,应邀做客要准时赴约。如果应邀去加拿大人家中做客,可以事先送去或自带一束鲜花给女主人。加拿大人很喜欢红色与白色,因为那是加拿大国旗的颜色。

在加拿大,宴请客人时,通常由女主人安排座位。入座后,男主人常常要作简短祈祷。加拿大人喜欢外来人谈加拿大的优点,不喜欢将本国与美国作比较。

(二) 餐饮礼仪

加拿大人饮食习惯与英、法、美相似,其独特之处是特别爱吃烤制食品;口味清淡,不爱吃辣的东西;喜食牛肉、鱼、蛋、各种野味和蔬菜;忌食虾酱、鱼露、腐乳和臭豆腐等有怪味、腥味的食物和动物内脏及脚爪。

日常饮食一日三餐,早、午餐较简单,晚餐较丰盛,传统菜肴为法国菜。喜欢饮酒,尤以白兰地、香槟酒为佳,对饮料中的咖啡和红茶也很感兴趣。

(三) 服饰礼仪

在加拿大从事商务活动,宜穿保守式西装。

(四) 主要节日

加拿大的主要节日有:元旦(1月1日);情人节(2月14日);枫糖节(3~4月间);冬季狂欢节(2月第一个周末起,为期10天);愚人节(4月1日);复活节(4月15日);国庆节(7月1日);劳动节(9月3日);感恩节(10月8日);圣诞节(12月25日)等。

九、澳大利亚礼仪

(一) 交往礼节

澳大利亚人性格开朗、坦率,强调友善与公平,重视人道主义精神,追求享乐。人们见面或告别时,总喜欢热情握手,彼此以名相称;喜欢与陌生人交谈,而且很快能交上朋友。

澳大利亚人时间观念强,赴约准时;重视办事效率,不喜空谈;商谈中尽量避免把时间花在讨价还价上。澳大利亚人一直严守"周日做礼拜"的习惯,每周日上午,人们一定要去教堂,因此,不要在这段时间安排商务活动。

澳大利亚的商务活动大多在小酒店进行。到澳大利亚人家中做客,可以给主人送葡萄酒或鲜花。

(二)餐饮礼仪

澳大利亚人饮食习惯上主要吃英式西餐,口味清淡,忌食辣味菜肴。就餐时,调味品放在桌上,客人根据自己的爱好选用。爱喝牛奶,喜食牛、羊、猪、鸡、鸭肉、蛋、乳制品及新鲜蔬菜,并喜喝啤酒、葡萄酒和咖啡,爱吃水果。

(三)服饰礼仪

澳大利亚人没有传统服装,平时穿着比较随便,只是在参加正式会见或商务活动时才穿西装。

(四)主要节日

澳大利亚的主要节日有:元旦(1月1日);国庆节(1月26日);圣诞节(12月25日)等。

第三节　外事迎送

迎送,顾名思义,就是迎来送往或迎接送别,这是一种常见的社交礼仪。在国际交往中,对外国来访的客人,通常视其身份和访问的性质以及两国关系等情况,安排相应的迎接送别活动,称为"外事迎送"。作为秘书人员,特别是从事涉外接待工作的秘书人员,了解这方面的知识很有必要。

一、礼宾规格

礼宾是规定有关人员在从事接待工作的整个过程之中,应自觉而主动地、自始至终地对自己的接待对象以礼相待。规格,是指与某一事物相关的规定或者标准。礼宾规格,具体是指外事人员在对外交往中礼待外方人士的一系列具体规定。在各式各样的外事接待工作中,没有事先确定礼宾规格,或者不遵守业已确定的礼宾规格,往往就会出现差错。因此,秘书人员不可忽略礼宾规格的重要性。

(一)基本原则

1. 服从外交。礼宾规格虽然仅仅涉及具体的外宾接待标准,但它往往直接或间接地与我国同交往的各国及其政府彼此之间的关系相关。外交无小事。在任何时候,确定礼宾规格或操作礼宾规格,均应首先服从于本国外交的大政方针。

2. 身份对等。依照国际惯例,在外事活动中,双边关系讲究的是对等。对等就是要求交往双方礼尚往来,你方如何待我,我方即可如何待你。在确定接待外方人士的礼宾规格时,应与外方人士的具体身份相称,同时还应参照外方在接待我方身份相仿者时所采用的具体的礼宾规格,也就是要求我方给予来访外方人士的礼遇应当恰到好处,以免我方人士在出访对方时可能会受到任何形式的怠慢。

3. 一律平等。依照国际惯例,在外事活动中,多边关系讲究的是平等。在具体确定或操作用以接待来自多方的外籍人士的礼宾规格时,一定要明确平等待客为先的正确理念,对有关各方做到一视同仁。不论国家大小,不分强弱,不看贫富,不讲亲疏,均应无条件地平等相待,注意搞好有关各方的平衡。

4. 有所区别。在为外方来宾安排具体的礼宾规格时,还应注意充分尊重对方的风俗习惯以及其他方面的特殊做法,不强人所难,不强加于人,不勉强行事。我方在确定和操作用以接待与我方存在习俗差异及其他差异的外方人士的礼宾规格时,必须充分考虑双方的这些差异,具体情况具体对待,不能千篇一律。

(二)主要特征

1. 礼宾性。礼宾规格是在外事接待中专门用以接待外籍来宾的,因此礼宾性是主要特征之一。以专用于外事接待的礼宾规格接待内宾,是没有必要的。

2. 规范性。作为一种专门规定、专项标准或者具体要求,礼宾规格的规范性很强。它对于我方人员在外事接待中具体应当如何有所为、如何有所不为,往往都规定得一清二楚,并且使之制度化、正规化、标准化和易于操作。

3. 稳定性。从总体上看,礼宾规格不是一成不变的。在某些时候,可以根据自身需要进行调整,但其变化通常是局部的、个别的。相对而言,礼宾规格比较稳定,轻易不会变更。

4. 差异性。具体确定和操作外事接待中的礼宾规格时,在基本要求不变的前提之下,其具体做法经常因人而异。在某些特定的情况下,当交往双方的关系发生重大变化或受到某种因素左右时,我方用以接待外方的礼宾规格也会与既往的做法略有不同。

(三)接待方针

我方在制定接待计划时,应当兼顾某些侧重点:

1. 国家差异。应对被接待对象所在国家的国情有所了解,对该国与我国之间重要的国情差异,做到心中有数。

2. 民族差异。不同民族之间,风俗习惯自然存在差异。应对被接待者尤其是其中核心人物的民族归属有所了解。

3. 党派差异。在世界各国,都存在着一定的政党派别。我方的接待对象自然也存在着有党派与无党派、执政党与在野党等区别。对这些情况不可忽略。

4. 宗教差异。被接待者的宗教信仰问题也应为我方所知晓,并应当予以适当的尊重。

5. 文化差异。不同国家、地区、民族的外方人士,往往有其不同的文化背景,彼此之间差异很大,对此要有所考虑。

(四)来宾分类

外事人员往往需要对自己所接待的外方人士加以区分,以求不同对象不同对待。一般而言,我方人员在对外交往中所接待的外方人士,大体上可以被区分为 VVIP、VIP、IP、SP、CP 等五类。

1. VVIP。VVIP 是英文"Very Very Important People"的缩写,含义为"非常非常重要的客人"或"异常重要人士"。在外事接待中,VVIP 一般指正式来访的各国现职的党和国家主要领导人。有时,还应包括由主权国家所组成的国际组织的主要负责人。此类客人通常称为国宾。在正常情况下,各国都会以最高档次的礼宾规格接待此类客人。与此同时,还应特别重视其荣誉性与安全性问题。

2. VIP。VIP 是英文"Very Important People"的缩写,含义为"非常重要的客人",在外事接待中往往称其为"要人"。VIP 除了包括正式来访各国政府的重要负责人外,还包括各国合法的群众团体的主要负责人、商界领袖、知名企事业单位的负责人、与我方存在正常合作关系单位的主要负责人等。接待 VIP 时,通常应采用较高档次的礼宾规格,同时还须考虑我方与对方的礼尚往来问题。

3. IP。IP 是英文"Important People"的缩写,含义为"重要客人",通常是指正式来访的各国各界知名人士、新闻界人士、同行业人士、具有潜在合作可能的单位与部门的负责人士,以及存在合作关系的单位与部门的一般工作人员。在接待 IP 时,具体所执行的礼宾规格应突出体现接待方对对方的重视。与此同时,在接待过程中,还应注意主动联络对方,以加强联系,促进沟通。

4. SP。SP 是英文"Special People"的缩写,含义为"特殊的客人"。在外事接待中,SP 具体指的是:身体状况特殊者,如老、幼、病、残、孕;风格习惯特殊者,如少数民族人士、宗教界人士;发挥特殊作用者,如上述三类客人的助手、秘书以及其配偶、长辈、子女等其他亲友;关系特殊者,如以前与我方产生过重大矛盾、冲突者或对我方持敌视态度者。在确定 SP 的礼宾规格时,一方面要坚持遵守规定,另一方面也要在力所能及、不卑不亢的前提下,给对方以适当的照顾。

5. CP。CP 是英文"Common People"的缩写,含义为"普通客人"。在外事接待中,此类客人一般是前来我方进行正式访问或非正式访问的、除以上介绍的四类客人之外的其他所有的外方人士。具体运作 CP 的礼宾规格时,关键是要对对方尊重、重视,不能因其"普通",而对其接待不周。

(五)礼宾次序

礼宾次序是指国际交往中对出席活动的各国人士的位次按某种规则和惯例进行排列的先后次序。通常来说,礼宾次序体现了东道主对各国宾客给予的礼遇,而在某些国际性的集会上则表示各国主权平等的地位。如果礼宾次序安排不当,就会产生这样或那样的麻烦。其排列方法通常有三种:

1. 按外宾身份与职务的高低顺序排列。这种排列方法是礼宾次序排列的主要依据,在政务、商务、学术活动交往中,都可采用。礼宾次序排列只讲具体人员行政职务的高低,并不需要考虑男女、长幼之别。在接待多方团队来宾时,一般不注重其人数的多少,而是按其团长或领队的行政职务的高低排序。各国提供的正式名单或正式通知是确定职务的依据。

2. 按来宾所在国名称的字母顺序排列。多边活动中的礼宾次序通常按参加国国名字母顺序排列。一般以英文字母顺序排列居多,个别情况也有按其他语种字母顺序排列的。国际会议和体育比赛多用这种方法,但为了避免一些国家总是占据前排席位,因此,用每年抽签一次的办法来决定本年度大会的席位以哪一个字母打头,以便让各国都有机会排在前列。

3. 按时间先后顺序排列。具体包括三种:

(1)依照各方来宾正式通报其决定参加活动的具体时间的早晚顺序进行排列,俗称"以报名早晚为序"。在一些国家举行的多边活动中,若各国代表团的身份、规格大体相等,东道主往往按这种方法排列。它的主要范围有:跨国举行的各种招商会、展示会、博览会、陈列会等大型商贸类活动。

(2)依照各方来宾正式抵达活动现场的具体时间的早晚顺序进行排列,俗称"以先来后到为序"。它主要适用于一些特定的外交场合、各类非正式场合。

(3)依照宾主双方或宾主具体地位的不同顺序进行排列,也称"先宾后主"。在多方外事接待中,有时除主办方之外,也会有国内其他组织或单位的人士到场,此时可采用这种方式排序,即来访者一方居前,东道主一方居后,境外人士应当排在境内人士之前,国内其他单位的人士应当排在主办单位的人士之前。

(六)接待内容

1. 接待形式。这是指接待活动的主要方式方法。以正式与否区分,有正式接待与非正式接待;以规范与否区分,有常规接待与非常规接待;以接待方法区分,有官方接待与非官方接待;以来宾在我方停留过程区分,有全程接待与非全程接待;以我方接待单位的多寡区分,有单方接待与多方接待。

2. 接待日程。这是指接待来宾工作按日排定的具体行事程序。在正常情况下,应当将接待过程中的全部重要活动一律包括在外事接待的日程之内。对于其中较为主要的迎送活动、正式会见、业务谈判、签字仪式、会晤记者、参观企业、游览景点、观看演出以及出席宴请等等,均不得缺少。

3. 经费预算。在制定具体的外事接待计划时,必须对所需的经费开支作出总的预算,并正式报请有关领导批准执行。外事接待费用的预算一旦获批,通常不宜再进行追加。要厉行节约,努力压缩一切可用或可不用的费用,并应当严格遵守有关规定,不得在费用使用中有意违规。

二、接待准备

外宾接待工作不是从宾客抵达后才开始的,而是从接到来客的通知开始的。这一阶段可称为准备工作阶段。来宾接待的准备工作,是整个接待工作中的重要环节,也是做好接待工作的关键。准备工作做得充分,接待工作就有了良好的基础,就能防止发生忙乱、被动的现象;反之,就难以达到应有的工作质量和接待效果。因此,对接待工作应当高度重视,力争主动。接待准备工作包括以下具体环节:

1. 弄清来宾的基本情况。要将迎来送往工作进行得圆满顺利,达到双方都满意的效果,我方人员首先应对外方的具体状况予以充分掌握,这是做好迎送

工作的基本保证。一般而言,我方应充分掌握的外方状况主要有以下五个方面:

(1)主宾的个人简况。对于外方主宾的简况,如姓名、性别、年龄、籍贯、民族、单位、职务、党派以及文化程度、宗教信仰、生活习惯、饮食爱好、禁忌、家庭状况、政治倾向、业务能力、社会评价等等,均应一清二楚。对外方其他来宾的情况,亦应尽可能地有所了解。

(2)来宾的总体情况。在迎送活动中,一些有关来宾的总体情况,如具体人数、性别概况、组团情况以及负责人等,有关人员也应予以关注。

(3)来宾的整体计划。外方在来访之前,必定会制定具体访问计划。对外方的来访计划,特别是访问目的、指导方针、大致安排等等,应有一定程度的了解。

(4)来宾的具体要求,包括其对政治会谈、业务会谈以及参观访问的愿望等。在迎送活动开始前,以及进行过程中,我方对于外方集体及主宾所提出的要求,应予以充分考虑,对于其他来宾的个人意见、建议,也要认真听取。

(5)来宾的来去时间。为安排好接待工作,对于来宾正式抵达和离去的时间、前来的路线与交通工具及其相关的航次、车次、地点,应当掌握充分,并且予以再三核对,以免在具体工作中出现重大差错。

来访一行人员的名单,是安排接待工作的一项重要依据,各项礼仪活动以至住房、乘车安排都需要有准确的名单。因此,需请对方尽早提供写明全体人员按礼宾顺序排列的名单,名单上还应注明各人的职务及性别。如系再次来访的外宾,则要查阅档案,了解过去接待的情况。

2.拟订接待方案。接待方案包括接待规格及各项主要活动的安排,通常有迎送、宴请、会见、会谈、晚会、仪式、参观游览、外地访问、交通工具、下榻宾馆等项目,以及日程草案。日程的安排,尤其是参观游览和外地访问,应考虑对方的愿望,还要考虑对方的风俗习惯和宗教信仰。日程确定后,应译成客方使用的文字,并打印好,届时放在客人住房的桌上。

接待规格高低表现在安排礼仪活动多少、规模大小、隆重程度,以及由哪些领导人出面等。接待规格反映出对客人的重视程度和欢迎的热烈程度。规格往往根据实际需要确定。

3.做好必要的资料准备。准备的资料包括来宾所属国家情况,外宾所属党派、团体情况,外宾本人情况,应注意的谈话口径及宴会讲话稿等,供出面的领导同志以及有关人员了解掌握。向外宾赠送的导游图、明信片、风景点及参观单位介绍等资料也应准备好。

4. 预定住房、车辆、游船及有关事务。外宾抵达前要安排好住宿的宾馆。住房的分配,可根据来访人员的具体情况而定,然后征询对方的意见,也可将住房平面图交给对方,由其自行安排。对短期来访、费用自理的客人,应事先根据客人的要求订好饭店及房间。此外,必要时还需租好陪同间,供接待负责人及译员宿用。

交通工具,要根据人员多少安排。一般应配备轿车,如人员较多,可配旅行车。对所配车辆应严格检查,对未接待过外宾的司机还应进行适当的培训。

5. 及时同上级及有关部门保持联系。如果是上级通知接待的外事活动,应随时与上级联系。如果是本单位邀请的,应将外宾的情况随时通知与本次接待活动有关的单位,如公安、铁路、民航、海关等部门,以便接待工作顺利、按时、安全地进行。如有宣传报道、文艺演出、摄影等任务,要事先通知有关部门做好准备或派人参加。

三、迎送礼仪

在一般情况下,外国国家元首、政府首脑正式访问,各国都要举行隆重的迎送仪式,如安排检阅仪仗队等。对一般代表团和人员的访问,通常不举行正式欢迎仪式,但对应邀前来访问者,无论官方人士、专业代表团,还是民间团体、知名人士,在他们抵达或离开时,都应安排相应身份的人员前往机场、车站或码头迎送。

1. 确定迎送规格。在确定迎送规格时,主要是依据来访国宾或宾客的地位、身份,访问的性质和目的,并适当考虑两国之间的关系,同时还要注意国际惯例,综合平衡。按照对等原则执行,主要迎送人员应与来宾的身份相当。如果由于某种原因,对口单位的对等人不能出面时,可灵活变通,由职位相当的人士或副职出面,并礼貌地向对方作出解释。迎送人数的多少要适宜。

2. 掌握抵离时间。接待方案确定后,应随时同有关部门或来访者保持联系,准确掌握来宾乘坐的飞机班次(车次、航班)的抵离时间,及早通知全体迎送人员和有关单位。如有变化,也应及时通知。由于天气变化等意外原因,飞机、火车、船舶都可能晚点,因此,当来宾所乘班次确定后,还应及时同抵离的机场、车站、码头加强联系。准确掌握客人抵离时间的目的,是为了顺利地接送,同时又不过多耽误迎送人员的时间。

迎接人员应在飞机(车、船)抵达之前到达机场(车站、码头)。送行时,送行人员应前往宾客住宿处,用车送其至机场(车站、码头),等飞机起飞(车、船离开)时,送客人员要挥手告别,直到客人看不见我方人员时才离去,否则是很失礼的。

3. 介绍。外宾下飞机(车、船)以后,我方应立即上前迎接,宾主双方要互相介绍、引见。一般由礼宾人员或我方迎候人员中身份最高者,率先将我方迎候人员按一定顺序一一介绍给主人,双方行握手礼。有的国家来宾习惯再行拥抱礼、鞠躬礼、合十礼、抚胸礼等,我方均应作出相应表示。然后,再由客人中身份最高者,将客人按一定顺序一一介绍给主人。若宾主早已相识,则不必介绍,双方直接行见面礼即可。

4. 献花。献花是常见的迎送外宾时用来表达敬意的礼仪之一。一般在参加迎送的主要领导人与客人握手后,由女青年或儿童将花献上,也有的由女主人向女宾献花。献花须用鲜花,并注意保持花束整洁、鲜艳,一般忌用菊花、杜鹃花、石竹花以及黄色花卉(黄色具有"断交"之意)等。有的国家习惯送花环,或者送一、二枝名贵兰花、玫瑰花等。

5. 陪车。外宾抵达后,从机场(车站、码头)到住地,或访问途中,或访问结束后由住地到机场(车站、码头),主人都应陪车。主人在陪车时,应注意请外宾从右侧门上车,坐于后排座的右侧;主人从左侧门上车。要避免从外宾座前穿过。如是二排座,译员应坐在司机旁边;如是三排座,译员应坐在主人前面的加座上。当代表团9人以上乘大轿车时,原则上低位者先上车,下车顺序相反。大轿车以前排为尊位,自右而左按序排列。如果外宾先上车,坐到了主人坐的左侧座位上时,则不要再请外宾移动位置。

6. 注意事项。此外,迎送中还应注意以下几项:

(1)对一般外宾的迎送,通常没有官方正式仪式,主要是做好各项安排工作。对有大批客人的团体,可预先准备特定的标志,如小旗、牌子,以便于主动接洽。

(2)迎送身份高的外宾,应事先在机场、码头、车站安排贵宾休息室,并备好饮料等。

(3)要事先安排好汽车,预定住房。如有条件,可预先印好住房乘车表或打好卡片,在外宾抵达时及时发给每个人,以免外宾人数多时出现混乱。

(4)迎送时应指派专人协助办理出入境手续及机票(车、船票)、行李提取或托运手续等事宜。人数多、行李多的重要代表团,应先将主宾行李取出,及时送往住地,以便更衣。

(5)外宾抵达住地后,一般不要马上安排活动,应给外宾留下充足的洗漱、更衣和休息时间。迎候人员可暂时离去,走前应告诉外宾下一步的活动计划,并征得其同意。此外,还要给外宾留下主人的电话号码,以便为其及时提供帮助。

(6)在迎候外宾的整个过程中,迎候人员应始终面带微笑,以表示欢迎之意。不要故作矜持,一语不发。

7. 编写简报和总结材料。在接待过程中或接待任务完成后,涉外秘书工作人员应及时编写接待工作情况简报或总结,其内容主要反映外宾的政治态度、思想动向以及接待工作中的体会和问题。为此,在活动过程中要注意作好记录,现场不便记的要在事后追记。还应注意向陪同、翻译和地方有关人员收集外宾的反映,积累资料。

接待中如有重要情况可资参考,应及时写出专题材料,送有关领导和部门。接待工作结束后,应将接待过程中形成的文件、资料、照片等整理归档。

第四节 外事会见与会谈

会见和会谈是涉外工作中社交礼仪的基本形式,在国际交往中较为常见。

一、会见与会谈的区别

会见,国际上称接见、会面或拜会,一般是指在较为正式的场合,与他人郑重其事地见面。在外事活动中,凡正式会见多属礼节性活动,通常不会安排宾主双方就实质性问题深入进行切磋,但却可直接反映出宾主双方关系的现实发展程度。

按照国际惯例,凡是身份高的人士会见身份低的人,或是主人会见客人,一般称为"接见"或"召见";反之,凡是身份低的人士会见身份高的人,或是客人会见主人,一般称为"拜见"或"拜会"。我国不作这些区分,一律称为"会见"。接见和拜会后的互访,称"回访"。

会见分礼节性、政治性和事务性等三种。礼节性的会见时间较短,话题较为广泛随意;政治性会见一般涉及双边关系、国际局势等重大涉外问题;事务性会见指一般对外交涉、业务商谈等。

会谈，指多边或双边就某些重大的政治、经济、文化、军事问题以及共同关心的其他问题交换意见。会谈也可涉及洽谈公务，或者对某一具体业务进行谈判。会谈的内容一般较正式，政治性或专业性较强。

东道国对来访者，一般根据来访者的身份和访问目的，安排相应负责人会见。来访者也可主动提出拜会要求。一般情况下，身份低者往见身份高者，来访者往见东道主。对正式访问或专业访问，则应安排相应的会谈。身份高者对身份低者可不回拜。

在地方和基层单位进行的会谈，主要有友好城市之间的相互合作和一些专业性较强的技术文化交流、贸易洽谈等。业务会谈的目的是多方面的，有交流信息，也有磋商事务，还有解决索赔问题等。它是涉外企事业单位实现目标不可缺少的活动。因此，涉外秘书工作人员应精心组织好会谈的准备工作。会谈前，要掌握有关信息并及时提供给领导，以求意见统一，对策清楚，目标明确，避免仓促应付。

二、会见、会谈准备工作

(一) 确定参加人员

会见，一般要求上级领导出面，领导人即为主谈人。参加人员不宜过多，只要求有关人员参加。

一般接待外宾，如果涉及重要的经济合作关系，必须由领导亲自陪同，同时，要指派一名聪明、干练的助手，把一切都安排得井井有条，以显得接待单位更有气魄和风度。

会谈，应依会谈内容安排参加人员。参加人数不受限制，但要慎重选择，既要考虑出席者的个人素质，又要合理组织群体智能。要注意选用善于言词、交际和应变的人员参加，并确定主谈人。

(二) 时间安排

一般外宾抵达东道国的当日或次日要拜会东道国领导人，东道国也应根据外国来宾的身份、来访目的和要求，安排相应的领导人会见。礼节性会见的时间安排，一般以半小时为宜，日程应在客人抵达前安排好，并做好一切材料准备；正式会谈的时间，则应根据会谈内容的需要来确定。

(三) 会见地点

会见地点一般安排在客人所住宾馆的会议室。如会见时间在会谈之前，大多安排在客人抵达的第二天或宴请之前。会见也可安排在单位的办公室、会客室或小型会议室。

会谈地点一般安排在客人所住宾馆的会议室,如果人少,也可在客人的房间内举行。首轮会谈,需要在庄重场所进行;第二轮及其以后的会谈,可安排在其他场所进行。

(四)座次安排

1. 会见。会见通常在会客室或办公室,有时,宾主可各坐一边,有时也可交错而坐。我国的习惯是主人在左、主宾在右,译员与记录员分别坐在主人和主宾的后面或右边。其他客人按礼宾次序在主宾一侧就座,主方陪见人依次在主人一侧就座。座位呈八字形或弧形安放,座位不够可在后面加座。

2. 会谈。分为双方会谈和多边会谈两种。

(1)双方会谈。双方会谈指的是由两个方面的人士所举行的会谈。这在一般性的会谈中最为常见。

双方会谈时,通常使用长方形、椭圆形或圆形桌子就座。宾主双方相对而坐。以正门为准,客人面向正门,居上座;主人背门而坐,为下座。除双方主谈者居中就座外,其他人士则依其具体身份高低,各自先右后左、自高而低地分别在己方一侧就座。我国习惯把译员安排在主谈人右侧,但有的国家也将译员安排在后边,一般应尊重主人安排。记录员一般安排在后边;如果会谈人数少,还可安排在会谈桌就座。

如果正门是在长桌的一头,则以进门方向为准,右手一边是上座,由客方人士就座,左侧则由主方人士就座。(如图6-2所示)

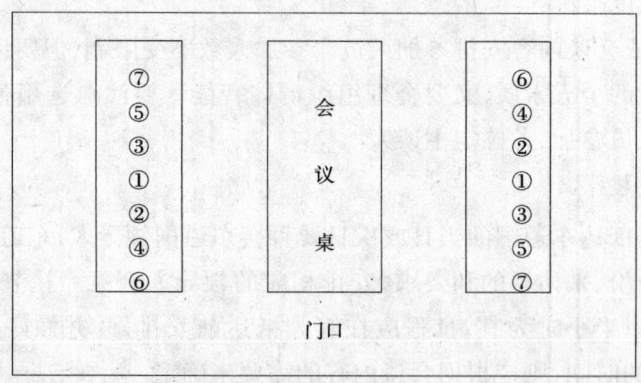

图6-2

(2)多边会谈

多边会谈,是指由三方或三方以上人士所举行的会谈。多边会谈时,座位可摆成圆形、方形或多边形。

多边会谈的座次排列,可分为两种形式。第一种形式是自由式。自由式座次排列,即各方人士在会谈时自由就座,不拘形式,而毋须事先正式安排座次,以方便和有利于工作为原则。

第二种形式是主席式。在会谈室内面向正门设置一个主席之位,由各方代表发言时使用。其他各方人士,则一律背对正门、面对主席之位,按礼宾次序排列分别就座。各方代表发言后,亦须台下就座。(如图6-3所示)

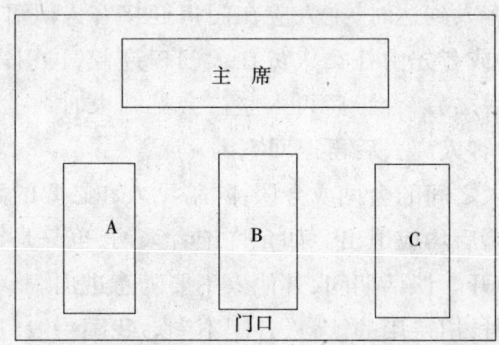

图6-3

总之,无论何种安排,都应提前在现场安排标签,标签上的字体应配有中外文。

另外,小范围的会谈,不用长桌,只设沙发,双方座位按会见座位安排。

三、会见、会谈的工作程序

(一)基本程序

1. 要求会见。提出会见要求时,应将要求会见人的姓名、会见的目的告知对方。接见一方应尽早给予回复,约妥时间。会见之前,我方主持会见人应将外宾的情况向负责会见人作汇报。汇报内容包括:外宾情况、所关心的问题、我方着重讲几个什么问题等等。如因故不能会见,应向对方婉言解释。

2. 会见准备。接见一方的安排者,应主动将会见(会谈)时间、地点、主办出席人、具体安排及有关注意事项通知对方。一般被接见一方也要向对方了解上述情况,并通知有关的出席人员。

3. 时、地安排。准确掌握会见、会谈的时间、地点和双方出席人员名单,及早通知有关单位和人员做好各项准备工作。接见方应提前到达。

4. 座位安排。会见、会谈场所座位要安排足够。如双方人数较多,厅室面积较大,则应准备扩音设备。会谈如用长桌,事先应排好座位图。现场放置有中外文对照的座位标签,字迹要工整清晰。

5. 合影。如果需要合影,应事先排好位次,人数较多时则要准备梯架。位次安排应由主人居中,按礼宾次序,以主人右手为上,主客双方间隔排好。第一排人员既要考虑人员身份,同时又要考虑场地大小,即能否全部摄入画面。一般来说,由主方人员站两端。

6. 迎送客人。客人到达时,主人应在门口迎接客人。可在大楼正门迎接,也可在会客厅门口,或者先由礼宾人员在大门口迎候,再引入会客室。如要合影应安排在宾主握手之后,合影后再入座。会见结束时,主人应将客人送至车前或门口握手,目送客人离去后再退回室内。

7. 陪同。领导人之间的会见或会谈,除陪见人和必要的翻译、记录人员外,其他人员在安排就绪后均应退出。如允许记者采访,也只是在正式谈话开始前几分钟,然后全部离开。谈话期间,其他人不要随意进出。

8. 饮料。会见时,招待用的饮料,各国不一。我国一般只备茶水,夏天加冷饮。如会谈时间过长,可适当上咖啡或红茶。

一般官员、民间人士的会见,安排方面与上述相同。礼节性拜访一般不要逗留过久,半小时左右即可告辞。客人来访后,应伺机回访。如客人为祝贺生日、节日等喜庆日来访,可暂不回访,而在对方节日、生日时前往探望祝贺。

(二) 介绍方法

在宾主双方正式会见、会谈之初,首先要介绍。介绍是指在人际交往中,使他人了解、熟悉自己,或令陌生的双方相互结识的一种做法。适用于外事接待活动中的正式介绍主要有几种:

1. 介绍自己。具体做法是由本人担任介绍人,自己把自己介绍给别人,从而令他人了解、熟悉自己。介绍自己时,应当注意以下四点:①先递名片。应当先递上本人名片,随后再作自我介绍,这样可使自己在介绍时省去不少内容,而且还会给人以较深的印象。②时间简短。介绍自己时,务必要言简意赅,直奔主题,力求节省时间。一般三言两语,半分钟之内即应结束。没有特殊情况,不应使之长过一分钟。③内容真实。所陈述的各项具体内容,一定要言之有据,实事求是,真实无欺。既不宜过分自谦,也绝对不可吹牛撒谎,欺骗他人。④形式正规。介绍的内容通常应当包含本人所在的单位、供职的部门、现任的职务、完整的姓名等四个要素。缺少其中任何一项,均不符合正规的要求。

2.介绍他人。这指的是由第三者充当介绍人,为互不相识的双方进行介绍,以便使彼此相识。介绍他人时,有两个要点应当重视:①确定介绍人。在一般性外事接待中,介绍人应由东道主一方的礼宾人员、公关人员、秘书人员以及其他专门负责接待工作的人员担任。在重要的接待活动中,介绍人往往由主方或宾主双方在场人员之中的身份最高者担任。在普通的社交场合,可由与彼此互不相识的宾主双方都熟悉的某位人士担任介绍人。②介绍的顺序。在外事接待中,介绍宾主双方的标准顺序是"先主后宾",即应当先介绍主人,后介绍客人。此种做法,亦称"客人优先了解情况"。在其他情况下,介绍他人相识的顺序则讲究"尊者居后",即介绍职务高者与职务低者相识时,应先介绍职务低者,后介绍职务高者;介绍长辈与晚辈相识时,应先介绍晚辈,后介绍长辈;介绍女士与男士相识时,应先介绍男士,后介绍女士。

3.介绍集体。这实际上属于介绍他人的一种特殊情况,指的是被介绍的一方不止一人,而是一个集体。在外事接待工作的具体实践中,介绍集体主要有两种基本形式:①单向式。当需要被介绍的双方一方是一个人,另外一方则为一个由多人所组成的集体时,通常只需要把个人介绍给集体,而不再需要把集体再介绍给个人,也称"少数服从多数"。②双向式。一般是指被介绍的双方均为一个由多人所组成的集体。介绍时,双方全体人员均应被一一介绍。其常规做法是,先由主方负责人出面,依照主方在场者具体地位、身份的高低,自高而低地依次对其进行介绍;然后再由客方负责人出面,依照客方在场者具体地位、身份的高低,自高而低地依次对其进行介绍。

(三)名片使用

在普通会晤进行之初,名片的使用往往与宾主双方相互介绍次第进行。在外事接待过程中使用名片时,通常有如下几个方面需重视:

1.制作有忌。忌使用不正确或不准确的外文;忌个人头衔一大堆;忌提供本人家庭住址;忌对正式对外使用的个人名片涂涂改改。

2.递送有序。在一般情况下,讲究由地位、身份较低的一方首先把本人名片递给地位、身份较高的一方。因此,应由我方人员先把本人名片递给来访的外方人士。若外方人士不止一人,则我方人员向其递送名片的具体顺序,应该自尊而卑依次而行。在正式递送本人名片时,应双手递上,且名片正面要面对对方。

3.接受之法。接受外方人士的名片时,一般应起身站立,双手捧接。接过对方名片后，不仅需要口头道谢，而且还应当从头至尾，将其基本内容默读一遍。千万不要仅用左手去接外宾的名片，更不允许接过之后对其不屑一顾。

4. 有来有往。接受外方人士名片，我方人员通常应当回敬外方人士一张本人的名片，切忌有来无往。在一般情况下，我方人员不宜直接索取外方人士的名片，若确有必要，可代之以首先递上一张本人名片，以求得对方"有来有往"的做法。

5. 认真收存。接过外方人员名片之后，切忌把玩、折叠或乱扔、乱放。将其放入本人名片夹或上衣口袋之内，是正规的做法。另外还应注意，因外方人士的名片有时涉及其个人隐私，因此切勿将其借与外人使用，或对外进行公布。

（四）合影纪念

正式举行会见、会谈的宾主双方，通常都会在一起合影，以作纪念。合影尤其是外事活动中的合影绝非一般意义上的拍照。在外事活动中，特别是宾主双方正式会见、会谈之时的合影，通常应注意两个方面的问题。

1. 准备充分。凡正式安排的合影，均应由有关人员提前做好必要而充分的准备：①主随客便。主方应征得来宾首肯，切勿勉强对方。一些外方人士出于宗教或其他方面的原因，忌讳摄影、摄像，故他们对合影往往心有抵触。②确定时间。若多人一起合影，一定要规定具体时间，并通报合影的全体参加者，要求大家遵守时间，准时到场。③布置场地。在合影前，一定要提前选定场地，认真进行布置。不仅要注意场地大小是否适中，而且还要提前将合影主要参加者的具体位次排好。④备好器材。拍摄合影时所需的一切器材，均应提前备齐、备好、备足，不要因为准备不足而影响合影的效果。⑤提供照片。合影结束之后，主方应当负责向合影的全体参加者主动提供照片，并保证每人一张。⑥忌做他用。在外事活动中拍摄的合影，一般只宜用做纪念或资料，通常不宜将其用于商业活动。如果需要将其公开进行发表，应当经上级有关部门批准。

2. 排位合理。在外事活动中拍摄合影时，有时需要排定具体位次。若在正式场合拍摄合影，一般应当进行排位；在非正式场合拍摄合影，则排位或不排位均可。排列合影参加者的具体位次，应考虑以下七点：①场地大小；②人数多少；③背景陈设；④光线强弱；⑤具体身份；⑥高矮胖瘦；⑦其他问题。

一般情况下，正式合影的总人数宜少而不宜多。合影时，所有的参与者皆应站立。必要时可以安排前排人员就座，后排人员则可在其身后呈梯级状站立。在安排合影的具体位次时，要注意两点：一是要了解国内合影的排位习惯。国内的合影，一般讲究"居前为上"、"居中为上"和"以左为上"。在合影时，国内的习惯做法通常是主方居右,客方居左(以主人面向的方向为准),例如图6-4所示。图中,①②③④⑤为主方人员,A B C D为客方人员。

④ ③ ② ① A B C D
主方(右)　客方(左)

摄影师

图6-4

二是要坚持涉外合影的排位惯例。在外事活动中拍摄合影时,排位应遵守国际惯例,讲究"以右为上",即令主人居中,主宾居中,其他人员分主左宾右依次在其两侧排开(见图6-5)。还可以考虑不要让客人站在边上,主人一方人员应该站在两边(见图6-6)。如果人多一行站不下,可按"前高后低"的规则,排成多排。

B C D A ① ② ③ ④
客方(右)　主方(左)

摄影师

图6-5

④ C ② A ① B ③ D ⑤

摄影师

图6-6

四、礼节要求

(一)外宾谈话礼仪

1.接待外宾时互相交谈。在交谈之前,要派专人查找有关对方国家(地区)的基本情况、风土人情以及同我国的关系状况,应精心阅读这些资料,以便在交谈之中使用,避免闹出笑话和出现误会。会见、会谈时,要落落大方、诚恳自然。同时注意内外有别,不要强加于人,自吹自擂。

2. 在同外宾交谈时,最好不要直截了当地从实质问题开始,而应先创造一种和谐的气氛,谈论有关天气、衣食、体育运动、国际重大事件或双方国家有趣的民俗民风,等气氛融洽后再步入正题。与外宾交谈,不要打听外宾的私事,更不要以对方的生理特征为话题。与外宾交谈最忌询问对方的年龄、收入、个人物品价值、婚姻子女、宗教信仰、个人行踪及双方国家敏感的政治、经济、文化问题,否则易引起对方不快。

3. 同外宾交谈是一种合作程序,因各人的目的、地位及兴趣不同,因而关心的焦点亦不一样。谈话时应随机应变地选择话题和口吻,注意要把自己的主要意图表达清楚,态度要明朗,不可暧昧。这样可以使对方马上就能领会你的意图,从而做出相应表态。

4. 与外宾交谈,切忌喋喋不休地大谈特谈自己的见解或自己关心的问题,而不考虑对方的态度,一定要照顾到对方所关注的问题和兴趣。与外宾谈话时,要面向外宾,注意倾听,不可只和我方人员私下嘀咕,也不要做出心不在焉或闭目养神状。谈话声音的高低应适当。

5. 当对方谈话时,不要轻易打断,要给对方充分表达思想的机会。一定要注意用心倾听、体会,时刻对对方想法、观点做出不同的体态和表情反应。善于听取对方的谈话是一种成功的交谈艺术,即使不愿听对方谈下去,也要巧妙地转变话题,不可生硬地制止对方谈话。

6. 在交谈中,若发现有什么问题没有听清或不甚明确,以及需要打断对方说话而阐述自己的观点时,最好以提问方式出现,如客气地对对方说:"先生,请允许我提一个问题好吗?"这不仅可以把对方的兴趣引到自己的思路上来,把关键问题搞得清楚明白,而且可以打破僵局,缓和气氛。当然,发问应有礼貌且时机得当。如果发觉外宾对我方谈话有未领会的神情,应及时通过翻译人员解释清楚。

7. 在同外宾交谈时,如果出现了"失言"情况,应机智、幽默地扭转话题,及时地说声"对不起",以示歉意。对于对方的"失言",应尽力帮助其摆脱窘境,宽以相待,千万不可抓住不放。

8. 与外宾谈话,要实事求是。称赞对方不宜过分,自己谦虚也应适当。涉及对外事项和外宾提出的各种要求,如无把握,不得擅自表态许诺。我方的内部安排,未经许可,不得向外宾透露。自己不清楚的事,不要随便答复,答应了的事要设法办到。

(二)接待外国商人、专家、技术人员礼仪

对来本公司或企业进行技术、业务洽谈的外国商人、专家及技术人员,一定要热情接待,彬彬有礼。要做好如下几项工作:

1. 把握对方所属国的风土人情、同中国的外交关系状态以及对方来人的基本情况。

2. 由公司有关人员组成一个精干的接待小组,在对口部门负责人及有关人员陪同下接待。

3. 安排好客人的食宿及一切活动。当客人抵达时,应派专车去接站,由相同地位的人士前往欢迎,并举行欢迎宴会。

4. 安排好接待日程。对于所要洽谈的项目资料,应提前由专人负责译成中文。如果客人需要了解国内的有关文件、规定,则应派专人负责,组织人员译成外文,发给对方。

(三)我方人员的临场礼仪要求

涉外会见、会谈时,主谈者的表现,往往直接影响到现场气氛,故应注意以下几方面:

1. 讲究打扮。参加会见、会谈时,有关人员一定要讲究自己的穿着打扮,以表示我方对于见面的高度重视。具体有:① 修饰仪表。要选择端庄、雅致的发型,一般不宜染彩色发。男士通常还应当剃须。② 精心化妆。女士的化妆应当淡雅清新,自然大方,不可浓妆艳抹。③ 规范着装。着装要简约、庄重,不可"摩登前卫"、标新立异。一般而言,选择深色套装、套裙,白色衬衫,并配以黑色制式皮鞋,才为正规。

2. 保持风度。在整个会见、会谈进行期间,应当注意保持风度。要心平气和,处变不惊,不急不躁,冷静处事,这也是任何高明的谈话者所应保持的风度。应当使有关各方互利互惠,各有所得,实现双赢。

3. 礼待对手。在谈话期间,我方人员一定要礼待自己的谈话对手。要做到两点:①人事分开。在谈判中,必须明白与对手之间是"两国交兵,各为其主",指望谈判对手对自己手下留情,那只是自欺欺人。因此,要正确地处理己方人员与谈判对手之间的关系,要做到人与事分别而论。也就是说,谈判归谈判,朋友归朋友。在谈判之外,对手可以成为朋友;在谈判桌前,朋友也会成为对手。

二者不能混为一谈。②讲究礼貌。在涉外谈判过程中,我方人员不论身处顺境还是逆境,都不可意气用事、举止粗鲁、表情冷漠、语言放肆,不懂得尊重谈判对手。在任何情况下,谈判者都应该待人谦和、彬彬有礼,对谈判对手友善相待。即使与对方存在严重的利益之争,也切莫对对方采取恶语相加、讽刺挖苦等人身攻击行为,也不能不尊重对方的人格。

第五节　国外习俗与禁忌

一、节日习俗

节日是民族习俗的一部分,也是民族文化的组成部分。世界各民族人民由于地域、习俗等各种原因形成了不同的节日礼俗。了解这些礼俗,对涉外活动尤为重要。

(一)亚洲重要节日

1. 元旦。亚洲许多国家都过元旦节,如在日本、韩国、新加坡等,元旦是当地最隆重的节日之一。以日本为例,日本从头年12月27日的圣诞节后到翌年1月3日,是全国公众假日,大多数公司、商店都关门。日本人除夕前要大扫除,人人洗澡,做好过年吃的糯米糕;除夕晚上全家团聚吃午夜饭;子夜,各寺庙的钟声齐鸣,共响108下。元旦期间,日本各种民间活动丰富多彩,各公司企业、商店也在年终之际,在饭店款待业务联系单位,称作"忘年会",意为忘掉一年的辛苦和烦恼。

2. 水灯节,也称佛光节,是泰国传统节日,于泰历每年12月15日(公历11月间)举行。在河流小溪密布的泰国,人们在农闲时节,在一个天气晴朗、月明风清的夜晚,举行"放水灯"的盛会,将数以万计的水灯漂流于大河小溪中,以表达对水神虔诚的祈祷和对来年的美好祝愿。

过节时,男女老少身穿盛装,手持绚丽多彩的水灯和花束,从四面八方来到大河小溪两岸,跪下双手合十祈祷,少女们许下美好的心愿,老人们祈祷水神恕罪和赐福,然后漂放水灯,以放掉一切罪恶。水灯缓缓漂去,随月影波光闪烁,构成一幅欢乐迷人的夜景。

3. 开斋节,亦译为"尔德·菲图尔",也称肉孜节,是伊斯兰教的盛大节日,在伊斯兰教历9月29日或10月1日举行。《古兰经》规定,成年穆斯林教徒每年守斋一个月,斋戒期间,教徒们须在日出之前吃好封斋饭,从日出后一直到太阳西下,禁止进食和喝水,也不能抽烟。斋戒期间,必须克制一切欲望,意在让教徒体验饥饿,力戒挥霍浪费,抑制私欲。但是,小孩和老弱病人以及经期中的女子允许不守斋。

斋戒期满,由阿訇登楼望月,观测"新月"(月牙)和天象,见到月牙即可开斋,次日即为开斋节。如未见月,依此顺延,但一般不超过三天。节日期间举行集体礼拜和庆祝活动,男女老少沐浴更衣,走亲访友,青年男女也都选择这一天作为结婚日,以图吉利。

4. 宰牲节。每年伊斯兰教历12月10日为伊斯兰教的宰牲节,也称古尔邦节或尔得·阿祖哈。"尔得"是节日的意思,"古尔邦"、"阿祖哈"都有"牺牲"、"献身"之意。

相传古代北部阿拉伯人的始祖易卜拉欣夜梦真主安拉,启示他宰杀自己的儿子以示对安拉的虔诚。易卜拉欣准备遵命杀子时,魔鬼撒旦三次巧言引诱他违抗安拉旨意,他不为所动,坚持要杀子。安拉由于易卜拉欣的真诚,特派使者牵羊一头,以羊替代其子。从此,在阿拉伯民族中就形成了每年宰牲献祭的习俗。节日里,凡有经济能力的伊斯兰教徒,都要宰羊杀牛,或屠骆驼,分发给贫民、赠送亲友、接待宾客,以示纪念。

5. 泼水节。泼水节是南亚、东南亚国家的传统节日。印度称洒红节,尼泊尔称抛红节(均用红颜色的水喷射),泰国称宋干节,缅甸称泼水节(均用清水泼洒)。

在缅甸,这是最神圣、最热闹的节日,类似我国的春节,于每年公历4月中旬举行。节日里,举国欢腾,男女老少穿上节日盛装,欣喜若狂,载歌载舞,用象征着和平和幸福的清水泼洒对方,表示去旧迎新,相互祝福。此时,也是青年男女寻找终身伴侣的日子,如果遇到了称心如意的人,就用圣水(用贝叶浸泡的水)迎头泼向对方,如果对方也乐意,便可到幽静之处长谈,订立终身。在泼水节期间,千万不要随便向别的姑娘泼水,否则会使别人认为是倾心于她。

6. 十胜节。每年的9月份和10月份,是印度教徒的三大节日之一——"十胜节",即欢庆罗摩战胜十首魔王罗婆那的节日,以表达印度人民向往幸福之情。十胜节一共要庆祝十天,前九天搭台演戏,从罗摩出生演起,一直演到胜利为止;最后一天,焚烧罗婆那的纸人,象征罗摩的彻底胜利。

7. 佛教节。1954 年底，在缅甸仰光召开的世界佛教徒联合会第三次大会上规定，每年的公历四五月间的月圆日为"世界佛陀日"，即佛教节，是南传佛教把释迦的"诞生"、"成道"、"涅槃"并在一起纪念的节日。届时，世界各地的佛教组织将举行盛大的庆典活动。

亚非国家的节日还有很多，如韩国、越南、印度和我国都过春节，菲律宾有血盟节，埃及有忠诚节和闻风节，各国的独立节等。

(二) 欧美、非洲等地区的重要节日

1. 圣诞节，也称"耶稣圣诞瞻礼"、"主降生节"，是基督教纪念耶稣诞生的节日，起源于罗马，盛行于欧美、澳洲、非洲，现已成为世界性的节日。据《圣经·新约》记载，耶稣是上帝之子，为拯救人类，降世为人。他主张平等、博爱，反对当时的奴隶主统治，被犹太教当权者和罗马统治者所仇视，后被钉死在十字架上。公元 336 年（一说 354 年），罗马教堂宣布 12 月 25 日为耶稣诞生日，举行庆祝。由于各国古代历法不同，多数教会定每年 12 月 25 日为圣诞节，东正教则定为每年 1 月 6 日或 7 日。

在许多地方，圣诞节已不单单是宗教节日，也是民间的重大节日，类似于我国过春节。每逢节日来临，子女均从各地赶来父母家中团聚，没有子女的老人则往往到亲友家中聚会，基督教徒去教堂作弥撒。庆祝圣诞节的传统内容有：扮演圣诞老人，装饰圣诞树，送圣诞贺卡，做圣诞食品，点圣诞蜡烛，烧圣诞火柴，唱圣诞歌，欢度圣诞夜等。

2. 复活节，也称"耶稣复活瞻礼"、"主复活节"，是基督教纪念耶稣复活的节日。据《圣经·新约》记载，耶稣是在犹太教安息日的前一天（现星期五）被钉死在十字架上的，遇难后第三天（现星期日，基督教称"主日"）复活的。公元 325 年，基督教尼西亚会议规定，每年 3 月月圆（3 月 21 日或 22 日）后的第一个星期日为复活节。

在欧美国家和地区，过复活节时，羊肉和熏火腿是基督教家庭的传统食品；兔子糖则是孩子们必不可少的吃食。因为基督教徒将羔羊看作是耶稣献身的象征，将猪看作幸运的象征，而将兔子视为新生命的象征。

3. 大斋节。每年复活节前 40 天为大斋节，这是基督教的斋戒节期。据《新约·圣经》记载，耶稣于开始传教前，在旷野守斋祈祷 40 昼夜。教会为表示纪念，规定复活节前的 40 天为此节期。教徒在此期间，一般于星期五守大斋和小斋。基督教徒在此期间不能举行婚礼，教堂祭台上不能供花，且要停止娱乐活动。

大斋节的第一日为"大斋首日"（星期三），从即日起开始守斋，次日教堂内常举行祝圣"圣灰"和擦圣灰礼；并将以祝圣的树木灰搽在教徒额上，以示思罪和忏悔，故称"圣灰礼日"或"灰的星期三"。

4. 感恩节，也称火鸡节，是北美独有的节日，美国定在每年11月的第四个星期四，加拿大则定在10月的第二个星期一。如今，感恩节已成为北美家人团圆、朋友相聚的全民性节日。

此节起源于北美的普利茅斯。1820年，英国的一批清教徒为了摆脱宗教和政治上的迫害，漂洋过海，于11月21日抵达马萨诸塞州东南方的普利茅斯，在当地印第安人的帮助下，才得以生存，感恩节为此而设立。感恩节期间，要举行花车游行，并邀请单身友人、外国客人或远离家乡的军人，一起欢度节日。节日的每一顿晚餐都非常丰盛，一家老小团聚，围坐火炉旁，品尝食品。其中必备的有烤火鸡、南瓜馅饼，此外，还有酸果酱、红薯、奶油洋葱、李子布丁、肉末馅饼、牛奶等。

5. 狂欢节。这是欧美各国的传统节日，它起源于古罗马的农神节，发展于中世纪，盛行于当代。其节期各国不一，有的开始于元旦，有的开始于圣诞节，也有的开始于其他日子。即使在同一国家，其节期也有不一致的，如德国的慕尼黑开始于每年的1月6日，而科隆则开始于11月11时11分。但多数国家在气温宜人，春暖花开的二三月间举行。其主要活动是：化装游行、狂欢集会和舞会等。

意大利的滨海城市维亚雷焦是举世闻名的狂欢节胜地之一，而拉美的巴西则是世界公认的"狂欢节之乡"。节日期间，里约热内卢全城大街小巷装饰一新，街道两旁搭起排楼和一排排看台。在持续三天的节日中，男女老少全都穿着盛装，有的带假面具，有的画花脸，有的穿古装，也有的男扮女装，穿旱冰鞋，踩高跷。大家以乐队为前导，在乐曲声中表演各种精彩节目，尤其是大跳旋律欢快、节奏铿锵的桑巴舞。人们尽情娱乐，辞旧迎新，借此抒发对自由和幸福的向往。

6. 啤酒节。这是德国慕尼黑的民间传统节日。每年从5月开始，9月进入高潮，到10月结束，又称"上月节"。它源于1810年，当时巴伐利亚国的王子娶妃，以大规模的赛马助兴，赛马结束后大家饮啤酒作乐，以示庆贺，以后相沿成习。现在德国慕尼黑啤酒节不仅是德国人民传统的盛大节日，而且正传向世界各国。

啤酒节时，人们要举办各种庆祝活动。通常在9月举行一项仪式，在十二响礼炮中,由巴伐利亚州州长在黛丽丝草场打开第一桶啤酒,象征节日的开始。由于10月正是喜庆收获的节令,而巴伐利亚地区又盛产大麦和啤酒花,便于制造啤酒,所以,人们在辛勤劳动之余,载歌载舞,以表达内心的快乐。

7. 尼罗娶妇节。尼罗河与埃及人民有着紧密的联系,每年6月17日或18日,当河水变绿,预示即将泛滥的时候,埃及人便要举行一次欢庆活动,希望河水大泛滥,确保农业丰收。由于古埃及人对这条神秘巨流的畏惧和迷信,产生了为尼罗河伯娶妇的习俗。古代,在节日来临时,要在全埃及选出一位美貌少女做新娘,盛装艳服,用彩船载入尼罗河,在迎亲仪式完毕后,将新娘抛入奔腾的河水中。这种落后残忍的陋习相沿了几千年,直至公元7世纪才被取缔。到20世纪40年代,埃及政府又恢复了尼罗娶妇的节日,称为"忠诚节"。届时,大河两岸万头攒动,彩船下水,人们扶老携幼,前来观看热闹场面。不过,新娘已用石膏制成的美女模型代替,被抛入尼罗河中,以示为河神娶妇。

8. 南太平洋艺术节。每年6~7月间,为南太平洋国家的盛大节日——"南太平洋艺术节"。期间,来自南太平洋岛国的几十个艺术团体和数以千计的表演者日夜不停地表演民族节目,充分体现了南太平洋各族人民的艺术特色。

9. 母亲节。美国国会决定,每年5月第二个星期天为母亲节,届时,儿女欢聚在母亲身边,并送给母亲礼物以示祝贺。现在,这一节日已经流行于世界各地,成为人民所喜爱的节日之一。

10. 枫糖节。加拿大盛产枫树,每年三四月间,春意犹浓之时,一年一度的"枫树节"开始,生产枫糖的农场被粉饰一新,披上节日的盛装,向国内外游人开放,吸引了千千万万的游客。有些农场还专门保留了早年印第安人采集树液及制作枫糖的器具,沿用古老的制作方法,为旅客表演制糖的工艺过程,甚至还在周末免费供应枫糖糕和太妃糖,供人品尝。

欧美国家有影响的节日还有很多,如仲夏节、父亲节、情人节、愚人节、万圣节等。

二、见面礼仪

在外交活动中,见面时的礼仪很多,主要有招呼、称呼、合十礼、拥抱礼、亲吻礼、军礼、鸣炮礼等。

(一) 招呼

招呼是最常用的礼节,即在日常的社会交往中人们见面时的互相致意和问候。与西方人打招呼,要避免使用中国式的用语,如"您上哪儿去"、"您吃过饭了吗",这容易造成误解。一般用语是"早上好"、"下午好"、"晚上好"、"您好"等。在信奉伊斯兰教的国家,打招呼的第一句话是"愿真主保佑";在信奉佛教的国家则是"愿菩萨保佑"。这类问候都是祝福的意思。遇见熟人不打招呼,或者不回答别人向你打的招呼,都是不礼貌的。尤其是在外事场合,遇见面熟的人就打声招呼、点点头或者笑一笑,以免冷淡了可能认识自己的人。如果和许多朋友见面,问候和致意的顺序是:先女后男,先长辈后晚辈;如果两对夫妇见面,应该先是两个女人相互致意,然后是两个男人分别向对方妻子致意,最后才是两个男人互相致意。由于世界各民族的传统文化不同,招呼礼仪也是千姿百态,如脱帽、握手、鞠躬等,最常见的是行握手礼。

(二)称呼

在国际交往中,一般称男子"先生","女士"是西方国家对成年女性的通称,已婚女子称"夫人",未婚女子称"小姐"。不了解婚姻状况的女子,可称"小姐"。这些称呼均可冠以姓名、职称、衔称等。对地位高的官方人士,按国家情况可称"阁下"或"先生"。但美国、墨西哥、德国等国没有称"阁下"的习惯。君主制国家,按习惯称国王、皇后为"陛下",称王子、公主、亲王为"殿下"。对有爵位的人,可称爵位,也可称"阁下"、"先生"。

对于宗教界神职人员,可称呼他们的宗教职称,或加姓名、先生,如"牧师先生"、"阿卜杜拉阿訇"等。宗教礼仪中忌讳较多,称呼时要多加注意,如"神父"(天主教)与"牧师"(新教)切不可混用。

(三)合十礼

合十礼又称合掌礼,即把两手掌在胸前对合,五指并拢向上,掌尖和鼻尖基本平视,手掌向外倾斜,头略低。一般手合得越高,越表示对对方的尊敬,但不能高过眼睛。这种礼节,通行于南亚与东南亚信奉佛教的国家。它显得比握手高雅,还可以避免传染疾病。在国际交往中,当对方用这种礼节致礼时,我们也应以合十礼还礼。由于双方关系不同,姿势也略有差异:①佛教徒拜佛或拜高僧,以跪拜为至尊,并以合十的手掌尖举到眉尖汇合处为限。②学生拜师长,采取蹲式,合十的掌尖应齐眉。③政府各部门的公务人员拜长官,是站着行礼,合十的掌尖以举到口部为准。④平等官阶或是平民百姓相拜,同样是站着行礼,但其合十的掌尖举至胸部即可。

(四)拥抱礼

这是流行于欧美的一种见面礼节,多用于迎送宾客或表示祝贺、感谢等场合,通常与接吻礼同时举行。有时是热情友好的拥抱,有时则纯属礼节性的拥抱。拥抱时,两人相对而立,右臂偏上,左臂偏下,右手扶在对方左后肩上,左手扶在对方的右腰,按各自的方位,双方头部及上身都偏向自己的左部并互相拥抱,然后头部及上身偏向自己右部,并相互拥抱,最后再次向左拥抱。在普通场合,以拥抱为礼,则不必如此讲究。

(五)亲吻礼

亲吻礼在西方是一种古老的礼仪,到中世纪以后就有了一些不同的要求,礼仪方式也变得多种多样,各种禁例随之增加。在欧洲和阿拉伯国家,亲吻是上级对下级、长辈对晚辈或在朋友间、夫妇间表示亲昵、爱抚的一种见面礼,并视不同对象采用亲额头、贴面颊、接吻、吻手背等形式(现在人们吻唇只限于夫妇之间或未婚夫妻之间)。在公共场合见面时,为表示亲近,妇女之间可以亲脸,男子之间可以抱肩拥抱,男女之间可以贴脸颊,长辈可以亲晚辈的脸或额头,男子对尊重的女宾则只吻其手背,等等。在我国传统的礼节中,没有亲吻的习惯。现为尊重对方,也可酌施此礼。

(六)军礼

现代许多国家的军人,都通用一种军礼或举手礼。行军礼时,举右手,手指伸直并齐,指尖接触帽檐儿右侧,手掌微向外,右上臂与肩齐高,双目注视对方,待受礼者答礼后方可将手放下。为礼宾的需要而设立的礼兵队伍,称军礼仪仗队。军礼仪仗队通常由若干名武装士兵组成,列队在元首府门前,接受国家元首或政府首脑的检阅。有的国家军礼仪仗队虽设列队,但元首或政府首脑不检阅。我国军礼仪仗队由陆、海、空三军士兵组成,接受检阅时,军官行举手礼,士兵行持枪注目礼。

(七)鸣炮礼

鸣炮礼起源于英国,意思是表示友好,解除武装,自己把自己炮膛里的炮弹全部打完,鸣放炮数的多少,体现了友好诚意和对对方尊重的程度。久而久之,鸣放礼炮成为许多国家迎送国宾的国际礼节。现在的国际惯例是:欢迎国家元首或相应级别的人时,鸣放21响礼炮;欢迎政府首脑或相应级别的人时,鸣放19响礼炮;欢迎副总理级官员时,鸣放17响礼炮。依此类推,均取单数。因为过去的外国海军有一种迷信,即视双数为不吉祥的数字,所以单数一直沿用至今。很多国家在举行盛大庆典时也鸣放礼炮,但响数、鸣放时间等都根据各国的具体情况而定。

三、行为习俗与禁忌

（一）东方

1. 日本。日本的行、坐、谈话、举止都有禁忌。行走时要走左边，车辆靠左行。在街上边走边吃东西或喝酒被认为是粗俗的；妇女在地板上就座时，必须坐在蜷曲的腿上，而不能双腿交叉，忌妇女盘腿而坐；不要高声地和动情地讲话；过多赞美的话会使日本人感到不舒服；不要就别人的外貌评头品足，如果有人赞扬你，要有礼貌地谢绝；不要去触摸任何人，拍他们的肩膀甚至友好地搂抱，也不要在公众场合接吻或用其他任何形式表示亲昵。此外，在公众场合打哈欠、擤鼻涕都是不礼貌的。

日本人忌獾和狐狸（这两种动物都象征狡猾）；讨厌金银眼的猫，说看了要倒霉；忌头朝北睡觉（在日本，人死后停尸时，死者头朝北）；忌倒贴邮票（暗示断交）；装信也要注意，不要使收信人打开信后，看到自己的名字朝下。

在庆祝会进行到高潮或结束时，日本人常高举双手，并大声喊"万岁"三遍。新年后的两三天，要对朋友、亲戚、老板进行短暂的拜访，送给孩子们"年玉"（即压岁钱）。日本习俗是在年前必须偿清所有的债务。

2. 韩国。韩国人的民族自尊心很强，反对崇洋媚外，提倡使用国货。在韩国，着一身外国名牌服装的人，往往会被人看不起。

韩国人大都珍爱白色，对熊和虎十分崇拜。在韩国，人们以木槿花为国花，以松树为国树，以喜鹊为国鸟，以老虎为国兽，因此对这些动植物不要妄加评论。

韩国人有李姓，但绝不能解释为"十八子"李，因为在朝鲜语中，"十八子"与一个淫荡词词音相近，听起来会令人反感。逢年过节，忌讳说不吉利的话，更不能生气、吵架；正月头三天不能杀生，不能扫地倒垃圾；寒食节忌生火；生肖相克者忌婚配。

3. 新加坡。新加坡不同教派各有自己的禁忌。虔诚的佛教徒及印度教徒、伊斯兰教徒恪守他们的宗教禁忌。

新加坡人视黑色、紫色为不吉利，白色、黄色为禁忌色，喜欢红、绿、蓝色；新加坡禁止说"恭喜发财"，他们认为"发财"两字有"横财"之意，而"横财"就是不义之财，因此祝愿对方"发财"无异于煽动他人去损人利己，是对社会有害的行为；新加坡人忌讳乌龟，认为这是不祥的动物，给人以色情和污辱的印象；喜欢红双喜、大象、蝙蝠图案；忌大年初一扫地，认为这一天扫地会把好运气扫走；

忌讳说话时口吐脏言。

4. 泰国。泰国人认为睡觉不能头朝西,因为西方是日落之处象征死亡,只有停尸时才头朝西;不用红笔签名,因为人死后才用红笔将其姓名写在棺木上;脚被认为是低下的,忌用脚把东西踢给别人,如用脚踢会受到人们的指责;泰国人最忌讳坐时跷腿,把鞋底对着别人,这意味着把别人踩在脚下,是一种侮辱性的举止;妇女就座时双腿要并拢,否则被认为缺乏教养;绝不可以踩踏门槛,泰国人认为门槛下住着善神;夜间不能开窗户,否则恶神会闯入屋内;忌家庭种植茉莉花,因为在泰语中,"茉莉"与"伤心"谐音。

5. 菲律宾。菲律宾规定,选举期间禁止喝酒,商店也禁止售酒。菲律宾人忌用左手递物、进餐,忌用手摸头部和背部;忌长时间用眼光与人对视,这种对视会被认为是向对方挑衅而往往导致暴力行为;召唤人时,伸出胳膊,手掌朝下,手指上下摆动,不可弯曲一个手指召唤人;如到主人家做客,不可窥视主人的卧室、厨房,去卫生间应征得主人同意。

6. 印度尼西亚。印度尼西亚是一个多民族国家,各民族风俗习惯千差万别。如米囊加堡人的婚姻习俗是女娶男嫁;克诺伊族人把房子建在树上;巴厘女子爱赤膊露背,以示圣洁;客人到沙羌族住地时,要大喊大叫,否则会被认为来意不善;爪哇人具有神秘的信仰,忌谈诞辰,忌夜间吹口哨,认为这会招引游荡的幽灵和挨打。

印度尼西亚人忌用左手传递东西或食物,忌摸小孩的头。

(二)西方

1. 英国。英国人几乎每一件事都要排队——等候公共汽车、雇出租汽车、上客满的饭店就餐、上戏院、上电影院,以及在商店中购物等,最后到的人必须站在队伍的最后面等候;男士陪女士在人行道上行走,应走在靠街道一边,以保护女士不受泥浆的飞溅和坏人的袭击;英国的车辆靠左行,法律规定,有人通过人行横道时,必须停车。在公众场合,任何使人受干扰的行为——大声说话、在大街上喊叫、粗暴的动作、吹口哨、唱歌、开收音机或是争吵,都是与良好举止相违背的。

2. 法国。法国人爱养狗,到法国人家里做客,要说几句赞美主人家里的狗之类的话。

法国人过元旦,全家人要围坐在一起畅饮作乐,迎接新一年的来临。元旦那天,每人身上都要装一些钱,表示过得"丰富",还要继续饮酒,谁能把瓶子里的酒喝得一干二净,谁就是好样的,认为他将交好运。

3. 美国。美国是实行法治的国家。美国法律条文繁多细致,加之各州又都有自己独特的法律规定,所以,人们的一切日常行为都必须受到美国政府及各州规定的法律的约束。稍不留意,便会触及法律,小则罚款,大则上法庭,进监狱。假日垂钓,你须遵守钓鱼法,钓上来的鱼,凡不合尺寸的,须统统放生;驾车外出,你得遵守交通法,超速驾驶、乱闯红灯,都会受到法律的制裁。在美国,有些州政府制定的法律非常奇特,如南卡罗来纳州的法律规定,未经女子学校校长允许擅自向女生打招呼或做鬼脸将受到处罚;在弗吉尼亚州,未领到许可证,不得给爱人送花。

四、数字的喜忌

(一)完善的"1"

这个数字代表开始,亦被认为是完善的数字,因为0是没有,1是有,也即是从无到有,由不存在变为存在。第一是冠军。任何数目都是由1构成,除1必定可以除尽。唯一的也是特别宝贵的,因此东西方大多数国家的人都对数字"1"有着好感。

(二)被禁忌的"4"

在亚洲,某些国家认为4不吉利,因为它与"死"同音。韩国人忌数字"4",酒店、办公楼等建筑都没有"四楼"这个词;医院没有四楼、四号病房和四号病床;在军队里,凡出现"四"的分组编队,都用其他代号来指明。在喝酒和其他饮料时,避免双数,喝了两杯后会再喝一杯,如果喝了三杯,一定不再喝。日本人也不喜欢由4组成的数字,特别是14,42,44等。

(三)吉祥的"8"

东方的一些国家认为8是吉利的数字,因8与"发"近音,发是大吉大利之词。在古希腊人看来,8意味着丰硕、成就和长寿。对8的解释有很多:一说上帝惩罚人类的大洪水中,只有8个人靠诺亚方舟逃生,因此8意味着幸运;另一种说法是,耶稣的兄弟雅各生了8个孩子,因此8有多子多孙的意思;还有一种解释说,两戒指上下靠在一起构成一个8,因此8又象征着婚姻美满。此外,躺倒的8字恰恰是数字中的无穷大符号,因此,丰硕、成就、长寿、幸运、美满也都变成了无穷大。

(四)消极的"13"

在欧美,13通常表示消极的意义。13被视为不祥由来已久。有些人认为13不祥是源于最后的晚餐。耶稣基督与十二门徒共进晚餐,坐第十三位的人就是出卖他的犹大。古老的文献显示,夏娃给亚当吃禁果之日是13号星期五,耶稣被钉死在十字架上也是13号星期五。在古希腊,数学家讨厌13,认为13是不完整的数字。罗马的野史说巫师们都是12人集会,等待第13人到来,第13人就是魔鬼本人。挪威的神话中,有12位神在华尔贺拉共进晚餐,第13位神邪神洛基强闯进来,杀了一位很受欢迎的神百拉达。在一年里星期五碰上13号的次数最多只有三次,最少一次,这一天是不吉利的,出门、做事一定要小心。即使在当今,人们在多层建筑和医院病房的标号上对13都有所回避。在巴黎,有招之即来的职业宾客,可使宴会摆脱13这个倒运的数字。美国海军不肯让新船在13号星期五下水。法国巴黎的门牌号码,少有13号,人们以"12A"来代表13。美国的许多大酒店也找不到第13号房间。

(五)矛盾的偶数与奇数

在欧美,偶数被认为是不吉利的,送礼时要避免。在非洲,大多数国家认为奇数带有消极色彩,偶数是吉利的,但博茨瓦纳例外,认为奇数是积极的。在贝宁,3与7表示巫术;在加纳,7,11,13是不祥之兆。在肯尼亚,7和7结尾的任何数字都不吉利。在摩洛哥,3,5,7和40带有积极意义。在埃及,3,5,7,9是积极的,而13是消极的。

日本在不同场合有关偶数与奇数的习俗也有不同。如送日本人婚礼礼金时要避免偶数,因为偶数是2的倍数,容易导致夫妇分裂。可根据与新婚夫妇关系密切的程度,赠送1万、3万、5万日元等。但一般情况下,送成双的铅笔、钢笔、衬衫链扣很受欢迎。同日本人合影,不要三人,认为中间被左右二人夹着,是不幸的预兆,是死亡的预示,故应回避。日本人不喜欢9,因它与日语"苦"的发音相似。

在韩国,13,38,49和一般奇数是不吉利的,普通的偶数是吉利的。新加坡人忌讳数字4,7,8,13,37和69。马来人忌数字0,4,13。在俄罗斯,给人点烟时,忌讳划一根火柴或用打火机连续为三个人点烟,据说这会给三个人中的一个招来不幸。

(六)佛的象征"108"

108是个吉祥的数字,中国古建筑物中常有出现,如北京天坛栏板最下层是108块,祈年殿每层有石板108块。因108是9的12倍,而9是"天地之至"数,始于1终于9,有至大至极、至多至高、至远至深等意,故视为吉祥。在我国寺庙中,每逢除夕送别旧的一年之时,要撞钟108下。日本也有同样风俗。108

这一数字贯穿于佛教的日常生活中,敲108下钟,念108遍经,拨动108颗佛珠,都表示对佛的虔诚。

五、颜色的喜忌

颜色同人们的生活息息相关,从一个国家的国旗、国徽到每个家庭的饰物,从物质生活的色彩到精神生活对颜色的寄托、寓意,无不渗透着一个民族的愿望和情绪,并展现出该民族的风貌。因此,世界上许多民族或国家有颜色的喜好和忌讳。

(一)亚洲

日本不少习俗和我国相近。他们也喜爱红色,喜爱柔和色调和鲜艳色彩。日本民间用白色作丧葬礼服,表示肃穆、哀悼,但忌用绿色,认为绿色是不吉之色。同样的绿色,在马来西亚、新加坡、叙利亚等国却受到普遍欢迎。

红、蓝、黄、绿、白五色,在蒙古人的生活中扮演着主要角色,并且这些颜色都有象征性意义:"乌兰"——红色,象征着幸福、胜利和亲热;"呼和"——蓝色,象征着永恒、坚贞和忠诚;"夏尔"——黄色,用以表达庄重;"察干"——白色,是纯洁、质朴之意;绿色则象征着和平和希望。与上述颜色相反,"哈尔"——黑色,意味着不幸、贫穷、背叛、暴虐,被视为不祥之色。

泰国人的广告、商品包装、商标、服饰都使用鲜艳的色彩。泰国人喜爱红、黄色,并习惯用颜色表示不同日期:星期日用红色,星期一用黄色,星期二用粉红色,星期三用绿色,星期四用橙色,星期五用淡蓝色,星期六用紫红色。人们常按不同的日期穿着不同色彩的服装。过去泰国白色用于丧事,现在改用黑色。

马来西亚人认为棕色具有宗教意味,黄色为王室专用的颜色。

印度人喜爱红色、蓝色和黄色等鲜艳色彩,不喜欢黑色和白色。

巴基斯坦流行鲜艳色彩,以翡翠绿最盛行,金、银色也备受欢迎,视黑色为消极。巴基斯坦忌用黄色,因为那是僧侣的专用服色。叙利亚忌用黄色,认为它表示死亡之意。

阿富汗宗教色彩浓重,红色和绿色表示吉祥如意。

伊拉克人认为绿色代表伊斯兰教,很受人们欢迎;黑色用于丧事,客运行业用红色,警车用灰色,丧服用黑色。

(二)欧美

西方人一直都认为白色是纯洁的象征,黑色是肃穆的象征,黄色是和谐的象征,蓝色和红色是吉祥如意的象征。

欧美许多国家以黑色为丧礼之色,认为这不仅仅是对死者的哀悼,还可瞒过"死神"搜索死鬼的眼光。他们相信"死神"看不见黑色。白色在西方用作结婚礼服,象征纯洁和光明。

绿色受到爱尔兰、意大利、奥地利、保加利亚、挪威、瑞士等国的普遍欢迎。

意大利人视紫色为消极色,服装、化妆品以及较高级的包装喜欢用浅淡色彩,食品和玩具喜欢用鲜明颜色。荷兰人视橙色为活泼色彩,在节日里大量使用橙色。瑞士人喜好原色和浓淡相间的色彩。法国人视鲜艳色彩为高贵,倍加喜爱。

罗马尼亚人视绿色为希望,白色为纯洁,红色为爱情,黄色为谨慎,黑色为不吉之兆。

比利时人最忌蓝色,也忌用墨绿色。如遇有不吉利的事,都穿蓝色衣服。他们认为,即使是在梦中看了到蓝色的东西,第二天也会碰到倒霉的事。但蓝色在荷兰、挪威、瑞士等国,却是人们喜爱的颜色。

俄罗斯人认为红色是吉祥和美丽的象征;黑色表示肃穆和不祥;白色象征纯洁、温柔;绿色代表和平、希望;粉红色表示青春;蓝色是忠诚和信任的象征;黄色代表幸福、和谐;紫色象征威严和高贵。

在美洲,美国人喜好鲜明的色彩,但不喜红色,他们认为红色表示人在发怒时的脸色。哥伦比亚人喜好红、蓝、黄色。阿根廷人不喜黑色和紫色。巴西人喜好红色,视紫色为悲伤,黄色表示绝望,这两种颜色配在一起,则成为一种恶兆;棕黄色为凶丧之色。但黄色在委内瑞拉被用作医务机构标志,得到尊重和爱戴。

另外,政治、历史上的原因对颜色的使用也有影响。如在德国,不能穿茶色、黑色、深蓝色衬衫,不能系红色领带等,对红色和红黑相间的色彩都避免使用。法国、比利时忌用墨绿色,因为这是纳粹军服色,故人们一看到墨绿色,就感到厌恶。爱尔兰忌用红、白、蓝色组(英国国旗色)。

(三)非洲

在非洲,贝宁人厌恶红色、黑色,尼日利亚人视红色、黑色为不吉祥色。马达加斯加视黑色为消极色,喜好鲜明色彩。埃塞俄比亚人穿淡黄色的服装表示对死者的深切哀悼。埃及人视绿色代表国家和宗教,蓝色被看做代表恶魔的色彩。

六、动物的喜忌

世界各国对动物的喜忌,是由各国的自然、历史和社会原因造成的。

1. 对狗的宠爱。西方人普遍把狗当作圣灵和忠诚的伴侣,视为宠物,怜爱无比。

"狗食"指的是供狗食用的食品,诸如狗罐头、狗甜饼、狗"鸡尾酒"之类。此外,还有狗服装、狗医院、狗保险、狗美容、狗旅馆、狗公墓。可见狗在西方世界的地位。狗也是日本人最喜爱的动物。

而狗在汉语里多包含蔑视之意,厌恶狗的成语、习惯语和谚语很多。在与欧美人进行交往时,不要把我们民族对狗的这种印象带进言谈中。

2. 对牛的崇拜。印度人受宗教传统观念的影响,把牛和象尊奉为神圣。印度教徒把母牛视为"圣牛",不能宰杀;牛在城市里可自由游荡,或者躺卧在马路中心;在农村,它们可以大摇大摆地走入田间,吃掉已经成熟的粮食或者树上的水果。甚至当母牛不能自由寻觅食物时,有的还被收入"圣牛养老院"中供养;大多数印度人绝对不吃牛肉,甚至连牛皮制的带子、鞋子、箱子都不使用。进印度教寺院时不能穿皮鞋。尼泊尔人视牛为神的象征,不得宰杀,忌吃牛肉,不用牛革制品,甚至不准用牛耕地;参观古庙不能穿皮鞋和系带鞋或皮革制品;大大小小的庙宇都供奉着神牛。牛在缅甸也视为神物,任其游逛,不得伤害。

3. 对象的尊敬。泰国有"白象国"和"大象之邦"之称。象中以白象为祥瑞,最为珍贵,被视为佛教圣物,佛的化身,泰国人敬之如神,只允许由王室饲养。泰国人爱象犹如印度爱牛,任何人不得对大象加以伤害,否则会被视为对佛的冒犯和不尊。象在泰国的历史上占有重要的地位。据说,在十世纪时,泰国国王军队曾有两万头训练有素的战象,冲锋陷阵,大破敌人,立下了赫赫战功。东南亚一些国家都奉象为神灵。

4. 对猴的膜拜。泰国敬猴如神。在曼谷附近的华富丽,生活在安有铁栅栏窗户的笼子里的是人,而不是猴子。因为猴子历来是神圣不可侵犯的,而杀死猴子的人是要倒霉的。

5. 关于动物图案。世界许多国家,都有动物图案忌讳。

北非一些国家,忌用狗作商标。在马来西亚和阿富汗,狗也是忌讳的动物。伊斯兰教徒不吃猪肉,不用猪皮制品,也忌谈猪,甚至连我国稀有的珍贵动物大熊猫也不大喜欢,因为它的外形与猪相似。商标不能采用猪和十字架图案及造型。

孔雀在我国是喜庆的标志,在印度被定为国鸟,视为祥瑞。在印度人心目中,孔雀和"神牛"一样,任何人不准伤害它,是重点保护对象,禁止捕杀。可是在英国,却把它看作淫鸟、祸鸟,连孔雀开屏也被认为是自我炫耀和吹嘘的表现。英国人的商品不用孔雀图案。英国还忌讳大象图案,认为大象是蠢笨的象征。

在我国,蝙蝠是吉祥和幸福的象征。但在欧洲民俗中,蝙蝠是一种与魔鬼和黑暗势力相关的不祥之物。提到蝙蝠,人们就会联想到丑陋、凶恶、吸血动物的形象,怕它,讨厌它。美国人讨厌蝙蝠,认为它是凶神恶煞的象征。因此,凡有蝙蝠图案的旅游商品,不能向美国旅游者介绍和销售。

欧洲人喜好黑色猫,美国人喜好白色猫,比利时人视猫为不祥之兆。在古埃及,猫是高贵的动物,但希腊人却视猫为邪恶的化身,认为猫有一种特殊的本事,能把人带到"阴间"。

法国人讨厌仙鹤图案,认为仙鹤是蠢汉和淫妇的代表。

马达加斯加人忌讳猫头鹰和蛇的图案。伊朗人喜欢狮子的图案。英国和法国人好赛马,视马为勇敢的象征。印度人不喜欢鹤和龟的图案,喜欢蛇形图案。缅甸以乌鸦为神鸟,不能捕捉和伤害。

意大利人特别偏爱狗和猫,视为家庭成员,受到法律保护,连野猫也个个膘肥体胖。他们还喜欢养鱼、鸟、原仓鼠和乌龟等动物。

七、花卉的喜忌

在国际交际场合,向来宾献花是很隆重的礼节,以花赠友,高雅而纯洁,其意义不同寻常。

(一) 花卉功用

应邀去主人家中做客,最好的礼物是鲜花。在交往中,鲜花是上乘礼品。

1. 表示情感。在国外,人们通常用玫瑰表示爱情,用丁香表示初恋,用柠檬表示挚爱,用橄榄表示和平,用桂花表示光荣,用白桑表示智慧,用水仙表示尊敬,用百合表示纯洁,用茶花表示美好,用紫藤表示欢迎,用豆蔻表示别离,用垂柳表示悲哀,用石竹表示拒绝等等。

2. 表示国家。一些国家拥有各自的国花,把它作为国家的一种标志和象征。国花通常代表国家形象,人人对国花必须尊重、爱护,既不可滥用国花,也不可失敬于国花。

3. 表示城市。世界上的许多城市也拥有自己的市花,用以代表本市,作为本城市的标志或象征。

(二) 花卉选择

选送鲜花要注意鲜花的民俗寓意,主要体现在三方面:

1. 品种。由于风俗习惯不同,同一品种的鲜花,往往在民俗寓意上大为不同。如中国人喜爱黄菊,而在西方,黄菊代表死亡,仅能供丧葬活动使用。中国人赞赏荷花,是因其"出淤泥而不染,濯清涟而不妖",可是日本,不能随便送人荷花。

2. 色彩。鲜花万紫千红、色彩缤纷,但由于习俗不同,对于鲜花的色彩也有着不同的理解。在西方人眼里,白色鲜花象征着纯洁无瑕,将其送予新娘,将是对她的至高赞赏。而在老一辈的中国人眼里,送给新人白色鲜花是"不吉利"的。在很多国家,人们送花时多以多色鲜花相组合,很少会送人清一色的红花或黄花,因为在那里以纯红色的鲜花送人意味着向对方求爱,以纯黄色的鲜花送人则暗示决定与对方分道扬镳。

3. 数量。送花的具体数量,不同国家、地区的民俗也不尽相同。在中国,喜庆活动中送花要送双数,意即"好事成双",在丧葬仪式上送花则要送单数,以免"祸不单行"。在西方国家,送人单数的鲜花则讲究,如送1枝鲜花表示"一见钟情",送11枝鲜花则表示"一心一意"。再如,在欧美国家,送人的鲜花不能是"13"枝,而在日本、韩国、朝鲜等国,送"4"枝花给人,也会招人白眼。

(三) 花卉忌讳

根据欧洲传说,玫瑰是与爱神维纳斯同时诞生的。玫瑰表示美好的感情,是爱情、美丽、纯洁的象征,而红玫瑰更是表示浪漫的爱情。但在法国、瑞士、德国、波兰,不要随便送玫瑰花给人。

对比利时、意大利、法国和卢森堡人来说,菊花不能送,因为菊花盛开的季节是他们扫墓的时候。在英国、加拿大则不要送百合花,百合花意味着死亡,只在葬礼上使用。在巴西不能送紫色的鲜花。西班牙忌送大丽花和菊花,因为这些花与死亡有关。法国人还忌讳杜鹃花、纸花和黄色花朵,认为黄色花是不忠诚的表现。

在墨西哥,鲜花不常作为礼品,即使送花也不要送黄色或红色的花。黄色花意味着死亡,红色花会给人带来晦气。白色花是墨西哥人喜爱的花,可以驱邪。

赠送的花卉的颜色,要因人和场合而异。送给近亲好友的花,色彩要鲜艳,如小苍兰、香石竹、月季和非洲菊等;送给恋人的花最好是红色。人们一般不送白花,但在生日或庄重的命名日例外。成束的白花通常用在婚礼上,亲朋好友可向新娘赠送白花。

荷花在中国、印度、斯里兰卡、埃及、泰国、孟加拉等国评价很高,有"花中君子"之称。人们常常借荷花赞美人的气节和风骨,不少国家把它定为国花。可是,荷花在日本却被认定为不吉祥之物,意味着祭奠。

生意为何清淡

一家生意兴隆的国际电讯公司计划在泰国首都曼谷开一家分公司。该公司在选址时,看中了一栋楼房,该楼所处地段房价适中、交通方便且游人众多。而这栋楼的对面塑着一尊并不十分高大,但却非常显眼的如来佛像。有关心者警告公司经理说,贵公司若在此地开业,生意会很糟糕。但公司经理非常自信,认为这不可能,因为公司在远东地区开设的另外几家公司,业务开展都很红火。所以,公司没听劝阻,就在这里如期开业了。

一年来,这家公司果然门庭冷落,无人光顾,生意清淡,几乎没有达成一桩像样的大买卖。公司经理无奈,只好正视现实,把公司迁到一个没有佛像的地区,生意很快兴旺起来。经理本人对此始终大感不解,到处打听原因,得到的解释是,业务不景气的根源在于公司的大楼高度超过了对面的如来佛像,也就是说,公司的位置在如来佛像之上。这在一个信仰佛教的国家,是严重犯忌的。这家公司没有尊重当地人对佛像的信仰和敬畏,他们自然会产生感情上的不快乃至愤怒,当然不愿与公司往来做生意了。所以在对外活动中,当地禁忌是不得不考虑的事项,特别是在东亚、南亚、中东、北非这些宗教盛行的地区。

问题:
1. 结合案例谈谈公司经理应接受的教训。
2. 就此案例,你能说说宗教在哪些方面会对商务活动产生影响吗?

 案 例

时逢圣诞巧安排

某集团公司汪总经理准备在12月23日接待英国的威廉姆斯先生。正在他着手安排具体接待工作时,威廉姆斯先生打来电话,因特殊情况要推迟到25日才能抵达,问汪经理是否可以,并再三对改期表示歉意。汪总经理25日需到省城参加会议,但还是答应了对方,25日安排专人接待,26日同威廉姆斯会面,并把接待任务交给了毕业于文秘专业的公关部经理焦小姐。

焦小姐立即着手收集有关资料,并制订了详尽的接待计划。25日下午,焦小姐在机场迎接威廉姆斯先生,并用一口纯熟的英语做了自我介绍。在陪同威廉姆斯先生乘轿车去宾馆的路上,焦小姐介绍了沿途的风光及特色建筑。到了宾馆,威廉姆斯先生稍事休息后,焦小姐请他一同共进晚餐。走入餐厅,威廉姆斯先生被眼前的景色惊呆了:圣诞树被五彩缤纷的灯饰装饰得格外绚丽,餐桌上布满了丰盛的圣诞食品。威廉姆斯先生非常兴奋。进餐中,服务人员手捧鲜花和生日贺卡走进来呈给他,原来这天正是威廉姆斯先生55岁生日。焦小姐举起手中酒杯对他说:"我代表公司及汪总经理祝您圣诞节快乐、生日快乐!"威廉姆斯兴奋地说道:"谢谢你们为我举办了这么隆重的圣诞晚宴及生日宴会,你们珍贵的友谊和良好的祝愿我将终生难忘。"

26日汪总经理由省城返回,双方有关合作业务洽谈得非常顺利。客人回国时,再三向焦小姐及公司对他的接待表示感谢。

问题:

1. 焦小姐组织的这次接待工作为什么取得了良好的效果?
2. 通过分析此案例,你认为这家集团公司在对外接待工作方面做得怎么样?

 案 例

北京冻鸭为什么被退回

我国某出口公司在一次贸易洽谈会上与科威特一家公司签订了向其出口700箱北京冻鸭的合同。科威特的这家公司要求我方,在屠宰这批鸭子时要按照"伊斯兰教的屠宰方式"进行,而且还要求由中国伊斯兰教协会出具证明。经我方公司同意,这一要求被写入了合同。

我方出口公司在屠宰这批鸭子时,没有把"伊斯兰教屠宰方式"弄清楚,也没有给予重视,认为用目前最先进的屠宰方法,即从鸭子的口中进刀,将血管割断,放尽血后进行速冻,从而保证鸭子外形的完整,对此科方公司一定会满意的。屠宰时也未邀请中国伊斯兰教协会人员来现场察看就叫该协会出具了"按伊斯兰教方法屠宰"的证明。这批货物运达科方目的地后,经当地市政厅卫生部门食品屠宰科检查,否定了屠宰方法的正确性,指出中国伊斯兰教协会出具的是伪证,中方公司违约,结果700箱北京冻鸭全部被退回。这笔业务的失败,不仅造成我方经济上的极大损失,而且严重地影响了中国伊斯兰教协会的声誉。

问题:

1. 为什么中方公司采用先进屠宰方法不能被科方公司接受,反而遭受指责和退货?

2. 就此案例,谈一谈宗教在哪些方面会对商务活动产生影响。

思考练习题

1. 东方礼仪与西方礼仪有哪些不同之处?

2. 9月15日,美国AEE公司总裁史密斯先生要来中国飞宏公司访问。如果你是公司的一名负责外事接待工作的秘书,应该怎样组织这次接待工作,并

应在接待中注意哪些礼仪规范?

3. 外事会见、会谈的准备工作都包括哪些方面?

4. 小李是飞达公司的一名秘书。一次,她被公司指派到机场去迎接一位法国客人。小李去机场前从花店精心挑选了一束白色的百合花,准备献给客人。小李的做法妥当吗?为什么?

附录 1

花卉语及各国国花

一、花卉语

(一) 花在我国的语义

向日葵——光明自由　　　　野丁香——谦逊
蓝紫罗兰——诚实　　　　　白百合花——纯洁
水仙——清白　　　　　　　白桑——智慧
枳——希望　　　　　　　　蓟——严肃
红蔷薇——初恋　　　　　　百合花——百年好合
梅花——坚强刚毅　　　　　兰花——正气
水仙花——吉祥如意　　　　芍药——离别
丁香——坚贞不渝　　　　　萱草——忽忘我
红玫瑰——爱情　　　　　　牡丹花——富贵
荷花——高洁、纯真　　　　木棉花——敬重
紫藤花——热情　　　　　　秋海棠——苦恋

(二) 花在欧美国家的语义

刺玫瑰——优美　　　　　　红茶花——天生丽质
白茶花——真美　　　　　　红菊——我爱
白菊——真实　　　　　　　黄菊——微爱
墨菊——追念　　　　　　　鸡冠花——初恋
红郁金香——宣布爱恋　　　紫丁香——初恋
白丁香——念我　　　　　　四叶丁香——属于我
豆蔻——别离　　　　　　　红康乃馨——伤心

黄康乃馨——轻蔑　　　　条纹康乃馨——拒绝
杏花——疑惑　　　　　　桂花——光荣
黑桑——生死与共　　　　野葡萄——慈悲
薄荷——有德　　　　　　杜鹃花——节制

(三)十种花被用来比喻朋友

兰花——芳友　　　　　　栀子——禅友
梅花——清友　　　　　　菊花——佳友
腊梅花——奇友　　　　　桂花——仙友
瑞香花——殊友　　　　　海棠花——名友
莲花——诤友　　　　　　茶蘼花——韵友

二、各国国花

美国——玫瑰　　　　　　加拿大——枫叶
墨西哥——仙人掌、大丽菊　巴西——兰花
秘鲁——太阳花　　　　　阿根廷——赛波花
智利——可比爱花　　　　委内瑞拉——五月兰
英国——蔷薇花(玫瑰花)　法国——鸢尾花(百合花)玫瑰
德国——矢车菊　　　　　意大利——紫罗兰、雏菊、玫瑰
比利时——虞美人　　　　奥地利——火绒花
荷兰——郁金香　　　　　丹麦——冬青
瑞典——白菊、睡莲、孪生花　希腊——橄榄花
西班牙——石榴花　　　　俄罗斯——葵花
保加利亚——玫瑰花　　　澳大利亚——金合欢花
新西兰——银蕨　　　　　日本——樱花
菲律宾——茉莉花　　　　马来西亚——扶桑
新加坡——卓锦、万代兰　泰国——睡莲
印度——荷花、玫瑰、罂粟　巴基斯坦——素馨花
缅甸——东亚兰　　　　　尼泊尔——杜鹃花
斯里兰卡——兰花、荷花　土耳其——郁金香
伊朗——玫瑰　　　　　　伊拉克——玫瑰
坦桑尼亚——丁香　　　　肯尼亚——肯山兰

附录2

世界名城代称

法国巴黎——花城,不夜城

瑞士伯尔尼——钟城

德国慕尼黑——酒城

中国哈尔滨——冰城

约旦佩特拉——石头城

印度切拉鼓古——雨城

美国华盛顿——雷城

英国伦敦——雾城、金融城

日本筑波——科学城

法国戛纳——电影城

苏丹喀士穆——热城

斯里兰卡拉特纳普拉——宝石城

约旦耶路撒冷——圣城

意大利罗马——博物馆城

新加城新加坡城——狮城

瑞典赫尔辛基——火柴城

科伦坡——东方十字路口

鹿特丹——欧洲门户

西班牙卡兰达——鼓城

德国汉堡——桥城

意大利威尼斯——水城

中国昆明——春城

缅甸蒲甘——塔城

瑞典赫尔辛基——浴城

智利伊基克——旱城

美国底特律——汽车城

奥地利维也纳——音乐城

保加利亚加布罗沃——玫瑰城

印尼茂物——雷城

墨西哥墨西哥城——壁画城

摩纳哥蒙特卡洛——赌城

英国牛津——大学城

新西兰惠灵顿——风城

阿白丁——欧洲石油之都

美国洛杉矶——天使之城

附录3

国际通行手势语

　　人们双手各五个手指的屈伸,都能表达某种特定的含义,而在各个国或地区含义往往不同,用错了会出笑话,甚至可能引起误会和麻烦、反感,因此,了解国际通行的一般的手势语尤为必要。

　　大拇指伸出,在中国表示胜利、佩服、第一、首领等;在日本表示男人、父亲;在美国、荷兰、澳大利亚、新西兰等地区表示幸运;在印度、德国则表示想搭车。拇指向下一般都表示品德不好、坏或不成功,而在英国、美国,拇指向下表示不同意;在法国表示死了;在印尼、缅甸等地区则表示失败。

　　伸出中指,菲律宾表示愤怒、轻蔑;美国、法国、新加坡表示下流;沙特则表示恶劣行为或极度不快。

　　向上伸食指,中国表示数字一或请注意;美国表示请稍等片刻;法国是学生请求发言的表示;缅甸表示最重要;日本表示最优秀。

　　小指伸出,中国表示渺小,看不起;日本表示女人,小孩儿;韩国表示女朋友;而缅甸、印度一带则用来表示厕所;菲律宾表示小人物。

　　食指弯曲,中国表示数字九;日晒表示小偷;泰国、朝鲜表示钥匙;印尼表示心肠坏;墨西哥则用来表示金钱。

　　伸出中指压在食指上,在中国表示数字十;菲律宾、马来西亚、新加坡、美国、法国、墨西哥等表示祈祷;荷兰表示发誓;斯里兰卡表示邪恶;而在香港则表示关系密切。

　　用拇指和食指搭成圆圈,在日本、韩国、缅甸等均表示金钱;美国表示同意或成功;印尼则相反,表示不成功;突尼斯表示傻瓜,无用;而在巴西则表示肛门。

　　各国、各地区的手势语都有所不同,是约定俗成的,并且在不断发展,我们应用时首先要弄清其国籍,调查清楚,千万不要弄错了!

图书在版编目(CIP)数据

现代秘书礼仪/范立荣主编. —北京:首都经济贸易大学出版社,2006.7
ISBN 978 – 7 – 5638 – 1361 – 2

Ⅰ. 现… Ⅱ. 范… Ⅲ. 秘书—礼仪—高等学校—教材 Ⅳ. C931.46

中国版本图书馆 CIP 数据核字(2006)第 054041 号

现代秘书礼仪
范立荣　主编

出版发行	首都经济贸易大学出版社
地　　址	北京市朝阳区红庙(邮编 100026)
电　　话	(010)65976483　65065761　65071505(传真)
网　　址	http://www.sjmcb.com
E – mail	publish @ cueb.edu.cn
经　　销	全国新华书店
照　　排	首都经济贸易大学出版社激光照排服务部
印　　刷	北京通州永乐印刷厂
开　　本	787 毫米×960 毫米　1/16
字　　数	352 千字
印　　张	20
版　　次	2006 年 7 月第 1 版　2008 年 1 月第 1 版第 2 次印刷
印　　数	5 001 ~ 10 000
书　　号	ISBN 978 – 7 – 5638 – 1361 – 2/C・44
定　　价	29.00 元

图书印装若有质量问题,本社负责调换
版权所有　　侵权必究

这一数字贯穿于佛教的日常生活中,敲108下钟,念108遍经,拨动108颗佛珠,都表示对佛的虔诚。

五、颜色的喜忌

颜色同人们的生活息息相关,从一个国家的国旗、国徽到每个家庭的饰物,从物质生活的色彩到精神生活对颜色的寄托、寓意,无不渗透着一个民族的愿望和情绪,并展现出该民族的风貌。因此,世界上许多民族或国家有颜色的喜好和忌讳。

(一) 亚洲

日本不少习俗和我国相近。他们也喜爱红色,喜爱柔和色调和鲜艳色彩。日本民间用白色作丧葬礼服,表示肃穆、哀悼,但忌用绿色,认为绿色是不吉之色。同样的绿色,在马来西亚、新加坡、叙利亚等国却受到普遍欢迎。

红、蓝、黄、绿、白五色,在蒙古人的生活中扮演着主要角色,并且这些颜色都有象征性意义:"乌兰"——红色,象征着幸福、胜利和亲热;"呼和"——蓝色,象征着永恒、坚贞和忠诚;"夏尔"——黄色,用以表达庄重;"察干"——白色,是纯洁、质朴之意;绿色则象征着和平和希望。与上述颜色相反,"哈尔"——黑色,意味着不幸、贫穷、背叛、暴虐,被视为不祥之色。

泰国人的广告、商品包装、商标、服饰都使用鲜艳的色彩。泰国人喜爱红、黄,并习惯用颜色表示不同日期:星期日用红色,星期一用黄色,星期二用粉红色,星期三用绿色,星期四用橙色,星期五用淡蓝色,星期六用紫红色。人们常按不同的日期穿着不同色彩的服装。过去泰国白色用于丧事,现在改用黑色。

马来西亚人认为棕色具有宗教意味,黄色为王室专用的颜色。

印度人喜爱红色、蓝色和黄色等鲜艳色彩,不喜欢黑色和白色。

巴基斯坦流行鲜艳色彩,以翡翠绿最盛行,金、银色也备受欢迎,视黑色为消极。巴基斯坦忌用黄色,因为那是僧侣的专用服色。叙利亚忌用黄色,认为它表示死亡之意。

阿富汗宗教色彩浓重,红色和绿色表示吉祥如意。

伊拉克人认为绿色代表伊斯兰教,很受人们欢迎;黑色用于丧事,客运行业用红色,警车用灰色,丧服用黑色。

(二) 欧美

西方人一直都认为白色是纯洁的象征,黑色是肃穆的象征,黄色是和谐的象征,蓝色和红色是吉祥如意的象征。

欧美许多国家以黑色为丧礼之色,认为这不仅仅是对死者的哀悼,还可瞒过"死神"搜索死鬼的眼光。他们相信"死神"看不见黑色。白色在西方用作结婚礼服,象征纯洁和光明。

绿色受到爱尔兰、意大利、奥地利、保加利亚、挪威、瑞士等国的普遍欢迎。

意大利人视紫色为消极色,服装、化妆品以及较高级的包装喜欢用浅淡色彩,食品和玩具喜欢用鲜明颜色。荷兰人视橙色为活泼色彩,在节日里大量使用橙色。瑞士人喜好原色和浓淡相间的色彩。法国人视鲜艳色彩为高贵,倍加喜爱。

罗马尼亚人视绿色为希望,白色为纯洁,红色为爱情,黄色为谨慎,黑色为不吉之兆。

比利时人最忌蓝色,也忌用墨绿色。如遇有不吉利的事,都穿蓝色衣服。他们认为,即使是在梦中看了到蓝色的东西,第二天也会碰到倒霉的事。但蓝色在荷兰、挪威、瑞士等国,却是人们喜爱的颜色。

俄罗斯人认为红色是吉祥和美丽的象征;黑色表示肃穆和不祥;白色象征纯洁、温柔;绿色代表和平、希望;粉红色表示青春;蓝色是忠诚和信任的象征;黄色代表幸福、和谐;紫色象征威严和高贵。

在美洲,美国人喜好鲜明的色彩,但不喜红色,他们认为红色表示人在发怒时的脸色。哥伦比亚人喜好红、蓝、黄色。阿根廷人不喜黑色和紫色。巴西人喜好红色,视紫色为悲伤,黄色表示绝望,这两种颜色配在一起,则成为一种恶兆;棕黄色为凶丧之色。但黄色在委内瑞拉被用作医务机构标志,得到尊重和爱戴。

另外,政治、历史上的原因对颜色的使用也有影响。如在德国,不能穿茶色、黑色、深蓝色衬衫,不能系红色领带等,对红色和红黑相间的色彩都避免使用。法国、比利时忌用墨绿色,因为这是纳粹军服色,故人们一看到墨绿色,就感到厌恶。爱尔兰忌用红、白、蓝色组(英国国旗色)。

(三)非洲

在非洲,贝宁人厌恶红色、黑色,尼日利亚人视红色、黑色为不吉祥色。马达加斯加视黑色为消极色,喜好鲜明色彩。埃塞俄比亚人穿淡黄色的服装表示对死者的深切哀悼。埃及人视绿色代表国家和宗教,蓝色被看做代表恶魔的色彩。

六、动物的喜忌

世界各国对动物的喜忌,是由各国的自然、历史和社会原因造成的。

1. 对狗的宠爱。西方人普遍把狗当作圣灵和忠诚的伴侣,视为宠物,怜爱无比。

"狗食"指的是供狗食用的食品,诸如狗罐头、狗甜饼、狗"鸡尾酒"之类。此外,还有狗服装、狗医院、狗保险、狗美容、狗旅馆、狗公墓。可见狗在西方世界的地位。狗也是日本人最喜爱的动物。

而狗在汉语里多包含蔑视之意,厌恶狗的成语、习惯语和谚语很多。在与欧美人进行交往时,不要把我们民族对狗的这种印象带进言谈中。

2. 对牛的崇拜。印度人受宗教传统观念的影响,把牛和象尊奉为神圣。印度教徒把母牛视为"圣牛",不能宰杀;牛在城市里可自由游荡,或者躺卧在马路中心;在农村,它们可以大摇大摆地走入田间,吃掉已经成熟的粮食或者树上的水果。甚至当母牛不能自由寻觅食物时,有的还被收入"圣牛养老院"中供养;大多数印度人绝对不吃牛肉,甚至连牛皮制的带子、鞋子、箱子都不使用。进印度教寺院时不能穿皮鞋。尼泊尔人视牛为神的象征,不得宰杀,忌吃牛肉,不用牛革制品,甚至不准用牛耕地;参观古庙不能穿皮鞋和系带鞋或皮革制品;大大小小的庙宇都供奉着神牛。牛在缅甸也视为神物,任其游逛,不得伤害。

3. 对象的尊敬。泰国有"白象国"和"大象之邦"之称。象中以白象为祥瑞,最为珍贵,被视为佛教圣物,佛的化身,泰国人敬之如神,只允许由王室饲养。泰国人爱象犹如印度爱牛,任何人不得对大象加以伤害,否则会被视为对佛的冒犯和不尊。象在泰国的历史上占有重要的地位。据说,在十世纪时,泰国国王军队曾有两万头训练有素的战象,冲锋陷阵,大破敌人,立下了赫赫战功。东南亚一些国家都奉象为神灵。

4. 对猴的膜拜。泰国敬猴如神。在曼谷附近的华富丽,生活在安有铁栅栏窗户的笼子里的是人,而不是猴子。因为猴子历来是神圣不可侵犯的,而杀死猴子的人是要倒霉的。

5. 关于动物图案。世界许多国家,都有动物图案忌讳。

北非一些国家,忌用狗作商标。在马来西亚和阿富汗,狗也是忌讳的动物。伊斯兰教徒不吃猪肉,不用猪皮制品,也忌谈猪,甚至连我国稀有的珍贵动物大熊猫也不大喜欢,因为它的外形与猪相似。商标不能采用猪和十字架图案及造型。

孔雀在我国是喜庆的标志,在印度被定为国鸟,视为祥瑞。在印度人心目中,孔雀和"神牛"一样,任何人不准伤害它,是重点保护对象,禁止捕杀。可是在英国,却把它看作淫鸟、祸鸟,连孔雀开屏也被认为是自我炫耀和吹嘘的表现。英国人的商品不用孔雀图案。英国还忌讳大象图案,认为大象是蠢笨的象征。

在我国,蝙蝠是吉祥和幸福的象征。但在欧洲民俗中,蝙蝠是一种与魔鬼和黑暗势力相关的不祥之物。提到蝙蝠,人们就会联想到丑陋、凶恶、吸血动物的形象,怕它,讨厌它。美国人讨厌蝙蝠,认为它是凶神恶煞的象征。因此,凡有蝙蝠图案的旅游商品,不能向美国旅游者介绍和销售。

欧洲人喜好黑色猫,美国人喜好白色猫,比利时人视猫为不祥之兆。在古埃及,猫是高贵的动物,但希腊人却视猫为邪恶的化身,认为猫有一种特殊的本事,能把人带到"阴间"。

法国人讨厌仙鹤图案,认为仙鹤是蠢汉和淫妇的代表。

马达加斯加人忌讳猫头鹰和蛇的图案。伊朗人喜欢狮子的图案。英国和法国人好赛马,视马为勇敢的象征。印度人不喜欢鹤和龟的图案,喜欢蛇形图案。缅甸以乌鸦为神鸟,不能捕捉和伤害。

意大利人特别偏爱狗和猫,视为家庭成员,受到法律保护,连野猫也个个膘肥体胖。他们还喜欢养鱼、鸟、原仓鼠和乌龟等动物。

七、花卉的喜忌

在国际交际场合,向来宾献花是很隆重的礼节,以花赠友,高雅而纯洁,其意不同寻常。

(一)花卉功用

应邀去主人家中做客,最好的礼物是鲜花。在交往中,鲜花是上乘礼品。

1. 表示情感。在国外,人们通常用玫瑰表示爱情,用丁香表示初恋,用柠檬表示挚爱,用橄榄表示和平,用桂花表示光荣,用白桑表示智慧,用水仙表示尊敬,用百合表示纯洁,用茶花表示美好,用紫藤表示欢迎,用豆蔻表示别离,用垂柳表示悲哀,用石竹表示拒绝等等。

2. 表示国家。一些国家拥有各自的国花,把它作为国家的一种标志和象征。国花通常代表国家形象,人人对国花必须尊重、爱护,既不可滥用国花,也不可失敬于国花。

3. 表示城市。世界上的许多城市也拥有自己的市花,用以代表本市,作为本城市的标志或象征。

（二）花卉选择

选送鲜花要注意鲜花的民俗寓意,主要体现在三方面:

1. 品种。由于风俗习惯不同,同一品种的鲜花,往往在民俗寓意上大为不同。如中国人喜爱黄菊,而在西方,黄菊代表死亡,仅能供丧葬活动使用。中国人赞赏荷花,是因其"出淤泥而不染,濯清涟而不妖",可是日本,不能随便送人荷花。

2. 色彩。鲜花万紫千红、色彩缤纷,但由于习俗不同,对于鲜花的色彩也有着不同的理解。在西方人眼里,白色鲜花象征着纯洁无瑕,将其送予新娘,将是对她的至高赞赏。而在老一辈的中国人眼里,送给新人白色鲜花是"不吉利"的。在很多国家,人们送花时多以多色鲜花相组合,很少会送人清一色的红花或黄花,因为在那里以纯红色的鲜花送人意味着向对方求爱,以纯黄色的鲜花送人则暗示决定与对方分道扬镳。

3. 数量。送花的具体数量,不同国家、地区的民俗也不尽相同。在中国,喜庆活动中送花要送双数,意即"好事成双",在丧葬仪式上送花则要送单数,以免"祸不单行"。在西方国家,送人单数的鲜花则讲究,如送1枝鲜花表示"一见钟情",送11枝鲜花则表示"一心一意"。再如,在欧美国家,送人的鲜花不能是"13"枝,而在日本、韩国、朝鲜等国,送"4"枝花给人,也会招人白眼。

（三）花卉忌讳

根据欧洲传说,玫瑰是与爱神维纳斯同时诞生的。玫瑰表示美好的感情,是爱情、美丽、纯洁的象征,而红玫瑰更是表示浪漫的爱情。但在法国、瑞士、德国、波兰,不要随便送玫瑰花给人。

对比利时、意大利、法国和卢森堡人来说,菊花不能送,因为菊花盛开的季节是他们扫墓的时候。在英国、加拿大则不要送百合花,百合花意味着死亡,只在葬礼上使用。在巴西不能送紫色的鲜花。西班牙忌送大丽花和菊花,因为这些花与死亡有关。法国人还忌讳杜鹃花、纸花和黄色花朵,认为黄色花是不忠诚的表现。

在墨西哥,鲜花不常作为礼品,即使送花也不要送黄色或红色的花。黄色花意味着死亡,红色花会给人带来晦气。白色花是墨西哥人喜爱的花,可以驱邪。

赠送的花卉的颜色,要因人和场合而异。送给近亲好友的花,色彩要鲜艳,如小苍兰、香石竹、月季和非洲菊等;送给恋人的花最好是红色。人们一般不送白花,但在生日或庄重的命名日例外。成束的白花通常用在婚礼上,亲朋好友可向新娘赠送白花。

荷花在中国、印度、斯里兰卡、埃及、泰国、孟加拉等国评价很高,有"花中君子"之称。人们常常借荷花赞美人的气节和风骨,不少国家把它定为国花。可是,荷花在日本却被认定为不吉祥之物,意味着祭奠。

生意为何清淡

　　一家生意兴隆的国际电讯公司计划在泰国首都曼谷开一家分公司。该公司在选址时,看中了一栋楼房,该楼所处地段房价适中、交通方便且游人众多。而这栋楼的对面塑着一尊并不十分高大,但却非常显眼的如来佛像。有关心者警告公司经理说,贵公司若在此地开业,生意会很糟糕。但公司经理非常自信,认为这不可能,因为公司在远东地区开设的另外几家公司,业务开展都很红火。所以,公司没听劝阻,就在这里如期开业了。

　　一年来,这家公司果然门庭冷落,无人光顾,生意清淡,几乎没有达成一桩像样的大买卖。公司经理无奈,只好正视现实,把公司迁到一个没有佛像的地区,生意很快兴旺起来。经理本人对此始终大感不解,到处打听原因,得到的解释是,业务不景气的根源在于公司的大楼高度超过了对面的如来佛像,也就是说,公司的位置在如来佛像之上。这在一个信仰佛教的国家,是严重犯忌的。这家公司没有尊重当地人对佛像的信仰和敬畏,他们自然会产生感情上的不快乃至愤怒,当然不愿与公司往来做生意了。所以在对外活动中,当地禁忌是不得不考虑的事项,特别是在东亚、南亚、中东、北非这些宗教盛行的地区。

　　问题:
　　1. 结合案例谈谈公司经理应接受的教训。
　　2. 就此案例,你能说说宗教在哪些方面会对商务活动产生影响吗?

 案 例

时逢圣诞巧安排

某集团公司汪总经理准备在12月23日接待英国的威廉姆斯先生。正在他着手安排具体接待工作时,威廉姆斯先生打来电话,因特殊情况要推迟到25日才能抵达,问汪经理是否可以,并再三对改期表示歉意。汪总经理25日需到省城参加会议,但还是答应了对方,25日安排专人接待,26日同威廉姆斯会面,并把接待任务交给了毕业于文秘专业的公关部经理焦小姐。

焦小姐立即着手收集有关资料,并制订了详尽的接待计划。25日下午,焦小姐在机场迎接威廉姆斯先生,并用一口纯熟的英语做了自我介绍。在陪同威廉姆斯先生乘轿车去宾馆的路上,焦小姐介绍了沿途的风光及特色建筑。到了宾馆,威廉姆斯先生稍事休息后,焦小姐请他一同共进晚餐。走入餐厅,威廉姆斯先生被眼前的景色惊呆了:圣诞树被五彩缤纷的灯饰装饰得格外绚丽,餐桌上布满了丰盛的圣诞食品。威廉姆斯先生非常兴奋。进餐中,服务人员手捧鲜花和生日贺卡走进来呈给他,原来这天正是威廉姆斯先生55岁生日。焦小姐举起手中酒杯对他说:"我代表公司及汪总经理祝您圣诞节快乐、生日快乐!"威廉姆斯兴奋地说道:"谢谢你们为我举办了这么隆重的圣诞晚宴及生日宴会,你们珍贵的友谊和良好的祝愿我将终生难忘。"

26日汪总经理由省城返回,双方有关合作业务洽谈得非常顺利。客人回国时,再三向焦小姐及公司对他的接待表示感谢。

问题:

1. 焦小姐组织的这次接待工作为什么取得了良好的效果?

2. 通过分析此案例,你认为这家集团公司在对外接待工作方面做得怎么样?

北京冻鸭为什么被退回

我国某出口公司在一次贸易洽谈会上与科威特一家公司签订了向其出口700箱北京冻鸭的合同。科威特的这家公司要求我方,在屠宰这批鸭子时要按照"伊斯兰教的屠宰方式"进行,而且还要求由中国伊斯兰教协会出具证明。经我方公司同意,这一要求被写入了合同。

我方出口公司在屠宰这批鸭子时,没有把"伊斯兰教屠宰方式"弄清楚,也没有给予重视,认为用目前最先进的屠宰方法,即从鸭子的口中进刀,将血管割断,放尽血后进行速冻,从而保证鸭子外形的完整,对此科方公司一定会满意的。屠宰时也未邀请中国伊斯兰教协会人员来现场察看就叫该协会出具了"按伊斯兰教方法屠宰"的证明。这批货物运达科方目的地后,经当地市政厅卫生部门食品屠宰科检查,否定了屠宰方法的正确性,指出中国伊斯兰教协会出具的是伪证,中方公司违约,结果700箱北京冻鸭全部被退回。这笔业务的失败,不仅造成我方经济上的极大损失,而且严重地影响了中国伊斯兰教协会的声誉。

问题:

1. 为什么中方公司采用先进屠宰方法不能被科方公司接受,反而遭受指责和退货?

2. 就此案例,谈一谈宗教在哪些方面会对商务活动产生影响。

思考练习题

1. 东方礼仪与西方礼仪有哪些不同之处?

2. 9月15日,美国AEE公司总裁史密斯先生要来中国飞宏公司访问。如果你是公司的一名负责外事接待工作的秘书,应该怎样组织这次接待工作,并应在接待中注意哪些礼仪规范?

3. 外事会见、会谈的准备工作都包括哪些方面?

4. 小李是飞达公司的一名秘书。一次,她被公司指派到机场去迎接一位法国客人。小李去机场前从花店精心挑选了一束白色的百合花,准备献给客人。小李的做法妥当吗? 为什么?

附录 1

花卉语及各国国花

一、花卉语

(一)花在我国的语义

向日葵——光明自由　　　　野丁香——谦逊
蓝紫罗兰——诚实　　　　　白百合花——纯洁
水仙——清白　　　　　　　白桑——智慧
枳——希望　　　　　　　　蓟——严肃
红蔷薇——初恋　　　　　　百合花——百年好合
梅花——坚强刚毅　　　　　兰花——正气
水仙花——吉祥如意　　　　芍药——离别
丁香——坚贞不渝　　　　　萱草——忽忘我
红玫瑰——爱情　　　　　　牡丹花——富贵
荷花——高洁、纯真　　　　木棉花——敬重
紫藤花——热情　　　　　　秋海棠——苦恋

(二)花在欧美国家的语义

刺玫瑰——优美　　　　　　红茶花——天生丽质
白茶花——真美　　　　　　红菊——我爱
白菊——真实　　　　　　　黄菊——微爱
墨菊——追念　　　　　　　鸡冠花——初恋
红郁金香——宣布爱恋　　　紫丁香——初恋
白丁香——念我　　　　　　四叶丁香——属于我
豆蔻——别离　　　　　　　红康乃馨——伤心

黄康乃馨——轻蔑　　　　　条纹康乃馨——拒绝
杏花——疑惑　　　　　　　桂花——光荣
黑桑——生死与共　　　　　野葡萄——慈悲
薄荷——有德　　　　　　　杜鹃花——节制

（三）十种花被用来比喻朋友

兰花——芳友　　　　　　　栀子——禅友
梅花——清友　　　　　　　菊花——佳友
腊梅花——奇友　　　　　　桂花——仙友
瑞香花——殊友　　　　　　海棠花——名友
莲花——净友　　　　　　　荼蘼花——韵友

二、各国国花

美国——玫瑰　　　　　　　加拿大——枫叶
墨西哥——仙人掌、大丽菊　巴西——兰花
秘鲁——太阳花　　　　　　阿根廷——赛波花
智利——可比爱花　　　　　委内瑞拉——五月兰
英国——蔷薇花(玫瑰花)　　法国——鸢尾花(百合花)玫瑰
德国——矢车菊　　　　　　意大利——紫罗兰、雏菊、玫瑰
比利时——虞美人　　　　　奥地利——火绒花
荷兰——郁金香　　　　　　丹麦——冬青
瑞典——白菊、睡莲、孪生花　希腊——橄榄花
西班牙——石榴花　　　　　俄罗斯——葵花
保加利亚——玫瑰花　　　　澳大利亚——金合欢花
新西兰——银蕨　　　　　　日本——樱花
菲律宾——茉莉花　　　　　马来西亚——扶桑
新加坡——卓锦、万代兰　　泰国——睡莲
印度——荷花、玫瑰、罂粟　巴基斯坦——素馨花
缅甸——东亚兰　　　　　　尼泊尔——杜鹃花
斯里兰卡——兰花、荷花　　土耳其——郁金香
伊朗——玫瑰　　　　　　　伊拉克——玫瑰
坦桑尼亚——丁香　　　　　肯尼亚——肯山兰

附录 2

世界名城代称

法国巴黎——花城,不夜城　　西班牙卡兰达——鼓城
瑞士伯尔尼——钟城　　　　　德国汉堡——桥城
德国慕尼黑——酒城　　　　　意大利威尼斯——水城
中国哈尔滨——冰城　　　　　中国昆明——春城
约旦佩特拉——石头城　　　　缅甸蒲甘——塔城
印度切拉鼓古——雨城　　　　瑞典赫尔辛基——浴城
美国华盛顿——雷城　　　　　智利伊基克——旱城
英国伦敦——雾城、金融城　　美国底特律——汽车城
日本筑波——科学城　　　　　奥地利维也纳——音乐城
法国戛纳——电影城　　　　　保加利亚加布罗沃——玫瑰城
苏丹喀土穆——热城　　　　　印尼茂物——雷城
斯里兰卡拉特纳普拉——宝石城
约旦耶路撒冷——圣城　　　　墨西哥墨西哥城——壁画城
意大利罗马——博物馆城　　　摩纳哥蒙特卡洛——赌城
新加城新加坡城——狮城　　　英国牛津——大学城
瑞典赫尔辛基——火柴城　　　新西兰惠灵顿——风城
科伦坡——东方十字路口　　　阿白丁——欧洲石油之都
鹿特丹——欧洲门户　　　　　美国洛杉矶——天使之城

附录3

国际通行手势语

　　人们双手各五个手指的屈伸,都能表达某种特定的含义,而在各个国或地区含义往往不同,用错了会出笑话,甚至可能引起误会和麻烦、反感,因此,了解国际通行的一般的手势语尤为必要。

　　大拇指伸出,在中国表示胜利、佩服,第一、首领等;在日本表示男人、父亲;在美国、荷兰、澳大利亚、新西兰等地区表示幸运;在印度、德国则表示想搭车。拇指向下一般都表示品德不好、坏或不成功,而在英国、美国,拇指向下表示不同意;在法国表示死了;在印尼、缅甸等地区则表示失败。

　　伸出中指,菲律宾表示愤怒、轻蔑;美国、法国、新加坡表示下流;沙特则表示恶劣行为或极度不快。

　　向上伸食指,中国表示数字一或请注意;美国表示请稍等片刻;法国是学生请求发言的表示;缅甸表示最重要;日本表示最优秀。

　　小指伸出,中国表示渺小,看不起;日本表示女人,小孩儿;韩国表示女朋友;而缅甸、印度一带则用来表示厕所;菲律宾表示小人物。

　　食指弯曲,中国表示数字九;日晒表示小偷;泰国、朝鲜表示钥匙;印尼表示心肠坏;墨西哥则用来表示金钱。

　　伸出中指压在食指上,在中国表示数字十;菲律宾、马来西亚、新加坡、美国、法国、墨西哥等表示祈祷;荷兰表示发誓;斯里兰卡表示邪恶;而在香港则表示关系密切。

　　用拇指和食指搭成圆圈,在日本、韩国、缅甸等均表示金钱;美国表示同意或成功;印尼则相反,表示不成功;突尼斯表示傻瓜,无用;而在巴西则表示肛门。

　　各国、各地区的手势语都有所不同,是约定俗成的,并且在不断发展,我们应用时首先要弄清其国籍,调查清楚,千万不要弄错了!

图书在版编目(CIP)数据

现代秘书礼仪/范立荣主编.—北京：首都经济贸易大学出版社,2006.7
ISBN 978-7-5638-1361-2

Ⅰ.现… Ⅱ.范… Ⅲ.秘书—礼仪—高等学校—教材 Ⅳ.C931.46

中国版本图书馆 CIP 数据核字(2006)第 054041 号

现代秘书礼仪
范立荣 主编

出版发行	首都经济贸易大学出版社
地 址	北京市朝阳区红庙（邮编 100026）
电 话	(010)65976483 65065761 65071505（传真）
网 址	http://www.sjmcb.com
E-mail	publish@cueb.edu.cn
经 销	全国新华书店
照 排	首都经济贸易大学出版社激光照排服务部
印 刷	北京通州永乐印刷厂
开 本	787 毫米×960 毫米 1/16
字 数	352 千字
印 张	20
版 次	2006 年 7 月第 1 版 2008 年 1 月第 1 版第 2 次印刷
印 数	5 001~10 000
书 号	ISBN 978-7-5638-1361-2/C·44
定 价	29.00 元

图书印装若有质量问题，本社负责调换
版权所有 侵权必究